Karl Radl

Die Blitzbefreiung Mussolinis

Mit Skorzeny am Gran Sasso

Pour le Mérite

Personen auf der Titelseite von links nach rechts:
Otto Skorzeny, Benito Mussolini, Karl Radl (mit Stahlhelm), General Gueli

Fotos: DPA, Ullstein, Süddeutscher Verlag, Preußischer Kulturbesitz, Transglobe, Bundesarchiv, Walter Frentz, Archiv des Verlages. Dokumentation: Dr. Olaf Rose

Die Deutsche Bibliothek – CIP-Einheitsaufnahme

Radl, Karl:
Die Blitzbefreiung Mussolinis: Mit Skorzeny am Gran Sasso /
Karl Radl. – Kiel : Pour le mérite, 1996
ISBN 3-932381-00-9

ISBN 3-932381-00-9

Pour le Mérite-Verlag
D-24236 Selent, Postfach 52

Eigendruck
Gedruckt in Deutschland

Vorwort

Karl Radl, mein Jugendfreund

Mein Jugendfreund Karl Radl wurde am 12.11.1911 in Glogg-
nitz/Niederösterreich geboren, wo er auch die Volksschule
besuchte. Sein Vater war Eisenbahnbeamter. Anläßlich dessen Versetzung als Stationsvorstand nach Neudörfl übersie-
delte die Familie in das nahegelegene Wiener Neustadt. Nach dem frühen
Tod des Familienerhalters hatte es die Witwe nicht leicht, Sohn und Tochter
durchzubringen.

Karl wuchs also in eher bescheidenen Verhältnissen auf. Schmalhans war
Küchenmeister. Der lebensfrohe Schüler der Bundesoberrealschule war viel-
seitig begabt und lernte leicht. Daraus zog er Nutzen. Als guter Klavierspie-
ler erteilte er Klavierunterricht, darüber hinaus aber auch Unterricht in
Fremdsprachen. In jeder Gesellschaft gerne gesehen, sorgte er überall für gute
Stimmung.

Im Jahre 1926 trat Radl der pennalen Burschenschaft „Germania" zu Wiener Neustadt bei. Dieser nationalen Verbindung hielt er als „Alter Herr" bis
zu seinem Lebensende die Treue. Sein Abitur – in Österreich heißt das Matu-
ra – machte er im Jahre 1930. Anschließend studierte er an der Technischen
Hochschule Wien ohne sonderlichen Eifer Versicherungsmathematik.

Wie viele Jünglinge meiner Generation war auch Karl von den Ideen Adolf

Hitlers beeindruckt. Er trat dem NS-Studentenbund bei und später – ebenso wie ich – der Schutzstaffel, der allgemeinen SS. Das Verbot der NSDAP und ihrer Gliederungen hat ihn genauso gut wie mich nicht beeindruckt. Nun waren wir eben Illegale.

Wegen einer drohenden Verhaftung floh Radl im Jahre 1934 ins Deutsche Reich. Er landete zunächst im Auffanglager Ranis und kam dann nach Göttingen. Freund Radl besuchte eine Polizeischule in Pretsch/Elbe und wurde Angehöriger des SD (Sicherheitsdienst). Nach dem Anschluß Österreichs an Deutschland im Jahre 1938 machte er Dienst bei der Grenzpolizei in Eisenstadt und Nickelsdorf im Burgenland.

In einem Ausleselehrgang in Fulda schnitt Radl so gut ab, daß er in den sogenannten „Gehobenen Dienst" kam. Zur Erweiterung seines Gesichtskreises wurde er nacheinander unterschiedlichen Dienststellen zugeteilt. Nach Dienstleistung in einem Landratsamt landete er im Frühjahr 1943 im Reichssicherheitshauptamt, und zwar im Amt VI (Auslandsnachrichtendienst) des damaligen Brigadeführers Walter Schellenberg. Freund Karl wurde der neugeschaffenen Gruppe VI S zugeteilt, die der damalige Obersturmführer Otto Skorzeny eben übernommen hatte. Die Bezeichnung „S" bedeutete Schule. Skorzeny leitete drei Schulen, in denen deutsche und ausländische Agenten für Sabotage-Akte im feindlichen Ausland ausgebildet wurden. Nicht ganz zu unrecht wurde das „S" deshalb als Sabotage gedeutet. Um die Wirtschaftskraft unserer Feinde zu treffen, wurden beispielsweise im feindlichen Hinterland Angriffe auf das Stromnetz, Ölleitungen usw. geplant und durchgeführt. Unsere Agenten wurden als Himmelfahrtskommandos nachts aus Langstreckenflugzeugen des Kampfgeschwaders 200 (Oberst Baumbach) weit hinter der Front mit Fallschirmen abgesetzt.

Skorzenys Dienststelle lag in Friedenthal bei Oranienburg, nördlich von Berlin, in einem ehemaligen kleinen Jagdschloß. Dort unterstand ihm auch ein Sonderbataillon der Waffen-SS. Skorzeny ritt also gewissermaßen auf zwei Rössern und konnte sich deshalb auch gelegentlich einen Ausrutscher erlauben. Die Soldaten sahen in ihm den klugen Agentenführer, die Agenten hingegen den frontbewährten Offizier. Für alle aber galt in jeder Lage die kecke Devise: „Machen wir leicht!"

Ich habe Otto Skorzeny im Frühjahr 1943 durch Vermittlung Karl Radls in Berlin kennengelernt. Er war großgewachsen, gut aussehend, eine stattliche Erscheinung. Ein Schmiß auf der linken Wange erinnerte an einen „Zieher", den er als Wiener Markomanne bei einer Mensur bezogen hatte. Für die Alliierten war er deswegen das „Narbengesicht".

Als Kriegsfreiwilliger der Waffen-SS hatte ich die Junkerschule Bad Tölz absolviert und ab Herbst 1941 in der Aufklärungsabteilung der 6. SS-Gebirgsdivision NORD in Karelien gegen die Sowjets gekämpft.

Nach meiner ersten Verwundung wurde ich Leiter der Bauleitung Groß-Berlin der Waffen-SS und Polizei und hatte in Friedenthal gewisse Baumaßnahmen zu leiten. Skorzenys umfangreiche Bauwünsche konnte ich damals wegen der kriegsbedingten Knappheit an Arbeitskräften und Baustoffen nur zum Teil erfüllen. Im Sommer 1943 saßen wir wiederholt mit seinem damaligen Adjutanten Karl Radl im Café Wien am Berliner Kurfürstendamm gemütlich beisammen. Wenn dann noch der freundliche Ober manchmal eine Flasche Wein verstohlen unter unseren Tisch stellte und aus dem Lautsprecher die wohltönende Stimme der schwedischen Sängerin erklang „Bei dir war es immer so schön ...", dann war der Krieg und alles, was mit ihm zusammenhing, vorübergehend vergessen.

Eines Tages, Ende Juli 1943, rief mich Freund Radl an: Er müsse für ein paar Tage weg, und ich sollte mich inzwischen um seine Wiener Freundin Luise kümmern, die vor kurzem zu Besuch gekommen war. Ab diesem Zeitpunkt war er verschwunden und für mich unerreichbar.

Erst der Wehrmachtsbericht vom 13. September brachte mir Klarheit. In einer Sondermeldung wurde bekanntgegeben, daß Benito Mussolini befreit worden war. Ausdrücklich wurde in diesem Zusammenhang der Name Skorzeny genannt. Nun konnte ich mir alles zusammenreimen.

Als wir drei „Ostmärker" wenig später wieder im Café Wien beisammensaßen, erzählten Skorzeny und Radl ausführlich über diesen gelungenen Handstreich, wobei sie sich gegenseitig ergänzten bzw. korrigierten. Nun erfuhr ich auch, wie es zur Entmachtung des Duce gekommen war: Etwa zwei Wochen nach der Landung der alliierten Truppen auf Sizilien hatte am 24. Juli 1943 der Faschistische Großrat getagt. Dort war Mussolinis Kriegspolitik getadelt worden. Eine oppositionelle Gruppe um die Grafen Dino Grandi und Galeazzo Ciano, Mussolinis Schwiegersohn, hatte angestrebt, dem Duce den Oberbefehl über die italienischen Streitkräfte zu entziehen und wieder dem König zu übertragen. Den Sturz Mussolinis beabsichtigte diese Gruppe nicht.

Als jedoch Mussolini am folgenden Tag zu einer von ihm erbetenen Audienz bei Viktor Emanuel III. erschien, berief sich der Monarch auf das Votum des Vortages und verabschiedete nach einem langen Gespräch den Regierungschef, ohne dessen Demission anzunehmen oder ihn zu entlassen. Beim Verlassen der Villa forderten Carabinieri-Offiziere den Duce auf, „aus Sicherheitsgründen" nicht in seinem Auto, sondern in einem bereitgestellten Krankenwagen Platz zu nehmen. Als Gefangener war er schließlich in eine römische Kaserne gebracht worden.

Während ich ab August 1943 beim Bau des Ostwalls tätig war, versah Radl weiterhin seinen Dienst bei dem inzwischen hoch angesehenen Leiter der Gruppe VI S des Reichssicherheitshauptamtes. Radl machte in dieser Zeit Karriere. Er wurde Kriminalrat und Regierungsrat.

Angesichts der immer bedrohlicher werdenden Kriegslage wollte ich wieder zur Fronttruppe. Da mich die Bauverwaltung nicht freigab, erinnerte ich mich einer Verfügung, derzufolge freigegeben werden mußte, wer sich unter anderem zu den SS-Jagdverbänden meldete. Also meldete ich mich zu Skorzeny. Dort gab es ein frohes Wiedersehen mit diesem und Freund Radl. Letzterer, der in seiner Jugend alles eher von der leichten Seite genommen hatte, war inzwischen ein ernster und zielstrebiger Beamter geworden. Immer wieder arbeitete er bis in die Morgenstunden an Skorzenys Führervorlagen. Die beiden ergänzten sich geradezu ideal. Otto war der Repräsentant und Karl der Roboter.

Mit dem von mir aufgestellten Bataillon – es führte die Bezeichnung SS-Jagdverband „Mitte" – stand ich in den Monaten Februar und März 1945 an der Oder im Einsatz.

Als mein Bataillon den letzten Brückenkopf ostwärts der Oder verteidigte, fuhr ich Ende März 1945 schnell einmal zu Radl nach Berlin, und auf dessen Anraten gemeinsam weiter zu SS-Obergruppenführer Dr. Ernst Kaltenbrunner, dem Chef der Sicherheitspolizei und des SD. Ich zeigte ihm ein Luftbild meines Brückenkopfes, das mir ein abgeschossener Luftwaffen-Offizier auf meinen Gefechtsstand gebracht hatte. Auf diesem Luftbild war die mir gegenüber massiert aufgefahrene sowjetische Artillerie zu erkennen. Entlang dieser Straße stand ein Geschütz neben dem anderen. Angesichts unserer Schwäche verzichteten die Russen bereits auf jede Tarnung. Kaltenbrunner zuckte resignierend mit den Schultern. Ich wußte jedenfalls, was uns bevorstand. – Das war vor dem Zusammenbruch die letzte Begegnung mit meinem Jugendfreund.

Ich selbst wurde nach Verlust des letzten Brückenkopfes ostwärts der Oder mit 200 bergerfahrenen Männern in die sogenannte „Alpenfestung" in Marsch gesetzt, wo ich nach Kriegsende in amerikanische Gefangenschaft geriet.

Radl ging zusammen mit seinem Chef am 20.5.1945 in der Nähe von Radstadt in amerikanische Gefangenschaft. Nach einer längeren Irrfahrt wurden beide in Darmstadt interniert. Ich war damals Kriegsgefangener im Anhalte-lager Glasenbach bei Salzburg. Durch Vermittlung von Kameraden, die von Darmstadt nach Glasenbach oder umgekehrt verlegt wurden, gelang es uns mehrmals, Nachrichten auszutauschen. Nun mußte jeder sehen, wie er durchkam.

Radl wurde im Jahre 1948 wieder auf freien Fuß gesetzt. Vorher hat er mit seinem ehemaligen Chef, dem „gefährlichsten Mann Europas", wie ihn der US-Ankläger Oberst Rosenfeld bezeichnete, viele Lager durchwandert, vie-les erlebt und auch die sogenannte „Entnazifizierung" über sich ergehen las-sen. Mein Freund, der nun als Handelsvertreter arbeitete, hat 1953 seine An-nemarie geheiratet, die damals in Friedenthal – ebenfalls bei Skorzeny – als Büroangestellte tätig gewesen war. Wir haben uns wiederholt in der Bundes-republik Deutschland und in Wiener Neustadt getroffen. War das immer ei-ne Wiedersehensfreude!

Am 12.1.1981 ist Karl Radl in Usingen/Taunus überraschend einem Herz-anfall erlegen. Meine Frau und ich pflegen immer noch gerne den Kontakt mit seiner Witwe.

Schon während des Krieges – z.B. in der Propagandazeitschrift „Signal" –, aber vor allem danach, gab es viele Schilderungen der Befreiung Mussolinis. Sie erschienen bis in die siebziger Jahre in Zeitungen, militärischen Fachzeit-schriften und Mitteilungsblättern von Kameradschaftsverbänden. In Einzel-heiten weichen sie leider voneinander ab. Soweit mangelnde Kenntnis der Zusammenhänge oder unbewußte Überschätzung der eigenen Perspektive zu diesen Widersprüchen führten, ist das erklärlich.

Weil aber die an sich gesunde Konkurrenz zwischen Fallschirmjägern und Waffen-SS bis heute andauert, sind manche dieser Darstellungen nicht frei von Eifersüchteleien, einseitiger Gewichtung und Polemik. Worauf das zurückzuführen ist? Meiner Meinung nach auf die Tatsache, daß Hitler „zweigleisig gefahren ist". Er hat General Student und Hauptsturmführer Skorzeny den gleichen Auftrag erteilt.

Ich kann mir gut vorstellen, daß Generalstabsoffiziere die damalige mi-litärische Lage besser beurteilen konnten als etwa Skorzeny. Ob es aber ihre Sache war, über die politische Richtigkeit der beabsichtigten Befreiungsakti-on nachzudenken und daraus Schlüsse zu ziehen, bleibe dahingestellt.

Jedenfalls sollte nun endlich des Kriegsbeil begraben werden. Viel wichti-ger wäre, daß alle Soldaten gemeinsam gegen die Diffamierung der Deut-schen Wehrmacht auftreten. Wir sollten nicht zulassen, daß die Sieger die Ge-schichte der Besiegten schreiben.

Nur durch gute Planung und bestes Zusammenwirken beider Eliteverbän-
de, durch Mut und Tapferkeit aller eingesetzten Soldaten war der Erfolg auf
dem Gran Sasso möglich. Wenn mich jemand fragt, wer denn nun tatsächlich
Mussolini befreit hat, dann antworte ich: „Vor allen anderen jene beiden Männer, die damit beauftragt waren: Kurt Student und Otto Skorzeny."

Wiener Neustadt, September 1996   Karl Fucker

Kapitel 1

Mussolini abgesetzt!

Sonntag, 25. Juli 1943. Strahlendes Sommerwetter. Endlich wieder
ein Tag, auszuspannen. Auszuspannen von dem nervenaufreiben-
den Dienst, der uns Tag und Nacht in Atem hält. Dienst? „Nervenmühle", sagen wir. Es ist ja auch keine der üblichen Dienststellen
des Reiches, in denen am grünen Tisch verhandelt, Akten gelesen werden
und ferngeschrieben wird. Hier werden nicht Brotmarken verteilt, hier werden
nicht Fahrpläne gemacht, hier werden nicht Rohstoffe verwaltet, zugeteilt,
oder Industrien gelenkt. Hier ist auch keine Polizei, die Leute einsperrt, keine Wehrmachtsdienststelle, die aus kleinen, ruhigen Bürgern rauhe Soldaten
macht. Und doch pulsiert hier die Arbeit, Tag und Nacht ohne Unterlaß.

Hier summen die Fernschreiber und klingeln die Telefone. Quer durch
Deutschland, quer durch ganz Europa. Denn überall ist Deutschland. Und
wenn nicht Deutschland überall ist, dann sind seine Soldaten dort. Fast ganz
Europa ist besetzt. Bis vor wenigen Wochen noch große Teile Nordafrikas,
Rußland bis vor den Ural. Doch hat zu Beginn des Jahres eine Rückwärtsbe-
wegung begonnen, die nicht zum Stehen kommen will.

Aber weit drinnen sind die Deutschen in den Ländern der Besiegten, der
Befreiten, der Unterdrückten, der Geknechteten, je nach Lesart. Je nach dem
Standpunkt des Betroffenen.

C'est la guerre!

Weil noch immer Krieg ist, müssen die Fernschreiber rasen und die Telefone klingeln, muß die Arbeit pulsieren, dort, wo wir stehen.

In der Zentrale des deutschen Geheimdienstes.

Oder besser: einer Sparte des deutschen Geheimdienstes, dem Amt VI des Reichssicherheitshauptamtes. Berlin-Schmargendorf, Berkaerstr. 32-35, Ecke Elsterplatz, Telefon 89 76 11.

Noch gibt es keinen einheitlichen deutschen Nachrichtendienst. Die Wehrmacht hat einen eigenen militärischen Nachrichtendienst, gute alte Schule, gewandte Könner, mit Generalstabsausbildung. Ihre Aufgabe liegt auf militärischem Gebiet. Sie interessiert sich für die Wehrmacht des Gegners, für deren Waffen, deren Moral, deren Offizierskorps, deren Spionagedienst, ihr Rüstungspotential und vieles andere mehr. Sie zu erkunden, sie abzuwehren und zu bekämpfen, ist Aufgabe der „Abwehr". Oberkommando der Wehrmacht, Amt Auslandsabwehr. Chef ist Admiral Canaris, ein Könner, ein alter Fuchs, wie sie sagen, undurchsichtig für viele, ein Konspirateur großen Formates.

Walter Schellenberg, Chef des Amtes VI des Reichssicherheitshauptamtes, sein Gegenspieler. Chef des politischen Nachrichtendienstes des Deutschen Reiches.

Ständiger Kampf beider Dienste mitten im Kriege. Es geht um die Vereinheitlichung. Und um den Versuch, Canaris auszuschalten. Er scheint Himmler und Schellenberg suspekt. Und ist es auch. Der 20. Juli 1944 zeigt es dann. Teile der Abwehr stehen im anderen Lager. Auch wir werden es noch sehen.

Wir, das ist die Gruppe VI S des Amtes VI.

„S" kommt von „Schule", der Anfangsbuchstabe wurde gewählt. Leute, die es besser wissen wollen, „S" stünde für „Sabotage", irren. Zumindest, was das Jahr 1943 betrifft.

Die Gruppe VI S hat Agenten zu schulen. Auf drei Schulen. Die Schule „Seehof" in Den Haag (mit einer „Vorschule": „Kuh-Hof") bei Deventer. Für Agenten, die im Westen eingesetzt werden sollen. Die Schule „Heinrichsburg" bei Semlin in der Fruska Gora. Dort sollen die Agenten für den Südosten und Osten geschult werden. Das geht aber nur sehr schwierig, die Fruska Gora ist Partisanengebiet. So kommen auch „Südöstliche" nach „Seehof". Eine dritte Schule soll in Friedenthal bei Oranienburg, nördlich von Berlin, eingerichtet werden. In einem kleinen Jagdschlößchen. Das Ganze ist aber noch im Zustand eines Bauvorhabens.

Anfang April 1943 beginnt die Gruppe VI S ihre Tätigkeit.

Chef ist der damalige SS-Obersturmführer Skorzeny. Ich werde sein erster Mitarbeiter neben einer Sekretärin. Dann werden gemeinsam noch andere Mitarbeiter herangeholt.

In Oranienburg liegt eine Sondereinheit der Waffen-SS. „Sonderlehrgang Oranienburg". Fast ausschließlich Unterführer, einige Führer und nur ganz wenige Mannschaftsdienstgrade. Sie wurden vor einem Jahr auf eigenen Wunsch ausgewählt für besondere Einsätze.

„Deutschland wird diesen Krieg verlieren, wenn nicht durch die Taten freiwilliger, beherzter Männer besondere, kriegsentscheidende Taten gesetzt werden. Wir müssen mit ganz wenig Menschen den Gegner an seinen Herzstücken treffen. An Herzstücken seiner Rüstungsindustrie, tief in seinem eigenen Hinterland. Dazu müssen wir auch bereit sein, uns selbst zu opfern."

So und anders hatten sie vor mehr als Jahresfrist an ihre Vorgesetzten, hatten sie an Himmler und Hitler geschrieben. Sie alle hatten den Krieg bereits in all seinen Phasen erlebt. Kaum einer ohne das Eiserne Kreuz, kaum einer ohne Verwundetenabzeichen. Sie wurden aus ihren Einheiten herausgezogen, in Oranienburg kaserniert und warteten. Warteten Monate, warteten ein Jahr. Und warten immer noch auf eine Chance, entscheidende Taten vollbringen zu können, den Krieg zu gewinnen. Und warten scheinbar vergebens. Eben Soldaten.

„Die Hälfte seines Lebens wartet der Soldat vergebens", heißt ein deutsches Soldatensprichwort.

Der verspäteten Gründung der Gruppe VI S lag eine Ausarbeitung eines Angriffes auf die russische Ural-Industrie zugrunde. Eine Störung des gesamten Starkstrom-Verbundnetzes durch gemischte Sabotagegruppen. Die sollen zuerst geschult werden. Dazu sollen auch erstmals die Männer des Sonderlehrganges eingesetzt werden. Lufteinsatz mit späterer Absetzmöglichkeit quer durch Sibirien. Mit nur sehr wenigen – aber doch – Chancen.

Gleichzeitig mit der Aufstellung der Gruppe VI S wird Otto Skorzeny Kommandeur des Sonderlehrganges Oranienburg.

Und damit kommt erstmals das Wort „Sabotage" in das Blickfeld praktischer Arbeit. Bei der Agenten-Schulung gehört ja Sabotage-Schulung mit zum allgemeinen Schulbetrieb. Vielleicht ist der Ausdruck „Sabotage" auch gar nicht richtig am Platz. So beginnen wir zu trennen. Sabotage und militärisches Kommando-Unternehmen. Dies ist unsere Auffassung, und so wird der Sonderlehrgang bewußt nicht dem Amt VI unterstellt. Er bleibt reine Waffen-SS-Einheit, eine Kampf-Einheit. Ihr Kommandeur ist daneben noch Gruppenleiter VI S im Amt VI.

Anders die Auffassung Himmlers, auch Schellenbergs. So wird kreuz und quer befohlen, so sind binnen kurzer Zeit nicht einmal mehr die Leute des Amtes VI im Bilde, was wir wirklich sind. Und so werden wir der „Skorzeny-Laden".

Und so sagen selbst Leute, die eigentlich wissen mußten, daß es nicht so ist, „S" sei Sabotage.

Bei dieser Verwirrung bleibt es auch. Bis heute.

Es wird viel befohlen. Schellenberg und seine Gruppen brauchen Agenten. Sie müssen geschult werden.

Hitler und seine Führung brauchen Taten. Die müssen erst vollbracht werden.

So kommt die Unruhe in unseren Apparat. Noch sind wir Agenten-Schulungsgruppe.

Da wird „Ulm" befohlen. Es ist das Ural-Unternehmen damit gemeint.

Und dann „Sonnenblume", ein großer Sabotage-Plan für den Nahen Osten. Die Sprengung der Ölleitungen ist vorzubereiten.

Dann muß „Franz" versorgt werden.

Das ist eine Gruppe der SS in Persien, die dort unter der Führung eines Hauptmanns Maier gegen die Engländer arbeitet. Sie braucht Nachschub an Menschen und an Material, an Gold und Devisen. Damit der Gaschgai-Aufstand, der erhebliche englische Kräfte verschleißt, weitergehen kann.

Viel zu klein ist unsere Gruppe, dies zu bewältigen. Mit nur wenig Erfahrung und noch weniger Menschen.

Das „zu spät", Hauptübel der deutschen Kriegsführung, steht wie ein Unstern über allem.

Uns bleibt die Arbeit, die darf nicht stillestehn. Viel Büroarbeit, Planung für die Schulen, Schulungspläne, Organisation. Planung für die befohlenen Einsätze, Sammlung von Unterlagen und wieder Organisation.

Und der Sonderlehrgang Oranienburg? Ebenfalls Planung, Neuaufstellung, da der alte Apparat unbrauchbar geworden. Durch das lange Warten.

Arbeit von acht Uhr früh bis sieben und acht Uhr abends. Arbeit von acht und neun Uhr abends bis drei und vier Uhr früh. Wochentags, sonnabends, und meistens sonntags. Dann und wann wird ein Tag ausgespannt.

Und dieser 25. Juli 1943 ist ein Tag des Ausspannens. Keiner darf von der Arbeit reden.

Wo spannt der Berliner aus? Am Wannsee. Und so machen auch wir es. Ich habe Besuch aus Wien. Freundin Luise ist da. Freund Fucker aus Wiener Neustadt ist gerade in Berlin. Skorzeny wohnt am Wannsee. Und so genießen wir gemeinsam den strahlendblauen Himmel, das Wasser, die Luft und was es sonst am See mit netten, gleichgesinnten jungen Menschen zu genießen gibt.

Um 8 Uhr geht es zurück zum Bootshaus. Luisens und Cousines Boot werden wieder verstaut. Dann mit der S-Bahn nach Zehlendorf zu einem kleinen Abend-Imbiß. Es wird reichlich Fruchtsaft getrunken. Der Sonntag ist alkoholfrei, wir glauben es selbst kaum, aber es ist so.

Skorzeny wohnt am Wannsee. Er ist abends nicht mitgekommen. Einmal richtig auspennen! Das ist ihm lieber.

Und so sind wir vier jungen Menschen allein. Und trinken „Heinis Fruchtsäfte". Der „Reichsheini", wie Himmler von der SS genannt wird, läßt diese alkoholfreien Getränke extra brauen und in den Kantinen vertreiben.

Sein Geschäft? Wir wissen es nicht, aber es schmeckt uns. Zuweilen. Dann wird noch ein wenig erzählt und nach einem Koffergrammophon getanzt.

Ein Lob auf die Gastgeberin, hochgewachsen, mit aristokratischem Äußeren und jungmädchenhaftem Gehabe. So an der Grenze zwischen Backfisch und Dame. Sie fühlt sich ganz als Hausfrau, die Eltern sind verreist, Herr Papa würde sehr böse sein. Nicht wegen des Besuches an sich. Aber die SS liebt er nicht. Der alte Generaloberst aus der österreichisch-ungarischen Monarchie.

Um Mitternacht brechen Fucker und ich auf. Mit der letzten S-Bahn geht es ab.

Er nach Süden, ich nach Westen.

In Charlottenburg, am Tegeler Weg 5, wohne ich bei Fräulein Meyer. Eine Treppe links. Um ein Uhr bin ich zu Hause, sinke ins Bett. Endlich ausschlafen. Wohl haben wir am Tag ausgespannt in Licht, Luft und Sonne, aber auch geschlafen will sein. Und diese Chance ist schon wieder halb vorbei. Kaum liege ich im Bett, bin ich auch schon eingeschlafen.

Noch sechs Stunden heute! Sechs Stunden schlafen! Kommt gar nicht so oft vor. Da träume ich, eine Klingel schellt. Schöner Traum, eine Klingel läuten zu hören und nicht aufstehen zu müssen, einfach wunderbar! Auch Stimmen sind zu hören. Träume, es klopft an meine Tür, träume ich? Die Stimme meiner Wirtin.

„Herr Radl, es ist ein Herr da, Sie müssen aufstehen."

Ich fahre hoch. Es ist Wirklichkeit, nicht Traum.

Fräulein Meyer lugt durch die Türspalte. Weiter kommt sie nie herein, wenn ich zu Hause bin. Ich sehe verstört nach der Uhr, 1.30 Uhr! Eine halbe Stunde habe ich geschlafen.

Vor der Tür steht ein Mann in Uniform. Militarist, sagen sie heute. Ich rufe herein, er meldet sich: „Oberscharführer –" ja, den Namen habe ich wirklich vergessen, möchte ihn gerne nennen. Er hat es sehr eilig.

„Obersturmführer, Sie müssen sofort mit mir kommen, Alarmbereitschaft."

„Was ist denn los?"

„Ich kann es Ihnen nicht sagen, geheime Reichssache."

„Reden Sie keinen Unsinn, wenn man mich herausholt, mitten in der Nacht, muß ich auch wissen, warum."

„Es ist Befehl, ich darf keine Auskunft geben."

Mir fällt die Mundart auf, der Mann muß aus Österreich sein. „Ostmark" heißt es damals.

„Sind Sie Ostmärker?"

„Jawohl, Obersturmführer."

Woher er ist, habe ich auch vergessen, aber es steht fest, der Mann ist aus meiner Heimat „eingeführt".

„Mensch, was ist nun wirklich los, ich bin auch Ostmärker, Sie können es mir ruhig sagen."

Stille.

„Ich warte auf der Treppe, Obersturmführer."

„Nein, warten Sie hier."

Ich ziehe mir die Uniform in Windeseile an, das haben wir bei den Soldaten gelernt. Sonst waren wir Ostmärker immer ein wenig langsamer als die „Preußen". In wenigen Minuten geht es los.

Auf der Treppe frage ich nochmals: „Also jetzt sind wir aus der Wohnung raus, was ist denn los?"

„Die Makkaroni san anbrennt," sagt der Mann auf gut österreichisch.

Jetzt ist es mir klar. Wirklich klar? Eines kann es nur sein: Italien. Aber was? Sind die Italiener abgefallen? Oder zusammengebrochen? Oder Invasion in Italien? Auch mein Begleiter weiß es nicht. Unterwegs müssen wir noch andere Leute alarmieren. Alles muß in die Berkaerstraße kommen.

Im Amt ist es wie in einem Ameisenhaufen. Allerdings ist es Nacht.

Haben Sie schon einmal mit einem Stock in einen Ameisenhaufen gestochen? Sehr aufregend, am Tage. Bei Nacht: auch aufregend, aber – komisch!

Ich gehe in unsere Räume. Noch keiner da.

Zwei Räume haben wir lediglich. In einem arbeiten die Sekretärin, eine andere Stenotypistin und ich. Der andere ist das Chef-Zimmer, zugleich Besprechungszimmer. Ist der Chef nicht da, darf ich breitspurig an seinem Platz sitzen und die „Termine wahrnehmen".

Außer mir haben wir noch zwei Führer. Hauptsturmführer Schmiel und

Obersturmführer Besekow. Damit ist eigentlich der ganze „VI S-Laden" auf-
gezählt.

Noch ist keiner von beiden da. Der Sonderlehrgang darf auch noch schlafen.
Ich gehe durch die Gänge des Amtes. Verschlafene Gesichter. Alle fluchen.
Aber keiner weiß, was los ist. So gehe ich zum Italien-Referat. Da ist tatsäch-
lich einer zu Hause. Und nicht verschlafen.

„Was ist los?"

„Mussolini ist abgesetzt."

„Wie, das ist doch unmöglich?"

„Nein, das ist nicht nur unmöglich, es ist so."

„Wie konnte denn das passieren?"

„Wir haben keinerlei genaue Nachrichten. Nur einen Funkspruch, daß es so
ist. Auch die Feindsender haben es gebracht. Aber außer der Bestätigung
durch unseren Polizei-Attaché wissen wir noch keine Einzelheiten."

„Und das Auswärtige Amt?"

„Die wissen noch weniger."

„Und die Abwehr?"

„Da haben wir keine Informationen, sie scheint ebenso überrascht zu sein."

„Verzeihen Sie, das müßten doch die Nachrichtendienste erfaßt haben, daß
da etwas nicht stimmt in Italien. Und sie müßten gewarnt haben. Das Amt VI
ist doch so stolz auf seine besten Informationen. Wie ist denn so was möglich?"

„Ich weiß es nicht."

So ergibt sich die geradezu groteske Tatsache, daß man im Amt VI, der Zentrale des politischen deutschen Nachrichtendienstes, noch nicht mehr weiß
als anderswo. Daß man sich in den Sieben-Uhr-Frühmeldungen des Reichs-
rundfunks erstmalig aufklären lassen muß.

Nicht einmal an erster Stelle wird dieses Ereignis in den Frühmeldungen
gebracht. Immerhin ein Ereignis der Weltgeschichte: Mussolini zurückgetreten!

Gleich erhebt sich die Frage: Ist er freiwillig zurückgetreten? Der Rundfunk
brachte es so, es scheint aber kaum glaubhaft. Ein Diktator, der seine Demission einreicht!

Mit Skorzeny habe ich noch nachts telefoniert. Er bleibt am Wannsee, wir
sind durch eine direkte Telefonleitung verbunden.

Und vor allem: Was geht uns, die Agentenschulgruppe VI S, der Regierungswechsel in Italien an? Wir haben weder mit der hohen Politik noch mit
dem Nachrichtendienst unmittelbar etwas zu tun. Daß uns die Sache als po-

litisch interessierte Deutsche stark beschäftigt, ist klar. Aber unsere sachliche Aufgabe berührt die Gebiete der Politik, der Weltanschauung und des Nachrichtendienstes selbst kaum.

Wir haben dafür zu sorgen, daß Männer geschult werden mit dem Rüstzeug der Agenten: Konspiration, Tarnung, Selbstverteidigung, Autofahren, Sport, Reiten, Sabotage und vieles mehr.

Wir haben aber aus den Agenten nicht etwa Nationalsozialisten oder Faschisten, Demokraten oder sonst was zu machen. Die Aufgabe ist eine rein technische. Vom Agenten wird ja gar keine Weltanschauung verlangt, er muß nur arbeiten.

Die Motive werden bloß am Rande bewertet, die ihn zu dieser Arbeit treiben. Meistens ist es Geld. Er spielt einen hohen Einsatz. Nämlich den: entweder ein großer Mann zu werden, ein Mann der Gesellschaft, der die Welt bereist, oder am Galgen zu enden. Bekommt er die Kugel, kann er es sich als hohe Ehre anrechnen. Für die er sich aber nichts mehr kaufen kann. So liegen die Dinge, ganz nüchtern betrachtet.

Und so ist es für uns eigentlich eine ausgemachte Sache: Uns geht der Zauber in Italien nichts an. Wir hören nur davon und nehmen es zur Kenntnis. Am 26. Juli hören wir, daß nun endlich Funksprüche aus Rom kommen.

Der Polizei-Attaché berichtet so, wie er die Lage sieht. Er ist seit langer Zeit da unten und weiß, sich ein richtiges Urteil zu bilden. Den Lauf der Dinge vermochte er weder zu übersehen noch zu beeinflussen.

Der italienische König läßt also seinen neuen Regierungschef, den Marschall Badoglio, erklären, daß Italien „treu zur Achse stehe und bis zum Endsieg weiter kämpfen werde". Das sind Realitäten für die hohe Politik, die nicht übergangen werden können. Mit ihnen hat man sich abzufinden, solange nicht das Gegenteil zu beweisen ist.

Und was geschah wirklich an diesem 25. Juli 1943? Niemand weiß es genau. Nicht das Auswärtige Amt, nicht das Amt VI, nicht die Abwehr. Sie alle wissen nur eines: Mussolini ist nicht mehr Regierungschef, und die neue Regierung hat Loyalität zur Achse gelobt.

Von Kappler – das ist der Polizei-Attaché aus Rom – erwartet man sich die erste vertrauliche Information. Sie kommt jedoch nicht. Wohl laufen Berichte ein, aber es ergibt sich nichts Neues.

Am Morgen des 26. Juli kommen dann alle zum Dienst, auch die, die man nicht alarmiert hat.

Auch Skorzeny kommt vereinbarungsgemäß sehr früh ins Amt. Nicht wegen Italien. Sondern, weil eine Reihe von Terminen auf ihn wartet.

18

Unter anderem hat er für mittags jemanden in den „Fürstenhof" bestellt. Hotel „Fürstenhof", gleich am Potsdamer Platz. Einen Herrn aus Wien will er da treffen.

Durch einen Übermittlungsfehler haben wir den Termin für den „Kaiserhof" eingetragen. Skorzeny fährt zur rechten Zeit los, Richtung „Kaiserhof".

Wir haben uns inzwischen wieder, ohne daß es jemand auffällt, auf den „Fürstenhof" eingestellt. Es beginnt ein verzweifeltes Telefonieren. Endlich haben wir es geschafft. Die Herren sitzen zusammen im „Fürstenhof". Skorzeny in Uniform: Hose lang, Biese weiß.

Kapitel 2

Ins Führerhauptquartier

Da, am frühen Nachmittag, klingelt das Telefon. Nur die Sekretärin ist da. Ich selbst bin zum Mittagessen. Mit Freundin Luise. Kann mich nur wenig um sie kümmern. Denn der Alarmzustand ist nicht aufgehoben.

Am Telefon ist die „Adjutantur C", das ist der Adjutant des Chefs der Sicherheitspolizei und des SD. Kaltenbrunner wünscht sofort Skorzeny zu sprechen. Ja, der ist nicht da. Skorzeny wird angerufen. Er ruft bei Kaltenbrunner an. Beide sind befreundet, aus der Studentenzeit. Beide Burschenschafter. Kaltenbrunner ist Grazer „Armine", Skorzeny Wiener „Markomane". Beide zersäbelte Gesichter.

Skorzeny ruft Kaltenbrunner: „Was ist los, Ernst?" „Du mußt sofort herkommen. Ich kann Dir das nicht am Telefon sagen. Am Flugplatz Tempelhof steht eine Kuriermaschine für Dich. Ins Führerhauptquartier. Beeil' Dich!"

Schluß, eingehängt.

Ich ins Führerhauptquartier, überlegt Skorzeny, was soll ich denn da? Vor wenigen Wochen ist er zum Hauptsturmführer befördert worden. Der will er auch bleiben. Zunächst. Angebote Schellenbergs, Skorzeny sollte sich in den SD übernehmen lassen, er würde sofort zum Obersturmbannführer (Oberstleutnant) befördert, lehnte Skorzeny kategorisch ab.

„Ich will Soldat bleiben, der höhere Dienstgrad interessiert mich gar nicht."
Dann wurde er Hauptmann, als Soldat.

Skorzeny hat auch Himmler um eine andere Verwendung gebeten; er sei zu wenig Fachmann. Er möchte lieber zur kämpfenden Truppe. Liegt es daran, daß er ins Führerhauptquartier soll? Aber so eilig. Mit Kuriermaschine?

Zunächst also wird die „Fürstenhof"-Besprechung abgebrochen. Skorzeny fährt gleich in die Wilhelmstraße zu Kaltenbrunner. Ist ja nur zwei Straßenecken vom „Fürstenhof" entfernt.

Dort ist großer Betrieb. Schellenberg ist da und Dr. Kaltenbrunner.

„Skorzeny, Sie müssen sofort ins Führerhauptquartier fliegen. Die Maschine wartet bereits."

„Aber in diesem Aufzug können Sie nicht fliegen. Der Führer will Sie sehen. Sie müssen vorschriftsmäßig gekleidet sein."

Das ist alles sehr dienstlich. Jetzt spricht nicht der Freund Ernst Kaltenbrunner, jetzt spricht der Vorgesetzte, der SS-Obergruppenführer Dr. Ernst Kaltenbrunner, Chef der Sicherheitspolizei und des SD, unglücklicher Nachfolger und Verwalter von Heydrichs mysteriösem Erbe.

Telefongespräche mit der Berkaerstraße. Die Stiefel und die Stiefelhose vom „Alten" müssen am Wannsee geholt werden. Das ist der vorgeschriebene Anzug. Schmiel muß die Sachen bringen. Ich gebe inzwischen im Auftrag des Chefs vorsorglich Alarmbereitschaft zum Sonderlehrgang durch. Es sieht doch so aus, als ob irgendwelche Zusammenhänge mit Italien im Spiel wären.

Aber keiner weiß etwas Genaues.

In der Eile werden Skorzenys Wasch- und Rasiersachen vergessen. Von Kaltenbrunner – jetzt wieder der Freund – werden Seife, Rasierpinsel, Handtuch und eine neue Zahnbürste geborgt. Ab geht es zum Flugplatz Tempelhof. Schmiel ist dort mit den Sachen vom Wannsee.

Ich sitze in der Berkaerstraße am Apparat 270 und telefoniere und telefoniere.

Als Schmiel vom Flugplatz kommt, bringt er den zusätzlichen Befehl – zu der ohnehin noch bestehenden allgemeinen Alarmbereitschaft: Gruppe VI S arbeitet in Permanenz, bis gegenteilige Weisungen kommen.

Ich hatte noch nicht Zeit, mich zu waschen oder zu rasieren. Ein ungutes Gefühl, so unkultiviert zu sein. Noch dazu in Uniform in einem so wichtigen Amt.

Und wieder steht eine Nacht vor der Tür, die durchwacht werden muß und wird. Ich habe nicht Zeit, mich um die geringsten privaten Dinge zu kümmern. Freund Fucker darf Luise betreuen. Wie sich herausstellen wird, noch

22

länger als ein, zwei Tage. Bis sie wieder nach Hause muß, nach Wien. Aber da bin ich schon längst „verschollen".

Er hat es mir heute noch nicht verziehen.

So wird es Abend und wird es Nacht. Nichts hat sich ereignet. Es wird nur von einem Einsatz gesprochen. Einige SD-Führer werden dafür abgestellt. Dr. Hass ist dabei und Biesner. Devisen sollen bereitgestellt werden, ich höre das nur am Rande, denn es geht uns nichts an, uns, die Schulgruppe.

Da ich an diesem Tage zu allem Überfluß noch Führer vom Dienst bin, also der Offizier, der den ganzen Tag lang, sozusagen im Auftrag des Amtschefs, da sein muß, erhalte ich von all dem Kenntnis. Muß noch den halben Nachmittag helfen, Biesner zu suchen. Und abends ist er noch immer nicht gefunden. Er soll die Devisen übernehmen. Was für Devisen? Das erfahre ich nicht.

Spät abends gelingt es mir, ihn zu finden. Er schläft bereits. Im Roxy-Hotel am Kurfürstendamm. Er wird herangeholt.

Da fängt auch ein toller Reigen von Fernschreiben und Telefongesprächen an. Aus dem Führerhauptquartier, von der Adjutantur C, und weiß Gott von wo. Es herrscht ein heilloses Durcheinander.

Noch immer besteht keine Klarheit über die tatsächlichen Vorgänge in Italien. Ein Vorfall erhellt dies besonders deutlich:

Etwa um 23 Uhr des 26. Juli sitze ich zusammen mit Dr. Steimle an Schellenbergs Schreibtisch. Schellenberg hat sich auf einige Zeit wegbegeben, Steimle vertritt ihn als Amtschef.

Ein Gruppenleiter des Amtes hat den Amtschef ständig zu vertreten, wenn dieser nicht erreichbar ist. Heute ist Dr. Eugen Steimle Vertreter. Er ist der Gruppenleiter, der die gesamte Arbeit des politischen Nachrichtendienstes für den Westen, das sind die Länder von Nord-Afrika über Spanien, Portugal, Frankreich, Belgien und Holland, und zu diesem Zeitpunkt noch nicht Italien, das gehört noch zu VI E, verantwortlich leitet.

Ich vertrete den Gruppenleiter VI S und bin außerdem Führer vom Dienst.

Da keiner schlafen darf, setzen wir uns zusammen. Alte Bande verbinden uns.

Da kommt ein wütendes Fernschreiben von Himmler an Schellenberg. Dieser soll in entsprechender Weise dessen Inhalt an Kapplers Geheimfunkstelle in Rom geben. Himmler tobt: „Was Kappler berichtet, ist alles Schei...! Kappler läßt sich vor den Wagen der Deutschen Botschaft in Rom spannen. Er soll sich nicht von diesen Leuten beeinflussen lassen und gefälligst vernünftig berichten."

Keiner weiß, was er mit dem Fernschreiben anfangen soll.

Denn wie will Himmler es besser wissen als die Leute in Rom? Die sind ja dort, um es selbst besser zu wissen und Himmler entsprechend zu unterrichten.

Wir sind absolut der Ansicht: Kappler sieht die Lage richtig.

Auf einmal ein Fernschreiben von Skorzeny: „Sonderlehrgang Oranienburg sofort für einen Auslandseinsatz fertigmachen. Geheime Reichssache. Von VI S gehen zwei Führer mit. Radl leitet verantwortlich die Aufstellung und Ausrüstung des Kommandos. Weitere Befehle folgen."

Und sie folgen. Jede halbe Stunde ein anderer, neuer Befehl. Es ist kaum möglich, sie der Reihenfolge nach festzuhalten.

Skorzeny ist plötzlich am Telefon. Spricht mit mir: „Ich bin hier im Führerbunker des Führerhauptquartiers. Trinke gerade dicken Kaffee, um mich ein wenig aufzupulvern. War nachmittags beim Führer. Alles so vorbereiten, wie ich es auf dem Fernschreiben durchgebe. Ihr müßt um sechs Uhr früh startbereit sein. Am 27. Juli, sechs Uhr früh. Ich rufe in ca. zwei Stunden wieder an. Versuche jetzt, mich ein wenig hinzulegen. Ende."

Um sechs Uhr früh? Das sind noch knapp sieben Stunden. Inzwischen sind wieder einige Fernschreiben da: „Es sind für den Einsatz sofort 30 Mann vom Sonderlehrgang mit einem Führer auszuwählen. Ulli Menzel soll den Haufen führen. Die Leute soll er selbst bestimmen. Nur beste Leute."

Ich spreche sofort mit Menzel. Das geht klar. Die Männer werden um fünf Uhr marschbereit in der Berkaerstraße sein.

„Welche Ausrüstung?" fragt Menzel.

„Weiß ich ja nicht."

„Wo geht es denn hin?"

„Weiß ich auch nicht, Ende."

Da ist auch schon wieder ein Fernschreibbote da: „Es sind von Amt I des Reichssicherheitshauptamtes sofort zwanzig bestqualifizierte Führer auszusuchen und für den Einsatz bereitzustellen. Voraussetzung: gute körperliche Kondition, italienische Sprachkenntnisse. Darauf achten, daß das Personalamt nicht von irgendwo ‚Mist' abschiebt, wie dies so üblich ist."

Die Ämter geben nur ungern gute Leute ab, die behalten sie lieber selbst. Verständlich, aber verkehrt. Diesmal soll uns das nicht passieren.

Was soll ich dazu tun?

Der Amtschef D ist der zuständige und verantwortliche Mann. Ihn anrufen? Na, mal probieren. Der Amtschef schläft.

Was, denke ich, wo alles in Alarmbereitschaft ist, schläft der Amtschef? Und doch ist es so. Na, der Personalreferent macht das klar.

Es ist fast Mitternacht. Um fünf Uhr früh spätestens müssen die Männer in der Berkaerstraße sein. Kaum ist das telefonisch erledigt, neues Fernschreiben von Skorzeny: „Jeder der Männer hat komplette Tropenuniform zu tragen und weiters mit einem Zivilanzug ausgerüstet zu sein."

Ich rufe wieder den Personalreferenten, daß dies bei den Männern vom Amt klappt mit den Zivilanzügen. Mit den Tropenuniformen, das wird hier geregelt. Es klappt mit den Zivilanzügen, da die Männer des SD ohnedies viel Zivil tragen, geht dort alles nach Wunsch.

Aber die Soldaten vom Sonderlehrgang, die sind seit 1939 bei der Truppe und haben seitdem kein Zivil getragen. Sind viele hundert Kilometer von ihrer Heimat entfernt. Also: Es müssen 30 passende Zivilanzüge, 30 Paar passende Schuhe, ebenso viele Socken, Hemden, Krawatten und Regenmäntel besorgt werden.

Wo? Irgendwo in Berlin, nachts, mitternachts. Alles ist bewirtschaftet, alles nur gegen Bezugscheine zu haben.

Wohl hat die Gruppe VI F (Ausrüstung, Versorgung, technische Abteilung) für Agentenausrüstung einige Zivilanzüge da, aber um 30 Männer passend anzuziehen, da gehören mehr als 30 Garnituren her.

Die verantwortlichen Leiter von VI F sind inzwischen in der Berkaerstraße eingetroffen. Dörner und Lassig. Sie werden sich der Zivilanzüge annehmen. Auch die Tropenuniformen werden sie besorgen. Bis 5 Uhr früh wollen sie es schaffen.

Noch während darüber verhandelt wird, neues Fernschreiben: „Der Einsatz ist nicht nur mit den heeresüblichen Waffen auszurüsten, sondern jeder Führer und Mann zusätzlich mit Waffen und Munition ausländischer Art, STEN-MP usw., zu versorgen. Die Männer müssen mit Rucksäcken ausgerüstet sein."

Nun müssen Rucksäcke besorgt werden.

Inzwischen ist Skorzeny wieder am Telefon. Ich frage ihn: „Was ist los, wo geht es hin? Hier ist ein ganz großes Durcheinander, ich brauche genauere Informationen."

„Ich kann das am Telefon nicht sagen, ist geheime Reichssache. Wir werden mit Fallschirmen abspringen, vielleicht schon morgen früh. Bin zusammen mit General Student um sechs Uhr früh in der Luft. Ihr startet auch um sechs Uhr früh. Wir werden Funkverbindung haben. Ich werde Euch irgendwo aus der Luft herunterholen. Dann müßt Ihr springen. Fallschirme müssen besorgt werden."

„Aber von uns kann doch keiner springen!"

„Ich auch nicht, aber es muß so sein. Im schlimmsten Fall fallen wir auf die Nase. Ende."

Ich gehe, nein wanke, zu Steimle, der noch immer an Schellenbergs Platz sitzt. Der sieht mich an: „Was ist, Radl?"

„Der Alte spinnt! Wir sollen irgendwo aus der Luft abspringen."

„Wo?"

„Das weiß er selber nicht. Und außerdem ist es geheime Reichssache."

Ich rufe wieder VI F an. Lassig ist am Apparat.

„Sturmbannführer, ich brauche 50 Fallschirme."

„Woher soll ich denn die nehmen, wir haben doch keine Fallschirme?"

„Ich habe aber Befehl, sie bis sechs Uhr früh zu haben. Außerdem gibt mir da eben wieder einer ein Fernschreiben in die Hand – Moment mal, muß erst mal lesen – ja, da steht folgendes: ‚Jeder einzelne Teilnehmer ist mit einem Wehrmachts-Soldbuch auszurüsten, die SS-Soldbücher sind zurückzubehalten. Weiters hat Radl als Einsatzführer für jeden Mann ein Blanko-Luftwaffen-Soldbuch und je drei Paßbilder mitzubringen.' Können Sie da helfen, Kamerad Lassig?"

„Nein, wo soll ich die Dinger hernehmen? Einzelne Stücke könnte man unter Umständen besorgen. Versuchen Sie es mal beim Luftfahrtministerium."

„Können wir wenigstens die Männer bis sechs Uhr früh fotografieren und von jedem drei Paßbilder haben?"

„Das ist kaum zu machen. Wollen es versuchen. Wenn ihre Männer um vier Uhr früh hier sind, können wir ja jeden mit der Leica aufnehmen, dann schnell entwickeln und kopieren, aber alles nur sehr primitiv."

„Ich brauche aber gute Paßbilder für die Soldbücher. Außerdem müssen die Männer beim Fotografieren schon Zivil oder Tropenuniform haben."

„Na, kommen Sie um vier Uhr früh mit den Männern her."

Das Gespräch ist kaum zu Ende. Ich wundere mich, daß sich inzwischen nichts Neues ereignet hat. Lege mich quer über meinen Schreibtisch, ohne Mantel und Decke, ohne Unterlage. Der Tisch ist zu kurz, die Füße müssen krampfhaft eingezogen werden. Und doch schlafe ich sofort ein. Ich träume wirres Zeug durcheinander. Da fahre ich im Traum auf. Luise! Sie ist doch aus Wien da. Zu mir gekommen und weiß noch gar nicht, daß sie mich vielleicht nicht mehr sehen wird in Berlin, vielleicht überhaupt nicht mehr. Ich rufe Zehlendorf an. Eine schlaftrunkene Stimme am anderen Ende. Cousinchen.

„Ich muß sofort Luise sprechen, bitte die Störung zu entschuldigen."

Es ist fast ein Uhr morgens.

„Luise hier, was ist?"

„Hör mal, ich gehe um sechs Uhr früh in den Einsatz."

„Nein, was soll ich denn da machen?"

„Wir können uns nicht mehr sehen, Fucker wird sich um Dich kümmern; weiß nicht, wie lange es dauert, auch nicht, wohin es geht. Warte noch eine Woche in Berlin. Hast du dann keine Nachricht, dann zurück nach Wien. Auf Wiedersehen, Luise!"

Ich muß das Gespräch abbrechen, weil ein Ferngespräch in der Leitung ist.

„Ja, hier 270."

„Hier Skorzeny, Radl? Ja, paß auf: es müssen sofort zwei Jesuiten-Talare und zwei Jesuiten-Hüte beschafft werden. Im Koffer mitnehmen. Vielleicht müssen sie im Flugzeug angezogen werden. Dann noch was: Ihr habt ja noch gar keine Flugzeuge für sechs Uhr. Bitte veranlasse das, ihr braucht drei Ju 52 und zwei He 111, ich verlaß mich auf Dich, ich rufe wieder. Ende. Nein, hörst Du noch? Du kannst mich jederzeit mit Blitzgespräch im Reichsführerbunker erreichen. Ich bin schon ziemlich fertig, werde jetzt mal ein Bad nehmen. Dann viel Spaß! Ende."

Ich sinke fast zusammen: Flugzeuge, Mönchskutten und -hüte, woher? Ich habe noch nicht einmal die Soldbücher.

„Dann viel Spaß!" hat er gesagt. Nerven wie Eisenbahnschienen.

Die Luftwaffe will keine Blanko-Soldbücher hergeben. Klar, würde ich auch nicht. Verlangt Befehl vom Luftwaffen-Führungsstab.

Man stelle sich vergleichsweise vor: Ein Beamter vom Zoll, oder weiß ich, von der Kriminalpolizei, begibt sich um Mitternacht zum Landrat, weckt ihn und verlangt von ihm fünfzig Blanko-Paßformulare, ohne irgendeine schriftliche Anweisung zu haben.

Solches und ähnliches geht mir durch den Kopf. Ja, wenn man eine Anweisung vom Luftwaffen-Führungsstab hätte. Ich rufe Skorzeny (im Bade) an: „Ich brauche sofort eine Anweisung für die Luftwaffen-Soldbücher. Überhaupt, schicken Sie mir bitte doch sofort ein Blitz-Fernschreiben mit einem Einsatzbefehl, der vom Führer, vom Reichsführer oder vom Reichsmarschall gezeichnet ist. Damit kann ich viel mehr schaffen. Ich habe ja nichts in der Hand. Keiner hilft, und keiner gibt was heraus."

„Das geht nicht, das ist alles so geheim. Keiner weiß was davon, und keiner soll was erfahren. Weiß selbst nicht, was ich tun soll. Ruf' den Ernst an, wenn Du nicht mehr weiterkommst. Ende."

So ist es also. Da wird ein Riesenapparat in Bewegung gesetzt, aber es ist keine Grundlage da zum Handeln, kein Befehl. Und zu jedem derartigen Handeln gehört nun einmal ein Befehl von oben oder eine Anweisung.

Ich habe noch nicht einmal die Soldbücher. Der Sonderlehrgang wird pünktlich da sein, das ist gesichert.

Aber ich habe auch noch keine Fallschirme, keine Flugzeuge, aus denen wir herausfallen können. Was tun?

Ich rufe Schellenberg an, damals noch Standartenführer und Oberst der Polizei.

„Standartenführer, ich soll da Flugzeuge besorgen –"

„Was sollen Sie, habe ich recht verstanden, Flugzeuge?"

„Ich soll drei Ju 52 und zwei He 111 besorgen, die mich und meine Männer um sechs Uhr starten, Skorzeny hat es mir eben am Telefon befohlen."

„Ja, steht denn die Welt Kopf, was soll ich denn dabei?"

„Ja, Standartenführer, den Eindruck habe ich auch, aber Sie sind ja nun der Amtschef und könnten vielleicht deshalb bei der Luftwaffe mehr erreichen als ich."

„Ja, ich kann Ihnen da auch nicht helfen."

Da fällt mir blitzartig ein: „Frag den Ernst", hat Skorzeny gesagt.

„Standartenführer, haben Sie Bedenken dagegen, daß ich persönlich Kaltenbrunner anrufe und ihn um Hilfe bitte, Skorzeny hat mir das angedeutet, und dem hilft Kaltenbrunner sicher gerne."

„Ja, tun Sie das, ich werde ihn auch anrufen, damit das klar geht."

Und schon ist der Hörer eingehängt. Kurz darauf wähle ich auf der direkten, internen Leitung die Adjutantur von Kaltenbrunner. Der Adjutant meldet sich: „Ja, Werth."

„Hier ist Obersturmführer Radl; im Auftrage von Amtschef VI soll ich den Obergruppenführer persönlich sprechen."

„Was ist denn los, es ist jetzt bald halb zwei Uhr, worum handelt es sich, der Obergruppenführer ist noch da!"

„Das ist geheime Reichssache, kann ich Ihnen nicht sagen, aber Schellenberg hat mit dem Obergruppenführer schon gesprochen. Es ist eine wichtige Sache im Zusammenhang mit Skorzeny und seinem Flug ins Führerhauptquartier."

„Einen Augenblick, ich verbinde Sie mit dem Obergruppenführer."

„Knacks", macht die Leitung. Kurze Stille.

„Kaltenbrunner."

„Hier spricht Obersturmführer Radl, ich habe eben mit Skorzeny telefoniert und dann mit dem Amtschef VI gesprochen, ich sollte Sie anrufen, Obergruppenführer."

„Ja, was wollen's denn, Radl?"

Kaltenbrunner spricht stets betont österreichischen Akzent.

„Schellenberg hat schon mit mir gesprochen, was brauchen's denn? Aber machen Sie's kurz, ich möcht' dann a mei Ruh haben."

„Obergruppenführer, ich möchte Sie um Ihre Hilfe bitten; ich habe Befehl, drei Ju 52 und zwei He 111 zu besorgen. Ich kann doch nicht zum Reichsmarschall gehen. Es ist noch gar kein Einsatzbefehl da. Man hat mir nicht einmal gesagt, wohin die Maschinen fliegen sollen. Das ist doch das mindeste, was ich wissen muß, wenn ich Maschinen anfordere. Ich weiß nur, daß die Maschinen um sechs Uhr früh am Flugplatz Staaken bei Berlin startbereit sein sollen. Da sollen wir abfliegen.

Vielleicht können Sie so gut sein, Obergruppenführer, und einmal mit dem Führerhauptquartier sprechen, und dann vielleicht mit dem Reichsmarschall, damit das klar geht. Ich wäre da sehr dankbar. Ich sehe keinen anderen Weg mehr, und deshalb habe ich Sie angerufen."

„Passen's auf, ich spreche noch mal mit Skorzeny und mit dem Reichsführer, werde dann mit der Luftwaffe die Sache mit den Maschinen regeln; die sollen also um sechse in Staaken startbereit sein, drei Ju 52 und zwei He 111? Rufen's mich in zirka einer Stunde wieder an, wenn's keine andere Nachricht bis dahin haben. Machen Sie's gut."

Mir fällt ein Stein vom Herzen. Also Maschinen kriegen wir, wir werden fliegen.

Inzwischen haben sich weitere Fernschreiben angesammelt: „Es ist sofort schwarze Haarfarbe zu besorgen. Jeder Teilnehmer hat sich die Haare schwarz zu färben und schon so zum Start zu erscheinen", so lautet eines davon.

Dann weitere Material-Anforderungen. Betreffend: Munition, Waffen, Schalldämpfer, Funkanlage, Agentenfunkgeräte, Funkpläne, Schlüsselmaschinen, Gift, Vernebelungsmunition, Tränengas.

Das alles auf verschiedenen Fernschreiben, jedes extra. Dazu brauche ich einen ganzen Güterzug, kalkuliere ich.

Ich rufe Skorzeny an: „Radl hier, Hauptsturmführer, wir können das ja gar nicht alles schleppen, wir haben nicht genügend Transportraum, da müssen wir ja noch drei Ju 52 haben."

„Ihr müßt die befohlenen Sachen mitnehmen, wir wissen nicht, was wir davon brauchen, aber es kann sein, daß dann gerade das Wichtigste fehlt, wenn Ihr nicht alles mitnehmt. Und, hör mal: Du persönlich nimmst für mich mit eine komplette Zivilausrüstung, eine komplette Tropenuniform, einen kompletten Satz heeresüblicher Waffen und Munition und einen Satz von den andern Dingen. Dann mein Reisenecessaire, und vergiß nicht meine Zigaretten. Dann nimmst Du persönlich die Devisen an Dich, da bist Du verantwortlich dafür, und auch die Blanko-Soldbücher. Daß alles klappt. Ende. Ich muß noch woanders hin. Ich rufe Dich in einer halben Stunde."

So lange brauche ich gerade, um mich von dem Schock zu erholen. Um mich zu sammeln. Ich weiß schon nicht mehr, bin ich verrückt, oder sind es die andern. Auf, ins Irrenhaus!

Vor mir liegen Berge von Zetteln, Telefonnotizen, Fernschreiben, Listen, Anweisungen, Personalaufstellungen, Terminlisten. Und was ist noch alles bis sechs Uhr zu erledigen! Können wir das überhaupt schaffen?

In einer anderen Ecke häufen sich die herangeschafften Ausrüstungssachen.

Zur arbeitsmäßigen Entlastung sind Besekow und Schmiel da, bald kommen auch die Männer vom Sonderlehrgang.

Dann geht's in den „Modesalon" zu VI F.

Dort sind inzwischen einige Berge Zivilsachen und Tropenuniformen eingetroffen. Letztere mußten mit Flugzeug aus Chemnitz geholt werden, sagt Lassig.

Der Fotograf hat inzwischen eine Leinwand aufgestellt als Hintergrund für unsere Charakterköpfe. Wie werden die Bilder aussehen? Ich befürchte Schlimmstes. Und behalte recht.

Da kommen auch einige Führer aus den verschiedenen Ämtern, die sich zum Einsatz melden. Sie sind nachts aus den Betten geholt worden. Keiner weiß, worum es sich handelt. Ich weiß es selbst nicht.

Als ich ihnen das sage, halten sie mich für den größten Lügner aller Zeiten. Und ich weiß es wirklich nicht.

Wohl deuten die Vorbereitungen in eine bestimmte Richtung, nämlich nach Italien.

Aber was soll dort geschehen? Wo Mussolini doch freiwillig demissioniert hat, und wo der König und Badoglio bis zum Endsieg treu zur Achse stehen wollen.

Aber zum Nachdenken bleibt ohnedies keine Zeit.

Bei den neuen Männern sind auch höhere Dienstgrade. Sofort kommt die Frage: Wer führt den Haufen?

Erfahrungsgemäß der mit dem höchsten Dienstrang.

Ich habe aber einen fernschriftlichen Befehl, den Einsatz so lange zu führen, bis Skorzeny ihn übernimmt.

Und schon gibt es Kompetenzschwierigkeiten, als ich Anordnungen technischer Art gebe. Ein Major läßt sich nicht gerne von einem Oberleutnant

Weisungen geben. Sehr natürlich, aber was ist seit gestern nacht überhaupt natürlich? Alles steht kopf. Warum nicht auch die Kompetenzen?

So langsam kommt doch alles in Fluß. Besekow und Schmiel lassen mich eine halbe Stunde ausruhen.

Ich benutze die Zeit, um mich selbst in Tropenuniform zu kleiden. Vollkommen unrasiert gleiche ich eher einem Seeräuber in der Kluft denn einem deutschen Offizier.

Ich lasse mich auch fotografieren. Der Bart verdirbt an den Bildern nichts, sie sind ohnedies kaum zu brauchen. Auch die andern nicht.

Aber: Jeder hat drei Lichtbilder. Das heißt, ich habe sie, und das macht zusammen – wir sind nun bald 50 Mann – 150 Bilder. Alles Gewicht, für das ich persönlich verantwortlich bin, und das ich selbst schleppen soll.

Wenn ich mir so ausrechne – unterwegs zum Einkleiden –, was ich alles zu transportieren habe, komme ich auf etwa acht Koffer, alles zusammen ca. 300 kg. Tragen helfen kann mir keiner, da nach der befohlenen Ausrüstung jeder ungefähr das Dreifache von dem zu tragen hat, was ein Soldat überhaupt tragen kann. Und Träger gibt es nicht.

Als ich ins Dienstzimmer zurückkomme, sind die Fernschreiben sortiert, numeriert, die Kisten geordnet, alles Erledigte abgehakt. Alles Notwendige ist veranlaßt, und alles klappt wie am Schnürchen.

Gerade kann ich noch verhindern, daß sich die Männer die Haare schwarz färben, das kommt doch gar nicht in Frage.

Ja, das sei doch Befehl.

Der wird nicht ausgeführt, erwidere ich, das nehme ich auf meine Kappe. Mitnehmen können wir die Farbe ja auf alle Fälle. Aber eine ganze Einheit mit pechschwarz gefärbtem Haar, das fällt auf. Auf den ersten Blick. Weitere Fernschreiben sind eingegangen, weitere Anforderungen, weitere Weisungen.

Aber das Wichtigste von allem ist nicht eingegangen: ein Einsatzbefehl mit Zweck, Stärke und Ziel des befohlenen Unternehmens. Gerüchte kommen auf. Es geht nach Sizilien, dort sind gerade die Alliierten gelandet. Nach Südfrankreich, sagen andere. Auf die Kanalinseln, nach Italien. Italien scheint ja am wahrscheinlichsten. Wegen der geänderten Verhältnisse dort. Und wegen der angeforderten perfekt italienisch sprechenden, ausgesucht guten Führer.

Inzwischen ist es 4 Uhr morgens. Ich zähle meine Heerscharen. Die von Amt I gelieferten bestqualifizierten Führer, Spezialisten für Italienisch usw., und meine Sonderlehrgangsleute mit ihrem Obersturmführer Menzel. Frage jeden über seine Person, seinen Werdegang, soweit ich sie nicht schon kenne, und stelle beruhigt fest, zwei Sturmbannführer vom SD, zwei Hauptsturm-führer vom SD, desgleichen zwei Obersturmführer und ein Untersturmfüh-rer. Noch drei oder vier kleinere Beamte der Kriminalpolizei und noch ein Dolmetscher. Vom eigenen Verein, nämlich von VI S, der Obersturmführer Besekow und ich, und dann noch Obersturmführer Menzel vom Sonderlehr-gang mit 29 Männern.

Bei der Frage nach den Spezialisten für Italienisch bleiben mir Verstand und Sprache weg: ein einziger perfekt Sprechender (Untersturmführer Warger) und ein „Halbperfekter", noch dazu ohne Führerdienstgrad – Gefreiter.

Über diesen Feststellungen vergeht einige Zeit. Dann beginnt ein wildes Durcheinander. Alles marschiert in Gruppen jeweils zu fünf Mann zu VI F. Um dort Tropenuniformen und Zivil zu fassen, die Rucksäcke in Empfang zu nehmen, die Waffen und Munition, dann zurück zu mir.

Ich stelle persönlich die inzwischen beschafften Soldbücher der Wehrmacht aus. Auch die Blanko-Luftwaffen-Soldbücher sind da.

Da geht die Tür auf, hereingebracht werden: zwei Jesuiten-Talare und zwei Jesuiten-Hüte. Ich nehme sie persönlich in Verwahrung.

Im Saale herrscht heilloses Durcheinander. Da lagern Munition und Spreng-stoff, Funkgeräte, Zünder und Haarfarbe, alles durcheinander.

Aber unsere Listen sind komplett.

Schon um drei Uhr hat mir Kaltenbrunner am Telefon bestätigt: „Ihre Ma-schinen stehen um sechs Uhr startbereit am Flugplatz Staaken. Ich werde selbst mit Schellenberg beim Abflug dabei sein."

Kapitel 3

Nach Italien

Also auch das ist geregelt. Inzwischen habe ich noch zweimal mit Skorzeny gesprochen. Wo es hingeht, weiß ich noch immer nicht. Die am weitesten gehende Information, die mir Skorzeny gibt – streng vertraulich –, nur für mich persönlich, ist die: „Ich starte hier in Ostpreußen zusammen mit General Student um fünf Uhr früh Richtung Südwesten. Ihr werdet um sechs Uhr starten. Das Ziel wird den Flugzeugführern erst am Start bekanntgegeben. Möglicherweise müßt Ihr unterwegs abspringen. Das bekommt Ihr alles durch Funk."

Das klingt alles sehr unwahrscheinlich und wenig fachmännisch. Nachdem ich weiß, daß General Student der kommandierende General des XI. Fliegerkorps ist, liegt für mich die Richtung eigentlich fest, auch ohne genaue Einweisung.

Um etwa halb fünf ruft mich Skorzeny nochmals an: „Hör mal, wenn Ihr mit den Flugzeugen an Ort und Stelle seid, und ich Euch nicht vorher herausgeholt habe, dann versuchst Du sofort nach der Landung, mich persönlich aufzufinden. Kannst bei der Deutschen Botschaft Dich nach mir erkundigen, oder besser, nach General Student. Gehst zum Attaché, und wenn Du da nicht durchkommst, dann kannst Du mich an dem Ort finden, wo es den berühmten Wein gibt, südostwärts der Hauptstadt. Fängt mit „F" an, aber auf jeden Fall kommen, damit ich Dich einweisen kann. Und meine Sachen mitbringen."

Nun, wer aus Österreich ist, von Italien etwas versteht und auch etwas vom Wein, für den kann das „F" nur „Frascati" bedeuten. Ebenso wie etwa das „Ch" nur „Chianti" oder das „AS" „Asti Spumante".

Und so steht für mich fest: Es geht nach Italien. Nur ist es mein Geheimnis.

Knapp vor fünf Uhr rufe ich Skorzeny nochmals an und erstatte Vollzugsmeldung: „Alles zum Einsatz bereit". Ein Anruf von Schellenberg gibt mir Nachricht, daß der Start um ein bis zwei Stunden verschoben wird. Die ganze Mannschaft steht um sieben Uhr angetreten vor den Maschinen in Staaken. So weise ich alle an: Abfahrt halb sieben Uhr mit Lastkraftwagen von der Berkaerstraße.

Wie gern würde ich eine halbe Stunde schlafen oder mich wenigstens rasieren. Die andern haben das bereits getan. Aber ich habe noch mit Schmiel über die Weiterführung der Arbeit bei VI S zu sprechen.

Da fällt mir auch Luise wieder ein, ein Privatgedanke sozusagen, mitten in dienstlichen Dingen; ich habe ja Fucker noch gar nicht verständigt. Er muß die Holde betreuen. Ein Anruf bei ihm kommt nicht durch. Dort pennt alles. So schreibe ich ihm schnell ein paar Zeilen. Schmiel wird sie persönlich bestellen.

Noch mitten in Anordnungen und Gesprächen kommt das Zeichen zur Abfahrt nach Staaken. Auf die Lkws aufgesessen und ab in Richtung Westen.

Hinunter die Hubertus-Allee, vorbei an den Messe-Hallen, am Funkturm, auf die große Heerstraße. Nochmals ein Stück Berlin in einer frühen Morgensonne, strahlend blauer Himmel, wie gestern. Nur mehr ein Gefühl im Herzen, nur mehr einen Gedanken im Gehirn; vorbei ist die Nervensäge des gestrigen Tages und der beiden letzten Nächte. Seit 50 Stunden nicht geschlafen. Das ist jetzt vorbei. Ein herrlicher Flug über die Alpen steht uns bevor, bei schönstem Wetter. Losgelöst von der Erde und vom Gestern.

Darüber komme ich – nachdem die Heerstraße passiert ist – ins Dösen und schlafe über meinem Rucksack und den mir anvertrauten Sachen ein. Erst als der Wagen am Flugplatz scharf hält, fahre ich hoch.

Da stehen sie nun, unsere Ju 52 und unsere He 111, und da stehen wir nun: erwartungsvoll. Die meisten frisch aussehend, ein wenig hat doch jeder geschlafen in irgendeiner Ecke, und vom Sonntag sind sie noch alle ausgeruht. Es ist für alle selbstverständlich, daß alles da ist. Die Männer, die Maschinen, das Material. Wie es bei den Soldaten sein muß.

Sie wundern sich, daß Besekow etwas übernächtigt aussieht, und es fällt ihnen unangenehm und nachlässig an mir auf, daß ich wie ein verwilderter und abgehetzter Seeräuber aussehe. Für diese Gedanken habe ich aber gar keinen Platz.

Ich freue mich, daß alles geklappt hat, und empfinde auch keine Müdigkeit mehr. Ich bin glücklich; glücklich, daß alles vorbei ist und daß ich einen schönen Alpenflug erleben werde.

Noch immer das Rätselraten, wo geht es hin?

Und da sie mich ständig fragen, gebe ich ihnen einen Tip. Mitteilen darf ich ja nichts von dem, was mir mein Chef beim letzten Telefongespräch sagte: „Weißt schon, wo der gute Wein wächst, mit ‚F' fängt es an."

Ich habe direkt ein Verlangen, es wenigstens einem von ihnen zu sagen, und doch bleibt es unausgesprochen. Aber einen Tip muß ich ihnen geben, das ist kein Fehler.

„Wo es hingeht? Ich weiß es immer noch nicht, Kamerad, aber wie die Dinge liegen, rechne ich persönlich mit einem herrlichen Flug über die Alpen. Ist ja auch schön, daß wir mit der Ju fliegen. Das sind langsame Maschinen, und man kann viel mehr den Flug genießen. Noch dazu bei dem Wetter. Ich kenne ja jeden Berg, vor allem in den österreichischen Alpen. Ich freue mich schon sehr."

Da haben sich doch einige ihre Frauen an den Flugplatz bestellt. Aber die dürfen nicht herein. So müssen eben die Männer hinaus, noch einmal Abschied nehmen. Gut, daß keiner weiß, wo es hingeht. Es ist ja ganz geheim.

Erst wenige Minuten sind die Männer dort bei ihren Angehörigen. Ich rufe in der Berkaerstraße an, ob Schellenberg schon abgefahren ist. Rufe bei der Adjutantur Kaltenbrunner an, ob der schon weg ist.

„Ja, der Obergruppenführer ist bereits unterwegs, er muß in wenigen Minuten mit Schellenberg in Staaken sein. Sehen Sie, daß alles klappt."

Und ob es klappen wird! Dann heißt es, alle sofort vor den Maschinen antreten. Und schon kommen zwei Wagen an, Schellenberg steigt zuerst aus, dann Kaltenbrunner mit Adjutanten.

Ich habe mich mit einem höheren Dienstgrad geeinigt, daß er meldet. Schon aus optischen Gründen. Kaltenbrunner spricht einige Worte, von einem staatspolitisch wichtigen Einsatz, in den wir gehen. Von der unbestimmten Dauer des Einsatzes. Von der hohen Verantwortung, die in dieser Aufgabe liegt, und von der Anerkennung, die uns nachher zuteil werden soll. Er wünscht uns viel Soldatenglück, schreitet die Front der Männer ab, drückt jedem die Hand. Fragt den einen und den anderen über seine Person. Ich habe mich ganz nach hinten gestellt mit meinem Räuberbart. Da mich Kaltenbrunner kennt, bleibt es auch bei einem verständnisvollen Händedruck, und mein wüstes Äußeres wird gütigst übersehen.

Dann geht es in die Maschinen. Ich veranlasse noch, daß die Sachen, die wegen Raummangels in den Maschinen nicht mitgenommen werden können, zurückgehen ins Amt. Es stellt sich heraus, daß uns nur drei Ju 52 zur Verfügung stehen, sonst keine Maschine. Die zwei He 111 gehören nicht zu uns. So werden zwei der Maschinen mit Männern beladen und einem Teil des Materials. Die dritte mit Material, vor allem Sprengstoff, Munition und anderem Gerät.

Schon rollt die erste der Maschinen an, und wenige Minuten später schweben wir über dem Flugplatz, drehen noch eine Runde, winken noch einmal hinunter, und langsam entschwindet der Flugplatz aus unserem Gesichtsfeld.

Alle freuen sich – es hat sich herumgesprochen – auf den schönen Alpenflug. Ich werde den Männern über Bayern und Österreich die Landschaft erklären; die Seen und die Berge. Da ist auch noch Bob Warger, Alpinist von Europaruf, der jeden Berg kennt und manche Spitze selbst zum ersten Mal erstiegen hat.

Die meisten Männer sitzen zum ersten Mal in einem Flugzeug, doch es geht gut. Einige blasse Gesichter, das ist alles. Hat ja auch keiner etwas im Magen.

Und da ich dies denke, schießt es mir durch den Kopf: Eines habe ich vergessen, die Marschverpflegung.

Keiner weiß, wohin es geht, wie lange wir unterwegs sein werden. Und keinen Bissen Essen haben wir mit.

Anders die Flugzeugführer, Bordmechaniker und Bordfunker. Sie haben reichlich Marschverpflegung, Zusatzstartverpflegung und was es sonst Gutes für die Flieger gibt. Davon lassen sie uns auch etwas ab in selbstverständlicher Kameradschaft. Die Startverpflegung hätte uns auch zugestanden, aber keiner dachte daran. Und dieser keiner, das bin ich. Da ich ja verantwortlich bin, daß alles klappt. Und das hat nicht geklappt. Doch ist mir keiner böse. Es war eben zu viel.

Wir fliegen über die Mark Brandenburg. Ich gehe einmal zum Flugzeugführer, um mich zu orientieren, und sehe, daß der Kompaß Südwestkurs weist. Fast West-Südwest.

Ich zeige auf die Kompaßnadel und schaue den Flugzeugführer fragend an. Der nickt, ist richtig so. Da muß ich doch fragen. Er zuckt die Achseln. Noch ist es scheinbar nicht Zeit, uns über den Kurs einzuweisen.

Wir fliegen über den Main, und dann sind wir plötzlich über dem Rhein. Verdammt! Wir sollten doch über die Alpen. Wo bleibt der schöne Alpenflug?

„Wo es den guten Wein gibt", schießt es mir durch den Kopf. Da ist etwas faul. Weiter geht es, den Rhein aufwärts. Also doch Alpen, denke ich. Da, ein See unter uns, und plötzlich gehen die Maschinen scharf auf Kurs West. „Was ist los?" frage ich den Flugzeugführer.

„Wir müssen scharf nach Westen, sind über der Schweiz, das ist der Neuenburger See."

„Ja, was sollen wir denn im Westen?"

Ich habe immer noch den Alpenflug im Sinn.

„Wir fliegen nach Frankreich."

„Frankreich? Was sollen wir denn da? Wohin?"

„Wir landen in Dijon, dort erhalte ich meinen weiteren Kurs."

„Geht es heute noch weiter in Dijon?"

„Ja, glaube schon, müssen dort auftanken."

„Gut."

Ich gehe zurück zu meinen Kameraden. Alle sehen mich erwartungsvoll an. Sie haben mein Gespräch mit dem Flugzeugführer gesehen und meine erstaunte Mine.

„Wir fliegen nach Dijon, dort landen wir."

„Was sollen wir denn da?"

„Was weiß ich denn, ich werde mich auf jeden Fall an der nächsten Wasserleitung rasieren, jetzt reicht es mir."

Tatsächlich kommen wir nach Dijon. Schon setzt unsere Maschine zur Landung an. Ich lange nach meiner Mütze und nach meinem Reisenecessaire. Raus aus der Maschine und hin zum nächsten Soldaten am Flugplatz.

„Wo ist Euer Klosett, wo sind Eure Waschräume, sehe aus wie ein Schwein, muß mich sofort rasieren!"

„Dort drüben, Herr Oberleutnant, sehen Sie diese Baracke, dort rückwärts hinein, aber der Waschraum ist am Tage abgeschlossen; den Schlüssel hat der –", und der Mann braucht den Satz nicht zu beenden.

„Schon gut."

Und ich rase in Richtung Baracke. Hinein.

Die Waschraumtür ist zu. Ein Blick nach oben. Da ist Raum genug, um durchzuschlüpfen. Schon ziehe ich mich hoch, über die Holzwand und bin allein. Endlich allein.

Und alles still, wie im Grabe. Ich weiß gar nicht, wie ich diese Stille empfinde. Aber sie löst etwas in mir, sie erlöst. Endlich Stille und Ruhe, endlich. Und das in einer Wasch- und Klosett-Baracke in Frankreich.

Ich lehne mich ans Fenster. Milchglas verhindert den Blick nach draußen.

Das macht aber nichts. Ich stehe immer noch ans kühle Fenster gelehnt, ge-
nieße die Ruhe und die Kühle dieses Raumes. Im Flugzeug herrschte eine Af-
fenhitze.

Erst nach wenigen Minuten hole ich Rasierseife und Pinsel hervor, und kurz
darauf bin ich ein neuer Mensch. Frisch rasiert und heiter.

Jetzt kann kommen, was da will, uns gehört die Welt! Ich bin draußen, heraus aus dem Irrenhaus der Berkaerstraße, heraus aus der Nervenmühle und
bin jetzt nur Mensch. Für mich ist jetzt kein Dienst. Wir haben ja nur zu warten, wann und wohin es weitergeht. Dienst haben jetzt nur die Soldaten der
Luftwaffe, die ich auf dem Flugplatz herumlaufen sehe.

Ich gehe den Platz entlang, da ist eine He 111, drei Monteure arbeiten daran. Ein Motor ist herausgenommen. Hohl. Also so sieht das aus, wenn kein
Motor drin ist. Ein Loch. Und dann steckt man nur so ein Ding wieder hinein, schraubt es fest, und dann fliegt das wieder. Sonderbare Sache, denke ich.
Muß auch einer gelernt haben. Wann man den Motor herausnehmen muß
und wie, und wie er wieder hineinkommt.

Ich gehe weiter, fast rund herum um das Gelände. Spreche mit Fliegern, mit
französischen Zivilangestellten, die da helfen.

Schlechtes Deutsch sprechen die, denke ich.

Entsetzliches Französisch, werden die von den Deutschen denken. Aber
man versteht sich. Was die Sprache nicht schafft, das wird mit den Händen
gedeutet. Eigentlich doch einfach so was, sich zu verstehen. Von Mann zu
Mann.

Warum schaffen das die Lenker der Staaten nicht, denke ich. Die machen
immer Krieg. Egal, wer anfängt. Sie machen ihn, den Krieg. Solange uns Kun-
de ist vom Homo sapiens. Und da denke ich, du machst ja selbst Krieg, sonst
wärst du nicht da auf dem Flugplatz in Dijon und redetest nicht mit den Angehörigen einer besiegten Nation.

Nein, ich mache nicht Krieg, ich mache ihn nur mit. Und weil es so weit ist,
mache ich auch mit, ohne zu murren. Ich muß doch schließlich helfen, ihn zu
gewinnen, diesen Krieg.

Die Menschen müßten wir gewinnen, nicht den Krieg. So wie ich mit denen
da ohne Haß geredet habe und sie mit mir ohne Leidenschaft.

Aber darum geht es ja jetzt nicht.

Ich wandere weiter Richtung Flugleitung. Da ist gerade viel Lärm. Alarm.

Fliegeralarm? Nein, Feueralarm. Die Flugplatzfeuerwehr übt. Da wird
künstlich ein großer Haufen altes Zeug in Brand gesteckt, dann die Sirene
betätigt. Und dann kommt die Feuerwehr in rasender Fahrt, stoppt vor dem

brennenden Haufen. Und schon strömt es aus dem Rohr, strömt und quillt Schaum. Ob es auch wirklich so klappt, wenn Not am Mann ist?

Ich bin als Kind immer gelaufen, wenn die Feuerwehr ausrückte. Das war in meinem Heimatort Gloggnitz, in Niederösterreich. Nicht nur, wenn sie zum Brand ausrückte, auch wenn sie einen zu Grabe trugen, einen der ihren, oder wenn sie ein Fest hatten oder eine Übung oder sonst was. Stets dasselbe Bild. Nach Schluß ging es immer mit der Blechmusik über die Adler-Brücke. Die heißt so, weil dort der Einkehrgasthof „Zum Adler" ist und die Adler-Gasse. Dann marschierten sie über die Zeile zum Gasthof Blum. Der „Blum-Gustl" hieß er nur.

Und dann kam immer das Spannende, was mir als Kind so gefiel. Die ganze Feuerwehr stand „habt acht" – so hieß das Stillstehen in Österreich –, und ihr Hauptmann, der „Schnell-Maxl" genannt, sagte: „Ich danke sehr, meine Herren."

War das schön! So war es, als ich noch ein Knabe war. Und daran denke ich jetzt auch. Auch an das komische Lied, das sie oft sangen: „Zum Schluß dann kommt die Feuerwehr, und's Feuer ist vorbei." Weil sie so oft zu spät kamen.

Da läßt auch der Unteroffizier seine Männer wegtreten, sozusagen der Flugplatz-Feuerwehrhauptmann. Mit viel Geschrei macht er das. Befehl heißt das, und die Kundgabe des Befehls heißt Kommando. Und lautlos spritzen sie weg, die Soldaten-Feuerwehrmänner.

Wäre das nicht schön, denke ich, wenn der Unteroffizier-Soldatenfeuerwehrhauptmann weiße Handschuhe anhätte und mit freundlichem Lächeln sagen dürfte: „Ich danke sehr, meine Herren", es wäre zu schön.

Drüben werden gerade unsere Maschinen mit dem Tanken fertig. Start in 15 Minuten, heißt es. Wohin, das weiß noch keiner. Aber ich bin noch sehr „privat", ich gehe allein weiter über den Platz. Wie schön doch Alleinsein sein kann, wenn keiner neben dir redet.

Einer meiner Männer kommt an mir vorbei. Irgend etwas fällt mir auf, ich weiß selbst nicht, was. Irgend etwas bleibt an meinem Blick haften, an meinem immer noch „privaten" Blick.

Da spricht mich der Mann an: „Obersturmführer" – Obersturmführer? denke ich, wieso, es wurde doch ausdrücklich Parole ausgegeben, niemand hat davon zu erfahren, was wir für eine Einheit sind, vor allem nicht, daß wir SS sind. Warum, ist noch nicht klar, aber es ist so.

Und wie ich das denke, da weiß ich auch, was mir an dem Mann auffällt: die Uniform. Totenkopf auf der Mütze und Hoheitsadler. Hoheitsadler am linken Ärmel, eine Handbreit unterhalb der Achsel.

„NS-Suppenhuhn", sagt Freund Fucker immer zu dem Vogel, der unsere Uniform ziert.

Und da kommt mir der ganze Unsinn der ständig betonten höchsten Geheimhaltung in den Sinn. Wenn einmal beinahe alles geheim ist, dann ist nichts mehr geheim. So habe ich also vergessen, die Tropenuniformen genau anzusehen. Sie sind für die SS angefertigt und mit allen dazugehörigen Sachen versehen.

Ich sehe meine eigene Uniform an; da sind die Dinger auch dran. Klar, wer soll sie denn abgemacht haben. Betretenes Schweigen.

Ich schleiche mich richtig zur Maschine und gebe Parole: „Auf der nächsten Etappe macht jeder den Totenkopf und die beiden Vögel an Mütze und Ärmel ab."

Kurz danach erheben sich unsere drei Maschinen, und weiter geht es, genau nach Süden.

Aha, doch nur ein Umweg.

Aber nun kann uns auch keiner mehr mit dem Fallschirm aus der Maschine holen, denke ich. Daran habe ich ohnedies nicht geglaubt. Und keiner meiner Leute hat den Fallschirm umgeschnallt.

Den Flugzeugführer frage ich nach Kurs und Ziel.

„Heute noch bis Nîmes", ist die kurze Antwort, „morgen geht es dann weiter, wohin, wissen wir noch nicht, kriege ich in Nîmes gesagt."

In den frühen Abendstunden setzen unsere Maschinen auf dem Flugplatz in Nîmes auf.

Ich sehe mich um, ob wir auf diesem Platz irgendwo schlafen können. Nein, da ist kein Platz. Also zum Ortskommandanten. Weiß jemand von meinen Männern Bescheid in Nîmes? Nein, keiner. Unsere Besatzungen sind inzwischen in der Flugleitung verschwunden. Ich gehe da auch hinein und lasse mich am Telefon mit dem Ortskommandanten verbinden. Der hat aber keine Dienststunden mehr, so spät am Nachmittag. Nur ein U.v.D. ist da. Gut, wir kommen hin.

Ich gebe Anweisung an die Männer: Alles Gepäck hier lassen, nur Waschzeug mitnehmen und evtl. Wertsachen. Den Devisenkoffer hat Beisner. Gut, ab.

Treffpunkt an der Ortskommandantur. Es ist ein Stadtkommandant, kein Ortskommandant. Welch gewaltiger Irrtum. Daher doppelt kompliziert.

Der U.v.D. hat in seiner Not einen Leutnant herangekurbelt und einen Zahlmeister. Das sind die ganz Komplizierten. Und dann geht es los: „Was für eine Einheit sind Sie, bitte den Marschbefehl."

Einheit, Marschbefehl? Das weiß kein Aas, wir auch nicht. Wir haben weder als Einsatz einen Namen, noch dürfen wir sagen, wer wir sind, noch haben wir einen Marschbefehl, noch einen Einsatzbefehl. Dem Mann kann keine zufriedenstellende Auskunft gegeben werden.

„Einheit? Wir sind eine Sondereinheit zu einem besonderen Einsatz. Vom Führer befohlen. Geheime Kommandosache."

Staunen bei den Herren vom Heer.

„Verzeihen Sie, Sie müssen doch einen Marschbefehl oder einen Einsatzbefehl haben; das ist doch nicht möglich."

„Nein, ich sagte Ihnen schon, das ist eine geheime Kommandosache, wir sind ja auch nicht zu Fuß gekommen, sondern mit drei Ju 52, die liegen am Flugplatz, rufen Sie dort mal an. Die Maschinen sind bestimmt nicht ohne ausdrücklichen Befehl geflogen."

Das leuchtet ein. Selbst dem Zahlmeister. Und das ist schon ein Fortschritt. Den brauchen wir noch. Wir müssen ja heute essen und auch morgen früh und Marschverpflegung haben für morgen. Diesmal werde ich sie nicht vergessen. Dann ist da noch eine andere Sache. Als Beisner und ich nach den Devisen sehen, mitten in Frankreich, da sind keine französischen Francs dabei. Wieso denn auch? Hat ja kein Mensch etwas von Frankreich gesagt. Und ein paar Francs brauchen wir doch. Start ist erst morgen, zwölf Uhr mittags.

„Ja, meine Herren," übernimmt der Leutnant das Gespräch, „Ich kann Sie in Quartiere einweisen, das ist alles. Unteroffizier, weisen Sie die Herren in zwei der beschlagnahmten Hotels ein. Mehr kann ich für Sie nicht tun."

„Verzeihen Sie, aber wir müssen doch auch irgend etwas essen. Wir haben seit gestern abend nichts im Magen. Könnten wir da vielleicht bei Ihnen –"

„Das ist vollkommen ausgeschlossen."

„Entschuldigen Sie, eine Stadtkommandantur muß doch darauf eingerichtet sein, 30 Männer zu verpflegen, auch wenn sie überraschend kommen."

„Der Herr Stadtkommandant ist ja nicht mehr da, und sie sind für heute nicht in Verpflegungsstärke gemeldet, nicht wahr?"

Der Leutnant wendet sich zum Zahlmeister um, der: „Die Herren können heute nicht mehr verpflegt werden, Sie sind in meiner Verpflegungsstärke nicht gemeldet. Und morgen auch nicht, da die Stärkemeldung für morgen bereits heute abend abgeschlossen und weitergegangen ist."

„Aber wenn der Herr Zahlmeister sich in einen Wagen setzte und zum Verpflegungsmagazin führe", entgegne ich, „und dort den Unteroffizier zur Ausgabe von 30 Portionen für heute und morgen anweisen könnte, dann wäre doch allen geholfen."

Das könne er nicht, meint der Zahlmeister, und der Leutnant weiß, daß er es nicht kann, und bestätigt das.

Nach längerem Verhandeln vor dem Kasino und in der Kantine stellt sich heraus, daß der Küchen-Unteroffizier noch genug Brot, Butter und Büchsenwurst, auch Kaffee für heute abend auf Lager hat. Alles atmet auf. Gut, wir können gleich hier essen. Nur die Sache mit der Marschverpflegung klappt nicht. Das geht nicht. Wir sind keine Einheit, haben keine Papiere und keinen Marschbefehl. Und unter welchem „Titel" sollte der arme Zahlmeister das verbuchen. So was geht wirklich nicht.

Da aber über die glückliche Lösung des Abendessens alles aufgeschlossen und froh ist, finden wir eine andere Lösung. Wir geben dem Zahlmeister Reichsmark, und er gibt uns dafür französische Francs, und zwar soviel, daß schon jeder heute abend ein paar Schnäpse oder sonst was kaufen kann, morgen ein Frühstück und auch eine Kleinigkeit für vormittags. Obst und was es sonst halt gibt in Nîmes.

Auch die alte Arena wollen wir besichtigen und vor allem den großen Obst- und Gemüsemarkt. Wieder einmal nach Herzenslust Obst essen und was die große Halle sonst bietet. Das entbehren wir daheim seit langem.

Herr Zahlmeister läßt sich das „Devisenabkommen" noch schnell vom Herrn Stadtkommandanten fernmündlich genehmigen, und dann ist alles in bester Ordnung.

Nachdem im Kasino alles abgefüttert ist, geht es in Gruppen in einige kleine Cafés. Ist aber nicht recht gemütlich dort. Auch die Getränke haben wir uns besser vorgestellt. Vielleicht fehlt uns auch nur der ortskundige Führer.

Im Hotel wird viel geradebrecht, wir französisch, die Demoiselles deutsch. Jeder ein paar Brocken. Mit Besekow teile ich das Zimmer. Warger hat uns vom Nebenzimmer noch ein Glas Schnaps gebracht, das erhöht die Wirkung, wir fallen in tiefen Schlaf. Ich schlafe bis in den hellen Morgen hinein. Traumlos und tief.

Die Sonne steht schon hoch am Himmel, als wir aufwachen. Raus aus dem Bett, gewaschen, rasiert und dann in die Stadt. Glühende Sommerhitze, kein Wölkchen am Himmel. Tropenuniform, Ärmel hochgekrempelt, so ziehen unsere Soldaten durch die Straßen. Die meisten treffen wir in der Obst- und Gemüsehalle. Und dann in der Arena oder davor.

Auf dem Obstmarkt ein für uns Deutsche in Berlin seit Jahren nicht gesehenes Bild. Die Stände biegen sich vor Obst: Aprikosen, Pfirsiche, Weintrauben, Melonen, was das Herz begehrt, ist da. Alles wird probiert. Und alles schmeckt so gut. Nach der Süße des Südens, nach der Süße des Seltenen.

Wieder in den Straßen, sitzen die Männer zum Teil an kleinen Tischchen vor den Caféhäusern. Trinken Südwein mit Soda, essen Eis, kauen an den mitgebrachten Früchten. Jeder sucht ein bißchen Schatten. Denn es wird Mittagszeit und fast unerträglich heiß.

Die Bevölkerung des Städtchens sieht dem Treiben gleichgültig und teilnahmslos zu. Nur selten sieht man einen von ihnen im Gespräch mit den Soldaten. Man liebt uns nicht, aber man ist uns auch nicht feindlich gesonnen. Das ist der Eindruck.

Zurück geht es zum Flugplatz, an die Maschinen, und genau um zwölf Uhr starten wir. Ausgeruht und ausgespannt, guten und frohen Mutes. Keiner ist länger aufgeblieben am vergangenen Abend, keiner hat gefeiert.

Diesmal erfahre ich schon beim Start das nächste Ziel. „Wir landen als nächstes auf dem Flugplatz Istres bei Marseille, haben dort nur kurze Zwischenlandung. Auftanken und weitere Einweisung, wohin es geht. Wir sollen heute abend am Ziel sein."

Weiter geht der Flug, Kurs nach Süden, Städte und Dörfer unter uns, wir fliegen kaum höher als 1.000 Meter, wunderbare Sicht.

Tief eingeschnittene Täler zwischen steinigen, kahlen Hügeln. Und alles Weingärten, wohin wir sehen. Die Landschaft Südfrankreichs.

Ganz weit im Westen, wie Schatten am Horizont, hohe Berge. Oder sind es Wolken? Die Pyrenäen, bedeutet uns der Flugzeugführer. Dort ist also die Grenze. Die Grenze Spaniens, wo der Krieg aufhört. Und doch kein Frieden ist.

Dann geht es auf Südostkurs. In der Ferne glänzt bereits das Meer in heller Sonnenglut, glänzt wie Silber, ein Silberband, dessen einen Rand wir sehen können. Der andere verliert sich in der Ferne irgendwo, wo sich Himmel und Erde treffen; ohne Kontur gehen Himmel und Meer ineinander über. So könnte man sich die Unendlichkeit bildlich vorstellen, die Unendlichkeit im Raum.

Da, unter uns Ebene und bald, scharf eingeteilt in Linien und Rechtecke, Häuser und Straßen. Die Maschine senkt sich. Das ist der Flugplatz Istres. Sieht eher aus wie eine Wiese, besät mit runden Steinen und Geröll. Istres, der größte Kriegsflugplatz der deutschen Wehrmacht im Süden. Fast unübersehbar stehen die Maschinen; wir müssen zwei Runden fliegen, drei, bis die Landeerlaubnis erteilt wird. Kleine Jagdflugzeuge sehen wir unter uns, Bomber, Kampfmaschinen, Ju 52, He 111 und die Doppel-He, wie wir sie nennen, und Giganten.

Woher sollen wir Laien all die Typen und Modelle kennen? Doch eines erkennen wir: Dies ist einer der größten Kriegsflugplätze, Einsatzhafen für die

Luftwaffe im Süden. Von hier starten die Verbände nach Nordafrika, nach allen Teilen des Mittelmeeres. Sind es hundert, sind es tausend oder ein paar tausend Maschinen, die wir sehen? Wir können es nicht schätzen. Können nur sehen – und staunen.

Da setzt unsere Maschine auch schon zur Landung an. Eigentlich sehr steil, denke ich, aber es wird wohl so sein müssen. Schon spüren wir den Boden. „Festhalten!" schreit einer. Sehr hart schlagen wir auf, dann ein Schleifen und Kreischen. Viel Staub und Steine sehen wir fliegen. Die Fahrt wird langsamer. Staub kommt auch ins Innere der Maschine, und auch hell wird es rückwärts. Wir stehen und steigen aus. Und besehen uns den Schaden. Das Spornrad ist abgebrochen, herausgebrochen samt dem ganzen Sporn und noch ein Stück von der Rückwand mit. Die Besatzung prüft sachverständig.

„Mit der können wir nicht weiterfliegen."

„Vielleicht kann man das doch reparieren?"

„Glaube kaum, mal nach der Flugleitung gehen, mal sehen."

Der Flugzeugführer und seine Mannen verschwinden. Wir sind allein. Wir Laien. So legen wir uns in den Schatten unserer Maschinen, unter die Tragflächen und tun das Beste, was wir tun können: schlafen. Auf dem harten Boden mit der verschwindend dünnen Grasnabe. Und doch schlafen wir.

Zwischendurch werde ich mal munter. Einige Flieger machen sich am Sporn zu schaffen.

„Schwierig, kriegen wir nicht hin, müssen sehen, daß eine andere Maschine kommt. Mal zur Flugleitung gehen." Und weg sind sie wieder.

Ich bespreche mich mit Beisner. Er soll zur Flugleitung gehen. Er habe doch mehr Dienstgrad. Einen Major wird man weniger schnell abweisen als einen Oberleutnant. Aber was soll man den Leuten von der Flugleitung sagen? Einheit? Marschbefehl? Dasselbe Leiden wie in Nîmes. Nur ging es dort ums Essen, und hier geht es um eine Ju 52.

„Am besten ist es, Sie gehen direkt zum Flugplatzkommandanten. Mit dem können Sie unter vier Augen offener sprechen, falls er Schwierigkeiten macht."

„Ja, ich will es mal versuchen. Bleiben Sie inzwischen alle direkt an den Maschinen, damit alles da ist, wenn es losgeht."

„Vielleicht können Sie dem Flugplatzkommandanten sagen, er möchte bei General Student anrufen oder ihm einen Funkspruch schicken. Generalkommando des XI. Fliegerkorps."

Zum ersten Mal habe ich zu einem Angehörigen des Kommandos davon gesprochen.

Nach einer halben Stunde ist Beisner zurück. In einer weiteren halben Stunde ist Start. Wir bekommen eine andere Ju 52. Die muß gleich umgeladen werden. Alles hilft zusammen. Auch die Flieger. Und schnell ist es geschafft.

Mit viel Mühe verheimlichen wir der Besatzung, daß wir auch hochexplosiven Sprengstoff bei uns in der Maschine haben. Das ist strengstens verboten. Aber wir wollten beim Abflug dieses Zeug nicht zu dem anderen Material geben, und so haben wir es mit in unsere Maschine genommen. Wenn wir herunterfallen, so denke ich, sind wir sowieso alle hin, ob mit oder ohne Sprengstoff. Gerade ein bißchen mehr Lärm gibt es.

So wird der Sprengstoff wieder hineingeschmuggelt in die andere Maschine, mit anderen Sachen zugedeckt, und bald sind wir wieder in der Luft.

Warger wird es furchtbar schlecht. Zuviel Obst, zu starke Hitze und zu selten geflogen bislang. Die Krankheitssymptome sind klar. Es ist auch erdrückend heiß in der Maschine. Alles sitzt da mit nacktem Oberkörper und glänzt wie mit Fett eingeschmiert. Warger greift zur berühmten Tüte und gibt sein Obst wieder zurück. Dann legt er sich hin und schläft. Auf dem hochexplosiven Sprengstoff.

Wir haben Kurs nach Südosten genommen und fliegen genau an der Küste entlang. In 30 bis 40 Meter Höhe. Über dem Mittelmeer. Das ist feindliches Jagdgebiet, und die Ju 52 ist ein „alter Schinken".

So kommen wir in den Genuß, die ganze Riviera zu sehen. Nizza, Cannes, Monte Carlo. Fast in gleicher Höhe fliegen wir mit den Städten und Orten immer die Küstenlinie entlang.

Später gehen die Maschinen auf ganz tiefen Kurs. Bis zu zehn, ja fünf Metern über dem Meeresspiegel. Wir müssen auf die offene See, über Elba.

Kapitel 4

Landung in Pratica di mare

Der Kurs geht, wir haben es inzwischen erfahren, genau nach Rom. Das heißt, auf den südlich von Rom gelegenen Flugplatz Pratica di mare, Pratica am Meer würden wir sagen.

Um acht Uhr abends, hofft unser Flugzeugführer, werden wir es geschafft haben. Weit draußen auf offener See einige Kriegsschiffe. Wir halten aber nicht auf sie zu; im Gegenteil, wer kennt ihre Nationalität? Vorsichtshalber geht man ihnen aus dem Wege. Auch wenn es eigene Einheiten sind, um diese tummeln sich gerne Feindflieger, Bomber, Torpedoflugzeuge und Jagdschutz. Und wir fliegen ohne Jagdschutz mit drei dicken alten Schinken.

Unweit La Spezia einige italienische Kriegsschiffe. Wir schießen Erkennungssignal „eigene", damit sich nicht die Flak unserer annimmt.

Unter uns Elba. Das also ist Elba. Eine Insel wie jede andere. Und doch, beim Klang dieses Namens habe ich das Gefühl, das ist eine besondere Insel.

Napoleon war hier gefangen. Trat von hier aus seinen zweiten Siegeszug – seine „Herrschaft der 100 Tage" von Cannes bis zur Niederlage bei Waterloo an.

Napoleon – Mussolini – gibt es da eine Parallele? Kann man die beiden irgendwie vergleichen? Kaum. Schon die Zeiten sind andere geworden. Und die Menschen. Einen Napoleon können wir uns, in die heutige Zeit versetzt, nicht vorstellen. Und Mussolini in die Zeit Napoleons versetzt schon gar nicht. Und das wäre doch der einzige Sinn eines solchen Vergleiches.

Man kann eine Zeit, einen historischen, abgeschlossenen und weit zurückliegenden Zeitabschnitt, nicht mit einem gegenwärtigen Abschnitt vergleichen.

Erst vor wenigen Monaten haben wir an der Berliner Universität mit unserem Geschichtsdozenten heftigst diskutiert. Wir, junge SS-Führer, besonders ausgelesen, in Fortsetzung und Vervollkommnung unseres Studiums. Und da hat man uns einen nationalsozialistischen Historiker vorgesetzt. Und sehr schnell waren wir uns einig; es gibt keinen nationalsozialistischen Historiker, ebensowenig, wie es eine nationalsozialistische Geschichtsauffassung geben kann. Geschichte ist Lehre, überlieferte Lehre einer abgeschlossenen Epoche. Registrierung von Ereignissen einer bestimmten Zeit, die nur aus der Geisteshaltung dieser Zeit gesehen werden kann.

Und so kann man Napoleon nicht nationalsozialistisch werten, nicht faschistisch und auch nicht demokratisch. Auch nicht einen Cäsar oder Sua, einen Perikles, einen Otto I. oder Friedrich den Großen. Darüber haben wir viel diskutiert, und eines Tages platzte die Bombe.

Ein gerammelt voller Hörsaal der Universität Berlin, der berühmten Humboldt-Universität. Vorn in den ersten Reihen etwa 15 bis 20 SS-Führer als Hörer. Das sind wir. In der Mitte, unter den anderen Studenten verstreut, auch noch ein paar. Alle anderen freie Studenten, Studienurlauber des Heeres und der Luftwaffe. Sie alle hören „Deutsche Geschichte" bei jenem Historiker. Und als er über Karl den Großen spricht, heiß umstrittene und heftigst diskutierte Persönlichkeit deutscher Geschichte, „Begründer des Reiches", „Größter Deutscher", „Sachsenschlächter", „Bruderkampf", da unternimmt es der nationalsozialistische Historiker, Karl den Großen nationalsozialistisch zu deuten. Und da steht einer von uns auf, ein SS-Führer. Alles ist gespannt. Eine Stecknadel könnte man fallen hören. Und schreit es fast in den Saal: „Herr Professor, Sie können doch hier nicht die Geschichte zur Hure machen!"

Der Professor läuft rot an, wird dann blaß, versucht zur Diskussion zu kommen, aber aus der Vorlesung wird nichts mehr.

Daran muß ich jetzt denken, als wir über Elba fliegen. Neben mir sitzt Besekow, damals in der Vorlesung auch neben mir. Ich muß etwas sagen: „Du, Arno, wie ist denn das mit dem Napoleon? Da unten war er gefangen. Und ist wiedergekommen. Glaubst Du, daß die Italiener aus der Geschichte gelernt haben? Ob der Duce vielleicht da irgendwo unter uns ist? Der kommt doch nicht wieder, die Geschichte wiederholt sich nicht."

Arno sieht mich an, sagt nichts. Wohin seine Gedanken gehen?

Weiter fliegen wir, sind bald wieder über dem offenen Meer. Und dann nähern wir uns der Küste.

Ich sehe nach der Karte, da, unter uns, das muß Civitavecchia sein.

Der Flugzeugführer winkt dem Bordmechaniker. Der schießt die Leuchtpistole ab auf den Platz unter uns. Signal „eigene". Weiter zieht die Maschine, weiter arbeiten die Motoren.

Mein Blick hat sich schon seit mehr als einer Stunde an einem kleinen Schräubchen am Motor auf der Steuerbordseite gefangen. Dort, wo die Motorverschalung in die Tragfläche übergeht. Metall auf Metall. Wie eine Naht.

Dort ist ein Schräubchen. Es ist locker. Es vibriert mit den Schwingungen, die der laufende Motor überträgt. Es ist sehr locker. Ich weiß, daß deshalb der Motor nicht „abgehen" kann, aber ich muß immer hinsehen. Das Schräubchen dreht sich nämlich. Einmal fünf, sechs Drehungen nach rechts – also zu, denke ich – dann wieder fünf, sechs Drehungen nach links – aha, also wieder auf –, und so geht das Spiel weiter. Immer wieder muß ich hinsehen.

Hast du schon einmal im dunklen Zimmer im Bett gelegen, und ein Wasserhahn hat getropft? Oder eine schadhafte Dachrinne? Oder der Wind bewegte etwas auf dem Dach? Tick, tack, tack – Tick, tick, tack, tack. Immer wieder hinhören mußt du. So geht es mir mit den Augen. Auf, auf geht das Schräubchen, zu und zu. Ich sage es keinem, aber ich komme nicht los davon.

Inzwischen bricht die Dämmerung herein. Ein Sonnenuntergang am Mittelmeer hat kurz zuvor unsere Sinne gefangen.

Wie sich die Sonne dem Horizont, dem unendlichen Horizont des Meeres nähert, und wie da auf einmal dieser Horizont sich immer schärfer abzeichnet, wie ein Strich. Es ist kein Wölkchen am Himmel, kein bißchen Dunst in der Luft. Wo ist die glitzernde Silberfläche von heute mittag, die kein Ende hatte? Deren Blitzen sich ins Nichts verlor, in die Ewigkeit. Jetzt ist sie nicht mehr Silber, diese Fläche, jetzt zeigt sie ihre Grenze in Rot und Violett. Seht ihr das Violett, oder ist es Rot oder Blau? Wer vermag das zu sagen? Diese Farbensymphonie des Himmels und des Meeres. Und darin versinkt ein riesiger roter, glutroter Ball. Ins Nichts.

Schnell wird es dunkel. Und unter uns die ersten Lichter. Spärlich nur. Dann und wann, wenn sich ein Fahrzeug auf der Straße bewegt. Wir müssen fast über Rom sein. Ostia ist es. Die Hauptstadt darf nicht angeflogen werden. Luftsperrgebiet. Außerdem ist alles verdunkelt, wegen der Flieger.

Die Lichter kommen tatsächlich nur von Fahrzeugen und sehr schwach. Wo es dann und wann aufblitzt, ist es Versehen oder Fahrlässigkeit.

„Übertretung der Verdunkelungsvorschriften", sagen alte Polizisten und zücken im Geist ihren Notizblock. Und damit sie Namen und Adresse besser notieren können, auch ihre Taschenlampe und blitzen damit. Amtlich. Das blitzt auch und ist auch am Himmel zu sehen, aber es ist nicht fahrlässig, sondern amtlich. Und der so unter amtlichen Blitzen notierte Bürger muß noch ein Strafmandat zahlen. Probieren sie es mal aus.

Doch es gibt ja jetzt keinen Krieg mehr. Und wenn es wieder einen gibt, brauchen wir nicht mehr zu verdunkeln und braucht auch niemand mehr zu blitzen, denn dann ist es ganz finster, ist es aus.

Um neun Uhr abends sind wir genau über dem Flugplatz Pratica di mare. Wir ziehen einige Schleifen, warten auf die Einweisung. Wir sind drei Maschinen in der Luft, dann noch zwei andere. Die wollen auch heim. Also müssen wir warten. Dauert insgesamt auch noch fünf bis zehn Minuten.

Wir sehen die Begrenzungslichter der Rollbahn. Überall wird Licht. Leuchten Lämpchen auf. Rote, grüne, weiße, wir wissen nichts damit anzufangen. Hauptsache der Flugzeugführer weiß es. Und er beweist gleich, daß er es weiß. Schön setzt die Ju 52 auf, rollt, und wir haben wieder Boden unter den Füßen. Dann wird die Maschine noch eingewinkt, schwenkt nach rechts, abseits der Rollbahn, damit die andern auch noch hereinkommen können, und wir steigen aus. Sind am Ziel. Mittwoch, den 28. Juli 1943, 21.30 Uhr.

Alles ist finster. Wir rufen uns am Platz gegenseitig zu.

„Alles bleibt an der ersten Maschine, die von der zweiten bringen ihre Sachen auch hierher. Wollen sehen, wie es weitergeht." Der Flugzeugführer kommt aus der Flugleitung zurück. „Wir müssen gleich ausladen, müssen unsere Maschinen auf den Abstellplatz rollen. Können hier nicht stehen bleiben."

So laden wir unsere Sachen aus, alles, was uns gehört. Auch den Sprengstoff, auf dem Warger so gut geschlafen hat. Den Fliegern sagen wir nichts davon. Falls sie es jetzt lesen: Bitte tausendmal um Vergebung!

Auch den Karton mit Verpflegung, den wir in Nîmes besorgt haben, nehmen wir mit. Legen alles auf einen Haufen. Unsere Besatzungen verabschieden sich, und wir sind allein. Allein auf einem fremden Flugplatz. Ohne Marschbefehl und Papiere. Das alte Lied.

Ich berate mich mit Beisner. Sage ihm, daß ich seit Berlin die Weisung habe, sofort Skorzeny bei der Botschaft oder beim Generalkommando des XI. Fliegerkorps aufzusuchen.

„Ich muß sofort nach Rom, muß sehen, daß ich einen Wagen kriege. Wie weit ist denn Rom von hier entfernt?"

„Keine Ahnung, warten Sie doch bis morgen früh."

„Nein, ich habe doch Befehl, ich muß Skorzeny sprechen, muß ihm ja melden, daß wir hier sind. Ich weiß nicht, was sich inzwischen ereignet hat. Wir sind seit 36 Stunden ohne Verbindung. Und er wollte uns doch schon aus dem Flugzeug herausholen."

„Versuchen Sie es mal, vielleicht bekommen Sie einen Wagen. Hass und ich werden sehen, ob und wie wir da für die Nacht unterkommen können mit unseren Klamotten. Wir können doch nicht hier im Grase liegenbleiben."

Wir marschieren los. Beisner und Hass nach Unterkünften und Verpflegung. Ich nach einem Wagen. Die beiden haben Erfolg. Ich nicht. Erstens kann mir niemand einen Wagen geben.

„Wer sind Sie denn, welche Einheit, haben Sie einen Marschbefehl?"

Ach du meine Güte, schon wieder. Und als ich erkläre, wir sind Leute, von denen keiner was weiß, und haben keine Einheit und keinen Marschbefehl und daß es ganz besonders geheim ist, da ist der Mann zufrieden. Aber Wagen kann er mir keinen geben. Er hat keinen. Und wenn er einen hätte, könnte er mir auch keinen geben, denn in Uniform darf ein Deutscher am Tage nur mit Sondergenehmigung des Oberbefehlshabers Süd („OB Süd" heißt der Spezialausdruck) nach Rom hinein. Und in der Nacht überhaupt niemand.

Da wird es mir endlich zu dumm. Ich lasse an das Generalkommando des XI. Fliegerkorps durchgeben, an den KG persönlich (das ist der Kommandierende General, General Student), daß wir eingetroffen sind und in Pratica di mare schlafen werden und daß ich auf weitere Weisungen warte. Dann marschiere ich zurück zu den Kameraden, die sitzen und liegen auf unserem Gepäck und kauen Knäckebrot und Büchsenwurst. Die letzten Reste. Ich kriege auch noch etwas ab davon.

Dann wird ein wenig gesungen. Die Nacht ist zu herrlich. Tiefdunkel. Am Firmament blitzen zahllose Sterne, leise rauscht eine schwache Brandung an der hundertfünfzig Meter entfernten Küste. Im spärlichen Gras des Flugplatzes zirpt und raschelt es, sonst ist alles still.

Was Wunder, daß sie da zu singen beginnen, ganz leise. Einige summen nur.

„Uns geht die Sonne nicht unter..."

Dann den „Argonnerwald". Fast wird das Herz schwer vor so viel Ruhe und Schönheit, vor so viel Stimmung und den leisen Melodien. Keiner spricht, jeder ist irgendwie ergriffen, mit sich selbst beschäftigt oder mit anderen, die ihm lieb sind. Oder mit dem Schicksal, das uns so viel Schönes gibt und so viel Schweres. Sonderbar, diese Ruhe mitten im Kriege. Einem grausam unbarmherzigen Kriege.

Und während wir noch sinnen, und keiner spricht, da blenden plötzlich wieder die Lichter auf. Scheinwerfer, Glühlampen, grün, rot, weiß. Da ist auch schon Motorenlärm.

Eine eigene Maschine kommt und setzt zur Landung an. Setzt auch ganz gut auf, aber hart. Rollt unweit an uns vorbei. Doch sie rollt nicht, sie schwankt von links nach rechts, rechts, links, wackelt, streift mit einer Tragfläche den harten Boden, Funken stieben. Dreht sich im Kreise, wie ein Zirkel sieht das aus, splittert und kracht.

Dann ist es still.

Schon klingelt die Flugplatzfeuerwehr. Schon rasen sie heran mit Spritze, mit Schaumlöscher, ein Sanitätswagen mit dem Zeichen des Roten Kreuzes.

Stimmengewirr. Gott sei Dank, die Maschine fängt nicht Feuer.

Wir sehen nur, wie sie zwei Mann auf eine Bahre legen, ins Auto schieben und abfahren. Nur verletzt, hören wir.

Worte des Bedauerns: „So ein Pech, armer Kerl."

Worte der Fachleute: „Ich habe es gleich gesehen, daß er nicht gut aufgesetzt hat, mußte ja so kommen, war zu hart, die Landung."

Worte der Besserwisser, launig (oder gefühllos): „Diese Uhrmacher! Fliegerdenkmal gebaut."

Langsam verliert sich der Lärm, und es wird wieder stille. Die Lichter verlöschen.

„C'est la guerre", sagt einer. Aber die Stimmung ist weg.

Wie im Kino, wenn der Film mitten in der schönsten Szene reißt und es plötzlich hell wird. Aufgerüttelt aus einer Illusion, aus einer Vision und in die Wirklichkeit versetzt durch die Technik.

So straft sie uns dann und wann, die Technik. Reißt uns aus Träumen. Wir haben sie selbst zur Sachlichkeit gebracht, diese Technik, wir Menschen.

Sie hat auch mal geschlummert, diese Technik, als Geheimnis. Bis der Mensch sie aufgerüttelt hat. Der Erfinder. Und dafür schlägt sie ihn auch mal mit ihrer Tücke. Tücke des Objektes. Rache der Technik. Ob sie uns einmal totschlägt?

Wir sind aufgerüttelt. Eine Maschine, die sich nicht zwingen ließ, hat uns aufgerüttelt.

In dieser Spanne Zeit sind auch Beisner und Hass zurückgekommen. Auf geht's! Man hat uns Baracken zugewiesen. Es sind Betten darin und Waschgelegenheiten. Verpflegung können wir etwas empfangen, aber nicht viel.

Brauchen auch nicht viel. Wir wollen uns nur in Betten legen und schlafen. Morgen gibt es dann ein ordentliches Frühstück. Morgen früh.

Jetzt ist aber stockfinstere Nacht.

Jeder packt, soviel er tragen kann. Ein Teil bleibt liegen mit einer Wache. Wird gleich nachgeholt. Jeder muß zweimal gehen, sind nur einige hundert Meter.

So marschieren wir los. Einer hinter dem anderen, Hass und Beisner voraus. Sie kennen den Weg schon. Da sind Steine, Drähte, und da sind Gräben gezogen. Dann und wann stolpert einer und flucht.

„Schei...!"

„Vorsicht, Stufe!"

„Menschenfalle!"

„Verdammt noch mal, paß auf!"

Dann sind wir vor den Baracken. Alles mäuschenstill. Sie sind leer.

„Möglichst wenig mit Taschenlampen leuchten, Verdunkelung."

Jeder sucht sich einen Platz in einem Bett, Strohsäcke sind darin.

Ich übernehme die Wache über das mitgebrachte Zeug. Die andern laufen noch einmal denselben Weg. Neben mir sitzt noch einer. Bald sind die andern wieder zurück, nichts wurde vergessen. Der Platz wurde abgeleuchtet.

Bald hat jeder seinen Platz und sein Bett, legt sich lang, es wird stille, da und dort beginnt einer zu schnarchen.

„He, halt die Schnauze – Mensch, der sägt vielleicht."

„Kreissäge – tritt ihn in den ..."

„Ruhe da, will schlafen."

Doch auch diese Gespräche verstummen. Andere werden laut, im Flüsterton.

„Du, da sind Flöhe, mich juckt es ganz verdammt."

„Wenn's nur keine Läuse sind."

„Das sind Wanzen."

Aus einer andern Ecke: „Ja, das sind Wanzen, ich rieche das."

„Ruhe dort!" eine Taschenlampe blitzt auf.

„Da hab ich so ein Schwein!"

„Was für ein Schwein?"

„Eine Wanze, eine ganz fette, verdammt, meine Matratze läuft weg."

„Angeber."

Mich beginnt es auch zu jucken, nur weiß ich nicht, ob es echt ist, oder nur eine Reaktion auf die juckenden Gespräche. Da fasse ich zu, habe ein dickes Ding zwischen den Fingern, Wanze. Ich halte sie fest, stehe auf, schleiche mich aus der Baracke und werfe das Untier weit weg. Vor der Baracke sitzt Besekow, den haben auch die Wanzen ausgetrieben. Wir finden da Tische vor und Stühle. Lümmeln uns darauf, legen uns auf die Tische. Es kommen noch mehr. Dösen dahin. Schlafen kann man das nicht nennen. Die Nachtkühle, die harte Unterlage, die Wut über das Ungeziefer lassen uns nicht schlafen.

Als ich im Morgengrauen die Augen öffne, haben ein paar Leute Feuer gemacht. Mit den Strohsäcken. Und kochen Kaffee oder Tee. Man kann das nicht so genau feststellen. Aber es wärmt. Etwas Knäckebrot dazu. Wir stellen fest, daß bis auf fünf oder sechs Unentwegte keiner in der Baracke geblieben ist. Sie sind alle ausgewandert. Ein voller Sieg der Flöhe und Wanzen. Wir sind gerädert und geschunden.

In der Küche der Italiener beginnt es zu rauchen.

Aha, die kochen Kaffee. Wir bekommen auch etwas davon ab. Auch zu essen bekommen wir. Aber es schmeckt nicht recht. Ich esse nichts, wasche und rasiere mich.

Ich muß ja meinen Chef finden. Muß ihm berichten über den Flug, über die Zustände hier.

Ich rufe an, Generalkommando des XI. Fliegerkorps, und erhalte Nachricht, Hauptmann Skorzeny wird gegen Mittag in Pratica di mare sein.

Das gibt wieder Stimmung.

Bei den Italienern erhandle ich einige Wassermelonen. Das sind die großen, grünen, innen rot. Sehr wäßrig, aber erfrischend. Freude bei den Männern. Und alle erwarten voller Spannung, was der Mittag bringen wird.

Kapitel 5

Skorzeny stößt zu uns

Gegen elf Uhr fährt ein Pkw vor. Ihm entsteigen zwei Hauptleute. Ein ganz langer, Skorzeny, und ein kürzerer, Hauptmann Metscher, erster Ordonnanzoffizier des Kommandierenden Generals. Kurze Begrüßung und Vorstellung.

Skorzeny und Metscher nehmen mich zur Seite. Lassen sich berichten über die letzten Vorbereitungen in Berlin und über den Flug. Und was es sonst zu sagen gibt. Dann soll ich antreten lassen. Ich bleibe gleich bei Skorzeny, soll sofort mit ihm nach Frascati kommen und dort wohnen. Gleich neben dem Kommandierenden General. Daher soll auch das Kommando von einem anderen gemeldet werden.

Beisner meldet. Die Männer stehen in der glühenden Hochsommersonne des Südens. Es ist kaum erträglich. Skorzeny mit einer dicken Lippe: Fieberblase.

Eine weitere Viertelstunde vergeht, da noch Wichtiges zu besprechen ist.

Dann tritt Skorzeny vor. Hauptmann Metscher ist an der Baracke beim Wagen geblieben. Skorzeny richtet einige Worte an die Männer. Es ist etwas Unruhe in die Reihen gekommen durch die Hitze. Alle hören gespannt zu: „Der Führer verlangt von uns einen besonders gefährlichen Einsatz. Genaues kann ich Ihnen noch nicht sagen. Aber bereiten Sie sich auf harte Tage vor. Wir werden mit Fallschirmen springen, auf eine Insel. Zum Üben haben wir keine Zeit, es wird von jedem erwartet, daß –"

Es fällt einer um, wie ein Stück Holz, nach vorne. Die Reihen lösen sich, der Mann wird neben eine Stange gesetzt, mit dem Rücken angelehnt. Er ist bei Bewußtsein. Skorzeny spricht weiter: „Wenn bei Ihnen jemand glaubt, daß er einen solchen Einsatz nicht mitmachen kann, er lieber nach Hause fahren will, der soll es mir sagen. Ich schick ihn gleich zurück, wir können nur beste, widerstandsfähige Männer brauchen, die auch bereit sind, ihr Leben einzusetzen. Darauf kommt es an. Freiwillig das Leben in die Waagschale werfen, einen militärischen Befehl unseres obersten Befehlshabers auszuführen."

Skorzeny geht auf einen Mann zu, der zu zittern scheint, dessen Hals Zeichen großer Aufregung zeigt. Vielleicht ist es auch nur die unerträgliche Hitze, die den Mann zu ständigem Schlucken zwingt.

„Sagen Sie, wie ist Ihr Name – ach so – haben Sie Angst? Wenn ich ihre Augen sehe und ihre Nervosität, habe ich den Eindruck, Sie haben Angst. Wollen Sie nach Hause fahren, ich kann da keine Weichmänner brauchen?"

Skorzeny geht wieder etwas zurück. Von seinen Worten ist jeder irgendwie beeindruckt.

„Ich erwarte also von Ihnen alles, alles was man von einem tapferen Soldaten erwarten kann. Mut, Schneidigkeit, und – bis es soweit ist – hier am Platz vorbildlichste, anständigste Haltung und Disziplin. Will keine Klage hören. Ich selbst werde mit Radl in der Nähe sein, und wir werden uns jeden Tag um Euch kümmern. Wenn Ihr etwas braucht, kommt zu mir. Wenn Ihr Sorgen habt, Hunger oder sonst was, Ihr könnt immer zu mir kommen. Die Offiziere kommen anschließend gleich noch mal zu mir. Lassen Sie wegtreten."

Die Befehlsgewalten für das Kommando werden verteilt. Verhaltensmaßregeln, Geheimhaltungsvorschriften und Ermahnungen. Dann steige ich mit in den Wagen. Ich habe Skorzenys Sachen bei mir und meine eigenen, und ab geht es von der „Wanzenburg". Ich bin erlöst.

Wir wollen noch ein wenig baden am Strand, da ist eine günstige Stelle. Skorzeny hat das schon heraus. Und so fahren wir los zum Strand, ein bis zwei Kilometer vom Flugplatz entfernt.

Ich habe keine Badehose. Will nicht allein im Adamskostüm baden. So baden wir alle drei ohne. Hinein geht es in die Fluten des Mittelmeeres. Zum ersten Mal in meinem Leben.

Etwas versalzen, konstatiere ich.

Unsere Kleider hängen an einem Fischerboot, das da am Strande steht im Sand.

Da taucht eine verwilderte Gestalt auf. Oben auf der Strandkrone, gestiku-
liert und schimpft mit greller, hoher Stimme. Nicht zu verstehen, aber er
schimpft fürchterlich. Was will er denn? Wir entsteigen den Fluten und wollen auf ihn zugehen, da steigert sich seine Wut, ebenso seine Gesten. Und als
wir weiter auf ihn zuschreiten, da bedeckt er sein Gesicht mit den Händen
und läuft davon. Um an anderer Stelle, weiter weg, weiterzuschimpfen. Aus
seinen Gesten erkennen wir, daß es in diesem Lande eine große Sünde ist,
nackt zu baden. Daran hatten wir nicht gedacht. So ziehen wir uns an und
hauen ab. Morgen werde ich mir eine Badehose kaufen.

Nur, wenn wir mit unseren Männern direkt am Flugplatzrand baden, dort
kommt kein Italiener hin, auch keine Damen, da werden wir alle so baden,
wie uns Gott geschaffen hat. Uns in die Wellen stürzen und uns tragen lassen. Hinaus ins Meer und wieder zurück. Hinaus aus dem Alltag und wieder
zurück.

Dann beginnt meine erste Fahrt nach Frascati, „dem Ort, der mit ‚F' anfängt,
und wo es den guten Wein gibt."

Wir fahren vorbei an Aprilia, der Stadt auf den fruchtbaren Feldern, wo
noch vor wenigen Jahren die Sümpfe das Fieber brüteten und in die nahen
Städte schickten.

Überqueren die Via Appia, Straße der alten Römer. Heilige Stätten, heilige
Erde.

Wir fahren dann den Berg hoch, die Straße in die Albaner Berge. Arriccia,
lese ich auf einer Tafel.

Am Straßenrand spielende Kinder. Eselstreiber kommen mit ihrem kurzen,
fast unartikulierten Lauten. „Ah" oder „Ao", noch kann ich die Laute nicht
unterscheiden, noch zu ungewohnt und neu sind sie. Und doch geht ein eigener Reiz von ihnen aus, von diesen Lauten und diesen Leuten. Und auch
von dem geduldig dahintrabenden Grauohr. Ein paar Schritte trabt er, dann
hält er mit einem Ruck. Tänzelt auf dem Platz, dreht sich mit dem Hinterteil
mitten auf die Straße und bleibt dann stehen. „Ao, Ao", kurz und abgerissen,
„O, O", und dann trabt der Esel weiter. Oder auch nicht.

Das alles zwischen Weingärten, links der Straße und rechts nichts als Weingärten. Erst, als wir höher an die Berge herankommen, an der Straßenkreu-
zung, wo die Via Appia die Straße in die Albaner Berge entläßt, dort beginnen auch einige spärliche Felder. Steinig, einige Obstbäume dazwischen. Und
dann wieder Weingärten.

Eine Frau kommt uns entgegen, sie trägt etwas auf der Schulter. Mit einer
Hand gehalten. Das Kleid in einer langen Falte ist auf die Schulter gerutscht,

der Arm ist frei, der dieses Etwas trägt. Ein Krug oder eine Vase. Schlank und hoch, zarte Linien, die Vase und auch die Frau.

Kohlschwarzes, glattes Haar, einige Strähnen hängen lässig in die Stirne, fallen herunter auf die Wange, am Ohr vorbei, über ein braunes Gesicht. Die andere Hand hängt ruhig, und vom Kleid fast ganz bedeckt, den schlanken Körper herunter. Wo habe ich dieses Bild schon gesehen? In der Nationalgalerie oder auf einer billigen, farbigen Karte? Oder in einem Kunstatlas oder Geschichtsbuch?

Überschrift: „Römerin in alter Tracht mit Krug".

Ich weiß nicht, wo ich das Bild hintun soll, aber ich habe es schon gesehen. Ich bin gefangen von der Erscheinung und nehme sie ganz in mich auf.

Andere Frauen kommen, nicht alle gleich. Kinder noch, Jungmädchen oder junge Frauen, wer vermöchte das zu unterscheiden, wenn er neu da ist. Neu in der Landschaft des Südens, Landschaft der Sonne, der süßen Traube, der glühend heißen Mittage und der linden, kühlen Abende. Schmutzig und verschmiert sind die Kinder, zerrissen und zerlumpt, und doch haben sie ihren Reiz. Reiz der Landschaft. Immer wieder muß man ihnen nachblicken. Immer mehr Frauen kommen die Straße entlanggegangen. Nur selten einmal ein Mann.

Wo sind die Männer? Im Krieg. Ach ja, es ist ja Krieg, ganz in der Nähe.

Das alles sehe ich, als wir uns Arriccia nähern, seitdem wir die Via Appia überquert haben und hier herauffahren. In unbekanntes Land für mich. Und doch so vertraut, daß ich gar nicht an den Krieg denke und daß ich eine Uniform trage.

Da, am Stadteingang von Arriccia, mündet unsere Straße im rechten Winkel – nach links und rechts – ein, quer vor uns ein altes Haus. Ein „T" denke ich, und so sieht auch die Wegweisertafel aus, wie ein „T". Auf dem rechten Balken: Genzano, auf dem linken: Albano, San Marino. Und einige Richtungspfeile der deutschen Wehrmacht, auch italienische. Ja, es ist doch Krieg.

Wir fahren scharf links in Richtung Albano.

Spielende Kinder auf der Straße, an den Ecken sitzen Männer und Frauen. Sie haben Obst in ihren Körben. Schönste Pfirsiche, Trauben. Gemüse, hauptsächlich Pfefferone, wir sagen Paprikaschoten. Eine Gelateria und noch eine. Italienische Soldaten, auch deutsche Fallschirmjäger in ihrer Tropenuniform. Khaki. Wir kommen aus der Stadt heraus. Eine Allee, viele Kurven, die Straße ist schmal, bestens asphaltiert.

Ja, Straßen bauen können die Italiener. Auf der ganzen Welt sind sie gesucht als Straßenbauer. Und so sind auch ihre Straßen vorzüglich.

Jede Kurve gibt neue Ausblicke. Hinunter in die fruchtbare Ebene. Fruchtbar gemacht durch vieler Hände Arbeit, organisiert und gelenkt durch den Mann, der vor wenigen Tagen noch Regierungschef war.

Heute ist er unbekannten Aufenthalts. So viel haben wir schon gehört.

Geflohen? Gefangen? Auf Elba?

Die „100 Tage" kommen mir wieder in den Sinn.

Ganz tief hängen die Äste der uralten Bäume, die die Allee abgrenzen, herunter. Oft geben sie nur einen kleinen, kurzen Blick frei hinunter. Weit draußen, ganz weit, suchst du das Meer, und sei es nur durch einen Blick zu erhaschen. Den Strand und das Ufer. Und siehst es plötzlich. Oder täuschst du dich? Du willst es nur sehen und stellst es dir so vor. Und wo sich am Rande deines Blickfeldes ein ganz leichter Dunstschleier erhebt und leicht flimmert durch die Hitze, dort glaubst du, sei das Meer. Und wenn du über mich lachst und sagst, man kann es gar nicht sehen von dort, ich sehe es. Durch die Blickfelder, die uns die jahrhundertealten Bäume freigeben. Die alten Linden mit den Stämmen, die du nicht umfassen kannst, die wir beide nicht umfassen können.

Weiter geht es, Castel Gandolfo zeigt uns die Tafel. Eine ganz schwache Rechtskurve, es geht ein wenig bergab. Mitten in der Kurve zur linken Hand ein Obsthändler an der Mauerecke. Wir halten, nehmen ein paar Pfirsiche mit und Trauben, fahren hundert Meter weiter oder zweihundert.

Nicht hoch über uns, uns entgegenlaufend, eine andere Allee und an ihrem Ende ein großes Tor. Dahinter ein Palast, riesig, prunkhaft mit hoher Kuppel.

Das ist Castel Gandolfo, der Sommersitz des Herrn der Christenheit. Hier verbringt der Papst den Sommer.

Noch ein kleines Stück, leicht nach links geht die Kurve, und durch einige Villengärten zur Rechten zweigt eine Straße ab, tief hinunter den steilen Hang, immer tiefer.

Der Blick will gar keinen Halt finden, den Hang hinunter. Bis er sich an einem Stückchen Blau fängt. Kreisförmig. Wie ein Kratersee. Und es ist auch einer. Lago di Albano, der Albaner See.

Wir müssen einige Minuten halten. Ich muß das sehen. Der Blick stürzt förmlich hinunter in die Schlucht, taucht noch einmal unter in dem Blau des Sees, tiefblau, und will nicht mehr los von diesem Blau. Taucht dann doch wieder auf, erfrischt, erfüllt von der Ruhe dieses blauen Kleinods, geht hoch am gegenüberliegenden Hang. Am unteren Teil des Hanges dichte Obstgärten, dann etwas kahl, dann dunkler Wald, Pinien und Zypressen. Wie dunkle Flecken liegen die Haine da in den gelblich-grünen, dürren Gras- und Geröllflächen. Wie dunkle Punkte und dunkle, schwarze Spitzen, wenn die Bäume allein stehen. Weiter oben rundet sich der Hügel, führt aber rückwärts weiter. Es muß eine Senke sein. Und dann weiter hinauf.

Wie ein altes Felsennest, ein Ort, eine Stadt. Wer will das sagen, wenn er es zum ersten Male schaut?

Wie an den Felsen geschmiegt oder daran gekittet, alte Häuser, Kirchen, steil ansteigend. Zwei Stockwerke am Abhang, ebener Erde an der Bergseite. Eines neben, eines über dem andern. Dort wohnen Menschen. Ein Felsennest, ein Ort, eine Stadt?

Rocca di Papa, stelle ich später auf der Karte fest. Muß bald dorthin, einmal den andern Blick tun, von drüben herüber. Dazwischen die Augen in den blauen See tauchen, und dann hinauf wandern lassen zum Castel Gandolfo. Weiter geht es dann, „Albano" steht auf der Straßentafel.

Rechter Hand eine große Villa. Gerade, als das Auge sich löst vom Blick auf den Lago di Albano.

Da sind die Luftwaffenhelferinnen drin. So erklärt mir mein Begleiter. Strenge Zucht dort, Ordnung und Sauberkeit.

Weiter geht die Straße, immer gleich reizvoll. Immer neue Ausblicke, und da, an einer scharfen Rechtskurve den Berg hinunter, dann über eine kleine Brücke scharf nach links wieder den Berg hinan. Wieder so ein Felsennest. Eine Stadt, direkt vor uns. Schon in der ersten Steilkurve beginnen die alten Häuser. Menschen sitzen auf den Schwellen, an den Eingängen. Frauen und Kinder. Und tun nichts. Sie sitzen nur da und schauen. Dolce far niente, süßes Nichtstun.

Nur ein paar Kinder spielen.

San Marino heißt die Stadt, nicht die Republik. Eine kleine Stadt unweit von Rom. Aber so ähnlich muß auch die Republik San Marino aussehen. Nur ein bißchen majestätischer, mehr herausgehoben aus der Umgebung. Aber sonst ein Felsennest wie dieses.

Dieselben Bilder sehen wir wie in Arriccia, Castel Gandolfo und Albano, nur die Straße ist steiler, und mehr Menschen sind unterwegs. Es heißt sehr aufpassen, daß wir niemanden überfahren. Die Leute sind arglos auf der Straße. Sitzen auf der Fahrbahn und spielen. Liegen auch der Länge nach quer auf der Straße, wenn es ihnen zu warm ist. Erst wenn der Wagen scharf vor ihnen bremst, springen sie auf und sausen wie ein Blitz zur Seite, einer den andern an der Hand mitreißend, an die Hauswand, weit weg vom Auto, und fluchen.

Hinaus geht es aus dem Städtchen, weiter dieselbe dunkle Allee mit Ausblicken nach unten, in die Ebene und in die Weingärten. Da, nach einer Rechtskurve ein weiter Blick, weit hinaus nach Westen. Häuser und Türme am Horizont und Kuppeln.

Rom. Zum ersten Male sehe ich Rom. Und halte den Atem an. Es ist ein feierlicher Augenblick.

Es gibt gar nicht so viele, wirklich feierliche Augenblicke im Leben. Man kann sie leicht an den Fingern abzählen.

Als Kind vielleicht, wenn man zum ersten Mal, auch mit dem kleinen Kinderverstand, aber doch Verstand, den geschmückten Weihnachtsbaum empfindet. Ich weiß noch genau, wie das bei mir war. Vielleicht war ich vier Jahre alt oder fünf, vielleicht war es schon mein sechstes Jahr. Auf jeden Fall stand ich zum ersten Mal mit Bewußtsein wartend vor der Tür. Wartend und erwartend. Mit echter Vorfreude, aber wissend, und nahm, als die Tür sich öffnete, den Weihnachtsbaum mit seinen brennenden Kerzen als schön, als feierlich auf. Und war voll des Glückes über den Kerzenschimmer, über den Kerzengeruch, über den Tannenduft. Die Geschenke, die glücklichen Blicke der Eltern. Das ist einer der Momente, die ich feierlich nenne, die ich als feierlich empfunden habe. Dann weiß ich lange keinen mehr.

Als ich in die höhere Schule aufgenommen wurde, nein, das war nicht feierlich, gar nicht feierlich, nur ein Ereignis.

Als ich Abitur machte? Nein, das war auch nicht feierlich, das war fast ein Zufall. Wenn es andere – wie meine Mutter – als feierlich empfanden, ich nicht. Gerade, daß ich nicht mit Bomben und Granaten durchgefallen bin. Nicht aus Dummheit, aus Faulheit, Gipfelpunkt der Flegeljahre.

Ja, was war denn dann noch feierlich?

Als ich das Burschenband erhielt bei den „Germanen". Das war feierlich.

Dann kommt lange nichts mehr.

Bis ich 1936 zum ersten Mal das bis zum Rand gefüllte Olympia-Stadion betrat. Unter Entbehrungen von Österreich mit dem Fahrrad nach Berlin gefahren und nun im Stadion stand. Einer unter Hunderttausend. Und als dann die Sportler aufmarschierten und die Hunderttausend jubelten; jubelten, in allen Sprachen der Erde.

Auf der Tribüne die Staatsmänner und Sportführer aller Länder der Welt. Könige, Staatslenker, Regierungschefs, Botschafter aller Staaten. Und die Glocke klang auf dem olympischen Turm.

Die Glocke: „Ich rufe die Jugend der Welt!"

Da stand ich unter Hunderttausenden und schrie – nicht mit. Ich war zu glücklich. Das war feierlich. Glaubt es mir. Da waren die Menschen dieser

Welt auch zum letzten Mal glücklich. Es war die letzte große Friedensfeier. Feier? – Feierlich. Wie anders ist es gekommen. Doch so weit denke ich in diesem Moment, als ich Rom sehe, nicht mehr. Zu Ende gedacht habe ich dies erst später.

Aber ich mußte es Dir sagen, was feierlich ist, wirklich feierlich.

Ich kehre zurück zu dem Durchblick auf Rom, zu dem weiten Ausblick, wo mir so feierlich zumute ist, daß es mir das Herz beklemmt. Das also ist Rom. Das alte Rom der Cäsaren, das Rom der Vandalen und wieder Cäsaren und Tribunen und Kaiser, das Rom des Mittelalters. Das Rom der Ausschweifungen des übersättigten Bürgertums. Das Rom der Päpste. Guter und böser. Wir wissen es. Das Rom eines werdenden, neuen Italiens, das durch Blut und Feuer, durch Liebe und Kultur, durch Kunst und Wissenschaft, Recht und Gelehrsamkeit Geschichte gemacht hat.

Das zur Heiligen Stadt wurde und auch heilig ist. Auf Schritt und Tritt heilig. Weil jedem etwas davon heilig sein kann. Und dieses Rom liegt jetzt zum ersten Mal vor meinem Blick.

Dann geht es weiter, in das Städtchen hinein. „Grotta ferrata" steht auf dem Straßenschild. Daneben eine kleinere Tafel „O. Qu.", Oberquartiermeister. Es ist ja Krieg. Und hier liegen die ersten Stäbe des XI. Fliegerkorps.

Schnell sind wir durch das kleine Städtchen durch, die Straße steigt langsam an, gleich, nachdem die große Straße nach Rom abgezweigt ist, an dem kleinen Zypressenhain. Dort beginnen schon die Gärten und Villen von Frascati. Es geht einem großen Park entgegen. Oder ist es ein Garten? Etwas steiler führt die Straße bergab, liegt plötzlich zwischen zwei hohen Mauern. Nichts sonst zu sehen wie das dunkle Band der Straße, links und rechts die Mauer, so hoch, daß man hinaufsehen muß, wo sie endet und schwere Baumkronen über sie hinwegragen. Und da ist auch schon die Tafel: Frascati.

Nun sind wir da, in dem Ort, „der mit ‚F' anfängt."

Wie ich das denke, denke ich an den Wein des Südens. Selbst im Wort liegt Süße.

Frascati, du mußt das genießen. Nur ganz flüchtig die erste Silbe sprechen, nur flüchtig das „C", wie ein „K", und dann ein Weilchen auf dem zweiten „A" verweilen – das ist auch der Tropfen Wein, den du auf der Zunge liegen lassen mußt und genießen. Genießen, wie derselbe Tropfen den Gaumen benetzt. An der Stelle, wo sich der süße Geschmack mit dem duftigen Aroma findet. Wo du den Tropfen genießt, ganz genießt. Und ihn jetzt erst die Kehle hinunterrieseln läßt. Rieseln, nicht schlucken. Frascati.

Wohin das Auge blickt, gibt es Schönheit. Schöne Villen, Gärten und Parks.

Wo die Straße einmündet auf den großen Platz, sich dort gabelt nach rechts, hinein in die graue Altstadt mit ihren winzigen Läden, Cafés und Trattorias, und nach links, hinunter zu den großen Villen. Hinunter die breite Allee mit der schönen Promenade, auf der geschäftiges Treiben herrscht.

Bunt gekleidete Frauen, elegante und ärmliche, aber alles bunt.

Kinder und halbwüchsige Mädchen. Und Soldaten, überall Soldaten.

Es fällt auf, daß die Soldaten ohne Begleitung gehen, sie bleiben unter sich.

Man scheint da eine scharfe Trennungslinie zu ziehen. Scheint keinen Kontakt zu haben mit der italienischen Bevölkerung.

Man sieht aber auch keine Ablehnung oder Haß. Man geht nebeneinander her und stört sich nicht.

Die meisten Menschen, die wir da sehen, Einwohner und Soldaten, stehen am Rande der großen Terrasse, die über eine weite Treppe den Weg freigibt tief nach unten, wieder auf eine andere Terrasse. Auf einen Garten mit bunten Blumen.

Und von beiden Terrassen ein weiter, weiter Blick auf Rom. Von da kann man sie ganz umfassen, die heilige Stadt. Und es ist dieses Bild, das sie alle fesselt, die Einwohner und die Soldaten. Immer wieder, jeden Tag.

Am Westhang der Albaner Berge liegt dieses Frascati. Auf halbem Wege, wenn man auf Rom blickt, eine größere Häusergruppe in der gelblich-grünen Ebene. Moderne Neubauten.

Cine Citta, stelle ich einige Tage später fest, die Kinostadt.

Nochmals dieselbe Strecke, bis zu den ersten Häusern der großen Stadt wandert das Auge. Bleibt dann haften nurmehr an großen Bauten, hohen Mauern, Türmen und Kuppeln. Bis sich der Blick verliert im flimmernden Sonnenlicht und sich am Rand der Stadt verwischt mit silhouettenhaft ansteigenden Hügeln. Doch vermag das Auge den Übergang nicht zu finden. Dort verliert sich das Bild, löst sich auf.

Wir nehmen die Straße links. Noch hundert Meter, zweihundert. Eine kleine Nebenstraße, halbrechts, gleich nach dem großen Terrassenplatz, zerschneidet die Promenade.

Gleich am ersten Garten rechts, vor einer großen Villa, halten wir. Das ist unser Ziel. Villa Tusculum.

Ein Garten mit hohen Platanen, mit Zypressen und Palmen. Reiz der südlichen Landschaft, Reiz des kunstvollen Baues. Beides umfängt mich gleich.

Da werde ich aber schon aus dem Reiz herausgerissen. Ein Auto neben dem andern, Luftwaffe. Mitten im Park, eine Holzbaracke, Wehrmachtsbaracke. Weisertafeln.

Und zu allem Überfluß: Es heißt nicht mehr „Villa Tusculum", das ist auf-
gespalten. Streng sachlich, militärisch „Tusculum I" und „Tusculum II".

Dem Namen ist die Seele genommen.

So wie dem Menschen Karl Müller, wenn er Soldat wird, und es gibt mehrere Müllers, dann nimmt man ihm die Seele und seine Eigenheit. Er ist nicht
mehr Karl Müller. „Müller I" und „Müller II", zwei Stück Müller.

So wie zwei Stück Holz, zwei Stück „Tusculum".

Nun, wir sind Soldaten, das alles tut dem Krieg keinen Abbruch. Nur nachdenken muß man dann und wann. Und ein Herz haben. In das man sich –
eben dann und wann – zurückziehen kann.

Wir sind im „Tusculum II" einquartiert. Die kleine Villa liegt wunderbar,
ganz vorne am Abhang, an einer kleinen Terrasse. Mit freiem Blick auf Rom.
Ein Stockwerk hat die Villa über einem Hochparterre und kleine Balkone.
Darin werden wir also wohnen. Wie lange? Das wissen wir nicht.

Bei „Tusculum I" haben wir uns von Hauptmann Metscher verabschiedet.
Und nun sind wir allein. Erstmals allein seit dem 26. Juli nachmittags. Kaum
mehr als drei Tage, und was hat sich alles ereignet!

Skorzeny führt mich von der Terrasse ins Haus. Eine kleine Auffahrt, mehr
ein Weg. Dann hinein in einen kühlen Gang. Erste Tür rechts, da wohnt der
Kommandierende General. Zweites Zimmer rechts, da wohnen wir. Dann
kommt, geradeaus, ein Badezimmer, in dem das Wasser nur sehr spärlich
fließt, aber es fließt, und es ist Hochsommer in Rom. Zur linken Hand ist auch
eine Tür. Da ist eine Nachrichtenstelle drin. Wir werden sie noch oft brauchen. Auch über uns eine Nachrichtenstelle und Telefonzentrale. In den
Mansarden wohnt ein Teil des Casino-Personals. Casino, das ist „Tusculum
I". Offiziers-Casino der Luftflotte und des XI. Fliegerkorps.

Wir nehmen schnell unser Abendbrot ein, und nun wird mich Skorzeny einweisen. Unterrichten über das, was er in den letzten drei Tagen erlebt hat,
und über das, was unsere Aufgabe sein wird.

Wir haben ein großes Zimmer, Steinfliesen und bemalte Decke, Balkon nach
dem Garten. Im Zimmer zwei Feldbetten, weißbezogen, weiße Kamelhaar-
decken. Ein großer Tisch in der Mitte mit vier Stühlen. Eine Kommode und
zwei einfache Fauteuils. Das ist alles.

Wenig später sitzen wir uns gegenüber, und Skorzeny berichtet.

„Bringen Sie mir meinen Freund Mussolini wieder!"

Sie schlugen Otto Skorzeny vor: Heinrich Himmler, Reichsführer SS und Polizeichef des Deutschen Reiches (oben)

Dr. Ernst Kaltenbrunner, Chef der Sicherheitspolizei, des SD und des Reichssicherheitshauptamtes

Führer

Aus einfacher Herkunft

Festungshaft in Landsberg 1924

Wahlplakat der NSDAP

Die Blutfahne der Bewegung

und Duce

zu fast unumschränkter Macht

Marsch auf Rom 1922

Plakat begrüßt den Faschismus anno 1923

Familienvater Mussolini

Staatsbesuch in Italien 1934   *In Deutschland 1937: Mussolini, Ciano, Hitler   Ö*

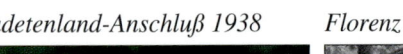
Sudetenland-Anschluß 1938   *Florenz Okt. 1940*   *Brit. Karikatur: „Wie könnt Ihr es wagen, Hand an meinen*

Anschluß 1938

...nito zu legen?"

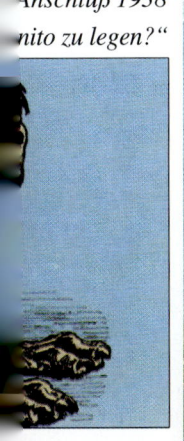

Die Achse

Oben links: Himmler, Hitler, Mussolini, Ciano am Golf von Neapel im Mai 1939

Wüstenkrieg in Nordafrika

Ju 88 auf einem sizilianischen Flugplatz

Graf Dino Grandi griff Mussolini beim Faschistischen Großrat an

Links: Während deutsche Soldaten die Italienfront hielten ...

Marschall Pietro Badoglio bereitete den Abfall vom Bündnis vor

Graf Galeazzo Ciano, Schwiegersohn Mussolinis, intrigierte von Anfang an

Der italienische König Viktor Emanuel III. brach den Pakt zwischen Krone und Faschismus

Das Komplott

verrieten die deutschen Pläne: General Erwin Lahousen

Admiral Wilhelm Canaris, Chef der deutschen Abwehr

Er hielt

Generalfeldmarschall Albert Kesselring, Oberbefehlshaber Südwest (Italieund Mittelmeer) hatte die Front gegen die anglo-amerikanische Invasion zu halte

Amerikanische Bomber B-24 Liberator beim Beladen mit Bomben und Sherman-Panz

Kapitel 6

Geheimauftrag vom Führer

S korzeny verpflichtet mich zuvor noch auf Geheimhaltung: „Alles, was ich jetzt mit Ihnen spreche, und alles, was sich aus unserer weiteren Aufgabe ergibt, unterliegt absoluter Geheimhaltung. Ich bin selbst von Adolf Hitler auf besondere Geheimhaltung persönlich vereidigt worden. Ich habe von ihm einen Auftrag erhalten, der einmalig ist. Nur sechs Personen sind vom Führer genehmigt, die in das Geheimnis eingeweiht werden dürfen. Dazu gehören Sie als mein engster Mitarbeiter. Sie werden mit mir die Pläne zu dem Unternehmen ausarbeiten, das ich Ihnen im einzelnen noch erklären werde. Zunächst", Skorzeny erhebt sich von seinem Platz, streckt mir die Hand hin, auch ich bin aufgestanden, „zunächst möchte ich Sie hiermit durch Handschlag und Offiziersehrenwort auf die besondere Geheimhaltung verpflichten. Ich weiß, daß Sie auch so das Geheimnis nicht brechen würden, jedoch möchte ich auch nicht die förmliche Verpflichtung außer acht lassen."

Durch einen Händedruck wird ein fester Bund besiegelt.

„Außer uns beiden sind im Augenblick nur der Kommandierende General und dessen Chef des Stabes eingewiesen.

Ich möchte Ihnen zunächst chronologisch schildern, was sich seit meinem Abflug aus Berlin abgespielt hat, soweit Sie nicht selbst durch unsere Telefongespräche und Fernschreiben schon unterrichtet sind. Ich traf am 26. Juli gegen acht Uhr abends auf dem Flugplatz in Rastenburg in Ostpreußen ein. In dessen unmittelbarer Nähe befindet sich, wie Sie wissen, das Führerhauptquartier.

Ein Personenwagen war zu meiner Abholung bereit. Durch eine Reihe von Sperren ging es ins Innere des Führerhauptquartiers.

Ein Heeresoffizier führte mich in das sogenannte Teehaus.

Dort traf ich mit weiteren fünf Offizieren anderer Wehrmachtsteile zusammen. Ich wurde mit ihnen bekannt gemacht. Sie waren, ebenso wie ich, über den Zweck ihres Aufenthaltes im Führerhauptquartier nicht unterrichtet.

Kurze Zeit nach unserer Vorstellung wurden wir zusammen zum Führer befohlen, ein Oberst wies uns den Weg.

Ich stand zum ersten Mal in meinem Leben dem Führer gegenüber.

Jeder von uns hatte kurz seinen Werdegang zu schildern. Nur ganz kurze Fragen stellte Hitler zwischendurch. Teils militärischer Art, teils scheinbar sehr privater Natur. Es ergab sich, daß ich der einzige Österreicher war. Ebenso der einzige von uns, der Italien von privaten Reisen her kannte. Während ich kurz über meinen Werdegang berichtete, stellte Hitler unvermittelt an mich die Frage: ‚Wie stehen Sie zu Italien und zum italienischen Volk?' Meine Antwort: ‚Ich bin Ostmärker, meine Einstellung ist durch die Geschehnisse während des Ersten Weltkrieges bestimmt und durch Südtirol vorbelastet.'

Sofort nach dieser Antwort entließ Hitler die andern Offiziere, ich mußte bleiben.

Die nun folgende Unterredung mit Hitler fand unter vier Augen statt. Hitler gab einen kurzen Abriß über die Lage in Italien, ich kann ihnen die Worte nicht mehr genau sagen, aber ungefähr folgendes hat mir der Führer erklärt: ‚Dieses Haus Savoyen wird uns auch diesmal verraten. Obwohl mir alle offiziellen deutschen Stellen in Rom versichern, daß ein Abspringen Italiens von der Achse auch jetzt nicht erfolgen werde, fühle ich, daß diese Stellen sich haben von den Italienern täuschen lassen und daher die Lage nicht mehr richtig sehen können. Ein Königshaus, das sich dem Retter des italienischen Staates, dem Manne, der ihm ein Imperium schenkte, so undankbar zeigt, ja ihn verrät, wird auch dem Lande, mit dem es zum zweiten Mal mit einem Bündnisvertrag verbunden ist, die Treue nicht halten. Ich aber werde meinem Freund Mussolini die Treue halten und werde niemals dulden, daß er letzten Endes an die Alliierten ausgeliefert wird.'

Hitler gab dann ein ausführliches Bild über seinen Freund Mussolini: ‚Der Duce ist in meinen Augen der letzte Römer. Er ist das letzte sichtbare Symbol des alten, stolzen Rom, das einst die Welt beherrscht hat, soweit sie bekannt war. Sein Leben, sein Aufstieg und seine Taten sind mit denen eines der alten Herrscher Roms zu vergleichen.

Der Duce ist mir auch viel, viel mehr als ein Bundesgenosse, mehr als Vertreter und Begründer des befreundeten italienischen Faschismus. Er ist mir auch als Mensch nahegekommen. So nahe wie bisher nur wenige Menschen. Er ist mein großer Freund, und ich lasse Freunde niemals im Stich.

Sie, Skorzeny, werden meinen Freund Mussolini befreien und das furchtbare Schicksal, das ihm unsere Feinde zugedacht haben, von ihm abwenden. Sie werden mit Ihren Männern zur Luftwaffe abgestellt und General Student unterstellt. Die Einzelheiten werden noch besprochen werden.

Eines macht mir große Sorge, das ist die Einstellung der deutschen Stellen in Rom. Die deutsche Botschaft hört vollkommen auf das Königshaus. Man glaubt alles, was ihnen von dieser Seite erzählt wird. Sie sind weich geworden da unten, sind selbst bald halbe Italiener geworden. Auch Kesselring glaubt, was ihm vom italienischen Kronprinzen und anderen aus deren Umgebung erzählt wird. Und ich weiß, das italienische Königshaus wird Deutschland ein zweites Mal im Stich lassen. Dem muß unter allen Umständen vorgebeugt werden. Rom darf nicht verloren gehen. Damit würde unsere Südfront zusammenbrechen. General Student wird mit seinen Truppen auch darüber zu wachen haben.

Ihr Auftrag, den Duce zu befreien, und alles, was sich in diesem Zusammenhang ergibt, muß besonders geheim gehalten werden. Ich habe ausdrücklich befohlen, daß von diesem Plan nur sechs Personen wissen dürfen. General Student und Sie zählen bereits mit. Auf keinen Fall aber darf die deutsche Botschaft von ihrem Befehl erfahren. Auch Generalfeldmarschall Kesselring, Feldmarschall von Richthofen und ihre Stäbe dürfen nicht eingewiesen werden. Die weiteren Personen, die von dem Plan erfahren sollen, müssen sie sich im Einvernehmen mit General Student aussuchen. Wählen sie dabei niemand aus, der einer Dienststelle der deutschen Botschaft oder des OB Süd angehört. Im übrigen ist General Student im Bilde und wird Sie noch im einzelnen einweisen.

Bringen Sie mir meinen Freund Mussolini wieder, ich weiß, Sie werden Ihr möglichstes tun, und es wird Ihnen gelingen.'

Ich wurde dann wieder in das sogenannte Teehaus zurückgebracht", fährt Skorzeny in seiner Schilderung fort, „dorthin kam kurz nachher auch General Student, dem ich vorgestellt wurde.

Wir besprachen als erstes die Art und Weise, wie ich und wir alle beim

XI. Fliegerkorps eingebaut werden sollen, damit niemand merkt, daß überhaupt SS-Angehörige mit einem Sonderauftrag in Italien sind.

Noch im Anfangsstadium dieses Gespräches kam der Reichsführer SS in den Teeraum.

Ich meldete mich bei ihm, er begrüßte General Student und ergriff sofort das Wort zu einem etwa einstündigen Vortrag.

Himmler sprach über die Lage in Italien, wie er sie im Augenblick sehe. Fast in jedem Satz nannte er den Namen irgendeines italienischen Politikers oder einer anderen prominenten Persönlichkeit des italienischen Lebens. Dabei verbot er uns ausdrücklich, uns irgendwelche Notizen seiner Ausführungen zu machen. Auch Himmler ist – wie der Führer – restlos davon überzeugt, daß die Regierung Badoglio und das Königshaus über kurz oder lang aus dem Achsenbündnis ausscheiden und auf die Seite der Alliierten übergehen werden. Dieses sei zwar nicht mehr zu verhindern, aber wir sind gewarnt und müssen uns darauf vorbereiten.

Der wichtige Knotenpunkt Rom darf für uns nicht verlorengehen. Deshalb wird auch das XI. Fliegerkorps aus Südfrankreich in den Raum von Rom verlegt. Und zwar in Stärke von zwei Fallschirmdivisionen. Eine dritte ist bereits auf Sizilien eingesetzt.

Diese beiden Divisionen sind auch die einzigen, über die wir im Augenblick rasch verfügen können. Sie werden auch zunächst die einzigen bleiben, bis die deutsche Führung weitere Maßnahmen für geboten hält. Diese Divisionen müssen also genügen, um alle erforderlichen Maßnahmen zu treffen.

Weiter erklärte Himmler, ebenso wie Hitler, daß wir uns nicht auf Informationen, die aus der deutschen Botschaft oder aus dem Stabe des OB Süd kommen, verlassen sollen. Man ist in diesen Kreisen scheinbar der Ansicht, daß der Regierungswechsel in Italien sich nicht ungünstig für Deutschland auswirken werde. Man glaube dort den abgegebenen Versicherungen Badoglios. Auch den Äußerungen anderer italienischer Militärs, daß Italien an der Seite der Achsenmächte bis zum Endsieg weiter kämpfen werde, wird Glauben geschenkt.

Himmler nannte wieder eine Reihe von italienischen Generalen und Generalstabsoffizieren.

Scheinbar mißt der Reichsführer den Vorgängen in Italien sehr große Bedeutung bei.

Im Anschluß an diesen Vortrag habe ich mit General Student alle notwendigen Anordnungen besprochen, die Sie ja noch nachts durchbekommen haben, soweit sie uns direkt angehen. Es ist jetzt vor allem wichtig, daß wir die

Männer einheitlich in Fallschirmjäger-Uniform einkleiden, sie mit Ausweisen versehen, damit keine Indiskretionen passieren. Was haben Sie inzwischen veranlaßt?"

„Die Männer haben alle neutrale Tropenuniform, Adler und Totenköpfe haben wir abgetrennt und vernichtet."

„Gut, dann wäre das ja klar, wir bekommen in den nächsten Tagen die andere Ausrüstung, Fallschirmjäger-Hosen und -Mützen. Unsere Mützen unterscheiden sich doch etwas von den anderen. Das werden wir morgen im einzelnen besprechen. Ich will Sie jetzt in die mir übertragenen Aufgaben einweisen.

Ich habe vom Führer zwei getrennte Aufträge erhalten. Wenngleich beide Aufgaben zu einem größeren Komplex gehören, so müssen sie doch getrennt geplant und vorbereitet werden, da sie dem Inhalt nach vollkommen verschieden sind.

Ich werde Ihnen später die Schwierigkeiten nennen, die sich aus der verschiedenen Aufgabenstellung ergeben. Wir werden uns eingehend damit zu befassen haben, da sie auch für uns beide persönlich außerordentlich ernste Konsequenzen bringen können.

Der erste Auftrag richtet sich darauf, Mussolinis augenblicklichen Aufenthalt ausfindig zu machen. Dann, den Gegebenheiten entsprechend, eine Befreiungsaktion vorzubereiten und nach Genehmigung durch den Führer durchzuführen.

Der zweite Auftrag bezieht sich auf die Gesamtsituation in Italien.

Es sind Vorbereitungen zu treffen, um einem möglichen Abfall Italiens von der Achse rechtzeitig zu begegnen.

Das heißt, der bevorstehende Abfall muß rechtzeitig erkannt werden.

Dann haben nach Rückfrage im Führerhauptquartier die Maßnahmen abzurollen, die den Verrat selbst unmöglich machen.

Dazu gehört die persönliche Festnahme des Königs, des Kronprinzen, sämtlicher Minister und führenden Militärs des italienischen Oberkommandos und derjenigen ehemaligen Faschisten, die Mussolini zur Abdankung gezwungen und ihn verraten haben. Das sind vor allem der Graf Ciano und Dino Grandi.

Eine Liste der betroffenen Personen wird uns in den nächsten Stunden zugehen.

Bei der Festnahme dieser Personen ist darauf zu achten, daß niemand ums Leben kommt oder verletzt wird. Widerstand ist allerdings zu brechen.

Bei der Festnahmeaktion, die kurz vor dem voraussichtlichen Tag des Abfalles durchzuführen ist, sind aus Sicherheitsgründen alle in der Wohnung anwesenden Personen mit zu verhaften, die Familien, wenn nötig, auch das Personal, damit möglichst wenig Verwirrung in der Öffentlichkeit entsteht.

Sämtliche Festgenommenen werden in Flugzeugen nach Deutschland gebracht und dort bis Kriegsende in ehrenvoller Haft gehalten.

Sie sehen, auf uns wartet ein Arbeitspensum, das wir ganz allein schaffen müssen. Wir werden uns nur der Hilfe des Generals Student, dem wir unterstellt sind, seines Chefs des Stabes und seines Ic bedienen können.

Weiters steht uns der deutsche Polizeiattaché in Rom, SS-Sturmbannführer Kappler, zur Verfügung.

Jedoch werden uns diese auch nur beraten, die Arbeit liegt auf uns beiden. Wir können auch keinen einzigen unserer eigenen Führer oder Männer einweisen.

Ich werde Sie morgen den einzelnen Herren vom Stabe des XI. Fliegerkorps vorstellen. Vergessen Sie nicht, daß diese Herren auch keine Kenntnis davon haben, daß wir SS-Angehörige sind, und lassen Sie sich nicht ausfragen.

Man wird natürlich alles versuchen, auf seiten der Fallschirmjäger hinter unser Geheimnis zu kommen."

Nun folgt ein längeres Hin und Her.

Ich frage Skorzeny um Einzelheiten, über seinen Eindruck, den er von Adolf Hitler gewonnen hat und vom Reichsführer. Skorzeny hat beide zum ersten Mal persönlich gesehen.

Am nächsten Morgen werde ich zunächst bei den Herren des Generalstabes des XI. Fliegerkorps eingeführt.

Da ist zunächst der für unsere Aufgabe am meisten interessierende Ic, ein Hauptmann Langguth.

Dann der Chef des Stabes, Oberst i. G. Trettner. Die beiden Ia – es gibt derer zwei bei den Fallschirmjägern, den Ia Luft und den Ia Boden, würde der Laie sagen – Ia op 1 und Ia op 2 –, Major Colani und Major von Roon.

Alles kampferprobte und ausgezeichnete Offiziere.

Dann werde ich mit den Kasinozeiten und den hier üblichen Gebräuchen vertraut gemacht, vor allem, daß es strengstens verboten ist, in Zivil das Kasino zu betreten.

Dieses Verbot macht uns später viel zu schaffen, da wir in rasender Eile in Zivil aus Rom kommen, nur schnell etwas essen wollen und dann in Zivil wieder weiterfahren müssen.

Auch ist es wichtig, sich mit der Marketenderei vertraut zu machen. Dort gibt es viele gute Sachen zu billigen Preisen. Auch Rauchwaren. Das ist auch für mich Nichtraucher wichtig, weil ich für die Zigaretten des sehr stark rauchenden Chefs zu sorgen habe.

Wir besprechen die zusätzliche Versorgung unserer kleinen Einheit mit Obst und Getränken. Die müssen weiter in der „Wanzenburg" bleiben, in der glühenden Hitze der aus stets blauem Himmel herunterbrennenden Hochsommersonne Italiens. In Frascati gibt es auch Schatten. In Pratica di mare nicht. Daher müssen wir sie zusätzlich mit Obst und Getränken versorgen.

Außerdem müssen wir die Männer beruhigen. Sie sind alle sehr pessimistisch, ob sie überhaupt zu einem Einsatz kommen. Manche auch neidisch, daß der Alte und ich in Frascati in den Bergen wohnen und nicht bei ihnen sind.

Sie sind es gewöhnt, ihren Kommandeur mehr bei sich zu sehen, als dies sonst bei der Truppe üblich ist. Er liebt es, mit den Männern zusammenzusitzen und sich mit ihnen frei zu unterhalten. Auch ihre persönlichen Nöte zu hören und überall zu helfen. Auch wenn die Vorschriften dagegen stehen. Jedem Mann kann man helfen, wenn man will, und wenn er es verdient, ist die Ansicht des Kommandeurs, die Vorschriften sind ihm dabei gleichgültig. Das hält den Haufen auch fest zusammen.

Inzwischen ist auch die Liste der für den Fall vorgesehenen Festnahmen eingetroffen.

Auf ihr stehen unter anderen: Der König Victor Emanuel mit Familie; der Kronprinz Umberto mit Familie; Graf Ciano mit Familie; Dino Grandi, der neue Außenminister Guariglia, bis vor kurzem italienischer Botschafter in Ankara; des Königs Vertrauter, der Minister Acquarone. Dann: Volpi, Cini, Bottai.

Die Militärs festzusetzen, soll Aufgabe des XI. Fliegerkorps sein.

Die Liste enthält insgesamt etwa 35 Namen.

Rein technisch gesehen, müßte die Festnahme dieser Personen schlagartig zu einer bestimmten Stunde, ja Minute erfolgen, wenn genügend Kräfte vorhanden sind.

Und da sieht es schon, wenn wir fürs erste unsere Kräfte abschätzen, schlecht aus. Unsere Aktion würde mindestens 15 Personen betreffen. Ein Teil von ihnen wohnt in ausgedehnten Komplexen, hat zahlreiche Familienangehörige, eine große Dienerschaft und ist besonders gesichert. Kronprinz Umberto zum Beispiel wohnt im Quirinal, einem Bau mit mehr als 2.000 Zimmern.

Wir schätzen auf 40–50 Personen, die bei unserer Aktion allein abzutransportieren sind. Und wir sind knapp 40 Mann. Wir müssen also Verstärkung durch die Fallschirmjäger haben. Die ist auch grundsätzlich garantiert. Deshalb sind wir ja auch General Student unterstellt. Also, technisch ist die Sache zu machen, darüber sind wir uns bald im klaren.

Aber da sind noch andere Fragen. Und schon, als wir die aufwerfen, müssen wir selbst uns sagen: Was hat sich denn da unsere oberste Führung gedacht? Hat sie pflichtgemäß alle Schwierigkeiten erwogen?

Die erste davon ist folgende: Die Befreiung Mussolinis hat doch nur einen Sinn, solange er noch greifbar in der Hand des Königs und der Badoglio-Regierung ist.

Diese aber haben Achsen-Treue bis zum Endsieg geschworen.

Schon wenn wir Mussolini suchen, verstoßen wir gegen eine Bündnispflicht.

Wenn wir ihn befreien, fallen wir ja dieser Regierung in den Rücken und sprengen so selbst die Achse. Dann ist nicht Italien abgefallen, sondern Deutschland. Eine andere Schwierigkeit ist diese:

Wenn wir mit unseren 40 – 50 Mann Mussolini befreien sollen, wird auch der Festnahmeplan in Rom akut.

Diese Aktion können wir aber dann nicht durchführen, da unsere Männer ja bei der Mussolini-Befreiung sind.

Muß jedoch zuerst die Aktion in Rom gemacht werden, um den drohenden Verrat abzuwehren, dann haben wir ja keinen einzigen Mann frei für die Mussolini-Befreiung. Und dabei dürfen nur sechs Personen eingewiesen werden.

Wer übernimmt dann die Verantwortung für den durch Deutschland herbeigeführten Bruch der Achse?

Der kleine Hauptmann und der noch kleinere Oberleutnant? Oder der Kommandierende General, der selbst aber dem Oberbefehlshaber untersteht. Und dieser Oberbefehlshaber darf von den Plänen überhaupt nichts wissen!

Noch vor wenigen Tagen, nämlich gleich nach meiner Ankunft, mußte Skorzeny mit einer Fliegerpelzkombination, die er auf dem Flug getragen hat, bei größter Hitze zusammen mit General Student bei Feldmarschall Kesselring speisen. Er durfte dabei die Kombination nicht ausziehen, weil er darunter noch die SS-Uniform trug. Das gab dann die dicke Lippe mit der Fieberblase.

Eine Fallschirmjäger-Uniform für Skorzeny wird nur sehr schwer beschafft, da solche Größen nicht lagernd sind.

In Rom werde ich am nächsten Tag im Haus der Deutschen Botschaft in der Via Tasso dem Polizeiattaché Kappler vorgestellt.

Kappler ist der einzige Mann, der uns in Rom helfen kann. Er ist durch Skorzeny bereits eingewiesen.

Die Objekte in Rom müssen wir selbst aufklären.

Kennen aber weder die Personen noch ihre Wohnsitze.

Dazu müssen wir Zivil tragen. Deutsche Uniformträger fallen in Rom leicht auf. Der Oberbefehlshaber hat das Betreten Roms in Uniform verboten, damit unter allen Umständen der Charakter der italienischen Hauptstadt als „offene Stadt" gewahrt bleibt. Nur Wirtschaftsstäbe, Verkaufsstellen und die üblichen Bahn- und Fernsprechdienste der deutschen Wehrmacht dürfen in Rom sein. Kampftruppen dürfen die Stadt nicht betreten, so will es die Haager Landkriegsordnung für eine „offene Stadt".

Und darüber sind sich alle Stellen einig. Rom darf nicht bombardiert werden. Von keinem der Kriegführenden.

Und trotzdem sehen wir jede Woche einmal einen alliierten Luftangriff auf Rom.

Genau sehen wir die Bombenreihen fallen. Sehen sie einschlagen in Rom. Sehen die Rauchpilze aufsteigen, die Trümmer hochfliegen und hören dann die Detonationen.

Wie von einem Theaterbalkon aus können wir von unserer Terrasse des „Tusculum II" dieses schaurige Schauspiel betrachten. Ich fahre dann nach Rom, um zu erfahren, was zerstört ist, wieviel Tote und Verwundete es gegeben hat.

Der Soldat registriert das nur. Nicht ohne Bedauern für die Getroffenen, das bringt der Krieg so mit sich. Man ist hart geworden.

Alarm ist nahezu jeden Tag. In Rom und die ganzen Städte der Albaner Berge entlang.

Auch woanders, aber das berührt uns weniger.

Besuch bei Kappler in der Via Tasso. Es herrscht absolut freundliche und hilfsbereite Atmosphäre. Kappler will all seine Verbindungen einschalten. Da hat er seine direkten Mitarbeiter, die Angehörigen seiner Dienststelle. Dann hat er gute Agenten, die ihm schon manche Information gebracht haben.

Er kommt als Polizeiattaché viel mit Leuten von der Botschaft zusammen, auch mit ausländischen Diplomaten. Und dann hat er noch seine italienischen Bekannten.

Ferner steht ihm noch Bollmann zur Verfügung. Eugen Bollmann, ein seit vielen Jahren in Rom lebender deutscher Kunsthistoriker, seinem Privatleben nach. Tatsächlich ist er der persönliche Beauftragte Himmlers in Italien, zu diesem Zeitpunkt SS-Obersturmbannführer.

Bollmann kennt die Spitzen der Gesellschaft, ist überall Persona grata. Ihm stehen Fürstenhäuser offen, auch in der Villa Savoya ist er kein Fremder.

Bleibt also nur, jeweils zu vereinbaren, wie wir unsere Aufträge an diese Mitarbeiter tarnen, damit sie die wirklichen Zusammenhänge nicht erfahren.

Die Rollen werden verteilt. Es dauert einige Tage, bis Kappler alles so weit sondiert hat. Wer in Frage kommt und wer nicht.

Schon allein deshalb müssen wir jeden Tag nach Rom.

Nach wenigen Tagen sind wir uns im klaren. Kapplers italienische Bekannten und seine Agenten werden uns helfen, die Spur Mussolinis zu finden. Der Auftraggeber und das wirkliche Ziel werden für sie nicht erkennbar sein.

Bollmann wird uns helfen, alle Fragen, die italienische Persönlichkeiten betreffen, zu klären. Er wird Fühlung halten mit der Gesellschaft, mit dem Adel. Von ihm werden wir erfahren, wo sich die interessierenden Persönlichkeiten gerade befinden. Ob sie zu Hause sind oder verreist, ob sie Reisepläne haben oder nicht. Wie sie zur Achse stehen und zu Mussolini. Wie sie wohnen und auch wie sie aussehen.

Bollmann gibt geradezu verblüffende Personenbeschreibungen. So treffend, daß man gar kein Lichtbild braucht. So frage ich ihn einmal in der Via Tasso: „Sagen Sie, kennen Sie den Fürsten C.?"

„Ja, selbstverständlich, ich war erst vor vierzehn Tagen dort in Gesellschaft."

„Wie sieht denn der aus?"

„Das ist sehr einfach. Stellen Sie sich in München einen Bierwagen vor, mit zwei dicken Pferden davor, beladen mit schweren Fässern. Und oben auf dem Kutschbock, da sitzt ein Bierkutscher. Mit geröteten Wangen, geröteter Nase und einem nach aufwärts gezwirbelten Schnurrbart. Kleine, listige, so ein wenig bierselig schwimmende Augen. Und eine lange Peitsche in der Hand. Wenn Sie die Pferde, den Bierwagen und die Peitsche weglassen, das ist der Fürst C."

Drei Wochen später verschafft uns Bollmann eine Reihe von Bildern der Personen, die da später eingefangen werden sollen. Der „Bierkutscher" fällt mir als erster auf. Treffender hätte die Beschreibung nicht passen können.

Kappler besitzt ein Agenten-Funkgerät; über dieses wird die Funkverbindung mit dem Führerhauptquartier aufrechterhalten. Aber nicht direkt.

Aufnehmende Station ist die Dienststelle VI F H, das „Havel-Institut" des Amtes VI. Schellenbergs technische Nachrichten- und Funkzentrale.

So bekommen wir unsere Sprüche am besten durch.

Besonders verschlüsselt und mit höchster Geheimhaltungsstufe.

Kapitel 7

Wir suchen 70 Italiener
– und Mussolini

In Frascati haben wir es uns inzwischen so bequem wie möglich eingerichtet. Auch so etwas wie einen Tages-Dienstplan haben wir beide. Allerdings nicht auf dem Papier und nirgends angeschlagen. Sieben Uhr aufstehen. Dann Kampf um den Wasserleitungshahn im Badezimmer. Sein schwacher Wasserstrahl muß für zehn Personen reichen. Vom Gefreiten der Telefonzentrale über uns bis zum Ic. Der wohnt jetzt neben uns im Zimmer. Nur eine Verbindungstür trennt unsere Räume.

Um acht Uhr ist so ungefähr der Wasserkrieg beendet. Dann geht es zum Frühstück ins Kasino. Bedienung Italienerinnen. Eine spricht auch ein paar Brocken deutsch. Es gibt das übliche Wehrmachtsfrühstück. Was man zusätzlich will, muß extra bezahlt werden. Tee gibt es oder Kaffee, Kommißbrot, etwas Butter oder Margarine, Marmelade. Das ist alles. Kaufen kann man Eier, Obst, Tomaten.

Also geht es nach acht Uhr in voller Uniform zum Frühstück. Eine Viertelstunde später ziehen wir die Uniformen wieder aus und fahren in Zivil nach Rom.

Während des Umziehens täglich ein Telefonkampf mit der Fahrbereitschaft.

Denn nach Rom brauchen wir einen Wagen. Das hat wieder seine Schwierigkeiten. Erstens ist meistens keiner da, und zweitens will man uns keinen geben, da jedesmal neue Zuständigkeitsfragen geklärt werden müssen. Wir sind eine Einheit ohne Namen und ohne Fahrzeuge. Das Auto muß vom XI. Fliegerkorps gestellt werden.

Das ist nun wieder ein Wehrmachtswagen. Sowohl der Farbe als auch der Nummer nach. Der Fahrer ist Fallschirmjäger in Uniform. Wir sind in Zivil. Wehrmachtswagen dürfen aber nur von Soldaten in Uniform benutzt werden. In Zivil nur mit Genehmigung des OB Süd. Und der darf von nichts wissen.

Nach Rom darf man nur mit Extragenehmigung des OB Süd fahren. An der Cine Citta ist eine deutsche und eine italienische Streife, die verlangen den Ausweis des OB Süd. Den haben wir aber nicht, weil der von nichts wissen darf. Und der Kommandierende General, der es weiß, der darf keine Ausweise ausstellen. Und das geht jeden Tag so.

Die berühmte Sache von dem Hund, der versucht, sich in den Schwanz zu beißen. So ist es in der Tat.

Dabei will man uns gerne helfen. Aber die Vorschriften sind dagegen.

Dann kommt also endlich ein Wagen. Wir steigen ein in Zivil. In Rom steigen wir an irgendeiner Ecke aus, damit wir nicht mit dem Wehrmachtswagen vor der Via Tasso vorfahren. Bestellen den Fahrer wieder für mittags. Damit wir zum Mittagessen wieder nach Frascati kommen.

Denn, wenn wir nicht nach Frascati fahren, hat der Fahrer kein Essen. In Uniform darf er in Rom in kein Lokal gehen. Und, da wir oft am Morgen noch nicht wissen, wie lange wir in Rom aufgehalten sind, hat er auch keine Marschverpflegung mit. Die bekommt er nur auf spezielle Anordnung, die wir ihm aber nicht geben können, weil er zu einer anderen Einheit gehört. Und sein Vorgesetzter kann sie nicht geben, weil er weder uns noch unseren Haufen kennt.

In Rom ist unser erster Weg meistens zu Kappler. Dort treffen wir dann Bollmann oder warten auf ihn. Oder marschieren gleich los auf Erkundung. Bald sehen wir, daß wir so nicht weiterkommen, wenn wir die geplante Festnahme-Akion vorbereiten sollen. Wir müssen auch einige Helfer haben, die wissen, worum es geht.

Mehr als fünfunddreißig Namen sind auf der ersten Liste. Darunter nur acht bis neun Militärs, die dem XI. Fliegerkorps zufallen.

So setzen wir nach langer Beratung mit Kappler einen Funkspruch an Himmler ab. Er soll bei Hitler vorstellig werden und erreichen, daß wir noch vier oder fünf Personen nach unserer Wahl und auf unsere Verantwortung in das Geheimnis einweihen dürfen.

Wir warten einige Tage. Da keine Antwort kommt, fragen wir noch mal nach. Dann kommt die Antwort: „Kommt gar nicht in Frage!"

Aber mit derselben Antwort kommt eine weitere Liste von Personen, die festgenommen werden sollen. Es sind an die siebzig.

Darunter wieder eine Reihe von Persönlichkeiten aus Wirtschaft, Politik und Gesellschaft, etwa die Hälfte Militärs. Wenn wir einmal nachzählen, haben wir schon dreimal so viele Menschen auf der Liste, als wir überhaupt Männer bei uns haben.

Und „daneben" soll noch Mussolinis Aufenthalt festgestellt und er dann befreit werden. Wenn wir das mit Kappler so überlegen und mit Bollmann, der unsere Absichten längst erkannt hat, kommt es uns geradezu grotesk vor.

Und doch sind wir entschlossen, das scheinbar Unmögliche möglich zu machen. Auch, wenn wir niemanden weiter einweisen dürfen. So bleibt uns nichts anderes übrig, als alle Erkundungen selbst zu machen.

Das ergibt unseren täglichen Weg zu Kappler, von dort in die einzelnen Stadtteile, wo unsere „Schützlinge" wohnen, entweder zusammen oder getrennt.

Nachher treffen wir uns wieder bei Kappler. Besprechen dort die Ergebnisse unserer Erkundungen. Das ist alles sehr schwierig.

Denn wir sind doch als Ausländer irgendwie zu erkennen. Skorzeny mit seinen beinahe zwei Metern Größe, seinen auffallenden Schmissen im Gesicht. Auch müssen wir erst lernen, uns den Gepflogenheiten anzupassen, nur zu leicht ist der Ausländer schon an kleinen Dingen zu erkennen.

Und Rom wimmelt nur so von einer gut organisierten Geheimpolizei.

Diese hat ihre beobachtende Tätigkeit wesentlich verstärkt und dient nun nicht mehr Mussolini, sondern dem König und Badoglio.

So ist es auch verständlich, daß wir uns keinerlei schriftliche Aufzeichnungen machen können. Wir müssen alles im Kopf behalten. Jeden Straßennamen, und die sind uns gar nicht geläufig.

Müssen jedes Haus von innen und außen kennen, in das wir vielleicht in Kürze eindringen sollen, ohne bemerkt zu werden.

Müssen auch die Umgebung der Häuser kennen. Ob enge Straßen, oder weite, übersichtliche Plätze, die unser Vorhaben begünstigen oder erschweren. Auch, ob Bewachung in der Nähe ist. Und dies alles in stundenlangem Umherstreifen in der Stadt, mit Absichern gegen die Geheimpolizei und bei meistens 45 bis 50 Grad Hitze.

Wir besitzen auch keinerlei Zivilausweise. Lediglich einen Feindflugausweis haben wir in der Tasche.

Wir müssen also im Falle einer Kontrolle durch die italienische Polizei sagen, wir seien Kampfflieger, die ein paar Tage Ruhepause haben. Ruhepause, nicht Urlaub, da braucht man schon wieder einen besonderen Urlaubsschein für Rom.

All dies strengt sehr an, bis wir uns bei Kappler einmal alles zurechtgelegt haben. Noch kleinere, unverdächtige Angaben überprüfen lassen, bis wir uns alles auf dem Papier bildlich vorgestellt und vorgezeichnet haben und es dann wieder vernichten müssen.

Dann wieder die ganz andere Materie, nämlich: Mussolinis Aufenthalt. Die Ergebnisse von Agentenmeldungen und anderen Hinweisen zusammen prüfen, das alles ist eine Nervenmühle sondersgleichen.

Dazwischen das blödsinnige Uniform- und Zivilwechseln, das aber einfach nicht zu vermeiden ist und immer wieder den Schweiß aus allen Poren treibt.

Wenn wir dann abends zurückkommen, meistens zwei Stunden nach dem angesetzten Abendessen, dann beginnt erst ein fieberhaftes Arbeiten an Plänen, an Skizzen, die wir selbst zeichnen müssen. Dann müssen wir wieder Papier bearbeiten, was wir in Berlin schon so ungern getan haben. Aber ohne Papier geht es nicht. Und so wird langsam von Tag zu Tag mehr an Einzelheiten zusammengetragen.

Jede der uns für die Aktion in Rom zufallenden Personen hat inzwischen eine Nummer erhalten.

Plan 1, Plan 2 bis Plan 14. Soweit sind wir inzwischen gekommen. Jeder Plan besteht aus einem gedruckten Stadtplan, darauf eingezeichnet die Wohnung der betreffenden Persönlichkeit. Dann eine gezeichnete Skizze des Objektes selbst mit allen Details. Wie groß das Haus ist, wieviele Eingänge, was für Tore, Türen, wie am Tag und wie nachts verschlossen, in welchem Stockwerk die Wohnung ist. Was für Schlösser, was für Türklinken, Mitbewohner und weiß der Teufel, was da alles noch wichtig ist.

Wir haben jede Kleinigkeit gesammelt, und jede von diesen kostet viel Schweiß und manchen unchristlichen Fluch.

Sind es allein stehende, kleinere Häuser im Stadtkern, dann geht es noch. Wie zum Beispiel bei Guariglia, dem Außenminister im Plan 7, oder bei Acquarone in Plan 13.

Anders aber, wenn diese Menschen in großen Komplexen wohnen, so wie in Plan 1: der König. Er wohnt in der Villa Savoya. Eine römische Villa ist etwas anderes als eine Villa in Deutschland. In Deutschland ist das ein Ein- oder Zweifamilienhaus mit kleinem Garten. In Rom ist es normalerweise ein Palast mit großem Park herum. Um die Villa Savoya zu umstellen, braucht man eine Kompanie, wohlgemerkt: nur zum Umstellen. Und wir wollen sie ja nicht bloß umstellen. Umstellt ist sie bereits. Von der königlichen Garde, Durchschnittsmaße: des Großen Friedrichs Lange Kerle. Das wußten wir vorher gar nicht, daß es so lange Italiener gibt. Skorzenys Größe und Länge ist bei ihnen gerade der Durchschnitt.

Oder bei Plan 2: Kronprinz Umberto. Er wohnt im Quirinal; in welchem der 2.000 Zimmer er wohnt, ist nicht bekannt. Der Quirinal liegt mitten im Zentrum. Ein riesiger Block, von vier Straßen umgrenzt, und außerdem gut bewacht. Auch die Frau des Kronprinzen soll dort geholt werden. Sie lebt aber getrennt vom Kronprinzen, in einem andern Flügel. Wer weiß, in welchen Zimmern; in welchen von mehr als 2.000?

Niemand kann einen Plan des Quirinal besorgen. Wochenlang sind wir da hinterher. Auch Luftbild existiert keines. Die deutsche Führung hat überhaupt keine Luftbilder von Rom. Die dürfen nicht gemacht werden, da Rom Luftsperrgebiet ist und Italien unser Verbündeter, dessen Maßnahmen respektiert werden. Da darf auch keine Aufklärung geflogen werden.

Erst eine Verbindung in die Universitätsbibliothek verschafft uns ein historisches Werk über den Quirinal. So ungefähr können wir uns daraus einen Plan zurechtmachen. Aber das Werk ist über 150 Jahre alt. Was mag man inzwischen innen verändert haben? Und wenn es nur einige neue Türen oder neue Schlösser sind. Das kann den ganzen Plan gefährden.

Also muß ein Luftbild her. Nach langem Verhandeln und entsprechender Rückfrage bei Hitler wird die Genehmigung erteilt. Die Aufklärung wird geflogen. An einem Vormittag. Nachmittags haben wir das Ergebnis. Genau über dem Quirinal liegt eine weiße Wolke und verdeckt diesen vollkommen. Sabotage würden es Übereifrige nennen. Aber das ist Unsinn. Diesmal zumindest. Tücke des Objektes ist es, sonst gar nichts. Es ist der einzige Tag innerhalb von sechs Wochen, wo sich überhaupt ein Wölkchen über der Stadt zeigte. Das also ist die Sache mit dem Plan 2. Zu allem Überfluß stehen auch am Quirinal des Königs Lange Kerle. In schmucken Uniformen und mit nichts anderem beschäftigt als mit Dastehen. Und alles zu bemerken. Wir wollen aber gar nicht bemerkt werden.

Etwa zwanzigmal umkreisen wir zu verschiedenen Zeiten den Quirinal, zusammen oder allein. Oft nur, um der Sicherheit halber eine Erkundung des anderen nachzuprüfen.

Etwa: Ob man am Fenster an der Südseite, gleich neben dem ersten Portal, eine Strickleiter anbringen kann. Wie hoch es von dem einen Steinabsatz ist. Zehn Zentimeter können da eine Rolle spielen.

Dann ist da noch, ganz verdammt, der Gang vom Quirinal in den Palazzo Colonna. Er führt über die Straße wie ein Viadukt. Was sind da drinnen für Türen? Sind sie vermauert? Geht dort überhaupt jemand durch? Wenn der Übergang benutzbar ist, dann muß in diese Aktion noch der ganze Palazzo Colonna einbezogen werden. Ein weiterer Riesenkomplex, weit und übersichtlich an der Via dataria und S. Croce.

So hat jeder Plan irgendeine Schwierigkeit, irgendein Häkchen. Und zu allem Unglück können wir das alles mit niemandem besprechen. Können uns nicht beraten und nicht beraten lassen. Noch nicht einmal mit den Offizieren, die für die Durchführung der einzelnen Pläne verantwortlich sind.

So wird abends gezeichnet und geplant, bis Mitternacht, bis drei, vier Uhr früh.

Wenn wir nicht gerade zum Bericht beim Kommandierenden General sind. Der hat meistens nur spät abends für uns Zeit. So nach 21 oder 22 Uhr, und da sitzen wir dann auch bis zwei oder halb drei Uhr zusammen.

Nicht nur, um über den „Plan Mussolini" zu sprechen oder über unsere römische Aktion. Viele Stunden, sie zählen zu den schönsten und zugleich ernstesten dieser Zeit, geht es um Deutschland, um unser aller Schicksal, worüber wir sprechen.

Können wir den Krieg noch gewinnen? Wie sieht es an den Fronten aus? Mit tiefer Besorgnis spricht der Kommandierende General zu uns. Er kennt seine Lage in Italien, er weiß auch um die andern Fronten. Weiß auch, daß unsere Reserven immer weniger werden. Er weiß auch, wie wenig Menschen noch an einen Sieg glauben. Selbst in seinem eigenen Generalstab.

Und doch gilt seine ganze Arbeit und seine ganze Sorge der kämpfenden Front: „Wir müssen unser Bestes tun, jeder auf seinem Platz das Größtmögliche für einen siegreichen Abschluß dieses Krieges beitragen."

Und, wenn wir einmal abends ausspannen, irgendwo hinausfahren zum Abendessen, nach Tivoli oder zu Marone nach Albano, auch dann kommen wir mit unseren Gedanken nicht los von dem, was uns Tag und Nacht bewegt.

Wenn es nicht gerade Plan 1 und 2 ist oder Mussolini, so ist es das weitere Schicksal unseres Vaterlandes, das uns bewegt, vielleicht ein ernstes Gespräch mit dem Kommandierenden General vom Vortag oder ein ebenso ernster wie angenehm berührender Gedankenaustausch mit den „Vorzimmermenschen" des Kommandierenden, mit Oberleutnant Rolfs.

Rolfs ist Landrat im Zivilberuf, Verwaltungsjurist und ein guter Kenner der alten österreichischen Verwaltung auf dem Balkan. Ein Buch hat er darüber fast fertig. Es soll später veröffentlicht werden. Wir haben Gelegenheit, das Manuskript zu lesen.

Besonders treffen sich unsere Anschauungen in bezug auf die vollkommen verfahrene und verkehrte Südostpolitik des Reiches.

Doch was nützt das alles! Wir stehen mitten in einem mörderischen Ringen, dessen Gefährlichkeit sich seit einiger Zeit auch für uns bemerkbar macht. Und so haben wir uns auch ein Bild von Deutschlands augenblicklicher Lage gemacht, jeder für sich. Und diskutieren es auch zusammen, soweit wir eben Einblick haben können.

Aber vieles ist offensichtlich. Der Wehrmachtsbericht ist, so wie er jeden Tag erscheint, für das „Volk" formuliert. Der Soldat sieht das anders. Wir sehen uns auch die tatsächlichen Endergebnisse nach bestimmten Zeitabschnitten an. Und das gibt uns das Bild der Lage. Und so fassen wir auch eines Abends, Anfang August, das Ergebnis so zusammen: Deutschland befindet sich an allen Fronten in der Defensive. An einigen Fronten ist die Rückwärtsbewegung alarmierend. An anderen Abschnitten zeichnet sich ähnliches ab.

Die Ostfront hatte sich nach dem großen Schlag von Stalingrad, der gerade ein halbes Jahr zurückliegt, einigermaßen gefangen. Doch scheint auch dies nur ein vorübergehender Stillstand gewesen zu sein. Die große Initiative ist in die Hände der Russen übergegangen. Einzelne deutsche Teilerfolge gehen nicht über den betreffenden Abschnitt hinaus und sind für die gesamte Lage unbedeutend. Die sogenannten Abwehrerfolge und die enorm hohen Verluste der Russen an Menschen und Material werden noch immer überschätzt. Die schon 1941 und 1942 erwarteten Erschöpfungszustände der Roten Armee sind nicht eingetreten.

Über die Pacht- und Leihlieferungen der USA an Rußland gibt es keine authentischen Unterlagen. Meldungen darüber sind nur sehr unvollständig. Feindangaben darüber wird a priori nicht geglaubt.

Wenn auch die Front noch viele hundert Kilometer ostwärts der Reichsgrenzen verläuft, so ist doch der Rücklauf der Fronten seit 1942 bedrohlich.

Besonders bedenklich ist, daß auch gut ausgebaute Stellungen dem Massensturm des russischen Heeres nicht mehr standhalten. Nur eine bewegliche Kriegführung hat im russischen Raum Aussichten auf operativen Erfolg.

Dazu gehören aber Reserven und weitaus mehr Truppen, als augenblicklich zur Defensive vorhanden sind.

Mit dem Scheitern Rommels vor Ägyptens letzter Verteidigungslinie wurde jede Hoffnung auf einen Erfolg im Mittelmeerraum illusorisch.

Die alliierte Landung in Afrika hatte dann den von den Westmächten gewünschten Erfolg herbeigeführt. Einem Zweifrontenkrieg in Nordafrika waren weder Rommels Feldherrentum noch der Heldenmut der Truppe und schon gar nicht der Nachschub gewachsen.

Die Festung Malta erwies sich auch für die deutsche Luftwaffe als unbezwingbar.

Die bevorstehende Invasion des europäischen Festlandes im Süden war im Frühjahr bereits feststehende Tatsache. Man hatte sie nur mehr abzuwarten, abzuwarten, ob sie auf einer vorgelagerten Insel oder gleich auf Italiens Festland erfolgen würde.

Und im Juni war es dann auch so weit. Dantellaria fiel kampflos in die Hände der Alliierten, und im Juli setzten sie ihren Fuß auf Sizilien.

Dort ist nun der Kampf in vollem Gange. Und wieder für uns verlustreich und dem Gegner eine Chance nach der andern gebend.

Nicht, daß es dort an Mut und Tapferkeit der deutschen Soldaten fehlte.

Es sind ihrer zu wenig, und es kommt kein Nachschub mehr durch.

Eigentlich müßig für uns, uns jetzt darüber den Kopf zu zerbrechen.

Aber auf der anderen Seite fühlen wir uns verpflichtet, die Dinge so zu sehen, wie sie sind. Nicht die Augen zu verschließen vor unserer schwierigen Lage.

Daß wir unser Bestes geben werden, um dennoch zu siegen, versteht sich von selbst.

Aber gerade wir, die man so gern die „politischen Soldaten" nennt, haben die Pflicht, uns Kenntnisse über die Entwicklung zu verschaffen.

Und so kommen wir überein, auch die deutsche Führung von unseren Beobachtungen hier in Kenntnis zu setzen und von unserer Auffassung. Jetzt um so mehr, als wir durch die direkte Befehlsgebung Hitlers in unserem Fall den „Draht" zu ihm, zumindestens aber bis ins Führerhauptquartier, haben.

Und wenn wir schon eine derart heikle Aufgabe, nämlich den Duce zu befreien und die Aktion in Rom durchzuführen, übertragen bekommen haben, dann wollen wir auch vor unserem höchsteigenen Gewissen bestehen können. Um so mehr, als man scheinbar gewillt ist, die Verantwortung für das Weiterbestehen der Achse oder deren Bruch durch Deutschlands Schuld auf die Schultern von uns Subalternoffizieren abzuschieben.

Vielleicht müssen wir einmal vor der Weltöffentlichkeit darüber geradestehen. So machen wir es uns gegenseitig zur Pflicht, die Augen und Ohren offen zu halten und uns eine eigene Meinung zu bilden über die Lage in Italien. Und, unabhängig von anderen deutschen Stellen, ein Bild der Lage zu gewinnen.

Dieses wollen wir dann ohne Schönfärberei nach oben melden und auch die daraus etwa zu ziehenden Konsequenzen vorschlagen.

Es wird dies nicht leicht sein, da wir an das Funknetz von Kappler gebunden sind. Die Sprüche gehen über Wannsee, Havel-Institut, somit also über Schellenberg. Ob sie in derselben Form oder überhaupt an Hitler gelangen, bleibt offen.

Denn dazwischen sind dann noch immer Himmler und vor allem Fegelein, Himmlers Verbindungsführer bei Hitler. Wir wissen, wie oft und wie gerne gerade diese nicht angenehme Berichte und Meldungen dem Führer nicht vorlegen.

Aber da bleibt uns noch der Weg über das XI. Fliegerkorps und letzten Endes der Weg, bei Hitler persönlich Vortrag zu halten. Den will Skorzeny vor allem offen halten.

Als wir dies mit General Student besprechen, finden wir aufrichtiges Verständnis und Hilfsbereitschaft.

Wie sieht nun die Lage in Italien aus? Wie ging die bisherige Entwicklung im Kriege? Zwei Gesichtspunkte sind es, die uns da am meisten beschäftigen und über die wir uns nicht immer ganz einig sind.

Vor allem die grundsätzliche Einstellung zu Italien und zum italienischen Königshaus. Allein die Diskussionen sind in jedem Falle für uns wertvoll. Die Standpunkte werden, wenn auch nicht geteilt, so doch gegenseitig respektiert. Zum Teil ergibt sich die Differenz schon aus der Verschiedenheit der Temperamente. In der Frage der militärischen Entwicklung und der augenblicklichen Lage im Süden gehen unsere Ansichten vollkommen konform.

Fest steht, daß schon der Kriegseintritt Italiens für uns einen Hemmschuh darstellte, einen Klotz am Bein, der uns am Gehen hindert.

War Hitler schon entschlossen, Rußland anzugreifen, bevor ihm dieses mit dem Angriff zuvor kam, so war die offene Brüskierung Molotows in Berlin und die dann ausgesprochene Garantieerklärung für die Balkanstaaten politisch unklug.

So sehen wir Österreicher die Sache. Der Balkan, stets ein heißes Eisen in Europa mit seinen gegensätzlichen Volkstümern, Konfessionen und Leidenschaften, ist schwer im Gleichgewicht zu halten.

Die alte österreichische Verwaltung hatte das noch am besten geschafft. Hitler hat dieser Tatsache nicht Rechnung getragen, hat sich von Ribbentrop eine Reihe an sich honorabler Männer aufschwatzen lassen, die als Diplomaten das Deutsche Reich auf dem Balkan vertreten sollten, von der Materie aber keine Ahnung hatten.

Wir wissen Bescheid um das letzte Diplomatenrevirement. Ribbentrop lancierte, weil er gerade wieder auf die SS böse war, lauter SA-Führer in die Diplomatie. Sie stehen heute zum größten Teil hilflos auf ihren Posten, mit Ausnahme von Leubach in Serbien, und gehen auf die Jagd, damit die Zeit vergeht.

Und die sollen unsere „Balkanverbündeten" zusammenhalten.

Die schlechtesten Verbündeten haben wir uns ausgesucht. Ein Wahnsinn, in dieser Zeit Ungarn und Rumänen unter einen Hut bringen zu wollen. Und dann sollen die noch nebeneinander kämpfen.

Was wäre es Mr. Churchill peinlich gewesen, wenn Hitler Molotow nicht einfach nach Hause geschickt hätte. Wenn er sich nicht so sehr um den Schutz der Interessen Rumäniens, Bulgariens und Griechenlands gekümmert hätte.

Vielleicht hätte Mr. Churchill deren Unabhängigkeit gegen die Russen verteidigen müssen.

Denn mit der Kontrolle der Dardanellen hätte Rußland Englands empfindlichsten Nerv getroffen. Das so heiß umstrittene Mittelmeer wäre zur russischen Einflußsphäre geworden.

Aber Hitler hat geglaubt, den Balkan durch Bündnissysteme unter seine Kontrolle bringen zu können. Und mußte in wenigen Wochen sehen, daß das gar nicht geht.

So wurde der Balkan mit Krieg überzogen.

Nicht ohne schuldhafte Mitwirkung der faschistischen Regierung, die sich in Griechenland in ein gefährliches Abenteuer eingelassen hatte.

Und so haben wir heute im ganzen Süden und Südosten nur schwache Verbündete, schwach, unwillig, zum Teil in offenem Aufstand gegen uns. Verzetteln unsere Reserven in verlustreichen Partisanenkämpfen und verlieren Unmengen an wertvollem Material. Und das Ansehen bei den noch vorhandenen Freunden.

Hätte man genügend getan, sich nicht auf dem Balkan verzettelt und statt dessen Rommel in Afrika stark gemacht, nachdem wir nun einmal dort sein mußten. Vieles wäre anders gekommen. Gerade im Mittelmeer.

Doch das sind Reminiszenzen. Wir müssen uns das nur ins Gedächtnis rufen, um wachsam zu sein, um zu wissen, daß in der Führung viel falsch entschieden wird. Auch Hitler ist nicht unfehlbar. Obwohl man von uns verlangt, das Gegenteil von dem zu glauben. Und unser Verbündeter Italien?

Wir haben beide denselben Schreck bekommen, als Italien am Ende des Frankreichfeldzuges in den Krieg eintritt. Fünf Minuten vor Toresschluß.

Noch höre ich Mussolinis Rede „La guerra e declarata" im Radio.

Und höre das hunderttausendfache Jubeln. Das Jubeln der Menge, die so gerne und mit so viel Temperament dabei ist. Wer kennt nicht ihre Temperamentsausbrüche im Theater, nach jedem Akt, auf offener Szene. Und doch ist es bei ihnen nicht überschwenglicher, über alle Maßen begeisterter Jubel. Es ist dies ihre Art, für sie ist es das Normale. Wir sind ruhiger, sachlicher und empfinden daher ihre Art als Überschwang, was für sie nur Beifall ist.

Ja, auch damals hörte ich diese Rufe: „E viva, viva il Duce!"

Aber niemand hat sich gerührt, als man diesen ihren Duce einsperrte, als seine besten Freunde ihn verrieten. Wo ist das alles geblieben?

Und so suchen wir in Rom und überall, wo wir hinkommen, die alten Faschisten. Wo sind sie geblieben?

Eine Reihe von ihnen sitzt im Gefängnis.

Aber die große Masse von ihnen ist frei, vollkommen frei, und von Faschismus keine Spur. Er ist ausgelöscht. Verloschen.

Niemand interessiert sich mehr für den Faschismus und auch nicht für den Krieg.

Sie sind alle müde. Kriegsmüde, die nie kriegsbegeistert waren.

Wer will überhaupt den Krieg? Wer freute sich nicht, wenn er das Ende des Krieges, das Ende der Bomben noch heute erleben könnte?

Wo immer wir antippen: Niemand hat Lust, den Faschismus wieder errichtet zu sehen.

Über Mussolini wird viel Schlechtes und Unschönes geschrieben. Er ist wehrlos, irgendwo gefangen. Wo, wissen wir ja nicht.

Und wenn wir es einmal wissen, ist er ein paar Tage später wieder weg.

So zeichnet sich für uns eine Linie ab: Nie wieder Faschismus, nie wieder Mussolini als Staatsoberhaupt oder als Parteiführer.

Persönlich mag er vollkommen untadelig sein, der Retter Italiens, der Gründer des Imperiums und weiß Gott noch viel mehr.

Aber in der augenblicklichen politischen Situation ist er untragbar.

Ungerecht, daß er eingekerkert ist; unmöglich, ihn wieder an die Spitze des Staates zu stellen.

Wir werden dem Führer seinen Freund befreien, aber wir werden vorher unsere Bedenken anmelden, diesen Freund wieder auf das politische Schachbrett zu schieben. Das ist unsere Pflicht. Und wir tun es unmißverständlich.

„Bringen Sie mir meinen Freund Mussolini wieder", hatte Hitler am 26. Juli zu Skorzeny gesagt. Das soll auch geschehen.

Wir wissen auch, daß Kappler stets die Lage und Entwicklung in Italien so geschildert hat, wie er sie sah, und sich nicht, wie Himmler meinte, von der

Deutschen Botschaft seine Informationen holte. Seine Auffassungen und die unseren decken sich im wesentlichen. Auch über die Ursachen der so auffallenden Wandlung der Italiener sind wir uns einig.

Italien trat 1940 in den Krieg ein. Das italienische Volk war darauf weder vorbereitet, noch war es davon begeistert.

Wirtschaft und Industrie waren ebensowenig vorbereitet und gar nicht in der Lage, ohne fremde Hilfe auszukommen. Nur bei ausreichender Versorgung mit Rohstoffen, vor allem Kohle, war diese Industrie überhaupt lebensfähig.

Und diese Einfuhren mußten von Deutschland herangeholt werden, also Substanzverlust für uns.

Der Krieg selbst war und ist in Italien unpopulär. Der Italiener ist gar nicht der Typ des Soldaten. Das ist kein Manko für ihn. Es ist seine Natur. Klima, Lebensweise und Mentalität sind gegenseitig bedingt. Vor allem der Süden bringt keinen Kämpfertyp.

So unpopulär der Krieg in Italien ist, so unpopulär macht sich derjenige, der dieses Volk in den Krieg führt.

Vom König weiß das Volk, das er den Krieg nicht wollte. Ebenso vom Kronprinzen. Sie sind von vornherein Kriegsgegner gewesen. Der Kronprinz noch dazu, genauso wie seine Kamarilla, mit einer starken Animosität gegen den Nationalsozialismus. Nicht gerade gegen Deutschland.

Durch die Notwendigkeit, in das scheinbar bodenlose Faß des russischen Kriegsschauplatzes Truppen um Truppen, auch der italienischen Wehrmacht, hineinstecken zu müssen, wurde die Stimmung im Volke erheblich verschlechtert. Eher kämpfen sie noch um ihr eigenes Stückchen Erde oder um das ihnen näherliegende Nordafrika, um ihre Inseln als an der Wolga.

Die großen Rückschläge, Stalingrad, bringen den Italienern nicht nur hohe Verluste an Menschen und Material.

Sie bringen ihnen auch den Vorwurf ein, maßgeblich an der Niederlage bei Stalingrad schuld zu sein.

Eine weitere Depression bringt der Rückzug der Rommel-Armee, die unmittelbar folgende Invasion in Nordafrika und damit die gefährlichste Bedrohung der italienischen Kolonien.

In kurzer Zeit geht eine Position nach der anderen verloren.

Auch ist noch nicht vergessen, daß Italien erst vor kurzem einen Kolonialkrieg in Abessinien geführt hat. Auch der kostete Verluste, brachte dafür ein „Imperium" ein, dem König den Titel eines Imperators.

Und doch ist diese Kolonie heute auf verlorenem Posten. Zahlreiche Söhne des Mutterlandes sind noch dort, seit Jahren weg von daheim und niemand weiß, wann und ob er sie wiedersehen wird.

Dazu kommen die endgültigen Niederlagen in Nordafrika, die Landung der Alliierten auf Pantelleria, und schon hat der Feind den Sprung auf Sizilien gewagt. Wann wird er auf das Festland springen und wo?

Das alles bringt die Leute auf gegen den Krieg und gegen die, die das Land in den Krieg geführt haben.

Und auch gegen die Verbündeten. Die starken Verbündeten, auf die man sich so verlassen hat. Immer feindlicher werden die Blicke der Italiener in Rom, wenn sie deutsche Soldaten sehen.

Hitler hat den Krieg angefangen, so denken sie. Hitler ist Deutschland.

In diesen Krieg ist Mussolini mit eingetreten. Also tragen die Deutschen die Schuld, Hitler. Und mit ihnen Mussolini.

So sehen es die Italiener, so sehen es das Königshaus und auch die Kreise um den Kronprinzen.

Es ist schon lange kein Geheimnis mehr, daß es eine „Kronprinzenpartei" gibt. Es ist keine Partei im üblichen Sinne, mehr ein Kreis von Persönlichkeiten, der sich da abzeichnet. Auch „alte Marschierer", alte Faschisten gehören ihm an. Von Ciano wissen wir, daß er dazu gehört, und von Grandi, Cini, Bottai, Volpi und anderen mehr.

Diese sind es, die Mussolini zum Sturz gebracht haben. Allen voran Graf Ciano, sein Schwiegersohn. Dazu gehören auch die wichtigsten Kreise des höheren und mittleren Adels, der höheren Beamten, der Wirtschaft und Industrie. Sie alle sind diesen Einflüssen in erhöhtem Maße zugänglich.

So sind schon alle Positionen des Faschismus entscheidend geschwächt, als die Lage 1943 so prekär wird.

Und gerade eine so prekäre Lage brauchen diese Kreise, um zu handeln. Am 25. Juli 1943 ist es dann so weit. Mussolinis eigene Freunde bringen ihn zur Abdankung, und der König läßt ihn festnehmen.

Eine aufgeregte Sitzung des Großen Faschistischen Rates, auf der ein Memorandum diskutiert wird, dessen Initiatoren Grandi, Ciano und Cini sind, veranlaßt Mussolini, seine Demission zu geben.

Mit dieser Demission hat er selbst auch den Faschismus für Italien abgemeldet. Wie alles im einzelnen vor sich gegangen ist, weiß noch niemand genau. Wir hoffen, es vom Duce selbst zu hören, wenn wir bei ihm sind.

Im Augenblick besteht die Gefahr, daß dieselben Kreise nunmehr als nächsten Schritt versuchen werden, mit den Alliierten zu einem Agreement zu kommen.

Noch ist nicht abzusehen, ob sie auf einen Waffenstillstand für Italien hinarbeiten oder gleich auf einen Kriegseintritt auf der Gegenseite. Dazu sind die Dinge noch zu undurchsichtig.

Nicht umsonst ist der Graf Ciano schon vor einiger Zeit aus der Regierung ausgeschieden und seitdem Botschafter beim Vatikan. Er wird dort seine Fäden spinnen. Der Vatikan ist ein interessantes Parkett.

Ein neutraler Zwergstaat inmitten eines vom Kriege zerrütteten Kontinents. Inmitten der Metropole eines kriegführenden Staates.

Dort sind die Diplomaten aller Nationen akkreditiert, Freund und Feind. Dort sitzt auch ein deutscher Botschafter. Zwei deutsche Botschafter gibt es also in einer Stadt. Einen beim Vatikan und einen bei der italienischen Regierung.

An die Botschaft im Vatikan kann auch der Polizeiattaché nicht so heran. Er ist ja Attaché nur in Italien, nicht aber beim Vatikan. Und doch erfahren wir auch auf diesem Wege einiges, das uns interessiert. Daß Ciano sich bemüht, die Voraussetzungen für ein Waffenstillstandsgespräch mit den Alliierten zu schaffen. Er selbst wird das Gespräch nicht führen, dazu ist er zu vorsichtig. Sein Renommé ist ohnehin nicht das beste. Dino Grandi soll die Verhandlungen führen, so hört man. Womöglich in Spanien oder Portugal. Grandi ist die Nummer vier in unseren römischen Plänen. Er wohnt in der Villa Grandi, einem großen Grundstück mit Park und einem Palazzo.

Eine Kompanie Soldaten brauchen wir, um das Objekt zu umstellen und abzusichern, wenn wir zupacken müssen. So, wie sich die Gerüchte um Grandis geplante Reise verdichten, wird seine Villa von uns stärker unter Beobachtung genommen. Das machen Kapplers Männer. Sie wissen ja nicht, worum es dabei wirklich geht. So etwas interessiert ja auch den Nachrichtendienst.

Und doch, eines Tages ist „der Vogel ausgeflogen". Er hat seine Villa verlassen und wohnt jetzt im Palazzo Venezia. So werden wir unterrichtet. Noch während wir unseren Plan von Villa Grandi auf Palazzo Venezia umstellen, erfahren wir, daß Grandi bereits mit einem Flugzeug nach Spanien abgeflogen ist. Wir haben aber zunächst keine Bestätigung darüber. Die Nachricht indessen ist von größer Wichtigkeit für uns. Sie mag ein Hinweis sein auf den bevorstehenden Abfall Italiens. Zumindest aber auf stattfindende Verhandlungen.

Das könnte bereits die Auslösung der „Aktion Rom" bedeuten. Aber wo eine Bestätigung erhalten? Kappler schlägt vor, bei Senise.

Kapitel 8

Wo ist der Duce?

General Senise ist Polizeichef in Rom. Er gilt als besonderer Freund Heinrich Himmlers. Beide haben sich gegenseitig große Fotografien geschenkt. Himmlers Bild mit Widmung hängt über Senises Schreibtisch.

„In aufrichtiger, treuer Freundschaft", ist darauf zu lesen.

Doch uns ist Senise suspekt. Er „trägt auf zwei Schultern", raunt man sich in den Korridoren der Botschaft zu.

Dieses ist eine Gelegenheit, seine Treue auszuprobieren. Wir haben inzwischen erfahren, daß Grandi mit einem guten italienischen Paß, auf anderen Namen lautend, abgereist ist. Er ist auf dem Flugplatz erkannt worden. Ist auch eine auffallende Erscheinung. Jedes Kind kennt ihn. Also, nehmen wir an, hat das Innenministerium und hat der Polizeichef davon gewußt. Und haben sie schon den Paß nicht selbst besorgt oder ausgestellt, so ist ihnen auf jeden Fall die Abreise gemeldet worden. Es kann ja zu diesem Zeitpunkt des Krieges nicht einfach einer zum Reisebüro gehen und sagen: „Bitte eine Flugkarte nach Madrid." Diese Zeiten sind seit Jahren vorbei.

Und Senise weiß von nichts. Der unschuldsvolle Engel. Wir aber wissen inzwischen genau, wann Grandi abgereist ist, mit welcher Maschine, unter welchen Sicherheitsvorkehrungen und noch mehr. Und auch, daß Senise im Bilde ist. Er spielt also doppelt. Uns gegenüber wahrt er den Schein. Das kommt vor, speziell im Kriege. Man muß es nur wissen. Das ist so um die Mitte August.

Was ist inzwischen aus Mussolini geworden? Wie verlaufen die Spuren, die sich ergeben haben? Wie kommen wir da vorwärts? Gleich nach unserer Ankunft in Italien wird ein Schlachtplan zurechtgelegt. Kappler setzt seine Agenten ein. Er wird auch bei der Botschaft die Ohren spitzen, um Hinweise zu erhalten. General Student wird beim OB Süd und bei der Luftflotte versuchen, Nachrichten über den Verbleib des Duce zu erhalten. Und wir tun selbst, was uns nur möglich ist. Auch der Ic des XI. Fliegerkorps arbeitet eifrig mit.

Leider auch die oberste deutsche Führung. „Leider" deshalb, weil ihre Informationen – das erfahren wir schon nach wenigen Tagen – entweder vollkommen abwegig und falsch sind oder, wenn etwas dran ist, sind es unsere eigenen Nachrichten, die von oben als neu zurückkommen.

Was an Informationen und Nachrichten über Mussolini auf uns zukommt, ist sehr reichhaltig und stammt aus den verschiedensten Quellen. Auch offizielle Nachrichten sind dabei.

So versucht der deutsche Botschafter zunächst im Auftrag der Reichsregierung, offiziell Kenntnis über das Schicksal Mussolinis zu erhalten. Die Antworten sind stets ausweichend oder bewußt falsch.

Als wir die Meldung, daß sich Mussolini in einer Kaserne der Carabinieri in Rom befindet, überprüfen, wurde er von dort bereits wieder weggebracht. Mit unbekanntem Ziel.

Auch eine Reihe absoluter Falschmeldungen, geschickt durch die Italiener lanciert, geht ein. Sie tun alles, die Italiener, um die Deutschen irrezuführen.

Mussolinis Geburtstag bietet eine Gelegenheit, sich offiziell nach ihm umzusehen. Hitler schenkt ihm eine Prachtausgabe von Nietzsche. Es wird der Wunsch ausgesprochen, daß eine deutsche Persönlichkeit Mussolini das Geschenk persönlich überreicht. Badoglio lehnt ab, er wüßte leider nicht, wo sich Mussolini befinde. Die italienische Regierung verpflichtet sich jedoch, Mussolini die Bücher zugehen zu lassen. Mussolini erhält sie auch später, es wird ihm aber verwehrt, ein persönliches Dankschreiben an Hitler zu senden.

Inzwischen ist es auch immer klarer geworden, daß die italienische Regierung die Absicht hat, Mussolini den Alliierten als Preis für einen Waffenstillstand anzubieten. Das ist es, was Hitler auch von Anfang an befürchtet hat.

Und die Abwehr? Auch Canaris Abwehr scheint uns suspekt. Wir wissen, daß Canaris sich daran hält, als Verbündeter Italiens gegen dieses Land kei-

90

ne Spionage zu treiben. Die Italiener wollen sich auf Gegenseitigkeit an dieses Agreement halten.

So gibt es in Italien von seiten der deutschen Abwehr kein ausgebautes deutsches Agentennetz zu dieser Zeit. Es ist natürlich nicht so, daß die Abwehr etwa nicht über die Lage in Italien unterrichtet wäre. Sie hat ja auch in bestimmten Zeitabständen Informationen herauszugeben, die an die oberste Führung und hinunter bis zu den Divisionen gehen. Im August flattert uns durch Zufall eine solche Lagebeurteilung der Abwehr in die Hände. Sie läßt uns zunächst vor Überraschung erstarren. Da steht schwarz auf weiß, geschrieben von der maßgeblichsten militärischen Informationsstelle, daß der Rücktritt Mussolinis und die Übernahme der Regierung durch Marschall Badoglio keinen Nachteil für die deutsche Kriegführung bedeuten werde. Im Gegenteil, diese Regierungsumbildung sei eine sichere Gewähr dafür, daß Italien nunmehr seine Kriegsanstrengungen verstärken werde.

Nachdem die erste Überraschung überwunden ist, fragen wir uns, ob das Dummheit oder absichtliche Irreführung ist?

Auf alle Fälle fertigen wir nachts bei gewöhnlicher Glühlampe mit unserer Leica eine Fotografie dieser Information an, zum dauernden Angedenken. Das ist die tollste „geheime Kommandosache", die wir bis jetzt in Italien gesehen haben. Daß diese Informationen noch dazu von anderen Stellen, die nun im Brennpunkt der Ereignisse stehen, geglaubt werden, will uns nicht in den Sinn. Aber viele der getroffenen und noch mehr der nicht getroffenen Maßnahmen zeigen uns, daß dem doch so ist.

Wir erfahren auch, daß Admiral Canaris und Oberst von Lehousen sich eines Tages in Venedig im Hotel Daniele mit den italienischen Abwehrchefs treffen und beraten. Was wird da ausgeheckt? General Amé und Oberst Helfferich sind Teilnehmer an dieser Besprechung.

Wir wollen wachsam sein, ob wir nicht später Spuren dieser Unterredung auf unserem Wege finden.

Für uns erkennbar ist im Augenblick nur, daß man sich in Venedig getroffen hat. Und für uns sicher ist, daß Canaris und Lehousen mit falschen Informationen nach Hause gefahren sind. So mag auch die falsche Lagebeurteilung entstanden sein.

Grandi ist inzwischen in Lissabon eingetroffen, Graf Sforza hat schon gute Vorarbeit geleistet. Die Zeit drängt.

Auch von Mussolini haben wir wieder eine Spur. Nach glaubwürdigen Nachrichten befindet er sich auf der Insel Ponza, eine Sträflingsinsel im Golf von Gaeta, nahe der Insel Ventotene. Durch einen Agenten wird ein Obst-

und Gemüsehändler aufgetan, der die Strafanstalt beliefert. Für den Gefangenen Duce hat er besondere Arrangements an Gemüse und Obst zu liefern.

Meldung ins Führerhauptquartier: „Mussolini befindet sich mit Sicherheit auf der Sträflingsinsel Ponza, erbitten Befehle."

„Befreiungsunternehmen vorbereiten, Kriegsmarine beiziehen, Einsatzbefehl noch einholen", ist die Antwort.

„Sieh Dir einmal diesen Mist an", sagt Skorzeny, „Kriegsmarine soll herangezogen werden und kein Hinweis, wen und wieviel Leute wir einweisen dürfen. Es ist zum Kotzen!"

Eine Rückfrage ergibt weiteres Verbot, mehr als die genehmigten sechs Personen einzuweisen. So müssen wir eben an die Marine herangehen und sie zu gewinnen versuchen, ohne daß sie im einzelnen eingewiesen wird. Wieviel sie dann selber merkt, ist ihre Sache. Daß auch kein Mensch einen klaren Befehl gibt! Wir sind ja eigentlich bis heute – truppentechnisch gesehen – illegal in Italien. Kein Mensch hat einen Marschbefehl, wir haben keinen Einsatzbefehl. Überall sind wir gehandicapt. Die Marine will sicher etwas Schriftliches sehen, und wir haben nichts.

General Student schafft die Verbindung zur Marine. Und eines Abends sitzen wir dann auch zusammen, um vorsichtig unser Ansinnen vorzutragen. Kapitän zur See v. Kamptz, Ritterkreuz mit Eichenlaub, und Korvettenkapitän Max-Schulz, Kommandeur der Schnellboot-Division Mittelmeer.

General Student hat schon gut „vorgepeilt", und alles ergibt sich zu unserer Zufriedenheit. Max-Schulz hat nur die eine Sorge, wie wir die Schnellboote aus der Ägäis herüber bekommen. Sie müßten durch die Straße von Messina durchbrechen. Aber das müssen sie ohnedies einmal, denn über kurz oder lang wird die Ägäis vollkommen abgeschnitten sein, wenn die Alliierten den Sprung auf Italiens Festland getan haben.

Also grundsätzlich: ja. Erst mal die Insel Ponza erkunden, Landungsmöglichkeiten und was so alles dazugehört.

„Machen Sie ihre Pläne fertig, sagen Sie uns rechtzeitig, wie viele und was für Boote Sie brauchen. Wir werden dann alles einsatzklar machen. Und selber mitmachen tun wir auch, ist mal was anderes."

Daß es um Mussolini geht, wissen sie nicht. Nur, daß es sehr wichtig ist und Führerbefehl. Aber denken werden sie sicher das Richtige.

Kaum sind wir am Planen, wie und von welcher Seite wir die Insel anpacken sollen, da erreicht uns schon die Meldung desselben Agenten: „Duce ist mit Kriegsschiff mittlerer Tonnage von Ponza nach Unbekannt verbracht worden."

Wir berichten das sofort ins Führerhauptquartier. Keine Antwort. Warten drei Tage, prüfen Meldung um Meldung. Keine Spur von Mussolini.

Wir lassen sämtliche größeren Liegeplätze italienischer Kriegsschiffseinheiten überprüfen und überwachen. Nirgends ist eine mittlere oder schwere Einheit ausgelaufen. Nicht in Genua, auch nicht in La Spezia. Keine Spur. Da erreicht uns ein Funkspruch Himmlers: „Mussolini befindet sich auf dem Schlachtschiff „Italia" im Hafen von La Spezia, es ist sofort eine Befreiungsaktion vorzubereiten und Einsatzbefehl einzuholen."

Wir sehen uns an. Halb enttäuscht, halb belustigt. Gibt es denn so was? Wo hat der Heini diese Meldung her? Von uns bestimmt nicht, auch nicht von anderen Stellen in Rom, sonst hätten wir sie auch schon gehabt. In La Spezia gibt es überhaupt nichts Neues. Das wissen wir authentisch. Eine ausgesprochene Fehlinformation. Und wenn sie seit heute früh richtig wäre?

„Von einem Schlachtschiff kann man doch niemanden herunterholen. Da muß man erst hinauf. Noch dazu sind die Italiener ja Verbündete. Wie stellt man sich das eigentlich vor?"

„Was sollen wir tun? Wir sind doch keine Selbstmörder!"

„Nichts, zu den Akten."

„Und wenn der Reichsführer nachfragt?"

„Unternehmen wird vorbereitet."

Wir besprechen das noch mit den ‚Marinern', damit sie uns helfen, wenn wir uns da herausreden müssen.

In Rom wird inzwischen die Situation immer schwieriger. Die italienischen Truppen verstärken sich immer mehr. Man baut Artilleriestellungen und Straßensperren, Panzerhindernisse und Schützengräben. In Rom, am Stadtrand, und auch weiter draußen.

Was geht vor? Gegen wen verschanzen sich die Italiener?

Gegen eine eventuelle Invasion, antworten sie. Die könnte ja kommen. Was für eine? Darüber lassen sie sich nicht aus.

So verlegt also auch nach und nach das XI. Fliegerkorps seine beiden Divisionen und das Fallschirmlehrbataillon in den Raum um Rom.

Wozu, fragen die Italiener. Gegen eine eventuelle Invasion, sagen die Deutschen. Und jeder hat das Gefühl, daß es der andere nicht ehrlich meint.

Die Italiener fangen an, ganz scharfe Straßenkontrollen einzurichten. Notieren nicht nur die Nummern der deutschen Fahrzeuge, sondern auch die Führerscheine, die Fahrbefehle und die Wagenbenutzer. Sie wollen es ganz genau wissen, wer sich in ihrem Territorium bewegt. Deutsche Vorstellungen nützen nichts. Sie sind ja Verbündete und über jeden Verdacht erhaben.

Für uns ist es klar, sie wollen die Stärke der Deutschen kennen, für den Fall des Falles.

Und so ergibt sich langsam ein geradezu groteskes Bild. Deutsche Fallschirmeinheiten und italienische Einheiten sind buchstäblich ineinander geschachtelt. Alles ganz friedlich.

Bauen die Italiener eine Panzerallee und heben einen Graben aus, ziehen gleich darauf irgendwelche Fallschirmeinheiten hinter sie, nur zum „Quartiermachen". Dann bauen die Italiener wieder eine Sperre hinter den Deutschen. Und zwei Tage später liegt wieder eine deutsche Kompanie hinter den Italienern. Bis sich überhaupt niemand mehr auskennt.

Wir arbeiten fieberhaft an unseren Plänen 1 – 14.

So ist der augenblickliche Stand der Dinge: General Student hat genügend Hilfstruppen zur Verstärkung zugesagt. Mit den einzelnen Kommandeuren muß verhandelt werden.

Sie müssen möglichst genau informiert werden, was und wo sie helfen sollen, wie viele Mannschaften und Offiziere sie abstellen sollen, wie viele Fahrzeuge, welches der voraussichtliche Einsatzort ist.

Und doch dürfen sie nicht wissen, worum es geht. Sie werden so weit orientiert, daß mit einem Abfall Italiens zu rechnen ist und daß für diesen Fall bestimmte Positionen in Rom zu besetzen sind.

Das gilt für die größeren Komplexe wie Villa Savoya, den Quirinal und andere. Für die kleineren Komplexe wird je einer unserer Führer beauftragt werden. Er bekommt dann einfach die im voraus berechnete und geplante Hilfsmannschaft und Fahrzeuge zugeteilt.

Das schwierigste Problem ist der Quirinal. Dies wird Skorzenys Aufgabe sein. Zusammen mit dem Bataillon Tannert. Hauptmann Tannert wird von Skorzeny, soweit notwendig, eingewiesen. Das funktioniert.

Die Aufgabe wird deshalb so schwierig, weil der Quirinal selten ungünstig für ein derartiges Unternehmen liegt. Außerdem muß für eine längere Zeitspanne abgesichert werden, weil wir noch immer nicht wissen, wo der Kronprinz wohnt und wo seine Familie.

Ein ganzes Bataillon mit Panzerabwehr wird benötigt.

Dazu kommt, daß die Italiener ausgerechnet am Quirinal jetzt auch eine Panzersperre aufgebaut und zwei Pak-Geschütze davor gestellt haben. Genau an der Via Quattro Fontane, an der Straßenecke des Quirinalgebäudes.

Und nur 60 Meter davon entfernt soll zur selben Stunde Volpi herausgeholt werden.

Das ist die Aufgabe des Hauptmanns Wenner, des persönlichen Adjutanten von Dollmann. Er zeigt sich nicht sehr begeistert davon; Skorzeny meint, weil er nicht gerne schießen hört. Wir werden ihm auch später den Auftrag abnehmen und jemand anderem geben, denn ohne ein bißchen Begeisterung geht so was nicht. Da ist die Sache zu gefährlich. Aber wir wollen ihn noch ein wenig unter Druck setzen. Er hat uns auch einige Male mit der sonst so gerühmten Hilfsbereitschaft sitzen lassen.

So wird alles bis ins kleinste geplant, so daß es von uns aus zwischen dem 20. und 25. August losgehen kann.

Das heißt, die Pläne sind dann so weit fertig. Jeder Mann verteilt, jedes Fenster, jede Tür überwacht. Jede Straßenecke gesichert. Genügend Feuerschutz für den Fall von Komplikationen. Genügend Leitern, Strickleitern, Nachschlüssel, kleine Sprengladungen, mit denen die Türen so gut aufgehen, wenn der drinnen nicht aufmachen will.

Auch die Rollen werden verteilt. Jeden Tag führen Skorzeny und ich einen Mann vormittags, einen nachmittags und einen abends an das Objekt heran. Nur zum Studium des Objektes.

Den Operationsplan habe ich noch in meinem Geheimkoffer in einem eingebauten Wandschrank in „Tusculum II". Panzerschrank haben wir keinen.

Nur eines ist noch immer unklar: Wodurch soll die Aktion ausgelöst werden?

Durch den unmittelbar bevorstehenden Abfall Italiens? Das müßten wir erst beweisen. Im andern Falle haben wir das Achsenbündnis gebrochen. Und was geschieht dann mit Mussolini? Wir sind bei dieser Aktion bis auf den letzten Mann voll engagiert.

Oder sollen wir zuerst Mussolini befreien? Dann sind durch diese Aktion alle in Rom gewarnt, und wir treffen keinen mehr zu Hause an.

Wiederholte Rückfragen im Führerhauptquartier bleiben ohne Antwort.

Wir haben uns inzwischen vorsichtshalber aus Berlin noch einen kleinen Nachschub herangeholt. Noch zwei Führer und zehn Mann. Die sitzen alle noch immer in Pratica di mare. Und sind uns böse, weil sich nichts rührt.

Unsere Mosaikarbeit im Zusammensetzen von Nachrichten über Mussolini geht daneben weiter. Tag und Nacht. Kaum, daß wir abends wieder einmal zu Marone nach Albano kommen, wo wir so gerne sitzen.

Einen solchen Abend bei Marone muß man erlebt haben. Nur ein kleines Stückchen Weges geht die Straße bergan, nachdem sie in der Hauptstraße von Albano abzweigte. Dann, inmitten altertümlicher Steinhäuser, geht es nach rechts. Einige Geschäfte, eine Gelateria und gegenüber am Marktplatz, da ist der Eingang zu Marones Restaurant. Durch einen kleinen Gang geht es hinein, ein paar Stufen hinunter, dann durch ein Gastzimmer mit Schänke und dann durch die Tür auf eine Terrasse. Fünf, sechs einfache Tische stehen dort, die Terrasse ist offen und gibt den Blick frei nach allen Richtungen. Tief unten das kreisrunde, tiefblaue Auge des Lago di Albano.

Dort die untergehende Abendsonne zu genießen, das Einbrechen der Dämmerung und die plötzlich vom See aufsteigende Kühle, die man am Tage so vermißt, ist einmalig schön.

Und Marones gute Küche dazu, ein frecher Ragazzo, der bedient und seine Gunst verteilt, wie es ihm gefällt. Dazu ein guter Tropfen besten italienischen Weines lassen einen für kurze Zeit die Sorgen des Tages vergessen.

Aber dazu haben wir jetzt nur sehr selten Zeit. Gerade auf eine Stunde einmal. Da versuchen wir dann krampfhaft, von der Arbeit loszukommen. Mal an zu Hause denken. Die daheim wissen noch gar nicht, wo wir sind.

Absolutes Schreibverbot hatten wir anfangs eingeführt und uns selbst daran gehalten. Das ließ sich aber auf die Dauer nicht aufrechterhalten. So darf nun jeder unter einer bestimmten Feldpostnummer schreiben; nur nicht, wo wir uns befinden.

Im ersten Augustdrittel ist es, daß der Duce auf einem italienischen Kreuzer Monza verlassen hat. Die Himmlersche Meldung über das Schlachtschiff „Italia" ist inzwischen längst vergessen. Er hat wohl auch eingesehen, daß da nichts dran war.

Gegen Mitte August weisen unsere Nachrichten über Mussolinis Aufenthalt immer mehr in den Raum der Insel Sardinien. Es ist zunächst unklar, ob sich Mussolini auf Sardinien selbst oder auf einer der benachbarten Inseln befindet. Die Nachrichten konzentrieren sich auf die Nordecke der Insel.

Es ist auch gemeldet, daß auf der Isola di Porco, einer ganz kleinen Insel, eine Reihe früherer Faschisten festgehalten wird.

Auf der Insel Caprera soll ein Lager für gefangene Faschisten eingerichtet sein. Mussolini soll sich dort befinden, einer anderen Nachricht zufolge auf der Isola di Porco. Andere Nachrichten jedoch, und zwar die verläßlicheren, weisen auf die Insel Maddalena.

„Maddalena, da gibt es doch einen deutschen Hafenkommandanten, den müssen wir mal fragen."

„Ja, das können wir auch nicht tun, der kann nur von einer Marinedienststelle gefragt werden."

Wieder die Schwierigkeiten, wie immer.

„In Rom gibt es einen deutschen Marine-Verbindungsstab, der muß helfen."

Skorzeny fährt mit General Student nach Rom. Dort wird alles besprochen.

Schon zwei Tage später haben wir die Meldung des deutschen Hafenkommandanten von Maddalena, Fregattenkapitän Hunäus, daß in Maddalena verschiedene Veränderungen militärischer Art bei den Italienern festgestellt worden sind.

So wurde die Garnison verstärkt. Carabinieri sind in größerer Zahl eingetroffen. Der Nachrichtenverkehr wird von seiten der Italiener erschwert. Gerüchte besagen, daß die Italiener Mussolini nach einer der benachbarten Inseln gebracht haben.

Wir besprechen dieses Ereignis sofort mit General Student. Es wird beschlossen, direkte Erkundung durchzuführen. Der einzige Führer, der perfekt italienisch spricht, ist Untersturmführer Warger.

Abends holen wir Warger aus Pratica di Mare zu uns. Er wird in seinen Spezialauftrag eingewiesen, auf der Insel Maddalena zu erkunden, ob Mussolini dort gefangengehalten wird.

Der Auftrag ist schwierig, da sicherlich alle Vorkehrungsmaßnahmen gegen eine Ausspähung getroffen worden sind. Die halbe Nacht wird hin- und herberaten. Schon morgen früh wird Skorzeny mit Warger nach Sardinien fliegen. Kapitän Hunäus wird verständigt, er muß einen Wagen nach Vieno Fiorita schicken, der die beiden vom dortigen Flugplatz in der Nähe von Olbia abholt und nach Palau bringt. In Palau wird sie ein Boot der deutschen Kriegsmarine aufnehmen und nach Maddalena bringen. Die Zeiten werden genau festgelegt, die He 111, mit der beide starten, für den nächsten Morgen angefordert.

Warger wird als einfacher Matrose nach Maddalena kommen, um dort auf sein Schiff zu warten. Er kommt eben von einem Heimaturlaub. Kapitän Hunäus wird ihn so lange bei sich aufnehmen. Das muß noch abgesprochen werden. Eine entsprechend vorsichtige Ankündigung hat er bereits verschlüsselt durch Funk erhalten.

Warger hat Auftrag, sich unter das Volk zu mischen, abends in Kneipen mit den Inselbewohnern zu trinken, soweit anwesend, auch mit italienischen Soldaten. Er soll so versuchen, Anhaltspunkte über einen Aufenthalt Mussolinis auf oder bei Maddalena zu erhalten. Warger ist begeistert.

Nur eine Schwierigkeit hat der Auftrag. Als Skorzeny dem Warger sagt, er solle sich ruhig einmal einen antrinken, da ginge das viel besser und unauffälliger, und überhaupt müsse er mit den Leuten zechen und auch einmal einen ausgeben, da wird Warger blaß. Er ist Antialkoholiker. Er, der einzige dafür brauchbare Mann.

Da hilft nur eines: umschulen.

Ich hole auf einen Wink des Chefs eine Flasche Cognac, eine Flasche Asti Spumante, und schon geht es los. Mit Todesverachtung beginnt Warger, dann bekommt es ihm aber doch. Noch eine zweite Flasche Cognac muß heran, weil wir nämlich auch mitüben. Es wird viel gelacht, und Warger findet sich vortrefflich in die Rolle des Spenders, der die Leute zum Trinken verführt. Und wir lassen uns diesmal verführen. So nimmt der Abend ein sehr feuchtes Ende. Das Weitere will der Chef mit ihm auf dem Flug besprechen. Heute geht es nicht mehr.

Ich bereite noch einige Flaschen Schnaps vor und Zigaretten, einen Haufen Geld, damit sich Warger in Maddalena rühmen kann. Und am nächsten Morgen bringe ich beide zum Flugplatz Ciampino. Dort wartet bereits die He 111, Skorzeny und Warger steigen ein, und kurz darauf hebt sich der Vogel in die Luft, Richtung Sardinien.

Ich fahre zurück nach Frascati und stürze mich wieder über unsere Pläne 1 – 14, feile daran herum, da können wir einen Mann einsparen, dort brauchen wir zwei mehr. Neue Gesichtspunkte haben sich ergeben.

Das alles spielt sich nachts vom 17. auf den 18. August ab und am 18. selbst.

Unsere Pläne über Rom haben sich insofern etwas vereinfacht, als einige der prominenten Italiener bereits das Weite gesucht haben. Es war ihnen nicht mehr ganz sicher in Rom.

So ist auch die königliche Familie nicht mehr in der Villa Savoya, sondern irgendwo auf dem Sommersitz. Grandi ist im Ausland. Im stillen hoffen wir, daß weitere folgen werden. Aber trotzdem müssen die Pläne klar sein. Skorzeny will um etwa 14 Uhr wieder zurück sein, dann wollen wir den letzten Schliff an den Plan legen.

Ich sitze noch um 16 Uhr über meiner Arbeit, keine Spur von Skorzeny. Wird sich wohl verspätet haben. Es wird 17, dann 18 Uhr. Ein paarmal versuche ich, die Villa Dusmet telefonisch zu erreichen.

Dort ist jetzt das Stabsquartier des XI. Fliegerkorps. Eine gute halbe Stunde zu laufen bis dahin. Verbindung bekomme ich nicht am Telefon.

Dann um 19 Uhr wird es mir zu dumm. Ich gehe in die Villa Dusmet. Gehe dort zum Chef des Stabes, um ihn zu fragen: „Verzeihen, Herr Oberst, haben Sie Nachricht von Herrn Skorzeny? Er wollte um 14 Uhr zurück sein, es ist jetzt nach 19 Uhr?"

„Der Skorzeny? Der ist doch in den Bach gefallen, wissen Sie das nicht?"

In den Bach gefallen? zuckt es durch mein Hirn. Mit der He 111 ins Meer gestürzt. Und man wird nicht einmal verständigt. Das ist toll! Was wird aus unseren Plänen, wenn man so nachlässig ist? Ich frage den Obersten erstaunt: „Wann war denn das, Herr Oberst?"

„Heute mittag."

„Ist was passiert, ich meine, leben die Leute, sind sie herausgefischt worden?"

Noch während ich die Frage stelle, kommt mir in den Sinn, wie dumm sie ist. Eine He 111, die ins Meer stürzt, kann man ruhig abschreiben. Und die Leute auch, die drinnen sind.

„Ja, da wissen wir noch nichts, warten Sie mal ab, ob er wieder nach Hause kommt, morgen oder übermorgen."

„Aber Herr Oberst, unsere anderen Aktionen, da muß ja etwas geschehen. Was ist denn, wenn morgen oder übermorgen der X-Fall eintritt?"

Achselzucken. Ich bin entlassen. Renne hinüber zum Kommandierenden General. Lasse mich durch Oberleutnant Rolfs anmelden. Komme auch gleich vor.

„Herr General, Skorzeny ist in den Bach gefallen. Ich bitte um Ihre Zustimmung, daß ich vorläufig sofort an seine Stelle trete, bis wir Näheres wissen. Ich muß ja wegen der römischen Pläne sofort etwas tun. Den Kronprinzen muß jetzt ich übernehmen, den Acquarone muß dann ein anderer machen. Ich bitte nur um ihre Zustimmung, fallweise mich zu unterstützen. Ich muß erst selbst mit den Herren verhandeln, die bis jetzt nur mit Skorzeny verhandelt haben."

„Ja, gehen Sie gleich los und sehen Sie zu, daß das alles in Ordnung geht. Wenn etwas nicht klappt, rufen Sie mich an."

„Danke, Herr General", und weg bin ich.

Rase in die Fahrbereitschaft, lasse mir einen Wagen geben zu Tannert. Mit dem hat Skorzeny alle Einzelheiten für den Plan Quirinal besprochen. Ich war nicht immer dabei, kenne also nur unseren Operationsplan in meinem Koffer. Weiß aber nicht, wie weit vielleicht noch nicht alles, oder schon mehr besprochen ist. Die Frage der Leitern und Strickleitern ist noch offen, das habe ich gehört. Die sind noch nicht herangekommen.

Unterwegs fahre ich bei unserer Einheit in Pratica di mare vorbei. Sage den Männern ungefähr, daß „etwas in der Luft liegt". Sie glauben uns kaum noch, weil wir nicht einmal die Führer einweisen können. Alles tappt im dunkeln.

Von Pratica geht es zu Hauptmann Tannert. Dort geht alles klar. Aber ich muß völlig umdenken. Mein Gehirn ist auf ein ganz anderes Programm eingepaukt. Aber das geht auch.

Dann fahre ich am nächsten Morgen zum Regiment und zum Divisionsstab nach Ostia. Rase zu Oberst von der Heydte. Bis auch dort alles klar ist. Am nächsten Nachmittag, sehr spät, komme ich zurück.

Und da ist auch Nachricht von Skorzeny. Alles wohlauf. Morgen wird er zurück sein. Ich soll ihn um elf Uhr am Flugplatz Ciampino abholen. Mir ist um vieles wohler, als ich diese Nachricht erhalte.

Pünktlich starte ich in Frascati, wir brauchen uns nicht zu beeilen. Können so wieder den schönen Ausblick genießen, die Ausfahrt aus Frascati, Richtung Grotta Ferrate. Dort, am kleinen Hain, an der Kapelle nach rechts einbiegend, fällt die Straße ab, hinunter in die Ebene. Gibt den Blick frei nach Rom, weit hinten, ganz verschwommen Ostia. Deutlich ist die große Chaussee von Rom nach Ostia zu erkennen, eine riesige Allee von Oleanderbäumen, und, ganz nahe an Rom heran, das große Ausstellungsgelände.

Noch bevor sich unsere Straße mit der Via Appia vereinigt, müssen wir nach links abbiegen. Genau an der Haltestelle der Vorortebahn. Und gleich über der Bahn beginnt das kleine Städtchen Ciampino.

Es ist arg zerbombt, viele Leute sind weggezogen. Die Häuser sind leer. Aber es gibt doch auch noch Menschen hier. Täglich bangen sie um ihr Leben und um ihre letzte Habe. Ciampino ist ein beliebtes Ziel für die feindlichen Bombenflieger.

Ein schöner großer Flugplatz. Mitten aus den zerbombten Häusern herauskommend, ist der Wagen plötzlich auf dem Platz. Die Straße schneidet den Flugplatz in zwei Teile, Ciampino Nord und Ciampino Süd. Nord gehört den Deutschen allein, Süd den Italienern. Die Rollbahn zieht sich aber über beide Plätze, wo die Straße sie schneidet, ist sie etwas uneben, aber es geht immer glatt darüber hinweg. Nur muß man aufpassen, daß die Straße gerade frei ist, und nicht gerade eine startende Maschine anbraust oder eine andere zur Landung ansetzt. Und es wird sehr viel gestartet und gelandet dort.

Eben, als wir über den Platz fahren, auf die stark zerbombten Hangars zu und zur Flugleitung, da laufen die Motoren einer Ju 290, neben dem Gigant die größte unserer Maschinen. Mehrzweckflugzeug, Fernaufklärer, Fernbomber – so war es wohl gedacht – und Fernlastenflugzeug. Nur der Gigant ist noch größer. Weiter rückwärts am Platz steht auch einer. Viel zu schwerfällig ist er und leicht abzuschießen.

Eben, als wir an die Flugleitung heranfahren, da rollt die Ju 290 an, überquert die Straße, rollt noch 200 Meter, 300 und hebt vom Boden ab. Noch ist sie keine 30 Meter hoch, da fallen Stücke aus der Luft, Metallteile, sie gehören zu dem einen Motor von den vieren, die sie hat. Sekunden danach, kaum glaublich, fällt der ganze Motor auf den Platz. Auch der Rumpf der Maschine senkt sich, und ein paar hundert Meter weiter schlägt sie auf. Es wird eine Bauchlandung, soweit kriegen es die Flieger noch hin. Sie bleiben am Leben. Die Luftwaffe hat eine Ju 290 weniger.

In der Flugleitung frage ich nach der He 111, die ich erwarte. Ja, da ist eine unterwegs, von Korsika kommt sie. Wird noch eine halbe Stunde dauern.

Ich unterhalte mich mit dem „Wetterfrosch", einem Wiener Ingenieur, jetzt Hauptmann der Luftwaffe. So werden Erinnerungen ausgetauscht, und die halbe Stunde vergeht wie im Fluge.

Zwischendurch kommt einer in die Flugleitung, schimpft über die „Uhrmacher", die die Ju 290 „da draußen hingebaut" haben. Ein Oberstleutnant ist es, mit Eichenlaub und Schwertern zum Ritterkreuz ausgezeichnet. Er wartet auf eine Fluggelegenheit.

Da wird auch schon die He 111 gemeldet, gleich wird sie landen, und da ist sie auch schon. Skorzeny entsteigt ihr, geht ein wenig schief, ein paar Rippen sind doch angeknackt worden. Und eine Beule hat er auch. Ab geht es nach Frascati. Wir sprechen gar nicht viel, sind nur froh, daß wir wieder beisammen sind.

Ich erzähle, was ich nach der Meldung von seinem Absturz alles getan habe. Ist in Ordnung. Dann in Frascati hole ich eine Flasche Cognac aus dem Kasino. Das muß doch begossen werden. Und Skorzeny erzählt: „Wir landen ganz planmäßig in Vieno Fiorita bei Olbia. Die He 111 hat genügend Sprit für Hin- und Rückflug. Ich werde sehr vorsichtig, als ich sehe, daß es sich um einen italienischen Flugplatz handelt. Weise meine Flieger an, hier nicht zu tanken. Wir wollen mittags wieder zurückfliegen. An der Flugleitung steht auch der Wagen von Kapitän Hunäus.

Wir fahren los, durch Olbia, eine fast menschenleere Stadt. Hinauf die schlechte Gebirgsstraße nach Norden. Die Landschaft ist schön, aber alles trocken und ausgebrannt. Zirka 80 Kilometer sind es bis Palau, der nördlichen Hafenstadt von Sardinien. Dort im Hafen wartet Kapitän Hunäus auf mich. Ich spreche zuerst mit ihm allein. Dann geht es zum Gefechtsstand des dort stationierten Kommandeurs einer deutschen Flak-Abteilung. Über meine Person und meinen wirklichen Auftrag sind beide nicht eingewiesen. Für sie bin ich Ordonnanzoffizier des XI. Fliegerkorps mit dem Auftrag, alle vom deutschen Hafenkommandanten gemeldeten Veränderungen bei den Italienern durch eigene Beobachtungen zu ergänzen, persönliche Besprechungen zu führen, um der militärischen Führung ein möglichst genaues Bild der Lage zu geben. Daß in diesem Zusammenhang die Gerüchte um einen angeblichen Aufenthalt Mussolinis nicht ohne Interesse sind, ist weiter nicht auffallend. Der Hafenkommandant gibt nochmals mündlich eine Schilderung von dem, was er bereits durch Funk berichtet hat. Spricht über alle umlaufenden Gerüchte, über das augenblickliche Kräfteverhältnis zwischen italienischen und deutschen Truppen in Maddalena selbst. Er erklärt die dort herrschenden Befehlsverhältnisse, die Abgrenzung seiner Befugnisse und derjenigen der italienischen Kommandanten.

Über den Aufenthalt Mussolinis herrscht auch hier keine Klarheit. Drei verschiedene Versionen scheinen glaubwürdig. Viele andere kann man ohne weiteres als Gerüchte abtun.

Die eine dieser Versionen besagt, daß Mussolini sich mit anderen Faschisten auf der Isola di Porco befindet. Die kennen wir schon.

Der Flak-Kommandeur will gehört haben – und dies aus guter Quelle –, daß Mussolini schwer krank in Santa Maria liegt. Das ist ein kleines Städtchen auf dem halben Wege von Olbia nach Palau. Dort befindet sich im alten Kloster ein Krankenhaus. Gegen diese Version spricht, daß wir auf der Hinfahrt keinen einzigen Carabinieri gesehen haben. Ich erinnerte mich genau des kleinen Städtchens am Berge.

Und dann ist da die dritte, die wahrscheinlichste Meldung!"

Kapitel 9

Auf der Insel Maddalena

Skorzeny berichtet weiter: „Mussolini ist auf der Insel Maddalena selbst, ein wenig außerhalb der Stadt nach Westen zu. Dort steht eine Villa mit einem deutsch klingenden Namen. Villa Weber oder Webber oder so ähnlich. Die gehört angeblich einem deutschen Diplomaten, der eine Engländerin zur Frau hat oder umgekehrt, das läßt sich noch nicht genau sagen.

Die erste Version ist kaum überprüfbar. Man kann nicht ungesehen mit einem deutschen Marinefahrzeug an eine Sträflingsinsel heranfahren und an Land gehen. Doch scheint es unwahrscheinlich, daß man Mussolini zusammen mit anderen Gefangenen an einem Ort hält.

Für den zweiten Fall – Santa Maria – spricht an sich vieles. Nach übereinstimmenden Aussagen, die wir schon in Rom vernommen haben, ist Mussolini nicht gesund gewesen, als er verhaftet wurde. Im Hafen von Maddalena befindet sich seit einigen Tagen ein italienisches Seenotflugzeug. Eine weiße Maschine mit großem rotem Kreuz. Diese Maschine verläßt in regelmäßigen Abständen Maddalena, neben ihr wassern zwei Savoya Kampfmaschinen, die als Begleitschutz mitfliegen.

Ich habe außerdem festgestellt, später, nach der Besprechung, daß die Maschinen ganz in der Nähe dieser komischen Villa wassern.

Es ist also für mich klar, daß wir der Meldung über Isola di Porco nicht weiter nachzugehen brauchen, sondern nur die von Santa Maria und Maddalena im Auge behalten.

Ich habe also Warger zunächst auf Maddalena angesetzt, denn dies scheint mir das Wahrscheinlichste. Santa Maria können wir so nebenbei mit unter die Lupe nehmen. Daß die Rote-Kreuz-Maschine irgend etwas mit Mussolini und seinem Arzt zu tun hat, ist sehr wahrscheinlich.

Wir haben dann eine Hafenrundfahrt gemacht, sind auch an der Sträflingsinsel vorbeigefahren, und ich habe auf alle Fälle einige Aufnahmen mit der Leica gemacht.

Auch im Hafen selbst sind wir in der Nähe der Villa vorbeigefahren, und ich habe aus einem Versteck unter Deck fotografiert.

Warger blieb dann also zurück, er ist jetzt als Dolmetscher bei Hunäus eingebaut und wird seine Aufträge ausführen.

Seine Aufgaben sind so festgelegt: Erstes Ziel ist es, den tatsächlichen Aufenthalt Mussolinis festzustellen. Dann ist das Gelände der Villa in Maddalena genau zu erkunden. Ebenso das Gebäude, Nebengebäude und Bewachung. Bewaffnung der Wachmannschaften, Fernsprechleitungen und alles, was nur irgendwie interessieren kann. Er ist mit genügend Geld und Zigaretten ausgestattet, um sich im Gasthaus entsprechend bewegen zu können.

Wir haben folgende Legende für Warger vereinbart: Warger soll den Leuten erzählen, daß Mussolini verstorben sei. Soll auch ruhig sich etwas defaitistisch über den weiteren Kriegsverlauf äußern und so aus dem Widerspruch der Leute herauszubekommen versuchen, was sie über Mussolinis Schicksal und Aufenthalt wissen.

Santa Maria wäre uns für eine Befreiungsaktion besonders lieb, da dieser Platz außerordentlich günstig liegt.

Ich selbst habe die Insel Maddalena gar nicht betreten, sondern verabschiede mich in Palau von Kapitän Hunäus und Warger und fahre zurück nach Vieno Fiorita.

Meine He 111 steht da, startbereit. Ich spreche kurz mit dem Flugzeugführer und sage ihm, daß ich noch gerne über die Insel Maddalena fliegen möchte. Ich möchte da die Sache mal von oben sehen und, wenn möglich, einige Aufnahmen machen.

Kurz darauf sind wir in der Luft. Ich habe Anweisung gegeben, sehr hoch zu fliegen, wenigstens 4.000 Meter. Die Insel Maddalena wird auch ungefähr in dieser Höhe angeflogen. Aber bevor wir die Insel erreichen, gehen wir noch einmal hinaus auf das offene Meer. Der Bordfunker meldet Feindflieger.

Der Pilot scheint in einigen Kurven tiefer gehen zu wollen. Als ich hinaus-
blicke, sehe ich, daß wir steil abwärts fliegen. Ein Motor ist ausgefallen. Ich
sehe den Flugzeugführer an, sein Gesicht ist verzerrt. Gerade kann ich mich
noch an den Griffen der Bordkanone festhalten, da schlägt die Maschine hart
auf das Wasser auf. Durch die Splitterung der Glaskanzel und den Aufschlag
verliere ich für Sekunden das Bewußtsein, spüre aber plötzlich Wasser am
Körper. Wir sind untergetaucht, Wasser strömt in die Kanzel. Da spüre ich einen Arm und fühle mich herausgezogen. Ein Mann der Besatzung zerrt mich
an meiner Uniform hoch, und es gelingt uns, zu dritt auszusteigen. Wir
schwimmen auf dem Wasser, die Kleider sind schwer. Von der Maschine ist
nichts zu sehen. Da taucht sie plötzlich noch mal auf. Wahrscheinlich durch
die im Innern befindliche Luft. Es gelingt uns, die beiden Männer, die sich
rückwärts in der Maschine befinden, herauszuziehen; beide Nichtschwim-
mer. Auch das Schlauchboot bekommen wir heraus, ebenso meine Akten-
mappe und die Leica sowie eine Signalpistole.

Kaum haben wir das alles geschafft, ein Werk von Sekunden, da sackt die
Maschine endgültig weg. Aber das Schlauchboot schwimmt. Die Nicht-
schwimmer werden hineingesetzt, wir Schwimmer halten uns am Rand fest.
Schwimmen auf ein Felsenriff zu, etwa 500 Meter entfernt. Ich bin der einzige, der leicht verletzt ist. Ein paar Splitter und angeknackte Rippen. Die müssen wir heute noch von Dr. Grutow verbinden lassen, abends, wenn wir hier
fertig sind."

„Das mit den Rippen ist prima", kann ich mich der Schadenfreude nicht er-
wehren, bei uns darf man das schon.

„Da kleben sie Ihnen die ganze Brust voll Leukoplast, ist wie ein Panzer,
juckt, man kann sich nicht kratzen, und erst, wenn das Zeug abgenommen
wird!"

Gar nicht auszudenken das Vergnügen, da muß ich dabeisein. Habe selbst
einen solchen Leukoplastverband um die ganze Brust gehabt vor zwei Jahren. Beim Boxen zwei Rippen gebrochen. Wir können aber jetzt nicht beim
Leukoplast bleiben. Skorzeny erzählt weiter: „Die Flieger versichern mir
übereinstimmend, daß nur eine von hundert ins Wasser gefallenen He 111 ohne Ausfälle an Menschen bleibt. Als wir das Felsenriff erreicht haben, sehen
wir in der Ferne ein kleines Kriegsfahrzeug. Das sieht auch die von uns ge-
schossenen Leuchtzeichen und nimmt uns auf. Es ist ein italienisches Schiff,
das uns da herausholt und dann in Olbia absetzt.

Die mit dem Kommandeur der SS-Sturmbrigade Korsika schon vorsorglich
vereinbarte Zusammenkunft konnte ich natürlich nicht einhalten. So besorge

ich mir in Olbia einen Pkw, fahre damit nach Palau, rufe Hunäus wieder an. Er stellt mir auf meine Bitte ein R-Boot zur Überfahrt nach Korsika zur Verfügung. Das ist aber alles sehr kompliziert. Es ist inzwischen Nacht geworden, und die Hafensperre an der Ausfahrt aus Maddalena wird bei Einbruch der Dunkelheit geschlossen. Das besorgt ein italienisches Sperrschiff, das den Hafen dann nur auf persönliche Anweisung des italienischen Hafenkommandanten öffnen darf. Aber das schafft Hunäus auch. Im Sperrschiff haben wir nochmals eine Diskussion, aber endlich schwimmen wir doch Richtung Korsika.

An der Hafeneinfahrt von Bonifacio gibt es nochmals dieselbe Schwierigkeit. Spät nach Mitternacht erreichen wir den Hafen von Bonifacio. Ich werde dort von der Kriegsmarine bestens aufgenommen, und nachdem ich dort mein Abenteuer erzählt habe, wird eine Feier veranstaltet, an der alles dran ist. Mein ,zweiter Geburtstag' wird gefeiert. Man sorgt sich rührend um mich. Am nächsten Morgen starte ich mit einem Pkw quer durch Korsika, über die hohe Gebirgsstraße, um Obersturmbannführer Gesele, den Kommandeur der SS-Sturmbrigade Korsika, zu finden. Er hat am Abend vergebens gewartet.

Gesele treffe ich nach langem Suchen. Das Einvernehmen ist schnell hergestellt. Er hat bereits von Himmler Anweisung erhalten, sich uns zur Verfügung zu stellen. Wahrscheinlich auf unseren Funkspruch hin nach der ersten Maddalena-Meldung. Die Bereitstellung einer Sturm-Kompanie ausgesuchter Männer wird zugesagt. Sie werden binnen zwei Tagen in der Gegend von Bonifacio voll ausgerüstet und einsatzbereit stehen.

Nach dieser Besprechung fahre ich nach Bastia, und dort finde ich dann auch die neue He 111, die auf mich wartet.

Im übrigen hat uns die Besatzung der italienischen Flakprähme, die uns aufgefischt hat, in vorbildlichster Weise versorgt und alles nur Menschenmögliche getan, um uns zu helfen.

Die Mannschaft meiner abgestürzten He 111 hatte entgegen meiner Weisung in Vieno Fiorita bei den Italienern getankt. Inzwischen ist durch deutsche Stellen dort eine Brennstoffprobe genommen worden, die 50 % Wasser in den Fässern festgestellt hat. Das hat uns die Maschine und beinahe das Leben gekostet.

Ja, und nun bin ich hier, und wir müssen uns ganz auf den Plan Maddalena einstellen.

Ich habe mit Warger vereinbart, in welcher Weise er die Meldungen abfassen soll. Mit Kapitän Hunäus habe ich noch einen bestimmten Schlüssel für die Funksprüche vereinbart, damit wir nicht dechiffriert werden.

Wir werden zusammen in zwei bis drei Tagen hinüberfliegen und dort nach dem Weiteren sehen. Bis dahin müssen wir aber hier alles klar haben. Sowohl unsere römischen Pläne, als auch die grundsätzlichen Fragen für einen Einsatz in Maddalena."

Noch in derselben Nacht werden die Kapitäne von Kamptz und Max-Schulz herangekurbelt. Die technischen Einzelheiten für den Fall Maddalena müssen geklärt werden.

Aber wir wollen auch noch etwas dazu beitragen, von hier aus Mussolinis Aufenthalt aufzuklären, um Wargers Arbeit zu unterstützen.

Bei Kappler in Rom wird intensiv beraten.

Wir wollen einmal an die Verwandten von Mussolini herangehen, vielleicht können wir von ihnen Anhaltspunkte erfahren.

Da ist vor allem Donna Rachele, Mussolinis Frau. Sie wird in ihrem Sommersitz Rocca della Caminate, unweit Rimini, festgehalten.

Dann ist da die Witwe Bruno Mussolinis, des zweitjüngsten Sohnes, der als Flieger in diesem Kriege den Tod fand.

Dann die Frau des ältesten Sohnes Vittorio. Er selbst lebt zur Zeit in Deutschland im Asyl. Die Frauen wohnen auch unweit Rimini.

An die wollen wir zunächst herangehen.

Dabei können wir auch gleich eine Geländeerkundung und einen Lagebericht einholen über Rocca della Caminate. Denn auch Mussolinis Frau und ihre beiden jüngsten Kinder Annamaria und Romano sollen aus den Fängen der italienischen Polizei befreit werden.

Wohl sind sie auf ihrem eigenen Landsitz. Aber sie dürfen diesen nicht verlassen, und die Verwandten dürfen nicht zu ihnen.

Wir wollen aber doch den Versuch machen, jemanden von der engsten Verwandtschaft zu ihnen zu senden.

Hauptsturmführer Mandel soll das arrangieren. Er ist auch Österreicher, und wir schätzen ihn als einen der Verläßlichsten.

Zu seiner Begleitung wird die Frau eines angesehenen römischen Politikers im Auto mitfahren.

Das muß aber ganz unbemerkt geschehen.

So wird die Dame am nächsten Morgen in eine bestimmte Kirche zur Sechs-Uhr-Messe gehen. In der Nähe der Kirche wird ein italienisches Privatauto stehen, wenn sie aus der Kirche kommt und in eine bestimmte Straße geht. Ihr Mann wird sie begleiten. Sie wird dann in das Auto steigen, in dem sich einer von Kapplers Männern, der perfekt italienisch spricht, als Fahrer befindet.

Außerdem werde ich im Wagen sein. Wir werden dann nach Frascati fahren, dort wird an einer anderen Stelle Hauptmann Mandel in Zivil mit Zivilfahrer in einem anderen Wagen warten. Die Dame wird den Wagen wechseln und dann nach Rimini fahren.

In Rimini wird sie die ihr persönlich bekannten Schwiegertöchter Mussolinis aufsuchen und das Nötige mit ihnen besprechen. Da niemand darüber eingewiesen ist, daß Mussolini befreit werden soll, ist die Gefahr einer Decouvrierung nicht groß.

Die Dame wird nur aus Besorgnis um die Familie des Duce sich nach allen Einzelheiten erkundigen; vor allem aber, ob die Angehörigen etwas über seinen Aufenthalt wissen. Das läuft alles planmäßig ab. Mandel startet, er wird in drei Tagen zurückerwartet.

Inzwischen versuchen wir in Rom noch etwas anderes.

Edda, Frau des Grafen Galeazzo Ciano, Mussolinis Tochter, wird befragt. Von einem ihr gut bekannten Herrn. Sie ist erst vor kurzem von einer Reise nach Deutschland zurückgekehrt. Was sie dort wollte, wissen wir noch nicht.

Wir wollen nur wissen, ob ihr der Aufenthalt ihres Vaters bekannt ist.

Dazwischen gelingt es einem von Kapplers Männern festzustellen, daß Edda an ihren Vater in Maddalena einen Brief geschrieben hat. Also ist der Duce dort.

Funkspruch an Warger.

Aber wir wollen es genau wissen. Außerdem wollen wir wissen, wie Edda nunmehr zu ihrem Vater steht. Und wie zu ihrem Mann, der doch ihren Vater in diese Misere mit hineingetrieben hat.

Wird sie uns die Wahrheit sagen? Sie tut es.

Auf den vermutlichen Aufenthalt Mussolinis angesprochen, erwidert sie ohne Umschweife: „Ja, er ist in Maddalena, ich habe ihm vor wenigen Tagen erst geschrieben. Er hat mich wissen lassen, daß sein eigener Wunsch mitbestimmend war, daß er an diesen Platz gebracht wurde."

Und dann die Frage: „Wie stehen Sie denn nun zu ihrem Vater und zu Ihrem Mann. Da sind sie doch in einer sehr schwierigen Lage?"

„Ich bin in erster Linie die Mutter meiner Kinder, dann bin ich die Ehefrau des Grafen Galeazzo Ciano und außerdem bin ich die Tochter Mussolinis."

Das ist deutlich, das ist also eine Klassifizierung. Sie steht zu ihrem Mann. Für uns ist das sehr wichtig für den Fall der römischen Aktion. Aber sie war ehrlich – so war sie uns auch beschrieben –, und das freut uns.

Die Besprechung mit der Kriegsmarine bringt vollstes Einverständnis. Die Schnellboote aus der Ägäis werden rechtzeitig da sein. Ebenso stehen andere Einheiten zur Verfügung. Sie müssen in den endgültigen Plan einbezogen werden.

Bei General Student wird Vortrag gehalten. Er ist zufrieden und überläßt uns die weitere Planung. Genehmigt unseren Flug nach Korsika und Sardinien. Wir sollen die letzten exakten Erkundungsergebnisse einholen.

Da kommt auch ein Funkspruch aus Maddalena. Warger behauptet, Mussolini selbst gesehen zu haben.

Ein Blitzfunk ins Führerhauptquartier fragt an, ob das Unternehmen vorbereitet werden soll. Die Antwort ist bejahend. Durchführung aber nur bei hundertprozentiger Gewißheit, daß Mussolini wirklich dort ist. Im anderen Falle müßten die Akteure desavouiert und die Aktion als Tat unverantwortlicher Elemente hingestellt werden.

Das ist wenig erfreulich für uns. Also die Kastanien aus dem Feuer holen und dann noch bestraft werden. So haben wir uns das eigentlich nicht vorgestellt.

Es muß also ganz auf Sicherheit gegangen werden. Und die hat man nur, wenn man Mussolini selbst gesehen hat. Hoffentlich stimmt Wargers Meldung.

Am 23. August, morgens, geht es los.

Die He 111 startet pünktlich, diesmal in Pratica di mare. Wir legen vorsichtshalber Schwimmwesten an. Man kann nicht wissen, das ganze Mittelmeer ist feindliches Jagdgebiet. Zwar haben wir diesmal deutschen Sprit in den Tanks, aber sicher ist sicher.

In Vieno Fiorita erwartet uns ein Lastkraftwagen, der uns nach Palau bringt. Dort wartet bereits ein I-Boot, um uns nach Maddalena zu bringen. Wir haben inzwischen unsere Rangabzeichen als Offiziere abgemacht und betreten als einfache Flieger die Insel. Suchen Hunäus auf. In der Küche ist Warger am Eierbraten. Er hat sich gut eingelebt. Sogleich zur Seite genommen, bestätigt er die Meldung. Er hat Mussolini gesehen.

Aber, ganz hart genommen, kann er es nicht auf seinen Eid nehmen, daß der Mann, den er gesehen hat, wirklich Mussolini war. Die Sache verhält sich so:

Warger sucht tatsächlich einige Kneipen auf, trinkt dort mit den Insulanern, zweifelt am Sieg. Jetzt, wo auch Mussolini tot ist!

„Was, Mussolini tot? Der lebt, wir wissen das genau."

„Und ich weiß es von meinem Schiffsarzt, der ist mit Mussolinis Leibarzt in Rom befreundet, der Duce ist vor einigen Tagen verstorben, Krebs."

„Nein, wir wissen es besser, er lebt."

Einer weiß es besonders genau. Er könne es beweisen. Ein Gemüse- und Obsthändler, schon wieder. Wie auf Ponza.

Warger bietet eine Wette an. Der Obsthändler schlägt ein. Als Warger den Preis der Wette nennt, werden sie alle mißtrauisch. Er hat zu hoch geboten. So wettet man in Maddalena nicht. Nicht der reichste Mann. Das war ein Fehler. Wie ihn ausmerzen?

Warger verlegt sich aufs Bitten. Man möge ihn nicht verraten, er habe in den letzten Tagen gespielt, das würde bei den Deutschen schwer bestraft. Man möge ihn schonen.

Da lachen sie, das verstehen sie auch. Noch dazu bei einem Seemann. Und wetten doch.

Der Obsthändler liefert täglich Obst und Gemüse in die Villa Webber. So heißt die Villa, wir haben es inzwischen festgestellt. Westlich der Stadt, wo die lange Mauer verläuft und wo die Carabinieri stehen, da wohnt der Duce jetzt.

Mit dem Seenotflugzeug kommt sein Arzt alle zwei bis drei Tage.

Warger will mit dem Obstmann mitkommen als Träger, doch das ist dem Burschen zu gefährlich. Er kann wohl ein Stück Weges mitgehen, dann kann er an der Villa vorbeigehen, weiter nach Westen auf der Straße. Wenn er dann, etwa einen Kilometer außerhalb der Villa, den Weg nach oben nimmt, kommt er zu einem Haus auf einer kleinen Anhöhe. Dort wohnt eine italienische Familie. Die Frau ist Wäscherin und wäscht für die Soldaten. Deutsche und italienische. Dort könne er sich auch länger aufhalten und hinunter sehen auf die Villa. Der Duce kommt jeden Morgen auf den Balkon.

Gesagt, getan, Warger geht mit.

Er passiert die lange Mauer an der Villa, zählt dabei die Posten, geht weiter hinaus aus der Stadt, hinauf zu dem Häuschen. Dort wartet er und sieht plötzlich einen Mann auf dem Balkon. Kahlköpfig, in weißer Uniform, stark und untersetzt.

Das ist der Duce. Er kann es genau sehen. Und so kommt die Meldung zustande, die er uns nach Frascati gefunkt hat. Aber die Gesichtszüge hat er nicht gesehen. Dazu ist das Häuschen zu weit ab von der Villa. Nur aus der Figur und Aufmachung hat er auf Mussolini geschlossen. Das ist uns aber zu wenig für den Beweis, den man im Führerhauptquartier haben will.

Und wir haben noch ganz konkrete Weisungen von General Student. Der will auch auf Nummer Sicher gehen. Ist klar, keiner will der Dumme sein. Wir auch nicht.

Warger ist arg enttäuscht. Wir auch.

So beraten wir, was zu tun ist. Eine größere Wahrscheinlichkeit als diese können wir nie bringen. So bleibt uns nur noch eines, ohne besondere Genehmigung von oben – die wäre sicher wieder verweigert worden – weisen wir Warger und den Kapitän Hunäus in unseren Befreiungsplan ein.

Wir machen abermals eine Hafenrundfahrt mit dem I-Boot. Hunäus macht sofort mit. Das ist einmal eine Abwechslung für ihn. Einmal andere Luft als ewig hier sitzen und nichts tun. Eifrig werden noch Pläne besprochen, hin und her überlegt.

Die SS-Sturmbrigade Korsika muß präzise vorbereitet werden.

Hunäus gibt uns ein R-Boot, und wir fahren am Nachmittag nach Korsika. Dort treffen wir Gesele. Er hat die Sturm-Kompanie bereits aufgestellt, ihr Führer, Oberleutnant Diesenreuther, ein Österreicher, meldet die Kompanie.

Skorzeny spricht einige Worte von einem bevorstehenden, schneidigen Einsatz. Die Männer sind begeistert, obwohl keiner weiß, wann und wohin.

Mit dem Kommandeur und dem Kompaniechef werden dann Einzelheiten für die Bereitstellung durchgesprochen.

Die Kompanie soll ab morgen zu jedem Zeitpunkt in Porto Vecchio zur Einschiffung bereitstehen.

Dann wird noch eine Flak-Stellung an der Südspitze der Insel, hoch oben auf dem Plateau, besichtigt. Es soll festgestellt werden, ob diese Flak-Geschütze genügend Reichweite haben für die Deckung der Ausfahrt unserer Schiffe nach durchgeführtem Einsatz in die Straße von Bonifacio.

Dann geht es zurück nach Maddalena.

Dort wird noch ein eventuelles Eingreifen der deutschen Flak-Abteilung für den Fall erörtert, daß die italienische Flak oder die italienischen Küstenbatterien ihrerseits eingreifen sollten.

Alle Einzelheiten sollen noch nach endgültiger Genehmigung des Einsatzplanes durch General Student mittels Funkspruch, notfalls durch mich als Kurier, bekanntgegeben werden.

Am 24. August fliegen wir nach Frascati zurück. Unterwegs nach dem Flugplatz Vieno Fiorita machen wir noch in Santa Maria kurz Halt, um mit Sicherheit festzustellen, daß Mussolini sich dort nicht befindet. Mit uns fliegt noch Kapitän Hunäus, der sich mit seiner vorgesetzten Stelle besprechen muß. Außerdem will er mit von Kamptz und Max-Schulz sprechen.

Noch am selben Tag halten wir Vortrag bei General Student und geben dabei etwa folgende Lage: Mussolini befindet sich mit einer an Bestimmtheit grenzenden Wahrscheinlichkeit in der Villa Webber, einige hundert Meter westlich der Stadt Maddalena auf der Insel Maddalena. Er wird von einer starken Abteilung Carabinieri bewacht. Die Bewachungsmannschaft ist etwa 150 Mann stark. Sie ist innerhalb des Grundstücks, das die Villa umgibt, untergebracht. Das Grundstück selbst, entlang der Straße etwa 250 Meter lang, etwa 400 Meter tief, an einem Bergrücken aufsteigend. Es ist von einer etwa zwei Meter hohen Mauer umgeben. Ungefähr in der Mitte der Straßenfront befindet sich das große, schmiedeeiserne Eingangstor. Der Garten steigt, besonders in der westlichen Hälfte, terrassenförmig an und ist an mehreren Stellen durch Mauerabsätze unterteilt. Die Villa selbst, das Wohnhaus, liegt im oberen Drittel des Grundstückes und besitzt nach Ost und West eine Terrasse. Das Haus ist einstöckig mit etwa fünfzehn Räumen. Im Garten befindet sich ein Gartenhäuschen, gegen die Stadt zu. Dort ist auch Bewachungsmannschaft untergebracht. Eine kleine Straße führt vom Eingangstor zur Villa, die einzelnen Mauerabsätze umgehend, und teilt das Grundstück so in zwei Hälften.

Vor dem Hause auf der Straße patrouillieren Tag und Nacht Doppelposten Carabinieri. Ein zweiter Doppelposten ist am Eingangstor selbst aufgestellt. Im Garten scheinen Streifenposten eingeteilt zu sein. Die Erkundung ist da nicht klar. Es wird aber der Sicherheit halber so angenommen. Ebenso ist die Bewachung direkt am Hause und im Hause, Türposten etc., nicht feststellbar. In jedem Fall ist mit einer größeren Reserve Carabinieri im Grundstück selbst zu rechnen.

Die Bewaffnung, soweit erkennbar, besteht aus Gewehren und italienischen Maschinenpistolen. Es ist aber unter allen Umständen mit einigen Maschinengewehren im Grundstück zu rechnen.

In die Villa führen mehrere Fernsprechkabel, die wahrscheinlich die Verbindung mit der Dienststelle des italienischen Hafenkommandanten herstellen. Vielleicht führt eine Leitung auch zu einem beim italienischen Hafenkommandanten stationierten Sonderoffizier des Innenministeriums oder der Sicherheitspolizei. Genaues darüber kann nicht festgestellt werden. Es wird also mit einer schnellen Alarmierung zu rechnen sein.

Bei einer weiteren Erkundung entdeckte Skorzeny noch mehrere, neu gelegte Feldkabel, von denen eines zu einer ganz in der Nähe des Ufers gelegenen italienischen Truppenunterkunft führt.

Bei dieser Unterkunft handelt es sich um mehrere Baracken, die mit etwa hundertfünfzig bis zweihundert italienischen Soldaten belegt sind. Es kann nicht einwandfrei festgestellt werden, ob es sich – wie verlautet – um Seekadetten oder um Luftwaffenpersonal handelt.

Diese Truppenunterkünfte sind durch einen direkten Weg mit der Villa verbunden. Außerdem führt eine kleine Uferstraße zur Hauptstraße nach der Stadt.

Mit einem Eingreifen dieser Einheit muß auf jeden Fall gerechnet werden. Über ihre Bewaffnung liegt keine Aufklärung vor. Infanteriewaffen und Maschinengewehre müssen in jedem Fall angenommen werden.

Am Ufer, etwa zwanzig, dreißig Meter von den Baracken entfernt, befindet sich eine kleine Mole, die ein Anlegen auch von größeren Booten ermöglicht.

Die Küste ist durchweg felsig und ziemlich steil zum Wasserspiegel abfallend, wenn auch das Ufer nicht übermäßig hoch ist.

Zwischen zwei kleineren Felsvorsprüngen, etwa einen Kilometer ostwärts der erwähnten Baracken, befindet sich eine kleine Bucht, ca. zehn Meter abfallend, mit flachen, bis tief unter den Meeresspiegel reichenden glatten Felsplatten, die ein Anlegen von flachen Prähmen erlauben.

Zwischen diesen beiden kleinen Landvorsprüngen, die die kleine Bucht umgrenzen, und den Baracken wassern zwei italienische Wasserflugzeuge vom Typ „Savoya", und dazwischen ein Seenotflugzeug. Die Meldungen über den Zweck der Anwesenheit dieser Maschinen sind widersprechend.

Bei einer Befreiungsaktion muß mit einem Eingreifen der Flugzeuge gerechnet werden. Es ist sowohl die Gefahr in Betracht zu ziehen, daß Mussolini beim leisesten Verdacht noch vor der Aktion mit diesen Maschinen weggebracht wird, als auch die Möglichkeit eines Eingreifens nach gelungener Befreiung durch Kampfhandlungen, also direkte Angriffe aus der Luft. Ebenso ist eine Verfolgung des Weges Mussolinis nach der Befreiung und Alarmierung italienischer Stellen am Festland durch diese Maschinen möglich. Sie müssen daher ständig unter Beobachtung bleiben, und ihnen gilt unser erster Blick bei jedem Hafenbesuch, bei jeder Rundfahrt und bei jedem Flug.

Auf den Höhen der Insel Maddalena selbst, auf der kleinen Insel zwischen Sardinien und Maddalena, für die wir keinen Namen kennen, sowie auf der von Sardinien am Südufer des Golfes von Maddalena nach Osten verlaufenden Landzunge sind italienische Flak-Batterien eingebaut. Sie dienen der Fliegerabwehr gegen feindliche Luftangriffe auf die Seefeste.

Durch ihre Höhenstellung begünstigt, können diese Batterien bei Gefahr auch den Hafen selbst und auf erhebliche Entfernung noch das offene Meer bestreichen. Es liegt praktisch der gesamte Hafenbereich der Seefestung in ihrem sicheren Schußbereich.

Auch diese Flak-Batterie muß bei einer Befreiungsaktion als Gegner in Rechnung gestellt werden.

Auf der Höhe nordwestlich der Stadt Maddalena befindet sich eine Funkstation. Ihr ist besondere Beobachtung zu schenken. Die Hafeneinfahrt von Maddalena ist von Westen her durch Küstengeschütze und Küstentorpedoanlagen geschützt. Außerdem ist der Wasserweg selbst nachts durch Kettensperren blockiert, die durch ein Sperrschiff gehalten werden.

Beide Tatsachen erschweren ein Auslaufen, selbst nach glatt geglücktem Unternehmen, erheblich.

Ein Teil der Bewachung Mussolinis ist in der Stadt untergebracht. Außerdem befinden sich in der Stadt noch kleinere Marineeinheiten der Italiener, so daß im Alarmfall mit einer Gefährdung in der Flanke durch etwa dreihundert italienische Soldaten gerechnet werden muß.

Auf Sardinien befinden sich zu diesem Zeitpunkt neben deutschen Truppen auch noch italienische Divisionen. Diese können bei unserem Vorhaben, mit Ausnahme der italienischen Luftwaffe, unberücksichtigt bleiben. Eine rechtzeitige Heranführung im Alarmfalle ist nicht möglich.

Dagegen muß mit einer Alarmierung der Luftwaffe durch die Funkstation oder durch ein Wasserflugzeug gerechnet werden. Dabei braucht ein Eingreifen der Italiener vom Flugplatz Vieno Fiorita aus nicht angenommen zu werden. Dort liegen lediglich zwei italienische Jagdstaffeln, die dauernd über dem Mittelmeer eingesetzt sind.

General Student hört den Vortrag an, er möchte am nächsten Tag unseren genauen Einsatzplan sehen. Wir haben ihn bereits fertig in der Tasche. Aber der Kommandierende hat noch andere Sorgen als unser Maddalena-Abenteuer.

Kapitel 10

General Students Sorgen

Die Lage in Italien wird immer kritischer. Lange sitzen wir noch zusammen und sprechen über die militärische Lage im Süden, über die politische Entwicklung. Hören vom Kommandierenden General die Stärke, um nicht zu sagen die Schwäche unserer Truppen und ihrer Positionen im Südraum. Geben ihm auch unsere Meinung zu wissen, was wir so in Rom und anderswo sehen und wie wenig hoffnungsvoll die Lage ist.

Auf Sizilien kämpfen deutsche Einheiten um ihre letzten Positionen; schon schickt sich der Feind an, seinen Marsch auf dem Festland fortzusetzen. Mit einer Zurückführung der auf Sizilien kämpfenden Einheiten kann nicht mehr gerechnet werden.

Im ganzen Raum vom Gegenufer Siziliens bis über Rom und Ostia hinaus sind noch zur Not zwei kriegsstarke deutsche Fallschirmdivisionen vorhanden.

Wohl kommen aus dem Norden neue Reserven. Ihr Vormarsch dauert lange.

Zuerst marschieren die Wiener „Hoch- und Deutschmeister" in Südtirol ein. Das gibt einen Riesenwirbel. Die Südtiroler sehen den Tag ihrer „Befreiung" gekommen, reißen die Grenzpfähle um. Die Italiener, noch immer mit uns im

115

Achsenbündnis, wollen schießen. Es geht jetzt um die Besetzung der italienischen Befestigungen in Südtirol.

Große Proteste, Verhandlungen, der Weitermarsch der Truppen geht nur sehr langsam vor sich. Und während sich militärische und politische Kreise Deutschlands und Italiens über die Zwischenfälle und die Lage besprechen, feiern die Südtiroler den Einzug der deutschen Soldaten.

Die italienischen Aufschriften verschwinden, Straßen werden umbenannt, ein riesiges Durcheinander in Freude, Feiern, Protesten und Enttäuschungen. Und als die Hoch- und Deutschmeister weiterziehen, folgt ihnen als nächste Division die „Leibstandarte SS Adolf Hitler". Und nochmals wiederholt sich derselbe Zauber.

So sind diese Divisionen in dieser kritischen Zeit irgendwo unterwegs in Oberitalien und bewegen sich langsam südwärts.

Die italienischen Inseln liegen nahezu völlig ungeschützt und entblößt da.

Auch Sardinien und Korsika müssen mit einer Invasion rechnen.

Laßt die Alliierten nur erst mal mit Sizilien ganz fertig sein, und dann paßt auf, wo sie zunächst kommen!

Die Kampfkraft und Moral der auf den Inseln liegenden italienischen Truppen wird nicht allzu hoch eingeschätzt. Mit einem Abwehrwillen ihrerseits gegen eine Invasion ist nicht zu rechnen.

Deutsche Truppen liegen nur ganz wenige im Inselraum. Können sie nicht bedeutend verstärkt werden, so ist mit einem längeren Widerstand auch ihrerseits nicht zu rechnen. Verschlimmert wird die Lage dadurch, daß eine ausreichende Versorgung der Inseln durch Seestreitkräfte nicht gewährleistet ist. Wohl ist noch genügend Transportraum da, aber es fehlt an ausreichendem Schutz durch Marine-Kampfeinheiten.

Die italienische Flotte ist praktisch überhaupt noch nicht in den Krieg eingetreten, mit Ausnahme der U-Bootwaffe und von Sondereinheiten der X.M.A.S., die aber keine reine Marinegruppe darstellen.

Die deutsche Kriegsmarine ist zahlenmäßig viel zu schwach und im Mittelmeer nur durch einige U-Bootjäger, U-Boote, Minensuchboote, Räumboote und Schnellboote vertreten. Und diese sind zum Teil in Sizilien gebunden oder sind in der Ägäis durch die alliierte Beherrschung des Mittelmeeres von Nordafrika bis zum Festland blockiert.

Auf Sardinien befinden sich eine deutsche Panzergrenadierdivision und Einheiten der Luftwaffe. Es handelt sich um die 90. Panzergrenadierdivision und die dem sogenannten „Fliegerführer Sardinien" unterstellten Luftwaffeneinheiten.

Die Einheiten der 90. Panzergrenadierdivision liegen vorwiegend im Süden der Insel und sind zufolge schlechter Straßenverhältnisse nur schwer beweglich. Deutsche Flak liegt hauptsächlich um Vieno Fiorita und eine Abteilung auf den Hügeln südlich Palau. Diese ist zusammen mit den italienischen Flak-Einheiten um Maddalena zur Luftabwehr eingesetzt. Vor allem muß der Hafen Palau, Hauptnachschub-Hafen für die deutschen Truppen auf Sardinien, geschützt werden.

Auf Maddalena selbst befindet sich nur der deutsche Marine-Verbindungsoffizier, kurz „Deutscher Hafenkommandant" genannt, mit einem ganz kleinen Stab. Auf Korsika sind die Verhältnisse noch ungünstiger und vollkommen unübersichtlich.

Auf dieser Insel, vor dem Kriegseintritt Italiens französischer Besitz, liegt eine Kampfeinheit der Waffen-SS, die SS-Sturmbrigade Korsika. Sie ist voll motorisiert und verfügt noch über eine Flak-Abteilung, die über dem Hafen von Bonifacio in Stellung liegt.

Das Innere der Insel ist von starken Partisanengruppen durchsetzt. Diese haben zum Teil überhaupt nicht militärischen Charakter, sondern sind ausgesprochene Räuberbanden. Bestimmte Teile der Insel sind ihr absolutes Herrschaftsgebiet.

Im Westen, im Hafen von Ajaccio, weht zu dieser Zeit die französische Tricolore, dem Vernehmen nach wird die Stadt auch von englischen und amerikanischen Schiffen angelaufen und zum Teil von diesen versorgt. Vor allem kommt der Nachschub für die Partisanen über diesen Weg.

Weht in der Luft, auf den Dächern der Häuser und auf den Fahnenmasten die Tricolore, so sind es im Geschäftsleben der Dollarschein und die Pfundnote, die tonangebend sind.

Mit solchen Edeldevisen kann man auch von den regulären, königstreuen italienischen Truppen, die noch immer zur Achse stehen, Waffen und Munition kaufen. Ja, wenn man will, ihre ganze Ausrüstung. Die Partisanen nehmen diese Gelegenheit auch kräftig wahr. Es gibt kleinere italienische Truppenteile, die mit den Partisanen im Bündnis sind. Da sie auch wildesten Räuberbanden ihre Uniformen überlassen, ist bald Feind von Freund nicht mehr zu unterscheiden. Überfallen wird alles, was lohnenswerte Beute verspricht. Ob das ein italienischer Transport ist oder ein deutscher, das interessiert nicht.

Die sehr schlechten Straßen zwischen Nord und Süd können nur unter starkem Feuerschutz befahren werden. Da fährt auch Skorzeny nach seinem Absturz und darauf folgender Rettung ganz allein durch die zerklüfteten Berge, um Gesele zu treffen. Er weiß gar nicht, daß das Partisanenherrschaftsgebiet ist. Hat noch ein paar Reifenpannen und kommt unbehelligt zurück. Darüber wundern sich die Leute bei der Marine, daß er wieder zurückkommt. Er konnte es ja nicht so genau wissen.

Aber so etwas ist uns schon im Juni einmal in Kroatien passiert, als wir mit einem Wehrmachtswagen mit SS-Nummer, einem uniformierten Fahrer und einem Major vorne, Skorzeny und ich in Zivil rückwärts im Wagen, quer durch die Fruska Gora fuhren. Damals haben wir uns auch gewundert, ob der vielen Zivilisten mit Gewehren, die sie mit einer gewöhnlichen Schnur über die Schulter gehängt hatten und so in den Orten patrouillierten und immer so schön grüßten, wenn wir vorbeifuhren. Und uns einmal sogar halfen, noch ein dickes Schwein vor dem Wagen zu entfernen, damit wir weiterfahren konnten. In Esseg hat man uns dann zu unserem Leben gratuliert, als man erfuhr, wo wir hergefahren sind. Dort war schon seit drei Monaten kein Wagen mehr durchgekommen. Und wie wir uns freuten ob der freundlich grüßenden Tito-Partisanen. Warum sollte es ihm in Korsika anders gehen?

Zurück zur Insel Korsika. So sieht es also aus: Im Westen, da sitzen die Alliierten und die Franzosen; das heißt, sie haben es nicht besetzt, keine Invasion gemacht, sie sind eben da, lassen die Tricolore wehen, den Dollar und das Pfund rollen, und wer nicht französisch kann, geht lieber nicht dorthin.

In der Mitte, da sitzen die Räuber und die Partisanen. Teils im Kampf mit den italienischen Soldaten, zum andern Teil mit ihnen vermischt.

Dazwischen, vor allem im Norden und Süden, Geseles Sturmbrigade und Flak.

Und an der Ostküste von Bonifacio hinauf über Porto Vecchio bis Bastia, da sind Marine-Nachschubeinheiten. Bei Bastia selbst, Flak-Artillerie und eine U-Boot-Jägerflotille sowie eine Minenräumeinheit.

Und dann ist noch die aus der Ägäis kommende Schnellbootdivision Mittelmeer zu erwarten. Die werden wir noch brauchen.

So sieht die militärische Lage im Süden aus, am 25. August 1943.

Politisch ist es nicht viel besser. Die Stimmung der Italiener ist allgemein so schlecht und so kriegsmüde, daß nicht viel Scharfsinn dazu gehört, jetzt endlich zu glauben, daß die Italiener mit den Alliierten verhandeln. Auch für die Unbelehrbaren, die es bis jetzt noch immer nicht geglaubt haben.

Was sollen sie denn anderes tun? Weiterkämpfen bis zum bitteren Ende? Wofür? Haben sie den Krieg gewollt? Ist der noch an der Regierung, der sie hineingeführt hat?

Verrat am Achsenpartner? Haben sie die Achse gemacht? Wer hat sie denn gefragt? Keiner. Also können sie doch gar keine Verräter sein. Wer hält denn überhaupt noch Verträge? Kein Mensch. Sie werden zerrissen wie ein Stück Papier.

Außerdem haben sie ja noch ihren König, der soll sie herausführen aus dem Kriege. Wie er das macht, ist ihnen doch gleichgültig. Nur Schluß machen, Schluß mit dem Krieg, das ist ihre große Parole. Wir haben uns auch nicht darum zu kümmern, ob sie Recht haben oder nicht. Wir haben nur zu sehen, daß es so ist. Und haben danach unsere Maßnahmen einzurichten.

Daß die Regierung Badoglio jetzt mit dem Gegner verhandelt, liegt klar auf der Hand. Je früher sie abschließen, desto billiger werden sie davonkommen. Sollen sie sich ganz verspeisen lassen? Für die Deutschen? Für Hitler? Also Schluß jetzt und einen möglichst billigen Waffenstillstand. Wenn es nicht anders geht, als neue Verbündete der Alliierten. So denken und so handeln sie.

Was uns immer schon auffällt, ist folgendes: Wo sind die vielen alten Faschisten, die alten Marschierer geblieben?

Wir wissen, daß nicht allzu viele hinter Stacheldraht sind. Zum größten Teil bewegen sie sich frei. Wo sind sie? Haben sie einen so gewaltigen Schock erlitten durch den Rücktritt ihres Duce? Wir müßten sie also einmal fragen, soweit sie erreichbar sind.

Da ist Achille Muti. Er ist in ehrenhaftem Hausarrest. Wir wollen an ihn heran. Nicht persönlich, sondern durch einen italienischen Mittelsmann. Doch bevor es zu einer Zusammenkunft kommt, erhält Achille Muti eines Tages eine Aufforderung, sich irgendwo bei einem Freund einzufinden. Die Polizei, die sein Haus bewacht und ihm auf Schritt und Tritt folgt, scheint nichts dagegen zu haben. Muti nimmt die Einladung an, und als er das Haus verläßt, um sich zu seinem Freund zu begeben, wird er von seinem Posten erschossen. So kommen wir zu spät. Man sagt, Badoglio habe ihm eine Falle stellen lassen. Ob das stimmt, können wir nicht feststellen. Ist auch nicht unsere Sache.

Einige der alten Faschisten sind nach Deutschland ins Exil gegangen. Die interessieren uns aber zu diesem Zeitpunkt nicht.

Da ist aber noch Scorza. Ja, Scorza, von dem wir wissen, daß er den Duce immer zur Aufstellung einer Art SS, eines Staatsschutzkorps oder einer Geheimen Staatspolizei, überreden wollte. Er gilt als Freund der SS. Den können wir fragen. Er ist sonderbarerweise nicht festgenommen.

Doch noch bevor wir an ihn herankommen, ist er durch Badoglios Polizei verhaftet. Verschwindet in irgendeinem Gefängnis, und eines Tages ist er plötzlich wieder frei.

Da geht nun unser Mittelsmann hin. Und staunt, wie er Scorza wieder sieht.

Völlig veränderte Gesichtszüge, ein müder, auf den Tod kranker Mann. Er, der immer so frisch war, er liegt im Bett. Steht auf, als der Besuch kommt. Schleppt sich an den Tisch, muß sich dabei mit beiden Händen an der Wand entlangtasten. Kann nur mit kaum hörbarer Stimme sprechen.

„Sind Sie denn mißhandelt worden?"

„Nein, ich bin sehr gut behandelt worden, sehr gut."

„Aber Herr Scorza, Sie sind ja krank und können sich kaum aufrecht halten und waren vor wenigen Tagen noch gesund und rüstig, was hat man Ihnen getan?"

„Man hat mir gar nichts getan, gar nichts, hören Sie, ich möchte auch mit niemandem sprechen. Bitte, machen Sie es mir nicht noch schwerer, verstehen Sie mich..."

„Verzeihen Sie, Herr Scorza, ich sollte Ihnen nur einen Gruß übermitteln. Können wir für Sie etwas tun. Ich kann Sie sofort hier wegbringen. Wollen Sie nach Deutschland? Sie werden dort wieder gesundgepflegt."

„Nein, bitte lassen Sie mich hier in Ruhe. Ich will überhaupt nichts mehr. Es ist Schluß, hören Sie, Schluß ist es. Bitte grüßen Sie mir meine Freunde. Aber es soll mich keiner mehr besuchen. Sagen Sie ihnen das, leben Sie wohl."

Noch lange sprechen wir über dieses Erlebnis, als unser Freund, selbst erschüttert, davon berichtet. Man hat ihn sicher mißhandelt, ihn zum Stillschweigen verpflichtet. Unser Freund läßt sich das nicht nehmen. Dieser Mann ist fertig, er kann nicht mehr.

Von Mussolini spricht in dieser Zeit niemand mehr. Auch nicht die früheren Freunde, die alten Faschisten. Wie kommt das? Haben sie so schnell vergessen, diese Italiener, was der Duce für ihr Land getan hat? Oder liegt es daran, daß sie seinen Rücktritt nicht verstehen, ihn gar nicht erwartet haben und ihnen jetzt das Vertrauen fehlt? Ist er nicht mehr der Duce, der er früher war? Oder macht es die Presse, die nach seinem Rücktritt und seiner Inhaftierung versucht hat, ihn schlecht zu machen und in den Augen der Italiener herabzusetzen?

Wir wissen es nicht.

Eine kleine Gruppe von Männern finden wir aber doch. Sie interessieren sich für Mussolinis Aufenthalt. Hauptsächlich jüngere Offiziere. Sie wollen den Duce auch befreien, arbeiten aber zu planlos und können sich nirgends hervorwagen. Sie habe auch keine Kräfte, die ihnen bei ihrem Vorhaben helfen könnten.

Wir können uns ja nicht anbieten, sonst würde unser Plan publik. Und wir wollen ihn ja selbst befreien.

Aber vielleicht brauchen wir die Leute. Erstens können wir von ihnen wichtige Hinweise erhalten über Mussolinis Aufenthalt, zweitens müssen wir immer wissen, was sie vorhaben, damit sie uns nicht etwa durch eine unbedachte Handlung zuvorkommen und alle Pläne über den Haufen werfen. So bleibt es bei einer losen Verbindung.

Und was ist aus unseren römischen Plänen geworden?

Da sind weder neue Weisungen, noch die alten bestätigt oder widerrufen.

Wir dürfen die Pläne nicht fallen lassen. Noch weiß niemand, zu welcher der beiden Aktionen wir den Einsatzbefehl aus dem Hauptquartier bekommen.

Die Pläne sind fertig. Wir brauchen nur auf den Knopf zu drücken. Die einzelnen Führer der Stoßtrupps sind eingeteilt. Jeder Wagen, jedes Maschinengewehr genau berechnet. Zwischen der zweiten und dritten Morgenstunde muß das Unternehmen ablaufen.

Plan 1, König und königliche Familie, ist Gott sei Dank nicht mehr aktuell. Man ist nicht mehr in der Villa Savoya, sondern auf dem Sommersitz. Plan 2, Kronprinz und Familie, hat sich auch vereinfacht. Aber nur in bezug auf die Zahl der Personen. Die Familie ist ebenfalls auf dem Sommersitz, nur der Kronprinz kommt jede Woche nach Rom und bleibt einige Tage da. Die Tage müssen wir noch herausbekommen. Da ist bereits ein Mann angesetzt, der jeweils genau berichtet.

Ist der Kronprinz also am X-Tage da, muß er geholt werden. Ist er gerade weg, hat er Glück gehabt. Und wir auch. Dann kann unser schwierigstes Unternehmen ausfallen.

Denn schwierig wird die Aktion sein. Zu groß ist der Komplex und zu gut die Sicherung.

Des Königs „Lange Kerle" stehen an der Quirinal-Hauptfront in der Via Venti. Vor der Quattro Fontane steht die Panzerabwehr, und die militärischen Streifen sind erheblich verstärkt.

Auch in den anderen Stadtteilen sind an allen Ecken und Enden Streifen der italienischen Wehrmacht zu sehen. Bei Einbruch der Dämmerung verdoppelt sich ihre Zahl. Sie sind unerbittlich scharf, jeder Wagen wird angehalten. Nachts besteht Ausgangssperre, kein Mensch darf nachts ohne besonderen Ausweis mit dem Auto fahren. Hält ein Auto nicht an, wird scharf geschossen.

Erst vor ein paar Tagen wurde die Frau des türkischen Gesandten nachts im Auto durch eine italienische Streife erschossen. Sie kam von einer offiziellen Veranstaltung, bei Anruf hielt der Wagen nicht.

Und da sollen wir nachts möglichst unbemerkt an unsere Objekte herankommen.

Quirinal wird also von Skorzeny selbst gemacht.

Das ganze Bataillon Tannert steht zur Verfügung. Zuerst muß die ganze
Straße an der Vorderfront des Quirinals von zwei Seiten in die Zange genommen und kassiert werden. Die dort stehenden Posten der Garde dürfen
gar nicht zum Überlegen kommen.

Die erste Stoßgruppe kommt vom Innenministerium und wird die Wache
an der Sperre bei dem Quatro Fontani auf sich aufmerksam machen. Zur selben Minute wird eine andere Gruppe, von der Piazza Barberini kommend,
diese Sperre überrennen.

Mit dieser Gruppe kommt auch der Stoßtrupp, der Herrn Volpi aus seinem
Hause holt. Das wird aber nicht viel Arbeit geben.

Gleichzeitig mit dieser Hauptaktion an der Front des Quirinals muß das kleine Gäßchen mit der Treppe abgesperrt werden, das von der Via Nationale her-
aufführt zum Quirinal, das Gäßchen, wo die gute Gelateria ist, in der wir uns
so oft erfrischt haben, wenn wir vor dem Quirinal auf Erkundung waren.

Die Gardisten vor dem Quirinal werden also eingesammelt. Hoffentlich
kommen sie nicht auf die Idee, sich zu wehren. Wäre schade um sie. Dann
geht Hauptmann Tannert mit Pak in Stellung vor dem Hauptportal, und
wenn das auf eins, zwei nicht offen ist, wird einmal kurz hineingehalten.

Mit einer Leiter werden andere versuchen, das schon lange erkundete Fenster neben dem Tor ganz links an der Straßenecke zu ersteigen. Die rückwär-
tige Häuserfront des Quirinals wird entsprechend abgesichert sein.

Ungefähr die Richtung, wo der Kronprinz wohnt, die wissen wir. Das Weitere muß sich dann drinnen finden. Muß alles blitzartig gehen, auch wenn es
hart auf hart geht. Die Sicherheit des Reiches ist in Gefahr, es gilt, dem Abfall
des Achsenpartners zuvorzukommen. Oder, vielleicht selbst abzufallen.

Einfacher haben es die anderen Kommandos. Bei Ciano ist alles gut erkundet. Die Rollen sind verteilt, ebenso die Gewehre, die Waffen und Fahrzeuge.
Da kann eigentlich nichts passieren. Ciano wohnt ziemlich einfach. Die Polizei, die das Haus bewacht, wird kurz einkassiert.

Auch Guariglia wird sich nicht wenig wundern, wenn es nachts in seinem
Hause an die Tür klopft. Aufstehen, anziehen, wir verreisen.

Herr Grandi hat sich rechtzeitig abgesetzt. Hat uns viel Kopfzerbrechen erspart. Denn wie wir ihn aus dem Palazzo del Parlamento herausgekriegt hätten, haben wir nie gewußt. Und dabei sollten wir ihn besonders bevorzugt
mitbringen. Wegen der Treue, die er seinem Duce gehalten hat.

Dann ist da noch Acquarone, das ist mein Fall. Ein wichtiger Mann in des Königs Umgebung.

Wie oft habe ich im Garten der Villa Borghese gesessen und das kleine Haus studiert, hinter einer großen Zeitung versteckt. Ist recht einfach die Sache. Von drei Straßen umgrenzt, dahinter ein anderes Haus und gleich an der Rückzugstraße Tor und Hauseingang in der Nebenstraße. Besser kann es nicht sein. Nur die eine Hausfront ist an der Hauptstraße, das ist nicht so gut. Gerade dort habe ich in den letzten Tagen des öfteren Polizeiposten an der Via Quattro Fontane zur Via Quirinale patrouillieren sehen. Die müssen wir eben auch aufs Auto setzen, können sie ja später wieder laufen lassen. Nur ein Schuß darf nicht fallen in dieser Gegend. Wegen der Nachtruhe und wegen der Rückzugstraße für die anderen Aktionen.

Herr Acquarone ist noch so nett und hat uns im Garten eine kleine Leiter aufgestellt. Sie reicht gerade auf den kleinen Balkon hinauf von der Grasfläche im Garten. Zu demselben Balkon, von dem es in sein Schlafzimmer geht, dessen Fenster immer offen steht. Wenn der alte Herr wüßte, wie oft ich schon mit meinen Augen dort hochgeklettert bin. Wenn er die Leiter nur stehen läßt. Dann kann ich ihn ohne Lärm ganz höflich bitten aufzustehen.

„Wir müssen verreisen mit dem König, viel brauchen Sie ja nicht mitzunehmen, gerade was man für eine kleine Reise braucht."

Das andere müssen dann andere Stellen machen. Das Nachholen der Sachen, die sie noch brauchen. Das Versiegeln und Sicherstellen der Häuser. Das ist nicht unsere Aufgabe.

Einfach wird es auch bei Herrn Bottai sein, dort kann man gleich beim Gartentor hinein. Die anderen warten vor dem Tor, aber nur der Sicherheit halber. Herr Bottai wird rückwärts durch den Garten geleitet, über eine ganz niedrige Mauer, durch einen kleinen Weingarten und dann noch zwanzig Meter zum Feldweg. Dort wird ein Auto warten.

So ist alles schön vorbereitet und kann kaum schiefgehen. Der Rückzugsweg ist für alle festgelegt und von jedem Ort der Aktion gut erreichbar. An einer wichtigen Kreuzung wird ein Kommando stehen, um etwaige Hilfstruppen der Italiener abzufangen. An dieser Kreuzung müssen alle vorbei. Wer hin will zum Schauplatz des Geschehens und wer zurückkommt.

Sammelpunkt ist vor dem Kolosseum. Dort wird eine stärkere Kräftegruppe warten, und dann geht es in großer Kolonne nach dem Flugplatz Pratica di mare, der ist rein deutsch und liegt so schön außerhalb, direkt am Meer, ich habe ihn schon beschrieben.

Und wenn dann die Römer früh aufwachen, so ist es wie immer. Nur daß sie im Moment keinen Kronprinzen haben und keine Minister. Und keine Generale, denn die werden in derselben Nacht von den Fallschirmern abgeholt.

Um von den Italienern unbemerkt in die Stadt zu kommen und dort auch ungestört versammelt zu sein, soll die Landesgruppe Italien der Auslandsorganisation einen bunten Nachmittag mit KdF-Programm und Bewirtung in Rom durchführen. Möglicherweise im Deutschen Haus. Die Teilnehmer sollen mit Lastkraftwagen herangebracht werden und dann abends in der Stadt bleiben.

Nur, wie der Anmarsch des Bataillons Tannert mit seinen schweren Waffen bewerkstelligt werden soll, darüber herrscht noch keine Klarheit. Die müssen eben unter Umständen plötzlich ihren Standort verlegen und in angekündigtem Nachtmarsch durch Rom ziehen.

Auch wird zur Tarnung des Unternehmens ein kräftiger Fliegeralarm erwogen. Da müßten aber wirklich Flugzeuge kommen, da ja auch die Italiener über einen Luftwarndienst verfügen und es sonst sofort herausfinden, wenn bei „reiner Luft" Alarm gegeben wird.

Diese Fragen sind aber noch in der Schwebe, das soll im letzten Moment entschieden werden.

Uns wäre am liebsten die KdF-Lösung, „Trojanisches Pferd" genannt.

Das liegt also alles so „in der Luft" um den 25. August 1943, aber keiner weiß, ob es dazu kommen wird.

Kapitel 11

Es kann losgehen

Im stillen haben wir den römischen Plan bereits abgeschrieben. Unser Hauptinteresse ist die Befreiung Mussolinis auf Maddalena. Das scheint uns auch wahrscheinlicher und begeistert uns mehr. Es verspricht ein prickelndes Abenteuer und eine Weltsensation.

Nur können wir dabei die Dummen sein. Nochmals kommt eine Bestätigung aus dem Führerhauptquartier. Maddalena wird gemacht, nur der Tag wird uns noch durchgegeben. Anstatt daß man uns das bestimmen läßt, wo wir am Ort sind und die Verhältnisse kennen. Wie kann man in Ostpreußen den Termin kennen, der für das Unternehmen am günstigsten ist? Das wundert uns irgendwie, daß man eine derartige Schreibtischstrategie treibt.

Außerdem wird uns noch einmal gesagt, nur hundertprozentiger Erfolg zählt. Jeder Stoß ins Leere, jeder Mißerfolg führt zu unserer Festnahme durch die eigenen Leute, die Deutschen.

„Tat unverantwortlicher Heißsporne", wird es in diesem Falle heißen.

Und dann? In Torgau gibt es eine große Strafanstalt, da können wir zur Abwechslung Steine klopfen.

Wir überlegen, was tun?

Es bleibt uns nur eines: zuschlagen und gewinnen. Wir gehen zum Kommandierenden General, Skorzeny trägt vor: „Herr General, der Abfall Italiens kann sich in den nächsten Tagen vollziehen. An dieser Tatsache kommen wir nicht mehr vorbei. Wenn wir unseren Auftrag erfüllen wollen, dann muß das sofort sein. Wenn die Italiener die Initiative in die Hand bekommen, dann wird weder aus dem Plan Rom etwas noch aus der Befreiung des Duce.

Das erstere liegt uns ohnedies nicht. Die Vögel fliegen auch aus. Der König ist nicht mehr da, was wir kriegen, sind nurmehr seine Trabanten. Also bitte ich Sie, Herr General, fragen Sie im Führerhauptquartier an, ob wir jetzt sofort zuschlagen dürfen. Es ist die letzte Chance."

„Ja, wissen Sie denn, ob der Duce wirklich auf Maddalena ist? Sie wissen, der Führer will die absolute Sicherheit."

„Die können wir nie bringen, wenn wir die haben, haben wir den Duce schon selbst. Aber alles spricht dafür. Für uns jedenfalls ist es die Sicherheit. Noch ist er da, wer weiß, wo er in einigen Tagen ist. Wir müssen jetzt handeln."

„Gut, ich spreche mit dem Hauptquartier. Morgen haben Sie Bescheid. Was halten Sie für den letzten Termin?"

„Wir wollen am 28. August im Morgengrauen die Aktion durchführen."

„Gut, holen Sie sich morgen Bescheid; wie ist es mit der Marine?"

„Da ist alles klar, Herr General, Max-Schulz wartet jede Stunde auf meine Nachricht."

Wir fahren sofort zu Max-Schulz.

„Am 28. August geht's los!"

„Fein, endlich mal was los in dem Laden!"

„Werden Sie da die Schnellboote zur Verfügung haben?"

„Ich habe sie, mein Lieber, ich habe sie!"

„Wann laufen wir aus? Von wo?"

Den Einsatzplan müssen wir morgen früh dem Kommandierenden General vortragen. Danach müßten wir am 27. August mittags oder nachmittags auf Korsika und Maddalena sein. So wird der Start mit zwei Schnellbooten auf den 27. August, 9 Uhr früh, festgesetzt. Und zwar von Nettunia aus. Letzte Kleinigkeiten am Einsatzplan werden ausgefeilt, und alles sieht auf einmal so klar aus, jetzt, wo wir die Gewißheit haben, daß es losgeht.

Wir kommen erst am nächsten Abend zum Vortrag beim Kommandierenden General. Aber das haben wir von Oberleutnant Rolfs schon erfahren: Hitler hat den Einsatz für den 28. August genehmigt.

„Jetzt können uns die in Rom den Buckel herunterrutschen. Haben wir einmal den Duce, dann sind die Brüder in Rom gewarnt und ohnedies alle getürmt."

Noch bleibt uns Zeit, wenn auch wenig, in Frascati Vorarbeiten zu erledigen. Vorarbeiten, die auch niemand wissen und erfahren darf.

Da ist zum Beispiel die Sache mit den italienischen Uniformen. Die wollen wir für zwei bis drei Offiziere haben, damit wir die Leute auf Maddalena überraschen können. Kappler hat die Uniformen besorgt. Am liebsten würde er selbst mitmachen. Aber er ist Attaché, und da schickt sich so etwas nicht. Das wird von den Diplomaten übelgenommen. Und das mit Recht. So hilft er jedem, wo er nur kann.

Auch einige alliierte Ausrüstungsstücke brauchen wir für unseren Plan. Man wird sehen.

Und dann ist da die Sache mit den Schalldämpfern. Wir haben schallgedämpfte Waffen angefordert, aber Deutschland hat keine.

Was haben wir in Berlin versucht, schallgedämpfte Waffen herstellen zu lassen! Aber alles war dagegen. In unserer Branche braucht man so etwas aber.

„Wir stellen nur heeresübliche Waffen her", sagten die Herren vom Heereswaffenamt.

Auch das Waffenamt der SS lehnte ab.

Da brachten wir ihnen die amerikanische STEN, die die Engländer mit einer Schalldämpfer-Vorrichtung versehen haben. Es ist Beutegut, zum Teil wurden sie im Agenten-Funkspiel Holland-England in London bestellt. Angeblich zum Kampf gegen die Deutschen und sie haben uns die schallgedämpften MP abgeworfen. Also kann es auch nicht völkerrechtswidrig sein.

Allerdings, mit Schalldämpfern hatte man sich schon befaßt, das stellte sich dann heraus, aber zum Aufsetzen auf die Karabiner. Das hielt man für heeresüblich, nicht aber eine schallgedämpfte Waffe. So müssen wir mit den Aufsätzen vorliebnehmen. Die sind aufzuschrauben, außerdem ein Muster ungefähr aus der Zeit des Ersten Weltkrieges. Da hat es die auch schon gegeben.

Dann weigerte sich das Waffenamt, die Schalldämpfer mit Gummistopfen herzustellen. Sie hatten zu wenig Gummikontingente. Also müssen wir durch Pilz schießen. Das alles ist noch in der Schwebe, als wir nach Italien abreisen.

Nun haben wir solche Aufschraub-Schalldämpfer angefordert, und sie kommen. Leider etwas rostig. Aber sie sehen wenigstens abenteuerlich aus, das muß man den Dingern lassen. Und so haben wir diese Schalldämpfer in unserem Zimmer liegen, unter dem Bett verpackt. Die müssen wir also auspacken und irgendwie mitnehmen, daß es niemand merkt. Verstauen werden wir sie schon.

Dann ist noch die Sache mit den englischen Stahlhelmen. Die haben wir auch angefordert. Aber woher bekommen? Deutsche Beutelager stehen in Italien nicht zur Verfügung, nur italienische. Dort könnten wir auch englische Stahlhelme bekommen, aber wie das begründen?

Was wollen die Deutschen in Rom mit englischen Stahlhelmen, würden sie fragen: Da muß etwas faul sein.

Da gelingt es, über ein norditalienisches Beutelager, wo schon die deutschen Reserven, die aus dem Norden kommen, eingezogen sind, hundert englische Stahlhelme zu bekommen. Die landen in großen Säcken auch in unserem Schlafzimmer unter den Betten.

So nützen wir den Tag bis zum Vortrag beim Kommandierenden General zum Zusammensetzen der Stahlhelme. Alles altes, verrostetes Zeug. Zum Teil zerbrochen, jedes Stück extra. Der Helm selbst, die Kinnriemen, der Blecheinsatz und die Druckpolster. Nichts paßt zusammen. Alles muß aufgeschraubt werden und vernietet. Was ist unser deutscher Stahlhelm doch einfach gegen diese komplizierten englischen Helme. Abends haben wir eingerissene Fingernägel, blutige Hände, aber alles ist fertig. Zwei Männer haben uns geholfen.

Auch fein säuberlich verpackt sind Schalldämpfer und englische Stahlhelme. Die Kisten haben wir aus dem Kasino besorgt. Am 27. August, 9 Uhr früh, werden wir die Schnellboote besteigen, und mit uns werden mehrere Kisten besten französischen Sekts „Veuve Cliquot" verladen werden. Marketenderware für Maddalena. Bestehend aus Schalldämpfern und englischen Stahlhelmen.

Spät abends geht es mit zerschundenen Fingern, aber guten Mutes nach getaner Arbeit zum Vortrag. Es ist ja nichts Neues für General Student. Viele Kleinigkeiten und Einzelheiten sind schon in zahlreichen Gesprächen der letzten Tage durchgesprochen worden.

Und so sieht der Einsatzplan aus:

Von der Kriegsmarine bereitgestellte Einheiten:

drei Schnellboote,

drei Minenräumboote,

drei Flak-Prähme.

Von der Sturmbrigade Korsika bereitgestellt:

eine kriegsstarke gemischte Infanterie- und Pionierkompanie.

Von der eigenen Gruppe nur Skorzeny, Warger, Leutnant Grienke und ich.

Die drei Flak-Prähme laufen am Tag vor dem Einsatz – der Soldat sagt: X - 1 Tag – aus Maddalena aus und gehen im Hafen von Porto Vecchio auf Korsika vor Anker.

Der Befreier
Sturmbannführer Otto Skorzeny

Mit Propagandaplakaten wie diesem waren sie in die SS geworben worden, aber die Einsätze der Männer Skorzenys erfolgten meist unscheinbar und anonym

Das Kommand

Friedenthal bei Berlin, 1943: Der engere Kreis der Männer um Skorzeny (li.) in ihren SS-Uniformen

Arezzano, September 1943: Jetzt
Fallschirmjäger-Uniformen. Vorne Mitte: Karl Ra

Aus der SS-Uniform zur Tarnung in den Kampf-anzug der Fallschirm-truppe mit dem charakte-ristischen Fall-schirmjäger-Stahlhelm

-Sturmmann   SS-Unterscharführer   SS-Obersturmführer

Der Absturz im Bild zeigt eine Me 110

Pannen

*Mit einer He 111 stürzte
Skorzeny bei der Erkundung
der Insel Maddalena ins Meer*

*Der Einsatz auf Maddalena wurde zum
Fehlschlag. Mussolini war bereits weg.
Dabei im Einsatz: Schnellboote (rechts),
hier in einem italienischen Hafen
festgemacht, und Minensucher (unten)*

Li. o.: Walter Schellenberg,   SS-Standartenführer Dr. Eugen Dollmann
Leiter der Abt. VI, des RSHA   Vertrauter Himmlers in Italien, bei Hitle

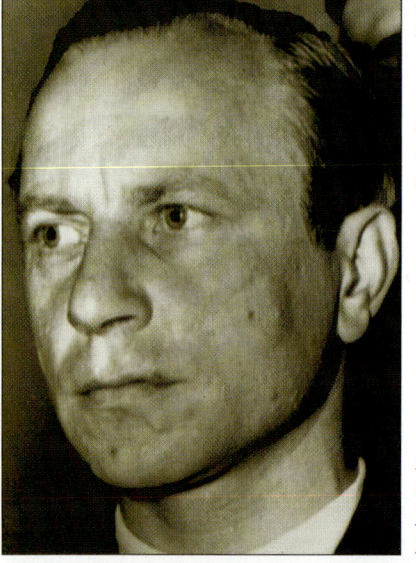

SS-Sturmbannführer Herbert
Kappler, deutscher Polizei-
attaché in Rom

Sie zogen
an einem Strang

General der Flieger Kurt Student war zusammen m
Skorzeny mit der Befreiung Mussolinis beauftrag
worden. Skorzeny war ihm dazu untersteh

Li. u.: Oberst Trettner (li.),   SS-Untersturmführer Robe
Chef des Generalstabs des   Warger in Marineunifor
XI. Fliegerkorps, mit seinem Ia,   als Kundschafte
Major Arnold von Roon   auf der Insel Maddalen

Vorbild Eben-Emael

Major Harald Mors, Kommandeur des Fall-schirm-Lehrbataillons. Er überwältigte die Seilbahn-Bodenstation am Gran Sasso

Diesmal muß... es ohr... Fallschirme gehe...

Offiziere von Sturmgruppen, die u.a. das belgische Fort Eben-Ema... mit Lastenseglern gestürmt hatten, erhalten von Hitler das Ritterkre...

Ebenfalls am X - 1-Tag treffen im Hafen von Porto Vecchio die drei R-Boote ein.

Auf den Flak-Prähmen werden die Männer der Sturmbrigade Korsika untergebracht. Sie sollen dort unbemerkt von den Italienern „einsickern". Die Männer werden Kisten und Gerät verladen, die Schiffe in kleinen Gruppen betreten und immer wird ein Teil der Gruppen im Schiff bleiben, während andere das Schiff verlassen, um neue Lasten zu holen. Das geschieht so lange, bis die ganze Sturm-Kompanie unter Deck ist. Sie verbleibt dann dort bis zu Beginn des Unternehmens selbst. Der sehr wachsame italienische Geheimdienst soll so düpiert werden. Abends laufen die drei Flak-Prähme unter Geleitschutz der drei R-Boote aus Porto Vecchio aus. Der Zeitpunkt des Auslaufens und eventuelle weitere Weisungen und Befehle werden durch mich bekannt gegeben. Meine Aufgabe ist es unter anderem, die Boote in Porte Vecchio persönlich abzuholen und an den Einsatzort zu führen.

Die Einheiten treffen noch in der Nacht an der Hafensperre von Maddalena ein. Ihre späte Ankunftszeit wird den italienischen Hafenbehörden bereits vorher durch Kapitän Hunäus bekannt gegeben und mit besonders wichtiger Fracht für den Nachschub in Sardinien erklärt. Der Kurs der Einheiten ist demnach nicht Maddalena, sondern Palau.

Ebenfalls am X - 1-Tag werden die drei Schnellboote von Nettunia nach Maddalena verlegt. Das erste der drei Boote wird bereits am frühen Morgen auslaufen und vormittags in Maddalena sein. Die andern beiden Boote werden am frühen Nachmittag in Maddalena eintreffen. Das Eintreffen der Schnellboote wird den Italienern mit einer Übungsfahrt begründet. An Bord dieser beiden Schnellboote treffen Max-Schulz, Skorzeny, ich selbst sowie der Leutnant Grienke ein. Die Boote sind kampfeinsatzmäßig ausgerüstet, einschließlich Torpedos, und führen besonders ausreichende Vernebelungseinrichtungen mit. Dies ist für den Rückzug nach der Befreiung möglicherweise sehr wichtig.

Bei aufkommendem Büchsenlicht am X-Tag, das ist der 28. August 1943, fünfzehn Minuten vor Beginn des Unternehmens – Y - 15-Zeit genannt –, legen alle neun für die Aktion vorgesehenen Boote von ihren Liegeplätzen ab. Sie stellen sich zum Auslaufen aus Maddalena in Formation bereit. Das Auslaufen wird den Italienern für nächsten Morgen sehr früh, aber ohne präzise Zeitangabe, angekündigt. Ein genauer Einsatzplan liegt in Skizze und mit Karte vor. Die Kriegsschiffe sind darauf wie folgt bezeichnet:

Schnellboote: S 1; S 2 und S 3,

R-Boote: R 1; R 2 und R 3,

Flak-Prähme: F 1; F 2 und F 3.

Das Sammeln der Boote zum Auslaufen geht nach folgendem Plan vor sich:

Die drei R-Boote liegen in einer Entfernung von 800 – 1.000 Metern vor der Küste.

R 1 gewährt im Notfall mit seiner 2 cm Zwillings-Flak Feuerschutz gegenüber den Truppenunterkünften am Ufer südwestlich der Villa. Die Unterkünfte werden im Plan als Objekt „K", die Villa als Objekt „V" bezeichnet; gleichzeitig überwacht R 1 Ufer und Uferstraße links der Truppenunterkünfte.

R 2 und R 3 übernehmen den Feuerschutz rechts dieser Unterkünfte bis zum Stadtrand von Maddalena. Feuereröffnung nur auf einwandfrei als feindlich erkannte Ziele und nur auf „Feuer frei"-Befehl des Kommodore Max-Schulz auf S 3.

Die drei S-Boote haben zur Y-Zeit die auf der Karte angegebenen Positionen.

S 1 liegt ungefähr zweihundert Meter von der Landestelle entfernt und kann notfalls für seinen Schußbereich Feuerschutz geben. Bei Ausfall von S 2 hat S 1 dessen Stelle einzunehmen.

S 2 legt, kurz nachdem die Flak-Prähme F 2 und F 3 die Truppen angelandet haben – diese Anlandung kann zufolge der flachen Bauart der Prähme und des günstigen flachen Ufergeländes an dieser Stelle direkt erfolgen –, an einem der Flak-Prähme an und nimmt von diesem dann den befreiten Duce an Bord. Feuereröffnung auch hier nur auf Befehl des Kommodore.

S 3 mit dem Kommodore geht ungefähr in sechs- bis achthundert Metern vorm Ufer in Position, um eine möglichst gute Übersicht zu gewährleisten. Es ist gleichzeitig als Eingreifreserve für unvorhergesehene Zwischenfälle gedacht.

Kommodore Max-Schulz wird den Feuerbefehl erst geben, wenn es zu größeren Kampfhandlungen an Land kommen sollte, und insbesondere dann, wenn nach geglücktem Unternehmen der Rückzug durch italienische Angriffe gefährdet scheint.

Ein kleines Kommando von drei Mann wird während der beginnenden Aktion mit Schlauchboot ausgeschifft und macht sich geräuschlos an die italienischen Wasserflugzeuge heran. Sie haben die Aufgabe, die Schwimmer der Flugzeuge zu beschädigen und sie so für ein Eingreifen unbrauchbar zu machen.

Die drei Flak-Prähme mit je drei Gruppen unter Deck haben folgende Aufgabe: Zur Y-Zeit legen die Prähme an den befohlenen, im Plan bezeichneten

Stellen an. Die Mannschaften verlassen gruppenweise die Schiffe und beziehen die befohlenen Positionen.

Drei als besonders verantwortungsbewußte Führer eingeteilte Offiziere sind für die Ausführung dieser Aufgabe eingesetzt.

Der Kompanie-Chef ist auf F 2 eingeteilt. Die ganze Sturm-Kompanie besteht aus drei Zügen zu je drei Gruppen.

Jeder Zug ist auf einer Flak-Prähme und wird von einem der drei Offiziere als Zugführer geführt.

Jede Gruppe ist mit zwei leichten MGs ausgerüstet, der Rest trägt das zehnschüssige, automatische Fallschirmjägergewehr.

Je zwei Mann der Gruppe werden als Pioniersprengtrupp eingeteilt, um unvorhergesehene Hindernisse oder Widerstände aus dem Wege zu schaffen. Zugführer, Gruppenführer, Feldwebel und Unteroffiziere sind außerdem mit Pistole ausgerüstet.

Für die Karabiner stehen die Schalldämpferaufsätze zur Verfügung, über ihren Einsatz wird noch entschieden.

F 1 legt wenige Minuten nach der Y-Zeit bei den Truppenunterkünften „K" an, schaltet deren Besatzung unter Ausnutzung des Überraschungsmomentes aus, entwaffnet sie und unterbricht sämtliche Fernsprechleitungen. Mindestens eine Gruppe dieses Zuges geht auf dem Hügel oberhalb der Unterkunft in Stellung.

Von dieser Position aus ist sowohl die Straße nach Westen als auch die Villa gut zu übersehen. Die Gruppe hat das Hauptunternehmen des dritten Zuges gegen die Villa zu decken und gleichzeitig, wenn erforderlich, die linke Flanke abzuschirmen.

Diese Abschirmung muß auch nach geglückter Befreiungsaktion aufrechterhalten werden. Erst nach Ablegen des Bootes S 2 mit dem befreiten Duce kann der erste Zug zurückgenommen werden. Ich selbst werde F 1 führen.

F 2 mit dem Kompaniechef an Bord legt zur Y-Zeit an einer genau bezeichneten Stelle in der kleinen Bucht an. Die Tiefen sind genau ausgemessen, ein exaktes Einhalten der bezeichneten Landestelle ist für die folgenden Manöver erforderlich.

Genau oberhalb der Anlandestelle befindet sich ein kleiner Hügel, dieser wird von zwei Gruppen des zweiten Zuges unbemerkt erreicht und besetzt. Eine Gruppe deckt gegen Osten, das heißt gegen den Stadtrand von Maddalena, die andere nimmt Front gegen die Villa, um die Hauptaktion von Osten her zu decken. Die dritte Gruppe bleibt als Reserve beim Kompanie-Chef.

F 3 mit dem dritten Zug steht vollkommen zur Verfügung Skorzenys.

Plan: Es wird unter seiner Führung ganz offen unter Vermeidung von Feindseligkeiten auf offener Straße zur Villa marschiert. Dieser offene Anmarsch soll die Posten zunächst verblüffen und es ermöglichen, ohne Kampf bis an sie heranzukommen. Das weitere Handeln muß sich aus der Situation des Augenblickes ergeben.

Unser einziges Ziel ist es, so rasch als möglich und unter Vermeidung jeder Feindseligkeit bis zu dem gefangenen Duce vorzudringen, da nur so die Aussicht besteht, ihn lebend in unsere Hand zu bekommen.

Wir haben Informationen, daß die Bewachungsmannschaft mit einem Befehl versehen ist, den Duce zu töten, falls ein Versuch seiner Befreiung gemacht wird.

Noch bleiben für den Plan für Zug 3 mehrere Möglichkeiten offen. Sie sollen an Ort und Stelle unmittelbar vor dem Einsatz entschieden werden, sind aber zwischen General Student, Max-Schulz, Skorzeny und mir eingehend erörtert worden.

1. An der Spitze des dritten Zuges marschieren einige alliierte, ebenso einige italienische Offiziere. Nämlich verkleidete. Die Mannschaften tragen zur Tropenuniform englische Stahlhelme und, damit die Sache noch interessanter aussieht, die Karabiner mit den Schalldämpfern.

So wird auf die Wachposten zumarschiert und sofort Eintritt verlangt. Diesen wird erklärt, Italien habe eben mit den Alliierten ein Übereinkommen über einen Waffenstillstand getroffen. Bedingung sei die Herausgabe des Duce an die Alliierten. Dieses sei das Kommando, ihn abzuholen.

Gleichzeitig damit wird ein offizielles Schreiben mit Marschall Badoglios Unterschrift vorgelegt, auf offiziellem Papier, welches diese Tatsache in Form eines Befehls seiner Majestät des Königs enthält. Dieses Schriftstück ist bereits fertig in unseren Händen. Die Auffahrt der deutschen Einheiten ist Tarnung, lauter Beuteschiffe.

2. Wenn wir die fremden Offiziere nicht „beschaffen" können, dann wird nur mit englischen Stahlhelmen und Schalldämpfern marschiert, um die Wachmannschaften in der Schrecksekunde in Unsicherheit zu versetzen.

3. Für den Fall einer Gegenwehr der Bewachungsmannschaften, vor allem der Patrouilleposten, sind noch zwei schallgedämpfte Coltpistolen vorhanden.

Die Entscheidung wird aber erst in Maddalena getroffen werden. Ein kleiner Störtrupp auf F 2 hat die Aufgabe, an einer bestimmten, unübersichtlichen Stelle, die genau erkundet ist, sämtliche Telefonleitungen und Feldkabel zu unterbrechen.

Nach geglückter Befreiung wird der Duce über die angelandete Flak-Prähme auf das an dieser liegende Boot S 2 gebracht.

Die Mannschaft von F 2 und F 3 haben diese Einschiffung abzuschirmen.

Dann setzen sich S 1, S 2 und S 3 in Dreiecksformation mit „äußerster Kraft voraus" nach der Richtung des Hafenausganges in Bewegung. R 1 und R 3 flankieren diese Formation, R 2 schließt sich als Rückendeckung an.

Kommt es zu keinen Kampfhandlungen, so vollziehen sich diese Manöver ohne jede Tarnung.

Im anderen Falle werden die Fahrzeuge eingenebelt und verlassen im Zickzackkurs den Hafen.

Um die Öffnung der Hafensperre sicherzustellen, wird ein eigenes kleines Unternehmen angesetzt, welches uns die Kontrolle über das Sperrschiff bringen soll.

Nach Auslaufen der Schnell- und Räumboote setzt sich die Sturmkompanie auf den Flak-Prähmen unter dem Schutz der Küste nach Palau ab.

Die deutsche Flak-Abteilung auf Palau ist so eingewiesen, daß sie bei einer Feuereröffnung der italienischen Flak mit dem ersten Feuerschlag die Funkstation auf Höhe der Insel und die italienische Flak-Befehlsstelle mit absoluter Sicherheit ausschaltet.

Die Flak-Batterie der Sturmbrigade über Bonifacio wird, soweit ihre Geschütze reichen, den Feuerschutz gegen Flugzeuge und feindliche Kriegsschiffe beim Rückzug durch die Straße von Bonifacio übernehmen.

Dieser Einsatzplan mag für einen durchschnittlich ausgebildeten Truppenoffizier verwunderlich, vielleicht sogar sträflich leichtsinnig erscheinen. Dies gilt vor allem auch für den Entschluß, in Marschordnung auf die Villa zu marschieren. Indes, wir haben alles hin- und herüberlegt. Auch die Herren vom Stabe des XI. Fliegerkorps schütteln ungläubig die Köpfe: „Wenn das nur gut geht."

Wir sind uns darüber klar, daß ein derartiges Unternehmen, so ungewöhnlich die Befehlsverhältnisse liegen, so ungewöhnlich sein Inhalt ist, nicht mit normalen militärischen Maßstäben gemessen werden kann. Vor allem kann nicht alles bis ins letzte ausgeplant werden, da zu viele Unsicherheitsfaktoren enthalten sind. Ein günstig gewählter Zeitpunkt, sicheres Auftreten und vor allem die Nutzung des Überraschungsmomentes müssen bei solchen Kommando-Unternehmungen die wichtigste Rolle spielen. Eiserne Disziplin und Selbstbeherrschung jedes einzelnen sind unerläßliche Bedingungen. Der letzte Faktor ist ein bißchen Soldatenglück. Und auf das hoffen wir.

Nachdem der Plan also vorgetragen ist, wird er durch General Student genehmigt und der 28. August 1943 endgültig als X-Tag festgesetzt. Dies also wird der Tag sein, an dem die Achse zerbricht, darüber sind wir uns im klaren.

Der Kommandierende General ist – genauso wie wir – besorgt, daß niemand an höchster deutscher Stelle gewillt ist, uns im voraus die Verantwortung abzunehmen. Er wünscht daher, daß Skorzeny und ich noch am 27. August eine letzte persönliche Erkundung durchführen.

Nicht genug, daß man im Hauptquartier die Verantwortung nicht übernehmen will, man schickt uns am 26. August eine Information aus dem Führerhauptquartier, nach der sich Mussolini auf der Insel Ponza und nicht auf der Insel Maddalena befindet. Es bedarf energischer Dementis, um diese längst überholte Meldung richtigzustellen.

Es ist nicht das erste Mal, daß wir vom Führerhauptquartier mit unzutreffenden Nachrichten und unmöglichen Befehlen versehen werden.

Mitten hinein in die Maddalena-Vorbereitungen erreicht uns ein Befehl aus dem Führerhauptquartier, sofort einen Fallschirmspringer-Einsatz auf eine kleine Insel in der Nähe der Insel Elba vorzubereiten. Dort sei der Duce gefangen. Binnen dreimal vierundzwanzig Stunden müsse der Einsatz startbereit gemeldet werden.

Dies zu einem Zeitpunkt, wo wir mit nahezu absoluter Sicherheit wissen, daß Mussolini sich auf Maddalena befindet.

Für uns bedeuten derartige Befehle und Informationen, die niemals durch eine Rückfrage bei uns überprüft werden, ein erhöhtes Gefühl der Unsicherheit. Und zwar einer Unsicherheit im Hinblick auf die Seriosität und Gewissenhaftigkeit der höchsten militärischen Führung wie auch im Hinblick auf die Richtigkeit unserer eigenen Maßnahmen und Erkundungen. Trotz unseres Hinweises, daß Mussolini sich nicht auf dieser Insel befinden kann, und außerdem wegen des schwierigen Geländes ein Springereinsatz undurchführbar ist, bedarf es in diesem Fall großer Mühe, den einmal gegebenen Befehl rückgängig zu machen.

Für den 27. August gehen also die entsprechenden Befehle an die unterstellten Verbände. Eingewiesen in das Unternehmen sind außer General Student und den Herren seines Stabes nur noch Kapitän Hunäus, Kapitän von Kamptz, Max-Schulz, Skorzeny, Warger, Grienke und ich.

Die deutsche Seekriegsleitung, die Sturmbrigade Korsika sowie die Flak-Abteilungen auf Korsika und Sardinien wissen nur soviel, daß sie zur Durchführung eines Führerbefehles bestimmte Vorbereitungen in der bereits besprochenen Form zu treffen haben.

Am 27. August 1943, vormittags, laufen wir mit den beiden Schnellbooten aus Nettunia aus.

Ich bin zum ersten Mal auf einem Schnellboot. Ein wunderbares Gefühl für eine Landratte, als wir aus dem kleinen alten Hafen von Nettunia in weitem Bogen auslaufen. Beide Boote mit großer Fahrt, riesige Wellenberge auswerfend, den halben Schiffsrumpf vorne aus dem Wasser gehoben.

So haben wir immer auf unseren Seen die kleinen Rennboote gesehen. Solange es noch genügend Benzin gab. Wie eine Miniaturausgabe dieser Schnellboote kommen sie mir jetzt vor.

Als wir auf offener See sind, das Festland immer weiter hinter uns lassend, weit im Hintergrunde die Albaner Berge, da fühle ich mich losgelöst von all dem, was uns die vergangenen Wochen und Tage an Arbeit, Kummer und Schwierigkeiten gebracht haben.

Losgelöst vom ganzen Geschehen, und doch fahren wir eben in die bis jetzt aufregendste Etappe.

Bis dahin haben wir aber noch einen ganzen Tag Zeit, bis zu unserer Landung in Maddalena. Immerhin noch ein paar Stunden. Ich staune selbst, daß man sich so vollkommen loslösen kann, nur auf Stunden, von dem Geschehen, was einen wochenlang und pausenlos bewegt hat.

Der Himmel ist strahlend-blau, kein Wölkchen zu sehen. Und so soll es auch bleiben. Das sagten die „Wetterfrösche", und die müssen es ja wissen.

So kann ich, als wir nach einer guten halben Stunde Fahrt nurmehr das Meer sehen, nur Wasser und nirgends mehr das Festland, mich ganz dem Schnellboot widmen. Ich sitze hinter dem Torpedo auf der Steuerbordseite. Wie in einem Fauteuil, allerdings ohne Polsterung. Mit dem Rücken lehne ich in der Ecke, die der Torpedo mit der Reling bildet, die Beine weit weg gestreckt, die Hemdsärmel hochgekrämpelt, das Gesicht vorsichtshalber dick eingekremt.

Zu heiß brennt die Sonne dort auf das schattenlose Schnellboot. Wohl könnte man unter Deck gehen, aber das tun höchstens alte Seeleute, nicht Anfänger.

So sitze ich da und warte. Eigentlich müßte ich ja seekrank werden, aber es scheint nichts daraus zu werden. Das Meer wird etwas bewegter, und bald bin ich ziemlich durchnäßt von den kleinen Spritzern, die mich ohne Unterlaß treffen.

Da, auf einmal Aufregung, Pfeifen schrillen, alles läuft scheinbar durcheinander. So sieht es aus. Aber sie laufen nicht durcheinander, die Matrosen, sondern es läuft jeder an seinen Platz. Auch an die kleine Flak. Fliegeralarm!

Aha, denke ich, die machen uns eine Übung vor, gehört sich auch so. Während ich das noch denke, zieht ein feindlicher Aufklärer in etwa fünfzehn Meter Höhe, aber mindestens zwei- bis dreitausend Meter entfernt, an uns vorbei. Es gibt aber keinen Feuerbefehl.

„Den hätten wir schon abknipsen können", sagt später der Kommodore, „aber wir haben ihn lieber in Ruhe gelassen, damit er nicht Kollegen heranholt, und wir wollen ja Ruhe haben."

Die Aufregung hat sich bald gelegt. Es geht zum Essen. Das wird unter Deck eingenommen. Spinat, Kartoffeln und Würstchen. Ich halte es unten nicht lange aus. Den Kaffee trinke ich schon wieder oben. Ich muß doch oben sein und sehen. Auch wenn ich nur Wasser sehe, nichts als Wasser.

Als wieder Bewegung entsteht, glaube ich, es ist der Aufklärer. Verdammt, wir hätten ihm doch ein paar verpusten sollen, denke ich. Doch alles läuft nach der Steuerbordseite. Ich sehe nichts als Wellenberge. Doch da schießt eine Fontäne hoch, bleibt kurz in der Luft stehen, da, wo sie am höchsten ist, biegt ab, löst sich in kleine Kugeln auf und fällt wieder ins Meer. An uns zieht ein riesiger Wal vorbei. Ganz selten in dieser Ecke, sagen die Seeleute. Und es scheint mir, wir haben Glück, daß wir gerade den seltenen Wal sehen. Hoffentlich bleibt uns das Glück.

Auf meinem früher so bequemen Sitz kann ich nicht mehr bleiben. Was vor einer Viertelstunde noch kleine Spritzer waren, sind inzwischen Sturzbäche geworden. Die Wellen werden immer höher. Windstärke 5 ist bereits festgestellt, dann 6. Und dabei ist noch immer blauer Himmel.

„Die verdammten ‚Wetterfrösche', die haben uns reingelegt", hört man die Seeleute fluchen.

Ich wundere mich, daß ich noch immer nicht seekrank werde, denn was ich sehe, ist bemerkenswert.

Da beugt sich ein Matrose über die Reling am Heck des Bootes und wirft sein eben eingenommenes Mittagessen ins Meer.

„Das hättest du dem Walfisch geben müssen, die haben Spinat gerne und vor allem Wiener Würstchen", verkohle ich ihn.

„Jawohl, Herr Oberleutnant", und mit scheelem Blick schleicht er an mir vorbei. Am liebsten wäre er mir sicher ins Gesicht gesprungen.

Dann sehe ich noch andere Sachen, die ich noch nicht kenne. Zum Beispiel, daß es auf dem Schnellboot keine Toilette gibt. Das ist interessant. Da gehen die Matrosen auch ans Heck, steigen über die Reling, halten sich mit einer Hand fest, mit der anderen machen sie sich frei und gehen in die Hocke und das bei der Geschwindigkeit. Man lernt nie aus. Nun, das blaue Mittelmeer wird deshalb auch nicht anders. Was fließt nicht alles in die blaue Donau und in den grünen Rhein.

Dann kann ich immer wieder zusehen, wie sich das Boot vor uns mit dem unseren verständigt. Zuerst durch Winken. Das habe ich auch einmal gelernt. Mit zwei Armen herumfuchteln. Wie bei der Uhr geht das, der eine Arm ist der Stundenzeiger, der andere der Minutenzeiger. Die vier Viertel bei der Uhr und jeweils die Hälfte dazwischen. Also alle siebeneinhalb Minuten zeigt die eine Hand die Zeichen bei A beginnend, der kleine Zeiger steht auf zwölf. Wenn sie herum ist, die eine Hand, dann rückt die andere, der kleine Zeiger, um siebeneinhalb Minuten weiter. Das geht dann so weiter bis zum Z beim Alphabet. Das konnte ich einmal recht gut. Hier aber winken sie mit Fahnen, nur furchtbar schnell, ich verstehe keinen einzigen Buchstaben mehr. Und war vorher so stolz, daß ich auch winken kann. Nichts kann ich.

Dann blinken sie. Da geht es mir ähnlich, es ist alles viel zu schnell. In Österreich ging das so gemütlich und außerdem zu Lande.

Im Norden taucht die Insel Elba auf. Wir fahren aber nicht heran; die Hitze wird unerträglich, die Haut brennt von Sonne und Salzwasser. Und doch bringe ich es nicht fertig, unter Deck zu gehen. Der Sturm wird immer heftiger. Die Offiziere beginnen unruhig zu werden. Die Wellenberge sind bereits haushoch, und nur schwer kann der Steuermann das Boot auf Kurs halten. Er muß schon versuchen, die Wellenberge anzuschneiden, um seitlich hineinzurutschen ins Wellental. Doch kann er das nicht lange ausmanövrieren. Es ist wie auf einer Sprungschanze. Am Wellenberg steht oben plötzlich das Boot im freien Raum, schwebt und schlägt hart auf im Wellental. Es kostet körperliche Anstrengung, diese Stöße abzufangen. Durch den ganzen Körper geht der Stoß, und man muß tief in die Knie gehen, um ihn abzufangen. In kurzer Zeit bin ich ausgesprochen müde von dieser Anstrengung. Aber ich bleibe auf Deck, um nichts von dieser schönen und aufregenden, für mich einmaligen Fahrt zu verlieren.

Elba entschwindet wieder unseren Blicken, nur die Rauchfahnen der Waldbrände bleiben noch lange sichtbar. Diese Waldbrände, zum Teil in großer Ausdehnung, sind keine Seltenheit dort.

Die Offiziere meines Bootes erzählen mir, daß wir einen völlig veränderten Kurs fahren. Wegen des hohen Wellenganges kann der ursprüngliche Kurs nicht gehalten werden.

„Wenn wir das vorher gewußt hätten, wären wir bestimmt nicht ausgelaufen", sagt der eine.

„Die Wetterfrösche sind Idioten", der andere.

„Wir unterhalten uns schon mit dem anderen Boot, mit dem Kommodore, ob wir die Torpedos verschießen sollen, damit wir leichter werden", fällt der Leutnant wieder ein, „aber das ist zu teuer, da kriegen wir eins auf den Hut, so ein Ding kostet einige hunderttausend Mark."

Die Torpedos werden nicht abgeschossen. Ich bin inzwischen bis auf die Haut durchnäßt. Uniform, Hemd und Schuhe, alles trieft von Salzwasser.

Ganze Sturzbäche werden jetzt über den Bug geschleudert. Brecher, sagt der Seemann. Mit einer Gewalt, daß man beinahe den Halt verliert und umfällt. Das Glasfenster vor dem Steuermann ist eingedrückt, staunenswert, was dieser Mann leisten muß. Wir haben bereits eine Verspätung von mehr als zwei Stunden durch den geänderten Kurs. Als weit im Westen Land in Sicht kommt, höre ich, daß es Korsika ist, die Nordostküste. Der Wind läßt aber etwas nach, die See wird ruhiger. Wir empfinden das bereits als eine Erlösung, als Ruhe, was sonst die Schnellbootleute noch vor dem Auslaufen zurückhält.

Da blinkt das vor uns fahrende Boot wieder und verlangsamt seine Fahrt.

„Maschinenschaden, nur mehr halbe Fahrt möglich."

„Wir können in einer halben Stunde wieder klar sein", geben sie bald darauf durch.

So gehen auch wir auf halbe Fahrt, liegen jetzt beinahe nebeneinander und können von Boot zu Boot sprechen. Die Leute drüben sind genauso ramponiert und ausgewaschen wie wir hier.

Der Wind wird schwächer, je näher wir der Küste kommen. Es geht weiter im Windschatten der Insel Korsika nach Südwesten. Nachdem das erste Boot wieder klar ist, geht es mit voller Fahrt hinein in die Straße von Bonifacio, auf Maddalena zu, hinein durch die schmale Hafeneinfahrt in den Golf. Es geht auf 17 Uhr. Um 14 Uhr wollten wir da sein.

In Maddalena warten sie auf uns und in Korsika. Und da ist plötzlich wieder die Pflicht da, der Einsatz und unser Plan. Und unser Gehirn funktioniert wieder. Schon an der Sperre des Golfes sehen wir uns genauer die italienischen Küstenbatterien an und die Torpedorohre der Küstenabwehr. Wenn die nur morgen nicht schießen! Die müssen treffen, zu schmal ist die Hafeneinfahrt. Sehen uns auch das Sperrschifflein an, es wird bald unser sein. Und dann taucht die Villa Webber auf. Die Posten patrouillieren noch davor. Wir sehen die Truppenunterkünfte, alles bis ins kleinste bekannt, auf Meter ausgemessen und erkundet. Da liegt auch eines der Savoyer Wasserflugzeuge. Wo sind die anderen? Das Seenotflugzeug fehlt und die andere Savoya. Sind die zum Arzt geflogen? Müssen sehen, was Warger uns berichtet. Wir legen im Hafen an, treffen uns alle, die „Wissenden", auf dem ersten Schnellboot.

Warger berichtet, wieder habe er die Gestalt auf dem Balkon gesehen, das kann nur der Duce sein, er will es schwören. Und wo sind die beiden Savoya? Das weiß er nicht. Sie waren vormittags schon weg, als er die Straße entlangging, um nochmals nach den Feldkabeln zu sehen.

„Wir machen sofort noch mal eine genaue Erkundung, legen hier unsere Rangabzeichen ab und dann geht es los", sagt Skorzeny. „Warger, Sie gehen nach dem Häuschen, von dem aus Sie in die Villa sehen können, bleiben da oben und reden mit den Leuten. In eineinhalb Stunden Treffpunkt bei Kapitän Hunäus hier auf dem Boot. Radl und Grienke, Sie gehen zusammen. Gehen Sie die Straße entlang zu den Truppenunterkünften und reden Sie ein wenig mit den Leuten. Ich selbst gehe an die Villa, muß sehen, ob der Warger nichts vergessen oder übersehen hat. Dann komme ich auch hinauf zu dem Häuschen."

Ich ziehe mit Grienke los. Wir haben uns irgendwie gefunden. Er ist ein außerordentlich ruhiger und netter Kerl. Viele Jahre zur See gefahren und außer mir der einzige, der auf der Fahrt nicht gekotzt hat. Wir sind maßlos stolz darauf. Er ist auch nicht mehr der Jüngste. Im Zivilberuf Obersekretär bei der Berliner Kriminalpolizei; von seiner Frau und seiner Tochter erzählt er mir auf dem Fußmarsch. Auch von seinem Häuschen mit Garten in Hohenneuendorf bei Berlin. Dort wollen wir im Herbst einmal zusammenkommen, wenn wir zurück sind.

Vorbei an der Truppenunterkunft geht es. Nichts besonders Auffälliges; den kleinen Weg hinauf. Von einer kleinen Felsenspitze aus können wir auch in den Garten der Villa Webber hineinsehen. Jedoch ist nichts Bemerkenswertes zu sehen. Auf dem Rückweg, unweit der Straße, liegt eine abgeschossene italienische Savoya. Die hat die eigene Flak heruntergeholt. „Eigene Waffen", heißt die schlichte militärische Meldung, wenn Ausfälle durch Beschuß eigener Kräfte eintreten.

So heißt es auch für das deutsche Leuchtschiff vor Kiel, das ein deutscher Kapitänleutnant aus Versehen mit seinem U-Boot geknackt hat und von dem die Matrosen gerne erzählen: „Eigene Waffen".

Kapitel 12

Mussolini ist weg!

Im Wrack der Savoya ist ein italienischer Soldat. Er soll das Ding wohl bewachen, hat aber nicht viel Lust dazu. Wir kommen mit ihm ins Gespräch, reden von der Fliegerei, von der Flak. Er ist auch Flieger, nicht Carabinieri, das haben wir mit Befriedigung festgestellt. Die Unterhaltung ist sehr stockend. Ich spreche ein paar Brocken italienisch, kann mich aber verständigen. Grienke versteht gar nichts, er ist mehr Berliner. Ich komme auf den Krieg zu sprechen und zeige auf die Savoya. „Caputti", sage ich, „caputti, comprenete?"

„Kaputt, verstehste, kaputt", würde der Berliner sagen.

Und weiter, als der Italiener mit bedauernder Geste nickt, daß die Maschine wirklich kaputt sei: „Tutti caputti, adesso questa macchina caputti, domani Italia caputti, Germania caputti ... nix bene."

Der sieht mich an, verstanden hat er wohl, was ich sagen will. Nickt zustimmend, ist aber stumm.

„Il Duce caputti" wage ich mich weiter vor, „morto il Duce, comprenete? Morto..."

Da wacht der Italiener auf.

„Non e morto", sagt er mit lebhaftem Blick, „non e morto."

„Er ist nicht tot, sagt der", erkläre ich dem Grienke. „Der Italiener sagt, daß der Duce nicht tot ist" und sehe ihn dabei ungläubig an. Und Grienke versteht. Macht eine nichtssagende Handbewegung zu dem Italiener, um auszudrücken; was weiß denn der, laß ihn reden, der Duce ist tot.

„Mussolini e morto", ich bestätige dem Soldaten das noch mal, „io so, il dottore mi a di ... di...," verdammt, wie sagt man das auf italienisch – „hat gesagt" – französisch könnte ich es sagen „Du verstehen? Compri? Dottore sagen, Mussolini morto, compri? Voi comprenete?" Ach, ist das schwer. Daß die Italiener auch nicht Deutsch können!

Aber er hat es irgendwie verstanden, wenn auch nicht alles. Eines hat er mitgekriegt: ich sage, daß der Duce verstorben ist, und der Doktor sagt es auch. Er aber, der Soldat, er weiß es besser. Und das muß er mir erklären. Ich verstehe beinahe jedes Wort. Er spricht langsam, damit ich es verstehen kann. Ich übersetze es gleich dem Grienke. Zum Merken. Denn ich muß jetzt aufpassen, daß ich alles verstehe.

„Der Duce ist in Maddalena – gewesen – heute früh weg – mit Wache – aber gestern – selbst gesehen."

Ich widerspreche noch mal, der Duce sei tot, ich wisse das genau.

„Und ich weiß genau, daß der Duce da ist – da war, bis heute früh – gestern noch in der Villa gesehen."

„Welche Villa?" frage ich ungläubig.

„Diese dort", er zeigt mit der Hand zu der Villa, es ist tatsächlich die Villa Webber. „Dort haben sie den Duce heute früh herausgeführt. Ich hatte hier Posten an der Maschine zu stehen, genau wie jetzt, ich habe es gesehen."

„Mit Deinen eigenen Augen?" frage ich und wundere mich, daß es so glatt auf italienisch geht, „mit diesen Augen?" und zeige noch mit einem Finger auf seine Augen, um es zu bekräftigen.

„Ja, mit meinen eigenen Augen; zuerst sind sie die Terrasse heruntergegangen, dann haben die Carabinieri ein Spalier gebildet vom Tor zur Straße, dann sind sie zu den Flugzeugen, eingestiegen und sofort gestartet."

Mir wollen fast die Knie versagen, aber nur keine Hast, sich nicht verraten. Der italienische Soldat bekommt noch ein paar Zigaretten von Grienke, und dann schlendern wir langsam der Stadt zu. Am liebsten würde ich laufen, um die Sensation loszuwerden. Erst als wir in der Stadt sind, beschleunigen wir unsere Schritte. Sprechen kein Wort unterwegs. Vor Enttäuschung. Wir erreichen das Boot. Dort sind schon Kapitän Hunäus, ebenso Skorzeny und Warger. Sie warten auf uns, mit langen Gesichtern. Ihnen ist es ähnlich ergangen. Bei der Wäscherin am Häuschen hat es ihnen ein italienischer Soldat erzählt.

Dem Kapitän Hunäus war es wohl aufgefallen, daß die Maschinen weg sind. Auf Anfrage bei den Italienern, ob etwas passiert sei, erklären sie, ein Seenotfall sei eingetreten. Da kann man nichts dagegen sagen. Wenn jemand in Seenot ist, da muß geholfen werden. So wird schweren Herzens das ganze Unternehmen abgeblasen. Warger und Grienke werden noch auf Maddalena bleiben, um sofort zu berichten, falls Mussolini zurückgebracht werden sollte.

Wir gehen nochmals alle den alten Weg, an der Villa vorbei, und sehen, daß die Posten vor der Villa nicht mehr patrouillieren. Auch vor dem Tor steht kein Posten mehr. Es ist halb offen. Auf der Terrasse der Villa stehen Tische und Stühle, sitzen Carabinieri, unterhalten sich und trinken Wein. Das würden sie nie wagen, wenn der Duce wiederkommen sollte. Es ist für uns das Zeichen, daß hier zunächst Schluß ist.

Aus der Traum. Genau einen Tag zu spät.

Mit Kapitän Hunäus wird noch ein Code ausgemacht, wie er uns verständigt, wenn er Neues über Mussolini weiß.

„Ersatzteile jetzt eingetroffen", oder „Ersatzteile lagern in ...", damit soll der neue Aufenthalt Mussolinis gemeldet werden, falls Nachrichten eingehen.

Die ganze Ladung „Veuve Cliquot" wird, weil vollkommen verdorben, im Meer versenkt.

Am 29. August starten wir in Vieno Fiorita nach Ciampino, um uns befehlsgemäß beim Kommandierenden General zu melden.

Am Nachmittag des 29. August sind Skorzeny und ich zum Bericht bei General Student. Der ist nicht allzusehr erstaunt, daß in Maddalena alles abgeblasen wurde. Er muß selbst zur Berichterstattung ins Führerhauptquartier. Dort sollen noch einmal alle Maßnahmen besprochen werden, die bei einem Abfall Italiens zu ergreifen sind, beim Eintritt des „Falles Alarich".

Darüber daß der General sich nicht wundert, darüber wundern wir uns. Ebenso darüber, daß man jetzt noch im Hauptquartier die Maßnahmen für den Fall Alarich besprechen will. Das müßte doch schon längst geschehen sein.

Der General drückt sich uns gegenüber diesmal nicht so offen aus wie sonst. Will er uns etwas nicht sagen? Wir haben so das Gefühl. Kann ja vorkommen, denn es geht uns ja nicht alles etwas an. Aber irgend etwas muß in der Luft liegen, irgend etwas muß sich ereignet haben.

Skorzeny bittet den General, ins Führerhauptquartier mitfliegen zu dürfen. Er will dabei sein und dort oben einige saftige Wahrheiten sagen. Das erwähnt er mir so nebenbei.

„Ich werde denen da oben ganz klaren Wein einschenken, in welcher Situation sie uns gelassen haben. Wie sie immer in Sachen hineinbefehlen, die sie dort gar nicht beurteilen können, und wie sie zur selben Zeit unsere brennendsten Fragen unbeantwortet lassen."

Der General telefoniert mit Ostpreußen und tatsächlich: Skorzeny soll zum Vortrag mitkommen.

Wir freuen uns und atmen befreit auf. Melden uns ab beim General, nachdem er noch die Abflugzeit bekanntgegeben hat.

Wir fahren jetzt nach Rom zu Kappler. Vielleicht weiß der mehr. „Da kann etwas nicht stimmen", meint Skorzeny.

Wir treffen Kappler nicht gleich an. Unterhalten uns mit anderen Leuten seiner Dienststelle. Und da hören wir von einer Note der italienischen Regierung oder einer Demarche. Ganz klar ist das noch nicht. Aber irgendeinen offiziellen Schritt hat Italiens Regierung unternommen. Der Außenminister Guariglia ist beim deutschen Botschafter gewesen und hat etwa folgendes erklärt:

Die italienische Regierung sei im Besitze unwiderlegbarer Beweise, daß die deutsche Führung in Rom am 28. August 1943 einen Staatsstreich plane. Zusammen mit ehemaligen Faschisten und anderen Helfern hätten die Deutschen die Absicht, an diesem Tage wieder eine faschistische Diktatur aufzurichten. In diesem Zusammenhang sei eine großangelegte Verhaftungsaktion von seiten der Deutschen geplant. So sollten der König, der Kronprinz, sämtliche Minister des jetzigen Regimes sowie weitere führende Persönlichkeiten und Militärs festgenommen und lebend oder tot nach Deutschland gebracht werden.

Die italienische Regierung bedaure diese Entwicklung auf das tiefste um so mehr, als sie auch nach dem Rücktritt Mussolinis wiederholt und ausdrücklich erklärt habe, weiter an der Seite Deutschlands bis zum Endsieg zu kämpfen.

Gleichzeitig ließe die italienische Regierung jedoch keinen Zweifel darüber bestehen, daß sie alle erforderlichen Maßnahmen getroffen habe, auch jeden Versuch zu einer derartigen Aktion schon im Keime zu ersticken.

Das also habe Herr Guariglia dem Botschafter erklärt.

Deshalb also haben sie den Duce am 27. August weggebracht, weil Gefahr im Verzuge war. Nicht in Maddalena erkannt, sondern in Venedig verraten.

Und unsere Führung? Fühlte man sich nicht im geringsten verpflichtet, uns von unserem Vorhaben auf Maddalena abzuhalten, uns zu warnen? Nachdem es offenkundig war, daß die Italiener gewarnt waren. Nichts von alledem. Wir konnten ins Verderben rennen.

Entweder den vorgewarnten Italienern in die Arme, oder, wenn wir ins Leere stießen – falls wir Mussolinis Abtransport nicht wahrgenommen hätten und von unserer eigenen Führung nicht gewarnt waren –, als „unverantwortliche Elemente" in ein deutsches KZ.

Wir können das kaum fassen. Ist das Gewissenlosigkeit oder Unfähigkeit? Nein, das gibt es nicht, so kann doch kein Mensch handeln. Es gehört doch zu den primitivsten Menschenpflichten, einen andern vor Gefahr zu warnen; noch dazu, wenn man ihn selbst losschickt und die Gefahr rechtzeitig erkennt.

„Na, erst mal hin ins Führerhauptquartier", meint Skorzeny, „erst mal sehn, was da dran ist."

Als Kappler zurückkommt, bestätigt er uns das zuvor Gehörte. Er ist außer sich: „Ich möchte wissen, welches Schwein das verraten hat! Wissen doch hier nur einige; an den Fingern können wir sie abzählen. Von da kann es keiner gewesen sein. Von der Botschaft auch nicht, da ist ja keiner eingewiesen. Vielleicht ist im Hauptquartier etwas undicht. Auf jeden Fall ist das eine ganz große Schweinerei. Wenn wir den Burschen kriegen!"

Aber wir werden ihn nicht kriegen. Das ist uns eigentlich schon klar. Auf jeden Fall ein Sieg des italienischen Geheimdienstes. Oder ganz schlechte Arbeit unseres Geheimdienstes. Das sind zwei Möglichkeiten. Wir selbst sind vorsichtig gewesen, überlegen, ob bei uns irgendwo ein „Loch" sein kann. Aber da ist keines.

„Vielleicht haben unsere höchsten Herren gequatscht, die wissen doch auch Bescheid."

Da hat sich vor wenigen Tagen der Außenminister von Ribbentrop samt Stab mit dem italienischen Außenminister getroffen, sie haben sich gegenseitig erneut Freundschaft und unerschütterliches Bündnis geschworen.

Bollmann hat uns davon berichtet, er selbst hat gedolmetscht, zum Teil wenigstens. Und war erstaunt, wie leichtgläubig man sich gegenseitig behandelte. Wir wußten das Ergebnis noch am selben Tag, noch bevor Herr von Ribbentrop seinem höchsten Chef berichtete. Und dann hat sich das OKW mit dem Comando Supremo getroffen. Sie haben sich ebenfalls gegenseitig Treue geschworen bis zum Endsieg. Keitel und Jodl auf deutscher Seite, Ambrosio und Roatta auf italienischer. Ganz groß „in Achse gemacht".

So berichtet uns Bollmann. Auch da sagt er, habe er gedolmetscht, er erzählt uns den ganzen Hergang. Erzählt uns, wie leichtgläubig doch die Deutschen seien und wie vorsichtig die Italiener. Es ist kaum zu glauben. Man muß sich schon sehr anstrengen, um den Krieg zu verlieren.

Zur selben Zeit aber haben sich auch in Venedig – da fällt es uns gerade wieder ein – Herr Canaris und von Lahousen mit General Amé und Oberst Helfferich getroffen. Ob da nicht –? Nein, das ist ja nicht möglich, das kann ein deutscher Offizier doch nicht!?

Noch bleibt das Rätsel des Verrates für uns ungelöst. Wenngleich uns die Abwehr irgendwie verdächtig ist, vor allem Canaris und seine Umgebung: das können wir doch nicht glauben, daß gerade sie im Kriege Maßnahmen des eigenen Landes dem Ausland preisgeben.

Im Sommer 1944, und später, nach dem Zusammenbruch, werden wir allerdings eines Besseren belehrt.

Der Chef der deutschen Abwehr, Admiral Canaris, hat – ebenso wie seine engsten Mitarbeiter – im gegnerischen Lager gestanden.

Da werden wir belehrt, daß Canaris und von Lahousen tatsächlich bei ihrem Treffen mit General Amé in Venedig Staatsgeheimnisse verraten haben. Daß sie es unternommen haben, geplante Maßnahmen und Operationen der eigenen deutschen Wehrmacht preiszugeben und es gegnerischen Wehrmachtsstellen ermöglicht haben, ihre Waffen auf Abwehr einzurichten. Gewarnt von deutschen Offizieren und so in die Lage versetzt, auf die solchen Verrat nicht ahnenden deutschen Soldaten schießen zu können.

Wir können es auch da noch kaum fassen, daß diese deutschen Offiziere nicht eher versucht haben, die geplanten Maßnahmen ihrer Führung abzustoppen oder zu vereiteln, auch unter Einsatz des ganzen Gewichtes ihrer bestimmt bedeutenden Persönlichkeit.

Statt dessen haben sie die eigenen Verbände ihre Operationen vorbereiten lassen, diese dem Ausland verraten und dem Feind damit das Leben der eigenen Bataillone in die Hand gespielt.

Und die italienische Führung ist so anständig und wartet nicht, bis sie die deutschen Soldaten bei ihrem verratenen Unternehmen zusammenschießen kann, sondern schickt offiziell der deutschen Regierung in Form einer Demarche des italienischen Außenministers beim deutschen Botschafter eine Warnung – und beschämt so die Informanten aus dem deutschen Lager.

Beim Prozeß vor dem Internationalen Militärtribunal in Nürnberg hat später Herr von Lahousen über diese Affäre ausgesagt und ist auch dabei nicht bei der Wahrheit geblieben.

Und so stand es in der amerikanischen Zeitschrift „The Stars and Stripes":
„ERMORDUNG DES PAPSTES DURCH HITLER ANGEORDNET.

Nürnberg, 29. Januar (AP) – Ein Befehl Hitlers, den Papst zu ermorden oder zu verschleppen, den König Victor Emanuel von seinem Thron zu entfernen

146

und Mussolini unter allen Umständen zu befreien, war des Führers Reaktion auf den Zusammenbruch der italienischen Kriegsanstrengungen und die Gefangennahme des Duce im Jahre 1943.

Der Duce wurde planmäßig in einer dramatischen Berggipfel-Befreiungsaktion in Freiheit gesetzt. Aber das Komplott gegen den Papst und den König wurde durch Admiral Wilhelm Canaris vereitelt, dem dunkelfarbigen (gemeint ist etwa: sonnengebräunten oder gesundfarbigen) Genius der deutschen Spionageabwehr, der in einer dramatischen Besprechung bei einem Mittagessen in Venedig Italiens antifaschistische Agenten erfolgreich vor dem geplanten Staatsstreich warnte. Die Italiener waren gewarnt.

Nach bisher nicht veröffentlichten deutschen Dokumenten und einem kurzen Bericht, den Generalmajor Erwin von Lahousen der Associatet Press in einem Interview im vergangenen Dezember gab, berief Canaris Lahousen, damals Chef der deutschen Sabotageabteilung, und Oberst Freytag von Loringhoven, einen wütenden Anti-Hitler-Stabsoffizier, zu sich und erzählte ihnen von dem Komplott.

Lahousen drängte darauf, daß der antifaschistische General Amé gewarnt werde, und später fand im Hotel Danielli in Venedig ein Treffen statt, auf dem Amé mit Mitgliedern seiner italienischen Geheimorganisation und Oberst Helfferich, der direkt Badoglio verantwortlich war, gewarnt wurden. Canaris und Amé hatten später noch eine zwei Stunden dauernde Unterhaltung im Lido Club.

Am nächsten Tag kehrte Amé nach Rom zurück. Der Vatikan wurde aufmerksam gemacht, und sofortige Gegenmaßnahmen wurden ergriffen.

Im September machte Otto Skorzeny mit den Schmissen im Gesicht (wörtlich: der Narbengesichtige) eine Bruchlandung mit seiner Maschine auf einer Bergspitze, um Mussolini zu befreien und bei Hitler abzuliefern."

Niemals sind in diesem Zusammenhang, nämlich im Zusammenhang mit unserer für Rom geplanten Aktion, der Name des Papstes oder das Territorium des Vatikans genannt worden. Beim Befehlsempfang Skorzenys im Führerhauptquartier hat weder Hitler selbst noch Himmler noch irgendeine andere Persönlichkeit vom Heiligen Vater oder vom Vatikan überhaupt nur gesprochen.

Auch zwischen General Student und Skorzeny wurde und wird dieses Thema weder allein noch in meiner Gegenwart berührt.

Auch bei allen anderen in Italien oder im Führerhauptquartier geführten Gesprächen, an denen General Student und Skorzeny zu dieser Zeit teilnahmen, wurde vom Vatikan oder vom Papst nichts erwähnt.

Wenn bei uns überhaupt einmal das Gespräch auf den Vatikan kommt, dann nur in dem einen Zusammenhang, daß wir bedauern, auf diesem Wege keine Nachrichten über Mussolinis Aufenthalt erhalten zu können, und daß Kappler keine Möglichkeiten nachrichtendienstlicher Art beim Vatikan hat.

Aber es ist für uns vollkommen klar, daß die Person des Heiligen Vaters und das Territorium des Vatikan-Staates absolut tabu sind.

Welche Entscheidungen die deutsche Führung treffen wird, falls die Alliierten sich Rom nähern, ob sie dem Papst ein Angebot machen wird, unter dem Schutz deutscher Truppen Rom zu verlassen, oder ob überhaupt nichts geschehen soll, entzieht sich unserer Kenntnis und hat mit unserer Aufgabe gar nichts zu tun. Das sind außerdem Probleme, deren Lösung noch Monate, wenn nicht über ein Jahr später akut werden wird. Unsere Aufgabe in Italien wird daher mit der Befreiung Mussolinis beendet sein.

Es sei also nochmals ausdrücklich festgestellt: Von einer Einbeziehung des Papstes in unsere für Rom geplante Festnahmeaktion gegen König, Kronprinzen und andere Persönlichkeiten kann überhaupt keine Rede gewesen sein. Wir hätten unbedingt Kenntnis davon erhalten müssen.

Wie wir die Situation übersehen, sind sich die Italiener aber doch nicht ganz im klaren, wann die Aktion tatsächlich ablaufen sollte. Das hat zum Zeitpunkt der Venediger Gespräche nämlich auch Herr Canaris nicht gewußt. Tatsache ist, daß für den 28. August in Rom überhaupt nichts geplant war. Wie man auf dieses Datum kam, wissen wir nicht.

Ebenso sind wir verwundert, daß man als Ziel dieser Aktion annimmt, wir sollten den faschistischen Staat wieder errichten. So ist das nämlich nicht.

Nicht etwa, weil wir große Antifaschisten sind, sondern weil wir erkannt haben, daß die faschistische Ära in Italien vorbei ist. Und weil wir uns von jeher gegen eine Restitution gewehrt haben. Dies haben wir in unseren Funksprüchen deutlich zum Ausdruck gebracht.

Überhaupt war es nicht unsere Aufgabe, jemanden in die Regierungsgewalt in Italien einzusetzen, sondern jemanden abzuservieren, den Duce zu befreien und dann nach Hause zu fahren.

Skorzeny startet mit General Student nach Ostpreußen. Ich begleite sie bis zum Flugplatz Ciampino und fahre dann gleich wieder zu Kappler. Wir sprechen lange über die Lage und was weiter werden wird.

Ein Gutes hat die italienische Demarche auch für uns: Die ganze römische Aktion ist abgeblasen. Ich kann also abends all meine Pläne und Skizzen endgültig einpacken. Einfach verbrennen, denke ich. Und dies geschieht auch.

„Ungelegte Eier", sagt man zu so etwas, und deshalb erscheinen diese Plä-ne auch später nicht besonders in unserem Schlußbericht und auch nicht im Kriegstagebuch. Und deshalb wird auch unmittelbar nach dem Zusammen-bruch Deutschlands nicht davon gesprochen.

In Rom wird die Lage schwierig. Italienische Truppen haben jetzt auch die ausgebauten Stellungen in der Stadt und außerhalb besetzt, ebenso die Grä-ben. Die Artilleriestellungen sind bestückt.

Wir kennen die Stellen alle, oft genug fahren wir daran vorbei auf dem Weg nach Pratica di mare oder nach Rom.

Wenn sie es auch noch so in Abrede stellen, es ist nun doch klar zu sehen, das sind Vorbereitungen gegen etwaige deutsche Maßnahmen. Was man ih-nen ja auch nicht übelnehmen kann, wenn sie solche Dinge erfahren, wie sie Herr Canaris in Venedig ausgeplaudert hat.

Nachteilig ist es auch, daß die aus dem Norden kommenden deutschen Truppen nicht nach Plan ihre Positionen beziehen, sonst müßte schon An-schluß da sein zwischen dem XI. Fliegerkorps und den heranrückenden Ver-bänden. Vier Divisionen sollen unterwegs sein, so sagt man uns. Die Panzer-grenadierdivision „Hoch- und Deutschmeister", die Division „Leibstandarte SS Adolf Hitler" sowie die 3. und die 26. Panzerdivision.

So herrscht eine gespannte Ungewißheit über die weitere Entwicklung. Nicht nur bei uns, auch bei den Italienern. Auch dort Konfusion an allen Ecken und Enden. Was wollen die Deutschen nun, was werden sie zunächst tun, wenn wir mit den Alliierten ins Gespräch und zu einem Abschluß kom-men? Das ist die bange Frage bei Badoglio und seinen Getreuen.

Was kümmert uns das alles. Wir wollen Frieden und Ruhe. Macht Schluß! Das ist die Parole der breiten Masse.

„Was wird aus Italien und seinen Hunderttausenden von Soldaten, wenn Schluß ist?" fragen andere.

„Nach welcher Seite sollen wir uns wenden?" fragen ganz Vorsichtige. Man weiß ja nicht, auf welcher Seite man besser fährt.

Diese Unsicherheit findet ihren Niederschlag auch in vielen privaten, halb offiziellen und offiziellen Gesprächen, die in Rom geführt werden, die unse-re Militärs mit italienischen Militärs führen und unsere Diplomaten mit de-nen der anderen Seite.

Nicht immer ist die Antwort leicht auf solche Fragen.

Da meldet sich irgendwo bei einer deutschen Division eines Tages ein itali-enischer Divisionär: „Wie soll ich mich denn nun verhalten, falls das Ach-senbündnis zerbricht, falls Italien Waffenstillstand macht?"

Was soll man dem Manne antworten? Meint er es ehrlich mit seiner Frage? Vielleicht stellt er sie in höherem Auftrage, vielleicht will man aus der Antwort des deutschen Divisionskommandeurs nur heraushören: Glauben die Deutschen, daß es so weit kommt? Oder sind sie dessen sicher? Und weiter: Was erwarten die Deutschen, das ein italienischer Divisionär dann tut, oder wozu raten sie ihm?

Der zögernden und zurückhaltenden Überlegung der Deutschen kann man ihre eigene Unsicherheit über die weitere Entwicklung entnehmen.

Ein anderes Mal kommt ein italienischer Regimentskommandeur zu seinem deutschen Nachbarn.

„Herr Oberst, ich spüre das deutlich, in einigen Wochen ist die Achse zerbrochen. Sie kann nicht bestehen bleiben. Bitte sagen Sie ihrem General, und nehmen Sie meine Versicherung entgegen, was immer kommen mag, Sie finden mich mit meinem Regiment auf der Seite der Deutschen."

Der deutsche Offizier bedankt sich für so viel Vertrauen, gibt aber seiner Hoffnung Ausdruck, daß es niemals dazu kommen werde, daß deutsche oder italienische Soldaten vor eine derartige Entscheidung gestellt werden. Und es ist ihm nicht recht wohl zumute, als er diese Antwort gibt.

Dann ist da die „Division M", des Duce ehemalige Leibgarde. Die diesen langsamen Paradeschritt, den Paso Romano, macht, den sie sich in Berlin abgeguckt haben. Aber viel zu langsam, das paßt gar nicht zu ihrem Temperament.

Diese Division gilt heute noch als sehr deutschfreundlich. Sie ist auf viele kleinere Einheiten aufgesplittert, weit auseinandergezogen und vollkommen mit neuen deutschen Panzern und neuen deutschen Fahrzeugen ausgerüstet. So vollständig ausgerüstet, daß sie eigene deutsche Werkstattzüge und eine große deutsche Reparaturwerkstatt haben, um sich auf deutsches Material umschulen zu lassen.

Von dieser Division kommt eines Tages ein hoher Offizier an.

„Was soll ich tun, wenn es zum Krieg zwischen Deutschland und Italien kommt? Was soll ich meinen Offizieren und Männern sagen? Sie fragen mich jeden Tag, ich muß ihnen doch etwas sagen. Helfen Sie mir bitte und sagen Sie mir die deutsche Auffassung darüber."

Und da er sich gerade an einen Vertreter der Waffen-SS wendet, deren Waffengattung etwa die gleiche ist, und da er als sehr aufgeschlossener und aufrichtiger Mann gilt, der auch Deutschland kennt, ist die Antwort schwierig. Er wird vertröstet. Es sähe im Augenblick nicht danach aus, daß zwischen beiden Staaten der Kriegszustand eintreten könnte. Das wäre auch außerordentlich bedauerlich. Aber man kann seine Sorge verstehen, man wird sehen, ob man von höherer deutscher Stelle Hinweise bekommen kann. In einigen Tagen wird man sich wieder treffen.

Und da tatsächlich Unsicherheit besteht, was dem Mann geantwortet werden soll, beschließt man, bei Himmler anzufragen. Doch die Antwort bleibt aus. Wir haben es nicht anders erwartet. Die Entscheidung bleibt beim kleinen Mann. Unten in Italien, nicht oben im Hauptquartier. Noch zweimal wird hin- und hergefragt. Ohne Ergebnis.

Als der Mann wiederkommt, erwartungsvoll, wird ihm folgende Antwort zuteil: „Wir glauben nicht, daß es so weit zwischen den beiden Verbündeten kommt. Wir wollen auch alles tun, um eine solche Entwicklung zu verhindern. Sollte es aber durch Kräfte, auf die wir keinen Einfluß haben, zu einer kriegerischen Verwicklung zwischen Deutschland und Italien kommen, dann rechnen wir in Italien damit, daß wenigstens nicht mit deutschen Waffen auf Deutsche geschossen wird.“

Kapitel 13

Zurück zu Hitler

I n Frascati wird auf dem Funkweg die Verbindung mit Warger und Grienke aufrecht erhalten. Der Duce ist nicht nach Maddalena zurückgebracht worden. Die beiden sollen in den nächsten Tagen zurückgerufen werden.

Skorzeny ist inzwischen mit General Student im Führerhauptquartier eingetroffen. In Hitlers Arbeitszimmer sind außer Hitler selbst der Reichsmarschall Hermann Göring, Generalfeldmarschall Keitel, Großadmiral Dönitz, der Reichsführer SS Himmler, von Ribbentrop und Generaloberst Jodl anwesend.

General Student berichtet über die Lage in Italien und vor allem in Rom. Dann kommt Skorzeny zum Vortrag. Gleich anfangs begegnet er äußerster Skepsis.

„Ist ja kein Wunder, daß in Maddalena nichts war," sagt einer der Herren, „wir wußten ja, daß er gar nicht dort war."

„Wir haben Ihnen doch hinunterberichtet, wo sich der Duce befindet. Aber Sie haben es ja besser gewußt", ein anderer.

Bis Hitler das Hin und Her abbricht und Skorzeny auffordert, genau alle Einzelheiten zu berichten. Der spricht ungefähr eine halbe Stunde, berichtet, daß wir die absolute Sicherheit hatten, daß Mussolini auf Maddalena gefangen gehalten wurde. Er erwähnt auch die vollkommen falschen Meldungen, die wir vom Führerhauptquartier durchbekommen haben. Nach Beendigung des Vortrages gibt Hitler Skorzeny die Hand und erklärt sich damit einverstanden, die geplanten Maßnahmen für Maddalena aufrechtzuerhalten, bis mit Sicherheit festgestellt ist, daß Mussolini sich an einem anderen Ort befindet.

Bis zum Abflug aus dem Führerhauptquartier bleibt noch Zeit; General Student hat noch allein in eigener Sache vorzutragen und die Maßnahmen für den „Fall Alarich" zu besprechen. Indessen begibt sich Skorzeny zum Mittagessen ins sogenannte Teehaus. Dort unterhält er sich mit verschiedenen Gästen, unter anderem mit dem damaligen Flugzeugführer Hitlers, dem SS-Brigadeführer Baur.

Man spricht auch von Italien und von der Tatsache, daß sich der deutsche Botschafter in Italien von Mackensen seit einigen Tagen im Führerhauptquartier aufhält.

Sonderbarerweise erhält dieser keinerlei Weisungen. Er kommt auch nicht zum Vortrag, ebensowenig wird er nach Italien zurückgeschickt. Niemand weiß so recht, was da los ist. Es ist doch eine recht eigenartige Gepflogenheit einem Botschafter gegenüber.

Gleichzeitig raunt man sich aber zu, von Mackensen werde nicht mehr nach Rom zurückkehren. Der neue Botschafter in Italien, Dr. Rudolf Rahn, sei bereits an seiner Stelle in Italien tätig.

Demnach befindet sich also von Mackensen als Gefangener im Führerhauptquartier. Das will Skorzeny nicht so recht in den Kopf.

Allerdings hat er ja oft genug gehört, daß die Botschaft in Rom nicht so richtig funktioniere, daß sie italienhörig sei. Hitler selbst hat ihn im Juli gewarnt.

Als Skorzeny auch etwas dazu sagen möchte, daß auch er an einen Abfall Italiens glaube, an einen Verrat des Königs und des Kronprinzen, da tritt ihn einer unter dem Tisch. Und der ihn getreten hat, flüstert ihm zu, sich vorzusehen, und weist mit dem Kopf in die Richtung eines anderen Gastes.

Dieser Gast ist der Oberpräsident der Provinz Hessen, SA-Obergruppenführer honoris causa, Prinz Philipp von Hessen. Er ist der Schwiegersohn des italienischen Königs, die Königstochter Mafalda ist seine Frau. Der Prinz, gern gesehener Gast, gilt als liebenswürdiger Mensch und vorbildlicher Deutscher.

Nur einen Schönheitsfehler finden die Nationalsozialisten an ihm. Er ist nicht erbaut von diesem Kriege, vor allem nicht von Italiens Teilnahme als Achsenpartner. Er hat immer gewarnt, er, der als Sprachrohr seines Schwiegervaters, des Königs, und seines Schwagers, des Kronprinzen, gilt. Als jenes Sprachrohr, das auf diesem Weg auch Hitler erreicht, neben der faschistischen Leitung, neben der Linie Ciano – von Ribbentrop – Mussolini.

Und Skorzenys Nachbar meint, man solle da nichts gegen den italienischen König sagen und gegen den Kronprinzen, das störe die Atmosphäre. Der Prinz soll einen privaten Flug nach Italien machen zu seinen Verwandten, so meint man später erklärend, vielleicht habe der Führer dem König etwas zu bestellen, was andere nicht zu wissen brauchen. Und deshalb möge Skorzeny nicht weiter von der Situation in Rom sprechen.

„Was da nur gespielt wird, möchte ich wissen", ereifert sich Skorzeny, als er mir das in Frascati erzählt, „die Politik ist doch eine Dirne, gut, daß wir nichts weiter damit zu tun haben."

„Aber so am Rande gehen wir spazieren", wende ich ein, „wenn wir auch eine Kriegsmaßnahme durchzuführen haben: Die Folgen werden doch politische sein."

„Das sind aber die Folgen eines jeden Krieges, sehen Sie einmal Norwegen an, Belgien und Holland. Alles rein militärische Aktionen, die Folgen sind aber nicht nur militärische, das hat doch alles weittragende politische Folgen gehabt."

„Aber die nun abgeblasene römische Aktion ist doch eher eine Polizeiaktion als eine politische Maßnahme."

„Sicher, aber sie sollte ja erfolgen, um eine militärische Situation in einer für das Reich günstigen Form zu klären, nämlich den Abfall des Regimes Badoglio zu verhindern. Und um die Folgen, die sich daraus für das italienische und das deutsche Heer ergeben, damit auch auf ein erträgliches Maß für uns zu bringen."

„Somit ist es also in diesem Fall aber umgekehrt. Es soll eine politische, nämlich eine Polizeimaßnahme getroffen werden, um die militärische Lage im Süden zu retten. Natürlich kann auch das Militär eine Polizeiaktion durchführen. Hier hat ja auch die Wehrmacht vollziehende Gewalt. Hier gibt es gar keine deutsche Polizei."

„Es läßt sich eben streiten um Krieg und Politik. Eines ist durch das andere bedingt. Jedenfalls dann, wenn man nicht ohne Krieg auskommen kann. Man kann es sogar, wahrscheinlich. Aber wenn einmal der Krieg da ist, dann ist er eben die Fortsetzung der Politik. Und wenn Sie wollen, daß er aus ist, dieser Krieg, dann ist das, was weiter folgt, wieder die Politik, als Fortsetzung dieses Krieges, oder als die Konsequenz, die daraus gezogen wird."

„Diese Konsequenz kann sehr hart sein. Vor allem für den, der den Krieg verliert. Den guten Willen glaubt dem Verlierer kein Mensch. Weil es sich dann auch nicht mehr verlohnt, ihm zu glauben. Aber das werden wir nicht ändern. Also, helfen wir, den Krieg zu gewinnen."

Eigentlich ist es uns jetzt viel leichter zumute. Im Augenblick haben wir kaum Sorgen. Die römische Aktion ist Gott sei Dank abgeblasen, der Duce ist weg, unbekannten Aufenthalts. Warger und Grienke haben Anweisung, von Maddalena zurückzukommen. Aber Extramaschine kriegen die keine. Sie sollen sich von Hunäus nach Vieno Fiorita fahren lassen und sehen, daß sie dort mit einer Maschine mitkommen. Die Maschinen von Vieno Fiorita fliegen zwar meistens nach Pisa und nicht nach Rom, aber das macht weiter nichts aus. Von Pisa wird auch einmal eine Maschine nach Ciampino fliegen oder nach Pratica di mare. So lange sollen sie halt den schiefen Turm beobachten. Geld haben sie noch genug.

Es gibt überhaupt nicht viel Neues in diesen Tagen. Alles wartet ab.

Nur die Alliierten kommen jetzt viel öfter mit ihren Bombern. In geschlossener Formation ziehen sie über uns hinweg. Richtung Rom und die umliegenden Ortschaften.

Den Tag, als Skorzeny und General Student aus Deutschland zurückkommen, haben sie wieder einen Angriff auf Ciampino geflogen. Von der Villa Dusmet aus können wir genau den Verband anfliegen sehen. Sehen, wie die Bombenschächte aufgehen und wie die Bomben herausfallen. Hören das Rauschen, sehen die Einschläge und die Rauchpilze aufsteigen und hören dann die Detonationen.

Ganz am Rande der Hügelkette liegt die Villa Dusmet, jetzt Stabsquartier des XI. Fliegerkorps. Gegen Rom zu ein großer Garten, von einer alten Mauer umgeben. An dieser Mauer entlang verlaufen auch die Deckungsgräben gegen Fliegerangriffe.

Zwei- bis dreimal am Tag ist Fliegeralarm, man gewöhnt sich daran.

Und dann muß sich der stets besorgte – und so hilfsbereite – Kommandant des Stabsquartiers noch als Luftschutzoffizier mit uns ärgern. Er kann die Leute nicht in die Gräben hineinbringen, der Oberleutnant Fink, wenn er noch so schimpft und flucht. Alle wollen immer zugucken von der Mauer aus, wenn die Bomben fallen. Das ist aber verboten.

Er guckt selbst auch gerne zu, aber er darf ja außerhalb des Grabens bleiben.

Da finden wir auch wieder Zeit, nach Pratica di mare zum Baden zu fahren. Dort erwarten uns unsere Männer von Tag zu Tag ungläubiger. Die große Wanzenschlacht ist inzwischen geschlagen und die Plage auf ein erträgliches

Maß herabgemindert. Außerdem schlafen die meisten im Freien. Dienstplan ist bei ihnen: aufstehen, essen, baden, pennen, essen, baden und wieder pennen. Dann ein Gläschen Wein trinken, Obst schmausen und schlafen bis zum Wecken. Und das da capo jeden Tag. Mit Ausnahme von Sonntag, da ist nämlich Ruhetag.

Das Baden dort am Strand hat seinen Reiz. Für uns beide jedenfalls noch. Die anderen haben es schon satt.

Man ist direkt am Meer, ständig leichter Wellengang, wunderbarer Sand und flaches Ufer. Jagd auf Wollhandkrabben zum Zeitvertreib. Zum Ausruhen legt man sich auf den kleinen Damm, dort ist auch ein Süßwasserbrunnen. An dem kann man die Salzkruste abwaschen, die die Haut so spannt.

Und was besonders schön ist, zwischen dem Flugplatz und dem Ufer ist ein herrenloses Melonenfeld. Wer Appetit hat auf eine goldgelbe Zuckermelone, braucht nur 50 Meter weit zu laufen und sich die schönste aussuchen. Wer es nicht so gerne süß mag, holt sich eine grüne mit dem roten Fleisch und den schwarzen Kernen.

Auf dem Rückweg wird anderes Obst gekauft – es ist alles spottbillig – und dann vielleicht zum Abendessen wo eingekehrt. Am besten bei Marone.

Bei Einbruch der Dunkelheit sind wir meistens zu Hause in „Tusculum II". Wir sind richtig zu Hause dort.

Auf dem kleinen Balkon haben wir Tag und Nacht zwei Fauteuils stehen, und jeden Abend, das ist schon fast Dienst, trinken wir eine Flasche Asti Spumante dort. Sprechen von daheim, vom Krieg, stellen uns vor, wie eigentlich der Frieden aussieht, und gehen später zu Bett.

Und wer nicht gleich schlafen kann, das bin meistens ich, der setzt sich wieder hinaus auf den Balkon.

Am 1. September habe ich im Badezimmer beim Rasieren einen Skorpion erlegt. Ganz gemütlich kommt er die Wand herunter. Ach, Bursche, denke ich, du bist dran. Entsinne mich, daß ich als Kind wo gelesen habe, Skorpione begehen Selbstmord. Stechen sich mit ihrem eigenen Stachel tot, wenn sie keinen Ausweg mehr finden.

Das wird ausprobiert. Das Kind im Manne regt sich. Ich hole Zeitungspapier, bilde damit einen Ring auf dem Steinboden, schubse den Skorpion in den Ring und zünde das Papier rundherum an. Jetzt muß er sich umbringen. Denkste! Er tut mir nicht den Gefallen, läßt sich ruhig schmoren, bis er mir leid tut und ich ihn erschlage. Wahrscheinlich war es ein ganz alter Skorpion.

Noch etwas muß ich erzählen. Von unserem Balkon oder besser, von unserem Visavis. Vor dem kleinen Balkon läuft ein kleiner Gartenweg, dann kommt ein Stückchen Garten, nur ein paar Meter. Dann eine Mauer, dahinter eine schmale Straße. Auf der anderen Straßenseite steht ein großes Haus mit flachem Dach. Und dort oben auf dem Dach sonnt sich jeden Tag ein Mädchen, eine rassige, schwarze Italienerin. Braungebrannt, schlank und doch runde, weiche Formen. Was man eben so gerne sieht. Sie trägt ein schwarzes Badetrikot.

Früh um acht Uhr erscheint sie auf dem Dach, bleibt bis zum Mittagessen in der Sonne, kommt um zwei Uhr nachmittags wieder und bleibt bis abends. Das ist unser Visavis. Unsere Bellissima, wie wir sie nennen.

Es hat sich so eingebürgert, wenn wir nach Hause kommen, geht unser erster Blick zu der Bellissima. Auch durch unser Fernglas sehen wir sie uns öfter an. Dann ist sie uns näher, aber das liebt sie nicht. So mit freiem Auge, das gefällt ihr, da lächelt sie auch zurück. Sie weiß es sicher, wie gut sie aussieht und wie gut sie uns gefällt. Sonst wäre sie keine Frau. Aber wenn wir das Glas ansetzen, um sie heranzuholen, da wehrt sie sich, winkt unwillig ab, beinahe flehend „bitte nicht! Es ist so viel netter, par distance". Und wir halten uns auch daran. Nur manchmal können wir doch nicht umhin, ganz verstohlen das Glas herauszuholen, um hinüberzuspähen.

Wir haben uns richtig an das Bild gewöhnt, an das liebe. Niemals machen wir den Versuch, sie kennenzulernen. Wäre eine Kleinigkeit gewesen. Aber gerade dieses Unbekanntsein, dieses Stückchen Luft zwischen unserem Balkon und ihrem flachen Dach, das macht diesen Flirt so nett.

Und wir sind alle fast erschrocken, wie vor einer plötzlichen Gefahr, als wir uns eines Tages in der Mittagszeit auf der Promenade begegnen. Verhalten ein wenig den Schritt, wir beide und die Bellissima. So, als hätte jeder etwas zu sagen. Würde sicher etwas Banales werden, und so lächelt alles und setzt den verhaltenen Schritt fort, ohne den Schleier des Geheimnisses zu zerreißen.

Als wir am 8. September mittags nach Frascati kommen, stehen von dem Haus nurmehr einige Mauern. Wir haben sie nie mehr wiedergesehen, unsere Bellissima. Vielleicht hat Gott sie behütet, und sie war außer Haus. Es ist unser stiller, unausgesprochener Wunsch. Auch so etwas gibt es im rauhen Soldatenleben, mitten im Kriege.

Die Spuren Mussolinis werden weiter verfolgt. Das alte Spiel hat sofort wieder begonnen, nachdem wir aus Maddalena zurückgekehrt sind. Die Wichtigkeit des Auftrages zwingt uns, auch jede kleine Meldung zu prüfen. Aus der Vielzahl der Nachrichten wird ein möglichst genaues Mosaik gebaut. Der noch immer aufrecht erhaltene Geheimhaltungsbefehl erschwert die Arbeit ganz erheblich. Noch während Skorzeny mit General Student in Ostpreußen ist, gehen die ersten Nachrichten über den vermeintlichen Aufenthalt Mussolinis ein. Sie sind in ihrer Fülle so zahlreich, daß nur einige herausgegriffen werden können. Maddalena berichtet stets nur, daß keine Spur von Mussolini zu finden sei.

Eine sehr vertrauenswürdige Person berichtet, Mussolini befinde sich in einem Sanatorium in Rom, wo er sich einer Operation unterziehen werde. Er leide an einem hartnäckigen Magengeschwür.

Um diese Meldung zu überprüfen, begibt sich ein Mann der Dienststelle Kappler, der den Arzt kennt, zu diesem, um ihn wegen seines tatsächlichen Magenleidens zu konsultieren. Er drückt dabei dem Arzt seine Besorgnis aus, die Sache könnte sich sehr verschlimmern. Auch Mussolini müsse sich angeblich wegen eines ähnlichen Leidens operieren lassen, das beunruhige ihn selbst auch. Aus der Reaktion des Arztes auf dieses Gespräch wollen wir die entsprechenden Rückschlüsse ziehen.

Die Reaktion bleibt auch nicht aus. Der Gesundheitszustand des Duce gibt im Augenblick zu keinerlei Besorgnis Anlaß, eine Operation steht nicht bevor. Allerdings erwähnt der Arzt nicht den Aufenthaltsort Mussolinis.

Eine Information, daß sich Mussolini in der Villa Savoya aufhalte, wird rasch durch einen Besuch Bollmanns in der Villa widerlegt, nachdem Skorzeny und ich uns überzeugt haben, daß die Villa Savoya zur Zeit nicht bewacht ist.

Unser besonderes Augenmerk gilt allen Wasserflughäfen am Meer und auf den Binnenseen. Ein Agent berichtet, daß sich Mussolini in einer Villa südlich des Trasimenischen Sees befinde. Ebenso kann der Mann eine andere Meldung aufnehmen, die im Augenblick nicht überprüfbar ist, nämlich daß sich Mussolini im Raum Perugia-Chieti befinde. Dieser Mann hat bislang nur gute Berichte geliefert, also wird die Meldung besonders beachtet.

An einem der ersten September-Tage verunglücken zwei italienische Offiziere in ihrem Dienstwagen. Einer ist sofort tot, der andere wird ins Krankenhaus eingeliefert. Anläßlich eines Krankenbesuches, den wir ihm schicken, erfahren wir, daß beide Offiziere dem „Begleitkommando Mussolini" angehören. Das ist wichtig.

Wo sind die Offiziere gereist? Das ist die nächste Frage. Denn in diesem Raum ungefähr muß auch Mussolini sein. Noch bevor unser Vertrauensmann mit dem Bericht über die Fahrtroute der beiden Offiziere zurückgekommen ist, erreicht uns eine Funkmeldung, die im Innenministerium in Rom aufgenommen worden ist.

„Die Sicherungsmaßnahmen um den Gran Sasso d'Italia sind abgeschlossen", meldet ein Mann namens Gueli. Eine Rückfrage nach der Person des Gueli ergibt, daß es sich um einen Inspettore Generale – also einen Generalinspekteur – des Innenministeriums handelt. Er steht im Range eines Brigadegenerals und ist persönlich für die Sicherheit Mussolinis verantwortlich.

Da im Funkspruch auch ein Ort mit Namen Isola genannt ist, wird sofort ein Vertrauensmann nach Isola losgeschickt. Isola finden wir auf der Karte, es ist ein kleiner Ort am Nordabhang des Gran Sasso.

Unser Mann, der perfekt italienisch spricht und einen italienischen Privatwagen fährt, wird dahingehend instruiert, daß angeblich im Raum von Isola Übungen der Wehrmacht und der Carabinieri abgehalten werden. In Wirklichkeit soll es sich aber möglicherweise um eine Aufstellung italienischer Verbände für den „Fall Alarich", wie er bei uns heißt, und der unserem Freund bekannt ist, handeln.

Der Bericht über die Fahrtroute der verunglückten Offiziere ist inzwischen auch da. Die beiden Offiziere befanden sich auf einer Dienstfahrt von Aquila über Chieti nach Rom. Oder auf der Rückfahrt, das weiß ich nicht mehr genau.

Nun ist also ungefähr der Raum erfaßt, in dem sich Mussolini wahrscheinlich aufhält, nämlich das Hauptmassiv des Gran Sasso d'Italia. Höchster Berggipfel der Abruzzen, 2.914 Meter hoch.

Wir stellen fest, daß eine Seilbahn vom Tal, von Assergi ausgehend, zum Hotel Campo Imperatore führt.

Also wird ein Mann losgeschickt, der nach Aquila fährt, und noch einen Erkundungsauftrag für Assergi mitnimmt. Da er aber nicht voll eingewiesen werden darf, wird ihm folgendes erzählt:

Eine Familie Rossi aus Rom ist nach einem der letzten alliierten Fliegerangriffe auf die Stadt angeblich nach Assergi verzogen. Er soll Herrn Rossi die Botschaft übermitteln, er werde in Rom von seinen alten Freunden gebraucht und solle sofort dorthin zurückkehren. Außerdem soll der Bote der Tochter des Herrn Rossi einen persönlichen Brief überbringen. Da es eine Familie Rossi aus Rom in Assergi voraussichtlich nicht gibt, wird unser Bote unverrichteter Dinge zurückkehren. Was er gesehen und gehört hat, werden wir schon aus ihm herausfragen.

Der Mann aus Isola kehrt zurück ohne jedes Ergebnis. Isola besteht nur aus ein paar Häusern, keine Truppen in der Nähe, nicht einmal einen Gendarmen haben sie, der ist erst in einem anderen Ort erreichbar.

Der aus Assergi zurückkehrende Bote berichtet, daß er die Familie Rossi dort nicht gefunden hat und bedauert dies sehr. Er hätte uns aber andere, interessante Dinge zu berichten, die uns vielleicht wertvoll sein könnten.

In Assergi und Umgebung seien sehr viele Carabinieri zu sehen. Sehr starke Straßenkontrollen seien unterwegs. In Bazzano, an der Abzweigung der Hauptstraße von Avezzano nach Aquila, sei ein Schlagbaum errichtet, an dem jedes Fahrzeug und jede Person kontrolliert werde. Bei der Zivilbevölkerung kursiere das Gerücht, der Duce sei auf dem Gran Sasso im Hotel Campo Imperatore festgehalten.

Obgleich wir keinen Beweis für die Richtigkeit dieses Berichtes haben, sind wir der Überzeugung, daß Mussolini sich auf dem Gran Sasso befindet. Wir besprechen uns mit General Student. Und am 5. September werden alle getroffenen Maßnahmen für Maddalena aufgehoben.

Die Nachforschungen werden jetzt auf das äußerste intensiviert. Vorrang hat die Erkundung des Gran Sasso und seiner Umgebung.

Aus Arbeiterkreisen gewerkschaftlicher Richtung erfahren wir, daß alles Küchenpersonal und die Hotelangestellten des Hotels Campo Imperatore entlassen worden sind. Man ist empört, daß diese Arbeiter ihre Stellungen verloren haben und nunmehr der Faschist Mussolini in diesem Hotel untergebracht ist.

Weiters wird berichtet, daß die Seilbahn auf den Gran Sasso endgültig für den Zivilverkehr eingestellt ist. Sie ist aber in Betrieb und wird von Carabinieri in Uniform benutzt.

Schwierig ist die Beschaffung von Unterlagen über das Gelände des Gran Sasso. Italienische Militärkarten stehen nicht zur Verfügung.

Deutsche Karten existieren nicht. Ebenso gibt es keine Luftbildaufnahme des Berges.

Touristenkarten und Reisebeschreibungen können wir in ganz Rom nicht auftreiben. Sie sind wie durch ein Wunder aus allen Buchhandlungen und Fachgeschäften verschwunden, niemand weiß wieso. Die italienische Polizei wird es wissen.

Auch Hotelprospekte sind nicht zu erhalten. Erst eine umständliche Bestellung in Berlin bringt aus Beständen des Mitteleuropäischen Reisebüros aus der Vorkriegszeit einige Prospekte von Aquila. Eine Abbildung des Hotels Campo Imperatore ist das einzig Interessante daran. Die Geländebilder auf den Prospekten sind bei einer Schneehöhe von einigen Metern gemacht und kommen für eine Auswertung im Hochsommer nicht in Frage.

Aus dem Geographischen Institut der Universität Rom gelingt es uns, ein geologisches Werk über den Gran Sasso aufzutreiben. Aber auch das enttäuscht und ist unbrauchbar. Der Versuch, eine Luftbildaufnahme fliegen zu lassen, scheitert zunächst. Nach längeren Verhandlungen wird die grundsätzliche Genehmigung zu einem Bildflug erteilt. Er soll am 7. September durchgeführt werden.

Die mangelnden Unterlagen und die Schwierigkeiten, die Genehmigung zur Luftbildaufnahme zu erreichen, sind nicht die einzigen, die unsere Arbeit stören.

Auch absolute Ahnungslosigkeit und mangelnder Instinkt auf deutscher Seite hemmen die Arbeit empfindlich.

Als Skorzeny am 4. oder 5. September zusammen mit General Student im Auto zu einer Besichtigungsfahrt nach Vigno de Valle am Lago Bhacciano fährt, einem gemischt deutsch-italienischen Wasserflughafen, ergibt sich dort folgendes:

Der deutsche Flughafenkommandant erwähnt ganz nebenbei, daß sich die deutsche Besatzung jetzt bei Fliegeralarm mit den Italienern in der Bereitschaft abwechsle. Die einen haben jeweils Bereitschaft, die andern können in den Unterstand gehen.

Dies sei zum ersten Mal am 27. August geübt worden. An diesem Tag hatten die deutschen Angehörigen des Flughafens in die Unterstände zu gehen, während die Italiener allein die Alarm- und Abwehrmaßnahmen durchzuführen hatten.

Das Datum des 27. August stellte der Flughafenkommandant auf Skorzenys ausdrückliche Frage fest. Dieser vermutete, daß das vielleicht in Verbindung mit Mussolinis Abflug von Maddalena stehen könnte.

Der Offizier erzählt dann weiter, daß nach der Entwarnung ein italienisches Seenotflugzeug im Hafen war, das zuvor nicht da gelegen hatte.

Auf die Frage Skorzenys, ob er gerüchteweise etwas Näheres über dieses Seenotflugzeug gehört habe, erwiderte der Offizier, ein Hauptmann, man spreche allgemein davon, daß Mussolini damit angekommen sei. Italienische Soldaten hätten auch erzählt, daß nach der Wasserung des Flugzeuges diesem eine Reihe von Personen entstiegen, die dann in einem Sanitätsauto weggebracht worden seien.

Die Italiener hatten also zur Tarnung Fliegeralarm gegeben.

Auf Skorzenys Frage, warum denn der Hauptmann diese Umstände nicht gemeldet habe, erwidert dieser, die Sache sei ihm zu unbedeutend erschienen.

Für unsere Nachforschungen wäre diese Meldung aber ungeheuer wichtig gewesen, zumal wir die Spur von dort hätten weiter verfolgen können.

Außerdem wäre uns eine Menge anderer Erkundungsarbeit erspart geblieben.

Somit können wir auch die Meldung den Trasimenischen See betreffend als unzutreffend ablegen.

Um das Gelände des Gran Sasso zu erkunden, wollen Skorzeny und ich Warger mit einer Bergsteigergruppe losschicken. Der ist aber noch nicht von Maddalena zurück. Wahrscheinlich sitzt er noch zusammen mit Grienke vor dem schiefen Turm in Pisa.

Auf jeden Fall stellen wir eine entsprechende Gruppe zusammen, um sie nach Wargers Rückkehr loszuschicken.

Noch bevor es so weit ist, werden wir von einem Freund gewarnt. Um diese Zeit gibt es keine Bergsteiger in den hohen Abruzzen. Nur Narren gehen da im Hochsommer zu Fuß hinauf. Die werden aber sicher erkannt und eingefangen. Also mit dieser Möglichkeit ist es auch nichts.

Zwei Punkte interessieren uns hauptsächlich.

Erstens, wie sieht das Gelände, der Boden unmittelbar in der Umgebung des Hotels aus? Gibt es dort eine ebene Fläche? Gibt es glatte Wiesen oder nur Felsblöcke und Geröll?

Das ist wichtig für die Planung, ob man mit Segelflugzeugen landen kann, ob ein Fieseler Storch nicht nur landen, sondern auch starten kann? Oder aber, ob man in diesem Gelände einen Springereinsatz wagen kann? Der zweite Punkt: die Thermik. Wie sind die Temperaturen, Windverhältnisse früh, mittags und abends? Wie ist es mit den Aufwinden? Wie mit starken Böen und Luftlöchern, das müßte man wissen.

Punkt eins können wir klären, wenn wir am 7. September die Bildaufklärung fliegen. Bei Punkt zwei ist es sehr fraglich, ob er überhaupt geklärt werden kann. Also rechnen wir für die Planung vorsichtshalber damit, daß die Frage der Thermik bis zum Einsatz ungeklärt bleibt.

Die Möglichkeit eines Erdeinsatzes scheidet vollkommen aus.

Jede Annäherung vom Tal her ist auf Stunden voraus zu erkennen. Zudem ist vom Norden her ein Aufstieg im Truppenverband technisch gar nicht möglich. Der Nordhang würde aber bei einem Angriff vom Süden her eine Absetzbewegung einzelner Personen – also des Duce mit einigen seiner Bewacher – ermöglichen.

Wir haben außerdem Kenntnis von einem Erschießungsbefehl im Falle einer Befreiungsaktion. Den würde man zweifellos vollstrecken, falls sich eine stärkere Gruppe dem Hotel näherte.

Zunächst erscheint ein Einsatz mit Hubschraubern am ehesten möglich. General Student schickt Major Colani nach Erfurt, um dort nach der technischen Einsatzmöglichkeit von Hubschraubern im Hochgebirge zu fragen und um festzustellen, ob genügend Maschinen zur Verfügung stehen.

Colani kommt zurück, die Hubschrauber stünden nicht zur Verfügung, das heißt, man wolle sie nicht einsetzen, weil bezüglich eines Einsatzes im Hochgebirge noch keine Erfahrungen gesammelt worden seien.

Es bleiben also nur noch die beiden Möglichkeiten: Fallschirmabsprung oder Lastsegelflugzeug-Landung. Die Entscheidung darüber soll nach dem Bildflug fallen. Oberster Grundsatz wird dabei sein, möglichst keine oder nur geringe Verluste beim rein technischen Einsatz, möglichst keine Kampfhandlungen.

Unsere römischen Pläne sind vollkommen vergessen, niemand spricht mehr davon. Nach Rom fahren wir nach wie vor. Wir können jetzt auch einmal länger in der Stadt bleiben, weil in Frascati nichts Dringendes vorliegt. Bei Kappler in der Via Tasso ist nach wie vor die einzige Stelle, die uns bei der Suche nach dem verschwundenen Duce helfen kann. Außerdem unterrichten wir uns dort über die Lage.

Was man in Deutschland tut und plant im Hinblick auf die weitere Entwicklung in Italien, ist uns allen schleierhaft. Tatsächlich ist der Botschafter von Mackensen nicht mehr zurückgekehrt, sein Nachfolger Dr. Rahn hat seine Tätigkeit bereits voll aufgenommen.

Eigenartige Vorgänge ereignen sich in den letzten Wochen.

Im Auftrage einer deutschen Stelle, wohl des Reichsführers SS Himmler, erscheint ein SS-Sturmbannführer aus Berlin.

Er hat Befehl, ehemals führende Faschisten und andere Persönlichkeiten der Ära Mussolini als Ehrengäste nach Deutschland zu bringen, falls diese es wünschen.

Das muß aber so geschehen, daß keine Stelle der Badoglio-Regierung davon Kenntnis erhalten kann.

Wir selbst werden mit dieser Aufgabe nicht befaßt. Wir haben lediglich gelegentlich Besprechungen beim Stab des OB Süd zu führen, um die Bereitstellung von Flugzeugen zu garantieren. Ebenso müssen Sicherungsmaßnahmen besprochen werden, die eine Aufklärung dieser Aktionen durch den italienischen Geheimdienst verhindern sollen. Die meisten dieser Besprechungen führen aber Kappler und der Mann aus Berlin selbst. Ich habe gelegentlich noch Termine für ihre Besprechungen festzulegen.

Schon vor einiger Zeit erscheint in seiner römischen Wohnung wieder Graf Galeazzo Ciano. Seit Monaten als Botschafter Italiens beim Vatikan, hat er die

164

Heilige Stadt niemals offiziell verlassen. Er fühlt sich absolut unsicher in seiner Rolle. Welche Rolle? Das weiß niemand genau, vielleicht hat er das Geheimnis später mit ins Grab genommen.

Einst treuer Gefolgsmann des Duce, sein Schwiegersohn, sein Außenminister, galt er immer als ein Mann, der sich sehr beweglich auch bei der Hofkamarilla einen guten Namen machte.

Bald hieß es, Ciano paktiere offen mit der Kronprinzengruppe.

Seine Rolle bei der Besetzung Albaniens und seine Aktivitäten anläßlich von Italiens Einfall in Griechenland stehen stets im Zwielicht der Meinungen.

Liebe zu Italien, Ergebenheit dem Duce, maßloser Ehrgeiz, gekränkte Eitelkeit, verräterisches Doppelspiel und vieles andere mehr wird jeweils als Motiv seines Handelns betrachtet. Aber durchschaut hat ihn keiner.

Bis er im Sommer 1943 ein wenig den Schleier um sein Geheimnis lüftet. Eifrig hat er am Sturz des Duce mitgearbeitet, tritt aber bei der entscheidenden Sitzung im Faschistischen Rat selbst nicht in Erscheinung. Da ist er aber nicht mehr Außenminister, da ist er bereits Botschafter beim Vatikan.

Bei der letzten „Wachablösung", wie Mussolini seine Regierungsumbildung nannte, tauschte er seinen Außenministerportefeuille mit der Position des Botschafters beim Heiligen Stuhl ein. Wissende sahen darin einen Rückzug Cianos, ein diplomatisches Absetzen von Mussolini. Und er bestätigt diese Meinung, als er dann hilft, den Duce zu stürzen.

Für uns gilt er zu dieser Zeit als der Prototyp des Verräters. Weniger aus politischen Gründen, denn jedermann kann seine politische Auffassung korrigieren. Aber er hat seinen Regierungschef hintergangen und seinem Schwiegervater die Treue gebrochen. Das ist unsere Meinung. Nicht aufgesagt die Treue, sondern gebrochen. Hat so lange ein Doppelspiel gegen ihn gespielt, bis er mit der Gegenseite zuschlagen konnte.

Da Ciano auch die Meinung über seine Person in Italien kennt, hat er seit Monaten den Vatikan nicht verlassen.

Und deshalb hat es uns sehr verwundert, daß er plötzlich in seiner Wohnung in Rom erscheint. Die ist gut durch Polizei in Zivil bewacht, das ist inzwischen festgestellt. Wenn wir niemandem etwas Böses wünschen in Italien: Ciano scheint uns der Verdammenswerteste. Dies bringen wir auch in unseren Gesprächen bei Kappler zum Ausdruck und bei Bollman und berichten es auch ins Hauptquartier. Um so größer ist unsere Überraschung, als plötzlich ein Funkspruch von Himmler eintrifft, daß Graf Ciano mit Frau und Kindern als Ehrengast der Reichsregierung unbemerkt von italienischen Stellen nach Deutschland zu bringen sei. Das will uns nicht in den Kopf.

Der Sturmbannführer aus Berlin erscheint und hat denselben Auftrag in der Tasche. Als Ehrengast? Als Häftling, das hätten wir verstanden.

Kappler berichtet diesbezüglich nach Berlin. Er betont, daß wir unsere letzten Freunde in Italien verlieren werden, wenn das bekannt werden sollte. Als Antwort kommt nur eine Bestätigung des Befehls.

Der Mann aus Berlin wird die Aktion durchführen. Wie er es anstellen wird, Ciano und seine Familie aus dem gut bewachten Haus wegzubringen, das soll seine Sache sein. Ich führe einige Verhandlungen beim Chef des Stabes des OB Süd über Flugzeuggestellung und ähnliches.

Und eines Tages starten Ciano und Familie unerkannt von einem Flugplatz bei Rom nach Deutschland.

Inzwischen können wir auch endlich unsere kleine Einheit aus Pratica di mare erlösen. Sie werden direkt nach Frascati verlegt. Im großen Olivengarten des Collegio Nobile Mandragone beziehen sie in großen Zelten Quartier. Ganz im unteren Winkel beim rückwärtigen Gartentor, während in der Mitte und im oberen Teil des riesigen Gartens die Zelte des Fallschirmjäger-Bataillons aufgeschlagen sind.

Sie sind alle froh, die Männer, daß sie wieder Anschluß an uns haben, und wir, daß wir abends auch bei unseren Soldaten sein können. Und daß wir ihnen endlich das Gefühl geben können, daß wir sie da unten in Pratica nicht vergessen haben.

Oben in der Villa des Collegio Nobile wohnen Mönche; sie werden in ihrem Klosterleben nicht gestört.

Die Villa selbst wird nur gelegentlich ausdrücklicher Einladung durch die Patres betreten.

Die Verbindung zu der italienischen Offiziersgruppe wird aufrechterhalten. Vielleicht brauchen wir einige von ihnen bei der Befreiungsaktion. Ähnlich wie wir es für Maddalena vorgesehen hatten. Es ist besser, richtige italienische Offiziere mitzuhaben, die ihre Soldaten in ihrer typischen Art ansprechen können, als verkleidete Deutsche mit noch so guten italienischen Sprachkenntnissen.

Am 7. September soll also unser Bildflug über die Abruzzen durchgeführt werden. Der Ic soll mit uns fliegen. Er ist an den Bildgeräten ausgebildet, wir selbst können wohl fotografieren, aber wie man eine Luftbildkamera bedient, wissen wir nicht. Alle Vorbereitungen unsererseits sind getroffen, Verabredungen und Termine für diesen Tag abgesagt.

Da erfahren wir durch den Ic am 6. September abends, daß wir leider nicht fliegen können, die Bildmaschine sei noch in Nancy in Frankreich.

166

Schon lange haben wir einen gewissen Widerstand von seiten des Generalstabes des XI. Fliegerkorps zu verspüren geglaubt. Wir können es nicht glauben, daß etwa durch böse Absicht vom Kommandierenden General befohlene Maßnahmen nicht oder nur mangelhaft durchgeführt werden. Das ist für uns ganz undenkbar.

Wohl hat uns Major Colani schon seinerzeit im Juli bei unserer Begrüßung gefragt, ob wir nicht wüßten, daß der Krieg verloren sei, aus, verloren, Schluß. Und es kamen uns damals erhebliche Zweifel auf, ob man so einen Krieg überhaupt gewinnen kann, wenn maßgebliche Generalstabsoffiziere an verantwortlicher Stelle bei Armeen und Korps tätig sind und schon a priori den Krieg als verloren ansehen.

Lange haben Skorzeny und ich überlegt, ob wir den Kommandierenden General darauf ansprechen sollen.

Eines Abends, besser gesagt nachts, sitzen wir zu dritt im Zimmer des Generals. Er hat seine Arbeiten für diesen Tag so weit beendet.

„Was wird aus unserem Deutschland?" nimmt der General selbst das Gespräch auf, „an den Fronten sieht es nicht gut aus. Wir bekommen nicht genügend Reserven, unsere Fronten sind zu weit."

Und dann nach einer kurzen Pause: „Und die Menschen in Deutschland verlieren langsam den Glauben. Ertragen die Bomben, arbeiten fleißig und begnügen sich mit den zugeteilten Lebensmitteln. Müssen dabei sehen, wie andere groß leben und sich um nichts kümmern. Und es ist so traurig, daß in den höchsten Stäben, selbst im Führerhauptquartier, so viele entmutigte Menschen sind. Den Offizieren fehlt der Glaube. Der Glaube und der feste Wille, den Sieg zu erzwingen. Und jedesmal höre ich dasselbe, wenn ich oben bin."

„Da brauchen Herr General gar nicht bis ins Führerhauptquartier zu gehen", werfe ich ein.

„Was wollen Sie damit sagen, Radl?"

Skorzeny hat meinen Ball aufgefangen: „Auch in Italien gibt es solche Kreise, Herr General, wir haben da unsere Erfahrungen."

„Skorzeny, sagen Sie mir doch klar, was Sie beide da meinen, ich möchte das wissen."

„Herr General müßten einmal in den eigenen Stab hineinhören", nehme ich das Gespräch wieder auf. „Auch beim Stab des XI. Fliegerkorps ist man davon überzeugt, daß der Krieg schon verloren ist. Und zwar hat uns ein maßgeblicher Herr ihres Stabes gefragt, ob wir nicht wüßten, daß dieser Krieg nicht mehr zu gewinnen sei."

„Ach, Sie meinen da sicher den Major Colani", sagt der General.

Skorzeny und ich sehen uns an. Der General weiß also, daß Herren seines Stabes, die für den Sieg arbeiten sollen, von der Niederlage überzeugt sind.

„Ja, meine Herren, ich weiß das", beginnt der General zu sprechen, „Colani ist nicht der einzige, aber sehen Sie, was soll ich denn tun? Diese Offiziere sind ausgesprochene Fachleute. Ich könnte mich gar nicht von ihnen trennen, auch wenn ich wollte. Sie tun ihre Pflicht, glauben Sie mir. Den Ersatz, den ich für die bekäme, könnte ich nicht brauchen.

Bei uns Fallschirmjägern brauchen wir noch andere Erfahrungen als generalstabsmäßige Schulung. Meine Stabsoffiziere sind alle fronterfahrene Männer, sind in Narvik gesprungen, in Eben Emael, in Rotterdam und auf Kreta. Sehen Sie, und deshalb kann ich mich von ihnen nicht trennen. Ich weiß es, daß sie nicht mehr an den Sieg glauben. Aber nehmen Sie das nicht zu tragisch, ihre Pflicht tun Sie in jedem Fall."

„Aber glauben Sie nicht, Herr General, daß man mit dem Glauben an den Sieg seiner Waffen noch ganz anderes vollbringen kann, als wenn man stets den unvermeidlichen Untergang vor Augen hat?"

„Ja, sicher, der Offizier an der Front, der muß doch glauben, daß seine Leistung mit notwendig zum Gewinnen des Krieges ist. Auf der anderen Seite, selbst wenn er diesen Glauben nicht mehr hat, dann kämpft er um sein Leben. Bei der Stabsarbeit ist das nicht so wesentlich. Da wird mehr gerechnet, gezeichnet und geplant. Dazu gehört Fachwissen. Das kann weder durch Glauben noch durch etwas anderes ersetzt werden, wenngleich ich zugebe, daß es mit einem Glauben an den Sieg des Vaterlandes noch viel erfreulicher wäre."

So und ähnlich geht unsere Unterhaltung.

Und als wir am 6. September abends hören, daß unsere Bildmaschine, deren Einsatz seit fünf Tagen befohlen ist, noch in Nancy steht, da müssen wir an diese Gespräche denken.

Haben die Herren vom Stab alles getan, um die Maschine rechtzeitig da zu haben, oder haben sie die Sache einfach laufen lassen? Oder haben sie die Maschine überhaupt nicht angefordert? Vielleicht hat ihnen jenes bißchen guter Wille und Glauben gefehlt. Nun, wir werden sehen. Wir wollen kein vorschnelles Urteil fällen.

Dem Kommandierenden General sagen wir allerdings spät abends, daß es bei uns so etwas nicht gegeben hätte.

168

Kapitel 14

Ausgerechnet das Felsmassiv des Gran Sasso!

Bei dieser Besprechung beschließen wir auch noch, einen Versuch zu machen, uns Gewißheit über Mussolinis Aufenthalt auf dem Gran Sasso zu verschaffen.

Skorzeny leitet das Gespräch ein: „Wie wäre es denn, wenn wir uns bei den Italienern ganz dumm stellten und versuchten, auf den Gran Sasso hinaufzukommen? Radl und ich haben das heute nachmittag besprochen, da oben ist doch so gute Luft, und wie wir festgestellt haben, sind dort sehr oft rekonvaleszente italienische Soldaten im Hotel untergebracht. Wenn wir nun in Unkenntnis der Tatsache, daß der Laden da oben dicht gemacht wurde, zu den Italienern gingen und versuchten, dort auch rekonvaleszente deutsche Soldaten unterzubringen. Die schwören uns doch ununterbrochen Treue und Kampf bis zum Endsieg, da können sie auch etwas für uns tun. Radl meint, wir könnten da eventuell den Dr. Krutow auf den Berg schicken, um im Auftrag des XI. Fliegerkorps zu verhandeln. Er dürfte natürlich nichts von unserer Absicht erfahren, sondern müßte sich mit aller Überzeugung bemühen, dort für an Malaria erkrankte deutsche Soldaten Quartier zu machen und mit dem italienischen Chefarzt persönlich eine Vereinbarung zu treffen. Wir denken dabei so: Kommt der Dr. Krutow nicht wieder, dann haben ihn die Italiener vorsichtshalber eingesperrt; wir kriegen ihn schon wieder heraus. Gelingt es ihm nicht, auf den Gran Sasso und ins Hotel Campo Imperatore zu gelangen, dann hören wir von ihm die Gründe und die Art seiner Abweisung. Und außerdem, was er sonst noch beobachtet hat. Oder aber, er kommt hinauf, dann ist das für uns der Beweis, daß der Duce nicht oben ist."

Pause. General Student überlegt.

„Ja, wenn sie mir aber meinen Dr. Krutow einsperren – ich würde das an Stelle der Italiener tun –, das können wir dem armen Doktor nicht antun."

„Warum denn nicht, wer fragt denn, wenn Soldaten in die Schützengräben gehen, ob man ihnen das antun kann. Wir haben doch alle unser Risiko einzugehen als Soldaten. Wenn morgen Bomben auf uns fallen, wer fragt uns dann? Und dem guten Doktor kann ja nichts weiter passieren, als daß er ein oder zwei Tage bei den Italienern ist. Dann kriegen wir ihn sicher zurück. Wo wir doch nur für kranke Soldaten Quartier machen und noch dazu die deutsch-italienische Freundschaft vertiefen wollen", bohrt Skorzeny weiter.

Und ich unterstütze ihn: „Ich würde das sofort freiwillig machen, wenn ich Arzt wäre."

„Ja, Sie wissen ja auch, worum es geht, aber der gute Krutow weiß gar nichts", hält mir der General entgegen.

„Das ist ja auch nicht so bedeutend, Herr General, der Erfolg oder der Mißerfolg ist der gleiche. Ebenso das Risiko. Ob der Mann nun den tieferen Inhalt seiner Mission weiß oder nicht. Wir schützen nur ihn selbst, wenn wir ihn nicht einweisen. Dann kann er sich wenigstens nicht verraten, wenn sie ihn vernehmen oder aushören wollen. Und für die Tage seiner Abwesenheit ist ja der Korpsarzt da."

„Na gut, wir wollen mal den Dr. Krutow losschicken."

Der General ruft Oberleutnant Rolfs herein: „Rolfs, versuchen Sie doch einmal, den Dr. Krutow zu finden, irgendwo werden Sie ihn schon ausfindig machen. Ich brauche ihn hier so schnell als möglich. Sagen Sie ihm, ich ließe ihn bitten, sofort hierher zu kommen."

Rolfs verschwindet wieder, eine Viertelstunde später meldet sich Dr. Krutow. Wir können ihn alle sehr gut leiden, er ist immer fröhlich, jung und frisch aussehend. Arzt in Berlin, wenn kein Krieg ist.

Es ist nicht Bosheit, wenn wir gerade ihn für diese Mission ausgesucht haben. Wir sind sehr oft zusammen mit ihm. Und da er nun vor uns steht und nicht weiß, was los ist, uns fragend anschaut, da müssen wir schmunzeln.

Der gute Doktor, in die Höhle des Löwen schicken wir ihn, ihn, den Ahnungslosen.

„Krutow, Sie müssen morgen losfahren. Ich habe eine Mission für Sie."

„Jawohl, Herr General."

„Also geben Sie gut acht, die Italiener haben da in den Hochalpen, vielmehr in den Abruzzen ein großartiges Sporthotel. Dort ist normalerweise ein Rekonvaleszentenlazarett eingerichtet. Wahrscheinlich auch jetzt. Wir wollen nun versuchen, dort auch ein paar deutsche Soldaten unterzubringen. So Rekonvaleszente nach Malaria, verstehen sie.

Sie sollen da schon morgen in aller Frühe hinfahren. Ihr Auftrag ist es, nach Assergi zu fahren, ich zeige Ihnen das gleich auf der Karte. Von dort mit der Seilbahn auf den Gran Sasso zum Hotel Campo Imperatore. Dort versuchen Sie, den Chefarzt oder den Kommandanten zu sprechen. Sagen Sie, daß Sie in meinem Auftrag kommen. Sie möchten anfragen, ob es nicht möglich sei, einige deutsche Soldaten dort oben unterzubringen, die dringend Höhenluft brauchen. Sie können dabei ja betonen, daß dies auch ein schöner Beitrag beider Seiten zur Vertiefung unserer Freundschaft sein könnte. Auch nach außen hin würde so etwas seinen Eindruck nicht verfehlen. So ähnlich sprechen Sie mit dem Mann.

Wissen Sie, Krutow, die Sache hat noch einen anderen Hintergrund: Wir wollen aus der Reaktion der Italiener auch heraushören, wie sie sich das alles weiter vorstellen in Italien. Sie werden sicher bei einer höheren Stelle zurückfragen. Vielleicht müssen Sie auch einen oder zwei Tage warten, dann bleiben Sie bitte, bis Sie endgültig Bescheid haben.

Mir geht es darum, daß Sie auch wirklich alles tun, um zum Hotel selbst zu kommen. Lassen Sie sich nicht etwa unten in der Talstation mit einem Telefongespräch abwimmeln. Sagen Sie, daß Sie unbedingt hinauf müssen ins Hotel.

Und dann, Krutow, noch eins" – das haben wir in der Viertelstunde besprochen, als Krutow herangeholt wurde –, „Herr Skorzeny wird morgen nachmittags und abends in Rom sein. Er hat selbst auch in Rom in derselben Angelegenheit zu tun. Kommen Sie mit Ihrem Ergebnis nicht zuerst nach Frascati, sondern fahren Sie gleich nach Rom in die Via Tasso, Sie waren dort schon einmal mit Herrn Skorzeny beim Polizeiattaché. Dort gehen Sie hin und berichten Herrn Skorzeny, was Sie erreicht haben. So, und jetzt werden wir Ihnen auf der Karte den Weg zeigen."

Krutow wird also genau eingewiesen. Alles geht klar. Um vier Uhr früh wird er starten. Er meldet sich ab, wir bleiben noch einige Minuten.

Um acht Uhr früh werden wir hier in Frascati abfahren, zusammen mit dem Ic zu unserem Aufklärungsflug über die Abruzzen.

Die Bildmaschine, eine He 111, ist bereits in Pratica di mare eingetroffen.

Voller Spannung gehen wir in unser „Tusculum". Auf diesen Flug freuen wir uns.

So stehen wir am 8. September früh in Pratica di mare vor der Flugleitung. Holen unsere Startverpflegung.

Das haben wir inzwischen auch gelernt: alles abholen, was einem für einen Flug zusteht. Und das ist nicht schlecht. Hochwertige Verpflegung, Schokolade, Zigaretten und anderes mehr.

Ebenfalls vor der Flugleitung steht die Bildmaschine, eine He 111.

Eines gefällt uns nicht so recht. Hauptmann Langguth, der Ic, sowie die Besatzung haben warme Kleidung, nämlich Fliegerkombinationen. Wir werden nämlich in 4.500 bis 5.000 Meter Höhe fliegen. Das hat man uns beiden Laien nicht gesagt. Wir haben nur unsere dünne Tropenuniform. Dünnes Hemd mit kurzen Ärmeln.

„Das hätte der Langguth uns aber sagen können", meine ich zu Skorzeny, „wir können uns da abfrieren, das hätte sich gehört, daß er für uns je eine Kombination besorgt. Wenigstens hätte er uns ein Wort sagen können, dann hätten wir uns das Zeug selbst beschafft. Er wußte es ja lange genug. Wir haben jeden Tag davon gesprochen."

„Laß ihn doch, die wollen nicht", erwidert Skorzeny, „das spüre ich schon lange, die wollen nicht. Immer kommt was dazwischen, oder es klappt nicht."

„Die einzigen, auf die man sich verlassen kann, sind der General und Rolfs. Ich weiß nur nicht, ob es Absicht ist, die haben auch andere Sorgen und kümmern sich nicht um Sachen, die für den Flieger Selbstverständlichkeiten sind. Vielleicht scheint es uns nur so ungut."

Wir steigen in unseren dünnen Sachen ein in die Maschine. Drei Mann Besatzung, der Ic, Skorzeny und ich.

Die Flieger sind über den eigentlichen Auftrag nicht eingewiesen. Für sie gilt es, uns quer über die Abruzzen Richtung Pescara zu fliegen.

Pescara an der Adriaküste. Dann die ganze Küste entlang, hinauf über Rimini, Ancona bis Ravenna. Es sollen Aufnahmen aller Adriaflughäfen gemacht werden.

Doch das ist nicht Sache der Besatzung. Das machen der Ic und wir.

Über Ravenna wird umgekehrt und derselbe Kurs zurückgeflogen.

Genau über den Gran Sasso ist der Kurs festgelegt. Günstige Fügung, die geradlinige Verbindung von Pratica di mare nach Pescara führt fast genau über unser Ziel.

Kaum sind wir in der Maschine, da erklärt uns der Ic, daß die große Reihenbildkamera leider schadhaft und außer Betrieb sei. Man habe sie, ebenso leider, nicht mehr rechtzeitig reparieren können.

Skorzeny und ich sehen uns an. Was ist denn da los? So etwas wäre beinahe kriegsgerichtsreif.

„Sagen Sie, Herr Langguth, wie ist denn nur so etwas möglich? Jetzt war eine ganze Woche Zeit, dann ist die Maschine nicht zum Termin da, und jetzt funktioniert das Aufnahmegerät nicht. Wozu brauchen wir denn eine Bildmaschine, wenn die Kamera nicht funktioniert? Woran liegt denn das, können Sie mir das sagen?"

Herr Langguth kann nichts sagen, das heißt, er sagt nichts. Die Maschine sei eben so angekommen. Er habe aber eine Handkamera dabei und wolle uns zeigen, wie man damit fotografiert. Anschließend erklärt er uns, wie diese Handkamera funktioniert.

Wir sind sehr aufmerksame Schüler. So ein Ding haben wir ja noch nicht in der Hand gehabt.

Die Maschine ist inzwischen angerollt, hebt sich vom Boden und fliegt hinaus auf das offene Meer. Geht dann auf Höhe und auf den befohlenen Kurs.

Hinüber geht es nochmals über den Flugplatz Pratica di mare und dann ab in Richtung Albaner Berge. Unter uns liegt die Villa Dusmet in Frascati. Dort das „Tusculum", die Villa Borghese und das Collegio Nobile.

Die Gartenecke dort ist leer. Gestern abend haben wir unsere Einheit aus Frascati abgezogen. Sie liegt jetzt oben über Albano und Ariccia hinaus, hoch über dem Albaner See am Fuße des Monte Cavo.

Die Landschaft ist einfach bezaubernd, man kann sich nicht daran sattsehen. Ob man von Rom hinaufschaut auf die Albaner Berge, auf die Weingärten und Villen an den Berghängen und auf die kleinen Städtchen. Ob man im Auto hinauffährt, die schönen gepflegten Straßen, oder ob man hoch aus der Luft sich die schönsten Punkte aussucht, wie wir es jetzt wieder tun können.

Als wir so auf 3.500 und 4.000 Meter Höhe kommen, wird es empfindlich kalt.

Mit der Kamera haben wir uns inzwischen so weit vertraut gemacht, als dies für uns möglich ist.

Ein schweres Ding. Mit beiden Händen muß man es festhalten, an einer Handhabe ist ein Drehgriff. Damit wird der Film transportiert. An der andern eine große Metallklappe, damit wird die Belichtung ausgelöst. So also geht das. Belichtungszeit? Darum brauchten wir uns nicht zu kümmern, meint Herr Langguth. Nun, er muß es ja wissen.

Als wir uns dem Massiv der Abruzzen nähern, haben wir fast 5.000 Meter Höhe. Und frieren, daß wir am ganzen Körper zittern.

Skorzeny geht vor zu Langguth in die Bugkanzel. Der liegt dort auf ein paar Schwimmwesten als Unterlage und sieht sich die Landschaft an.

Wir wollen noch etwas wissen. Nämlich, von wo aus wir fotografieren sollen. Von der Kanzel am Heck-MG aus?

Nein, das ginge nicht, da könnte man uns ja von unten sehen, da würden wir entdeckt.

Die Reihenbildkamera ist fest eingebaut, da geht es also auch nicht.

„Ja", meint der Ic, „da müssen Sie sich eben ein Stück aus der Einstiegsluke am Bauch der Maschine heraushängen lassen, und der andere muß Sie halten, damit Sie nicht hinausrutschen."

Wieder sehen wir uns an. Eigentlich haben wir gehofft, daß der Ic als Fachmann die eine oder andere Aufnahme machen wird. Aber in der Kanzel vorne liegt es sich scheinbar sehr gut.

Da wir uns schon dem Gipfel des Gran Sasso nähern, begeben wir uns an die Einstiegsluke.

Skorzeny wird die Aufnahmen auf dem Hinflug machen, ich auf dem Rückflug.

Also zieht Skorzeny das Fenster weg und sieht nach unten ins Freie. 5.000 Meter unter uns ziehen sich Täler dahin, 4.000, 3.000, 2.000 Meter hohe Berggipfel werden überflogen. 370 Stundenkilometer zeigt der Geschwindigkeitsmesser.

Dann legt sich Skorzeny auf den Bauch am Boden der Maschine. Ich setze mich mit meinem ganzen Gewicht auf ihn. Er schiebt sich vorwärts wie ein Reptil, ist jetzt mit Kopf und Händen und dann mit den Schultern aus der Maschine und hängt im Freien. In 5.000 Meter Höhe mit dünner Tropenuniform bei minus acht Grad und dem Fahrtwind von 370 Stundenkilometern.

Ein einziger Ruck würde genügen, ein geringes Nachlassen oder Heben meines Gewichtes und er saust nach unten und kann dort gerade den Dr. Krutow begrüßen.

Als wir genau über dem Hotel sind, sehe ich, wie Skorzeny die Metallplatte bewegt und den Drehgriff. Jetzt entscheidet es sich, jetzt müssen wir unsere Geländekarte haben für den Einsatz. Und auf dem Rückflug versuchen wir es noch einmal, dann knipse ich.

Fotowettbewerb in 5.000 Meter Höhe. Für Amateure, die Berufsfotografen machen nicht mit.

Schwieriger ist es, Skorzeny wieder hereinzuziehen. Er kann sich ja nirgends gegenstemmen. Ist mit den Schultern außerhalb der Maschine und hat noch die Kamera in der Hand, und ich sitze auf ihm und soll nicht aufstehen. Ein Flieger hilft mir, und dann haben wir ihn auch wieder ganz in der Maschine. Seine Finger sind steifgefroren, wir decken ihn mit Schwimmwesten zu.

Der Ic freut sich, wie gut wir fotografieren können, und lächelt uns von seinem Lager in der Bugkanzel zu.

Weiter geht es, bald ist Pescara unter uns und die Adriaküste. Die geht es dann entlang, genau den vorgeschriebenen Kurs. Unter uns die Via Adriatica, die breite Straße, immer an der Küste entlang, oft nur durch einen schmalen Streifen Landes vom Meer getrennt. Städtchen und Dörfer, ausgetrocknete Bäche und Flußläufe. Über Ravenna kehren wir um und fliegen zurück, gehen über Pescara um 90 Grad herum auf Südwestkurs, Richtung Gran Sasso, Pratica di mare.

Diesmal sollen wir aber noch über Rom fliegen, da will sich der Ic noch ein paar italienische Kasernen und Stellungen ansehen.

Über dem Campo Imperatore nach wie vor blauer Himmel. Ich hänge diesmal aus der Maschine, und Skorzeny sitzt auf mir. Auch das klappt. Kaum sind wir über das Ziel hinweg, läßt uns die Landschaft im wahrsten Sinne des Wortes kalt, so frieren wir. Wir legen uns beide hin und decken uns mit Schwimmwesten zu.

Die Maschine geht auf tieferen Kurs. Wir wollen über Rom hinaus auf das offene Meer fliegen und dann vom Süden her in Pratica di mare landen. Es wird auch wieder zusehends wärmer, als wir auf 2.000 bis 1.500 Meter herunterkommen. Wir fliegen westlich an Rom vorbei, werden also diesmal den Anblick von Frascati vermissen. Und es ist gut so.

Als wir um die Mittagsstunde in Pratica di mare landen, herrscht dort große Aufregung.

Aller Blicke sind nach den Bergen gerichtet in Richtung Frascati.

Von Frascati aber können wir trotz des wolkenlosen Himmels nichts sehen. Dort fehlt ein Stück im blauen Himmel. Und dieses Stück ist grau und gelb. Eine riesenhafte Rauch- und Staubwand hängt wie ein Vorhang vor dem Städtchen, seinen Gärten und Hainen. Und hoch oben, heraus aus dieser Rauchwand, stehen noch höhere Rauchpilze wie Gewitterwolken.

Keiner spricht, ist auch nicht notwendig. Jeder weiß es: Frascati ist bombardiert. Und das Bombardement muß fürchterlich gewesen sein.

Wir erinnern uns an ein Gespräch, das wir schon vor Wochen, bald nach unserem Eintreffen in Frascati, mit General Student hatten. Wir fragten ihn damals, ob er nicht auch der Meinung sei, daß eine derartige Zusammenballung höchster Stäbe an einem Platz bedenklich sei.

Frascati ist keine große Stadt. In einer Stunde kann man rundherumgehen, um den eingebauten Raum. Die Altstadt gleicht vielen anderen dieser Städtchen, eng gebaut und übervölkert. Am Stadtrand ein weiträumiges Villenviertel, das Viertel der reicheren Leute.

Die Eigentümer der großen Villen sind vornehmlich reiche Römer. Sie kommen gewöhnlich zum Wochenende oder in den Ferien in ihre Landhäuser und Gärten.

Jetzt aber sind viele dieser Häuser belegt von der deutschen Wehrmacht.

Quer durch die Gärten, quer über die Straßen, über Bäume und Sträucher ziehen sich die Kabel und Drähte der Leitungen. Oft zu dicken Bündeln vereinigt, mit glänzenden Metallhaken und Kugeln zusammengehalten. Ein Wirrwarr, in dem sich nur Fachleute zurechtfinden.

„Man sieht ja den Himmel vor lauter Drähten nicht", sagt einmal Skorzeny in den ersten Tagen unseres Aufenthaltes in Frascati.

„Kaum die Palmen kann man sehen, alles Draht, wo man hinguckt, wenn da die Tommis mal reinhalten", meine ich dazu. Und wir stellen fest, daß in diesen kleinen Städten und ihren Villen außerhalb sämtliche Stäbe des Oberbefehlshabers Süd, der Luftflotte und des XI. Fliegerkorps untergebracht sind. Vor allem auch sämtliche Nachrichtenabteilungen. Mit einem einzigen Angriff kann hier die gesamte deutsche militärische Führung in Italien ausgeschaltet werden.

„Die brauchen ja nur einmal zwischen ein und zwei Uhr mittags das Kasino im ‚Tusculum I' zusammenhauen, dann können sie eine komplette neue Garnitur Stabsoffiziere für einen Oberbefehlshaber, eine Luftflotte und ein Korps aus Deutschland schicken. Wenn die überhaupt erfahren, daß in Italien die gesamte Führung beim Mittagessen ums Leben gekommen ist."

Und heute ist es scheinbar so weit. Gott sei Dank, unsere Wagen sind da. Wir haben sie warten lassen, als wir starteten. So steigen wir mit gemischten Gefühlen ein, und ab geht es in Richtung Frascati.

„Von 11 bis 13 Uhr ungefähr hat der Angriff gedauert. Schwere amerikanische Bomberverbände haben das Städtchen ununterbrochen mit Bomben belegt. Die Flak schoß aus allen Rohren, wir haben auch welche abstürzen sehen", erzählt unser Fahrer, „bin neugierig, wen ich von meinen Kameraden noch treffe. Meine Klamotten habe ich schon abgeschrieben."

Und da der Mann seine Klamotten „abgeschrieben" hat, muß ich unvermittelt daran denken, daß ich mir gestern in Rom auf dem Corso Umberto ein neues Akkordeon gekauft habe. Ein wunderbares Instrument, „Settimo Soprani", Ancona, ganz weiß mit ... Bässen. Erst einmal habe ich darauf gespielt, gestern abend. Noch weiß ich ja nicht, ob es verloren ist, aber wenn ich nach den Rauchwolken sehe, gibt es eigentlich keinen Zweifel.

Noch vor der Abfahrt heute morgen habe ich den Kasten aufgemacht. Einen eingebauten Kasten in der Verbindungswand zwischen unserem Zimmer und dem des Ic. Habe mir das Instrument noch einmal angesehen und dann noch meinen Koffer mit den Devisen und anderen Papieren in den Kasten gestellt. Man kann ja nicht wissen. Jeden Tag habe ich die Sachen in diesem Schrank verwahrt. Dachte immer, wenn auch ein ganzes Haus einstürzt, ein paar Mauern bleiben meistens stehen.

Wir fahren die Straße hinauf nach Albano, die wir schon so oft gefahren sind. Doch heute ist uns anders zumute. Wo wird die Zerstörung beginnen? Die Flieger müssen auch außerhalb abgeladen haben. An die 400 Bomber wollen sie in Pratica di mare gezählt haben.

In Albano ist noch alles heil, auch in Castel Gandolfo und San Marino.

Doch gleich, als wir aus Marino heraus sind, kommen uns die ersten Flüchtlinge entgegen.

Verzerrte Gesichter, viele blutverschmiert und mit einer dicken Staubkruste bedeckt. Einige auf Stöcke gestützt, zitternd und mit zerfetzten Kleidern. Laut weinend und schreiend ziehen sie dahin. Einige haben einen Packen Fetzen über der Schulter. Man kann nicht sehen, ist es Wäsche, Bettzeug oder sind es Kleider. Alles grau und rötlich vom Staub des Bodens und der eingestürzten Mauern.

Andere haben gar nichts gerettet als ihr Leben. Aus ihren Augen starrt uns das Grauen an. Sie sind einer Hölle entronnen, das sieht man ihnen an. Ihre Gesichter spiegeln nicht die Freude über die Rettung, auch nicht den Haß gegen uns Soldaten, den wir in Rom schon öfters bemerkten, wenn die Sirene ging. Sie spiegeln nur Angst und absolute Leere.

Dieses Bild wird immer schlimmer, als wir uns Grottaferrata nähern.

Dort sehen wir auch die ersten Zerstörungen. Die Hauptstraße über den Hügel nach Frascati können wir nicht nehmen. Sie ist verschüttet. Umgeknickte Bäume und eingestürzte Mauern versperren uns den Weg. Also müssen wir zurück und die Straße links entlang, durch den Ort Grottaferrata durch, wo es am Abhang hineingeht in Frascatis Villenviertel.

In Grottaferrata sind viele Bomben gefallen. Eingestürzte Häuser, Tote und Verwundete werden vorbeigetragen.

Irgendwo ist die Wasserleitung getroffen, das Wasser fließt über die Straße, und dort stehen die Menschen in langer Schlange und holen Wasser. Frascatis Villenviertel ist nur wenig getroffen. Ungehindert erreichen wir die Villa Dusmet. Dort erfahren wir auch die ersten Einzelheiten, vor allem, daß sämtliche Nachrichtenverbindungen mit der Außenwelt unterbrochen sind. Verbindung nach Rom und zu den Einheiten ist nur mit Meldefahrern möglich. Kein Licht, kein Funk, kein Telefon, kein Fernschreiber.

Die Straßen sind unpassierbar. Nur noch ein kleines Stück kann man fahren, den Berg hinunter bis zur großen Kurve und dann noch etwa 100 Meter hinauf. Dann ist Schluß.

Von dort geht es nunmehr zu Fuß über Berge aufgeworfenen Erdreiches, über Ruinen und durch haustiefe Krater. Krater bis zu acht und zehn Metern Tiefe sind keine Seltenheit. Die Opfer an Toten bei der Zivilbevölkerung müssen sehr hoch sein, besonders in der Altstadt. 6.000 bis 7.000 Tote werden später von den Italienern gemeldet.

Skorzeny und ich begeben uns auf den Weg zum „Tusculum". Noch 500 Meter können wir fahren, dann beginnt unsere Klettertour. Zum Teil ist sogar das Landschaftsbild verändert. Wo früher Terrassen waren, sind jetzt Erd- und Steinbrüche, Häuser mit den Erdmassen in die Tiefe gerissen. Über den Straßen liegt stellenweise ein unentwirrbarer Knäuel von Drähten und Kabeln. Man kommt kaum daraus los, wenn man sich einmal mit dem Stiefel darin verheddert hat. Oben auf der Gegensteigung am Gipfel des Hügels ist die Bildstelle, dort müssen wir hin, um unsere Aufnahmen entwickeln zu lassen.

Das Haus steht noch, aber die Räume sind durchgeblasen vom Luftdruck, Fenster und Türen samt dem Rahmen herausgerissen, die Apparate sind zerstört oder bereits abmontiert.

Der Garten des Hauses bildet mit der Straße, die daran vorbeiführt, einen tiefen, mit Wasser gefüllten Krater.

Wir klettern weiter durch die Straßen, immer vorbei an ausgedehnten Zerstörungen. An uns zieht ein nicht abreißender Zug von Menschen vorbei, die von Angst und Leid gezeichnet sind.

Und dann stehen wir am Tor des „Tusculum", das ist unversehrt. Nicht so die Villa selbst. Der Speisesaal ist durch eine Bombe auseinandergerissen.

Ich gehe hinunter in die Küche, die im Keller gelegen ist. Da trägt man eben einen toten Soldaten herauf.

Das Mittagessen ist beinahe fertig gekocht. Ein eigenartiger Anblick, tragisch, komisch. Der große Küchenherd ist unzerstört, darauf stehen riesige Pfannen mit Klößen. Direkt in militärischer Ordnung liegen die Klöße in den

Pfannen, wie mit dem Lineal ausgerichtet. Und bedeckt mit einer zentimeterdicken Staubschicht.

Am Tor erwartet uns der Hauptmann Uhlenberg. Er hat unser Haus gehütet, während wir unterwegs waren. Gehütet, denn behüten konnte er es nicht.

Er kam gerade noch zur rechten Zeit in den Keller, um das alles über sich ergehen zu lassen.

Wenige Minuten vor dem Angriff waren Warger und Grienke aus Maddalena zurückgekommen. Sie sind wieder weggegangen, als sie uns nicht antrafen. Wollten oben in das große Caféhaus gehen, um schnell ein Eis zu essen. Sie sind noch nicht wieder zurück.

Uhlenberg ist auch mit einer dicken Staubkruste bedeckt und zeigt nach dem „Tusculum II".

Vorgarten und Villa sind weg, vom Erdboden verschwunden. Über Trümmer klettern wir vorwärts, dort, wo die Terrasse war, ist jetzt ein Abgrund, vielleicht zehn Meter tief. Und am Rande dieses Abgrundes, wo man früher in ein Haus mit Garten sehen konnte, da ist es auch leer, da sieht man jetzt direkt auf den Bahnhof der Kleinbahn, die von Rom nach Frascati führt. Auch der ist schwer zerbombt. Ein Trichter neben dem andern, nichts als eingestürzte Mauern und verbogene Schienen ragen in die Luft.

Von unserem „Tusculum II" sind nur einige Mauern stehengeblieben.

Ich glaube meinen Augen nicht mehr trauen zu können, da steht eine Mauer, darin eine Tür, leicht eingebeult, aber geschlossen. Mein Wandkasten. Es ist fast unglaublich.

Schon will ich die Trümmer hinauf, doch da steht schon eine große Tafel mit Totenkopf und der Aufschrift: „Vorsicht Blindgänger, Lebensgefahr, Betreten verboten!"

Ich sehe Uhlenberg an und dann Skorzeny.

„Blindgänger?"

„Ja, zwei Stück, einer liegt im Keller, den anderen kann man nicht sehen."

Und nochmals sehen wir uns an. Skorzeny macht mit dem Daumen eine Bewegung. Ran!

Über die Trümmer klettern wir an der Blindgängertafel vorbei zu unserer Ruine. Auch eine Wache ist schon da.

„Herr Hauptmann, das Betreten ist verboten, da liegt ein Blindgänger."

„Ja, und? Wir müssen trotzdem zu unserem Zimmer, da kann ich auf einen Blindgänger keine Rücksicht nehmen."

„Ja, aber Herr Hauptmann."

„Mensch, laß uns doch in Ruhe, wirst es schon hören, wenn es bumst!"

Über unseren ehemaligen Balkon klettern wir an die Stelle, wo unser Zimmer stand. Die Zimmerdecke ist nicht mehr da. Nur blauer Himmel.

Aber die beiden Betten stehen noch da. Allerdings zugedeckt. Mit Teilen der Zimmerdecke. Die werden abgeräumt und unser Bettzeug herausgeholt. Kissen, Bettuch, weiße Flanelldecke. Alles ohne den kleinsten Riß. Nur etwas kalkig. Die Sachen werfen wir über den abgebrochenen Balkon hinunter. Neben dem Blindgängerschild werden sie aufgestapelt.

Ich habe mit zitternden Fingern meinen Wandschrank geöffnet. Und darin steht, neu wie im Schaufenster, und blitzblank: mein Akkordeon. Daneben mein Devisen- und Papierkoffer.

Am liebsten würde ich ein Stück spielen.

Dann gelingt es uns noch, unsere Kommode vom Schutt zu befreien, und aus den Schubladen können wir all unsere Toilettensachen, Waschzeug, Rasierapparate herausholen und auch Wäsche.

Und als wir am Schluß alles überschlagen: total zerbombt, nichts verloren.

Dann kriechen wir zurück aus dem Trümmerfeld, jetzt selbst über und über mit einer Staubkruste überzogen, und unter einem Baum am Parktor des „Tusculum I" ruhen wir aus.

In einem Verpflegungsraum bekomme ich ein Brot und etwas Wurst, und das schmeckt uns jetzt besser, wie weiß Gott, vielleicht die Klöße, die es heute gegeben hätte.

Noch während wir am Futtern sind, kommt Warger an. Meldet, daß Grienke verwundet wurde. Beide saßen vor dem Caféhaus bei einem Becher Eis. Da kam der Alarm. Warger schlug vor, doch irgendwo in den Keller zu gehen. Das wollte Grienke nicht. Die erste Welle warf ihre Bomben, Warger blieb am Platze stehen, Grienke wollte zum „Tusculum" laufen, wo er Uhlenberg wußte. Als er vorne an dem großen Baum an der Terrasse vorbeikam, da schlug die Bombe ein. Direkt in den Baum. Baumkrepierer.

Grienke brach zusammen, wurde dann noch von Staub und Erde, die eine zweite Bombe aufwarf, überschüttet und blieb zunächst dort liegen. Bis der Angriff vorbei war. Dann brachte man ihn zum Verbandsplatz. Er schien sehr schwer verwundet zu sein. Das berichtet Warger. Skorzeny geht mit ihm sofort zum Verbandsplatz, ich bleibe bei unseren Sachen.

Grienke hat das Augenlicht verloren, zumindest kann er jetzt nicht sehen, als Skorzeny vor ihm steht. Blutet aus vielen Wunden, ist allerdings schon vom Arzt versorgt. Am späten Nachmittag wird er nach Rom ins Lazarett gebracht. Dort verstirbt er nach wenigen Tagen.

Kapitel 15

Verrat auf italienisch

Skorzeny und ich schaffen unsere Sachen nunmehr nach der Villa Dusmet. Dort werden wir aufgenommen.

Dann müssen wir uns fertigmachen. Wir wollen doch zu einem bestimmten Zeitpunkt in der Via Tasso in Rom sein. Unser reisender Oberarzt will auch dorthin kommen.

Um 16 Uhr fahren wir ab. Bald sind wir unten auf der großen Straße in Cine Citta. Das liegt alles ruhig da, wie im tiefsten Frieden, und in Rom konstatiert man bloß, daß heute „ein Angriff auf Frascati gewesen sei".

Drei Dinge haben wir in Rom vor.

Einmal wollen wir nochmals nach unseren italienischen Freunden sehen, falls wir sie in den nächsten Tagen brauchen.

Dann wollen wir bei Kappler den Dr. Krutow treffen.

Und drittens wollen wir nach dem anstrengenden Tag gut zu Abend essen.

Das kann man besonders gut in einem Lokal der Kriegsmarine. Das heißt, es ist ein italienisches Lokal, aber die Herren der Kriegsmarine essen dort immer.

Kappler begrüßt uns. Dr. Krutow ist noch nicht zurück. Es gibt eine Menge Neuigkeiten. Man spricht von einem bevorstehenden Waffenstillstand. Die Botschaft will ziemlich genaue Informationen haben.

Auch im Feindrundfunk ist etwas durchgesickert.

Kesselring ist eben dabei, mit Badoglio Verbindung aufzunehmen. Ebenso der Botschafter. Der eine in seiner Eigenschaft als Militär mit dem Marschall Badoglio, der andere als deutscher Botschafter mit dem Regierungschef Badoglio.

Kappler meint, es bestehe gar kein Zweifel mehr. Das ist auch unsere Ansicht.

Wir wollen uns also beeilen. Teilen uns die Rollen.

Für Dr. Krutow hinterlassen wir Nachricht, er soll in der Via Tasso warten, wenn er kommt.

Im „Marinelokal" kann man uns dann erreichen.

Skorzeny wird außerdem noch einmal in der Via Tasso vorbeifahren.

In den Straßen genau dasselbe Bild wie sonst. Schöne Frauen, gut gekleidete Menschen auf der Via Nationale, ebenso auf dem Corso Umberto und dem Corso Vittorio Veneto.

Man sitzt an den Tischen vor den Kaffeehäusern und unterhält sich.

Wir fahren noch an unserem winzigen Stammcafé vorbei, in der Nähe des „EIAR"Verwaltungsgebäudes. Das Caféhaus führt eine Deutsche aus Köln, mit einem italienischen Händler verheiratet. Dort gibt es wunderbaren Mokka und vor allem Eiskaffee.

Von da fahren wir zu dem Lokal, in dem wir essen wollen. Skorzeny setzt mich dort ab. Ich soll schon mal hineingehen und ein Essen zusammenstellen, Skorzeny will schnell zu Kappler fahren, um nach Krutow zu sehen. Und sich auch sonst ein wenig umsehen, es liegt irgend etwas in der Luft.

Bei Kappler ist Dr. Krutow inzwischen eingetroffen.

Leider erfolglos. Kam gerade bis Assergi. Mit dem Gran Sasso war nichts zu machen, weder hinauffahren noch telefonieren. Sie hätten ihn alle für verrückt gehalten, die Italiener. Aber er habe sich schließlich ja ausweisen können, und so hätte man ihm geglaubt. Nur weiter gelassen habe man ihn nicht.

Er glaube aber, uns etwas sehr Interessantes erzählen zu können. Die Leute dort in Assergi sprechen alle davon, daß der Duce auf dem Gran Sasso gefangen sei. Im Hotel. Das wisse dort jedes Kind. Aber gesehen habe ihn noch niemand.

Die Soldaten allerdings, die wissen von nichts.

Na schön, denkt Skorzeny, eine Wahrscheinlichkeit mehr. Aber nicht die Gewißheit.

Dr. Krutow fährt ab nach Frascati. Kappler weiß Skorzeny zu erzählen, daß Kesselring mit Marschall Badoglio telefoniert habe.

Badoglio sei sehr kurz angebunden gewesen und habe sich gewundert, daß Kesselring ihm Derartiges zumuten würde. Man sei doch immerhin Achsenpartner. Er bedaure sehr, daß auch Feldmarschall Kesselring diesen Gerüchten glauben schenke, daß Italien von der Achse abspringen wolle.

Dieses Gespräch findet um die sechste Abendstunde statt.

Um sieben Uhr höre ich im Lautsprecher des Lokalen die Ankündigung einer Sondermeldung. Und da ist sie auch schon: Italien hat mit den Alliierten einen Waffenstillstand geschlossen. Badoglio wird in wenigen Minuten eine Ansprache an das italienische Volk halten.

Wenig später kommt Skorzeny. In ziemlicher Eile.

„Wir müssen gleich nach Frascati, es ist allerhand los."

„Ich habe es auch gehört im Radio, verdammter Mist, aber so mußte es ja kommen."

„Wissen Sie jetzt, warum heute mittag Frascati bombardiert wurde? Um die deutsche Führung in Italien auszuschalten für dieses Ereignis. Wir müssen gleich raus."

„Erst wollen wir mal in aller Ruhe das essen, was wir bestellt haben, kann gleich serviert werden."

So geschieht es auch, aber es will uns heute nicht so recht schmecken.

Was wird nun geschehen in Italien? Wird es zwei Italien geben?

Was wird die deutsche Führung tun?

Einstweilen ist für uns nur die Reaktion in Rom zu sehen.

Jubel auf den Straßen, Fackeln, Freudenfeuer, singende und johlende Menschen.

In langen Zügen ziehen sie die Straßen entlang. Umarmen sich, schreien, singen, lachen, tanzen, weinen und brüllen. Je nach Temperament. Und das überall in gleichem Maße. Und über all dem steht ein einziger, geradezu erlösender Schrei für alle: Armistizio! Finita la guerra! Finita la guerra! Viva il re!

Und wer könnte diese Erlösung nicht verstehen, nicht den inneren Aufruhr begreifen, den Taumel, der die Menschen erfaßt? Und wer könnte nicht irgendwie mit ergriffen sein von diesem elementaren Ausbruch des südlichen Temperaments?

Doch ist es an uns, Ruhe zu bewahren und mit nüchterner Sachlichkeit sich auf das Kommende einzustellen.

Eines ist uns klar, als wir unser Abendessen rascher als sonst beenden:

Wir müssen wirklich schnell heraus aus Rom, müssen dort sein, wo wir hingehören und wo wir vielleicht rasch gebraucht werden.

Und außerdem: Wir fahren einen deutschen Wehrmachtswagen mit Wehrmachtskennzeichen. Für jedermann zu erkennen.

Wer weiß, was in den nächsten Stunden schon passieren kann, wenn die Finsternis der Nacht hereingebrochen ist? Wenn vielleicht die ersten Unruhestifter – mit oder ohne Auftrag – die Bevölkerung zu Tätlichkeiten gegen die Deutschen anstiften? Wir wissen, wie sehr ein kleiner Funke ein Pulverfaß zünden kann.

Also ab nach Frascati.

Vorbei bei Kappler. Mit dem wird vereinbart, daß er nachts, falls in Rom Schwierigkeiten entstehen, zusammen mit Bollmann und Wenner nach Frascati kommen kann.

In der Villa Dusmet kann er mit uns in dem großen Zimmer nächtigen. Auch seine Mitarbeiter.

Kappler soll, wenn möglich, einen oder zwei der italienischen Offiziere mitbringen, mit denen wir verhandelt haben.

Bei der Ausfahrt aus Rom vermeiden wir die Hauptstraßen. Man kann nicht wissen. Vielleicht hat Badoglio seiner Armee bereits Befehle zugehen lassen, gegen deutsche Soldaten vorzugehen.

Auf Umwegen verlassen wir die Stadt.

Doch dann, nachdem wir das letzte alte Stadttor passiert haben, bleibt uns nurmehr die eine Straße: Die Via Tusculum, die an der Cine Citta, den tiefen Panzergräben, an den mit Artillerie bestückten Barrikaden und an dem strengen Kontrollpunkt der Italiener vorbeiführt.

Wir haben nicht einmal eine Waffe mit. Sind in Zivil. Was wir tun werden, falls man Schwierigkeiten macht, wissen wir eigentlich gar nicht.

Mal sehen, ob es so geht.

Und es geht tadellos. Offenbar sind noch keine Weisungen durch. Übliche Kontrolle. Autonummer, Fahrbefehl, fertig, weiter nach Frascati.

Dort herrscht fieberhafte Arbeit im Stabsquartier. Befehle müssen hinaus, bis zu den kleinsten Einheiten.

Aber Telegraf und Telefon sind gestört. Einiges geht auf dem Funkweg. Alles andere ist nur mit Meldern auf Motorrädern und Autos zu machen.

Noch in den Abendstunden werden die entscheidenden Befehle hinausgehen.

Eines ist klar: Die Regierung Badoglio hat nicht nur mit den Alliierten Waffenstillstand geschlossen, sie wird auch an ihrer Seite gegen Deutschland kämpfen. Und der einzig mögliche, konsequente Befehl der deutschen Führung heißt: Entwaffnung der italienischen Armee.

Für uns heißt das: Unternehmen Mussolini auf unbestimmte Zeit verschoben.

Denn zur Entwaffnung der Italiener, die zweifellos nicht ohne Widerstand vor sich gehen wird, wird jeder Soldat gebraucht.

Die zahlenmäßige Stärke der deutschen Truppen ist katastrophal. So erhält jede Einheit des XI. Fliegerkorps einen bestimmten Abschnitt, in dessen Raum alle italienischen Soldaten zu entwaffnen sind.

Wir stellen eine kleine Einheit bei Ariccia zur Verfügung. Sie wird im Rahmen des Fallschirmlehrbataillons eingesetzt und dessen Bataillonsführer, Major Harald Mors, einsatzmäßig unterstellt.

Wir beide haben in Frascati zu bleiben. Noch in derselben Nacht kommt Kappler an mit Wenner und Bollmann und mit einem unserer italienischen Freunde. Der ist in Zivil. Verständlich. Er wird auch bei uns bleiben; erklärt sich aber bereit, wenn erforderlich, nach Rom zu gehen.

Aus Rom strömt alles heraus, was Fahrzeuge hat oder Freunde, die die Deutschen mitnehmen. Zuerst kommen verschiedene Versorgungsstäbe an. In wenig imponierender Ordnung.

Unterwegs, so berichtet Kappler, begegnet er einer größeren Kolonne.

Schöne Limousinen, vier- und sechssitzig, aber höchstens ein bis zwei Personen darin. Das andere sind Sachen, Koffer, Mäntel, Kleider, bis hin zu vornehmen Polstermöbeln. Ein unwürdiger Anblick.

Ihre kleinen Leute haben sie in Rom zurückgelassen. Mindestens vier bis fünf Personen hätte jeder aufladen können. Aber man kann doch keine Polstermöbel zurücklassen!

Es sollen höhere Herren in schönen Uniformen gewesen sein, so erzählt Kappler, wahrscheinlich Diplomaten, höhere Offiziere, Dienststellenchefs.

In Rom ist es inzwischen unruhig geworden. Alle zurückbleibenden Deutschen, Soldaten, Nachrichtenhelferinnen, kleine Angestellte, versuchen sich in die deutsche Botschaft zu retten. Dort hoffen sie, einigermaßen in Sicherheit zu sein. Man wird die Exterritorialität wohl respektieren.

Das ist inzwischen klar geworden: Rom muß erst mal aufgegeben werden. Die italienischen Truppen darin sind zahlenmäßig zu stark, und auf Straßenkämpfe will man es nicht ankommen lassen. Erst müssen die Truppen außerhalb entwaffnet werden.

Noch in derselben Nacht startet ein Bataillon Fallschirmjäger mit Ju 52, um im Morgengrauen auf den Monte Rotondo zu springen.

Dort soll das Comando supremo ausgehoben werden, die oberste italienische Kriegs-Führungsstelle.

Die Männer springen ins Leere. Sozusagen noch ins warme Nest. Aber die Vögel sind vor einer Stunde ausgeflogen.

Die Springer haben schon beim Anflug durch Abschuß einiger Ju 52 Verluste.

Auf dem Monte Rotondo werden sie eingekesselt und verteidigen sich fast zwei Tage gegen eine zehnfache Übermacht. Sie erhalten für ihre Tapferkeit einen ehrenvollen Abzug mit Waffen von einer sehr fairen italienischen Kommandostelle zugestanden.

Im allgemeinen geht die Entwaffnung schnell vonstatten. Viele, auch große Einheiten der Italiener werfen die Waffen einfach weg. Bis auf kleine Widerstände vollzieht sich das alles glatt. Gott sei Dank.

Schwierigkeiten gibt es in Albano und Ariccia. Dort liegen Teile der „Division Piacenza".

Die wehren sich. Doch Major Mors mit den Männern seines Lehrbataillons, das er in Vertretung des schwer erkrankten Kommandeurs führt, greift hart zu.

Noch am Vormittag des 9. September ist auch dort der Zauber aus. Leider ist Blut geflossen. Einige Italiener haben sich tapfer verteidigt, die Fallschirmjäger haben aber ebenso tapfer zugeschlagen. Schon am Mittag ist es still.

Unsere Männer haben, dreißig Mann stark, unter der Führung von Menzel und Schwerdt eine kriegsstarke Artillerieabteilung der Italiener entwaffnet. Beabsichtigter Widerstand der Italiener wird durch geschicktes Verhandeln von Warger unmöglich gemacht. Am Nachmittag des 9. September sind alle Geschütze und Fahrzeuge nebst Waffen und Munition bei der Beutesammelstelle.

Skorzeny hat bei seinem Besuch im Führerhauptquartier dort zur Sprache gebracht, daß wir vollkommen unmotorisiert in Italien sind. Sozusagen zu Fuß. Nicht einmal ein Fahrrad haben unsere Männer.

Gleichzeitig hat er gebeten, im Falle einer kriegerischen Entwicklung in Italien sich mit Beutefahrzeugen versehen zu dürfen. Das wird von Himmler genehmigt, ebenso von Hitler.

Spielt ja auch keine Rolle. Wenn eine ganze Armee kapituliert, fünf Fahrzeuge von der Beute zu erhalten. Noch ist es aber nicht so weit.

Als die italienische Artillerieabteilung entwaffnet ist, nehmen unsere Offiziere drei Personenkraftwagen, zwei Lastkraftwagen und einen dreirädrigen Lieferwagen zu ihrem Zeltlager mit.

Alles andere, was nur irgendwie fahrbar ist, wird zum Lehrbataillon Mors gekarrt.

186

Am Nachmittag entdecken zwei unserer Männer auch noch eine Großgarage, in der an die dreißig fabrikneue Lastkraftwagen stehen und noch andere Fahrzeuge der italienischen Wehrmacht.

Sie melden das sofort dem Major Mors, damit er die Wagen abholen kann. Ist in Ordnung. Damit ist die Mission erledigt.

Noch am 9. September abends ziehen wir unsere Männer wieder von oben ab, zurück nach Frascati in den Garten des Collegio Nobile.

Als wir dort ankommen, erkennen wir den Garten nicht wieder, daß heißt die Ecke, wo unsere Zelte noch vor ein paar Tagen lagen.

Ein Bombentrichter neben dem anderen, schwerste Kaliber, Rand an Rand. Das war aber ein Dusel, daß wir dort weggezogen sind, da wäre keine Maus herausgekommen. Aber nun können wir etwas abseits wieder die Zelte aufschlagen.

Von überall kommen Meldungen von guten Fortschritten der Entwaffnung der italienischen Wehrmacht.

In Frascati selbst war seit Wochen eine nordafrikanische Einheit der Italiener eingezogen. Ausgesucht gut gewachsene Menschen. Beste Manieren und vorbildliches Auftreten.

Araber der sogenannten Arabischen Legion.

Wie werden die sich verhalten? Das war die große Frage. Wenn die schießen, die werden sich nicht billig verkaufen. Und das gerade in Frascati.

Am 8. September muß es sich entscheiden. Major Schacht wird die Verhandlungen führen und sie zur Übergabe auffordern.

Mit größtem Geschick erledigt er seine Mission. Die Araber kapitulieren, werden dafür nicht als Kriegsgefangene behandelt, sondern können sich frei bewegen.

Noch andere Verhandlungen führt derselbe Offizier. Mit dem gleichen Geschick. Im Raum ostwärts Rom, einschließlich Frascati, wird nicht geschossen.

Um so lauter aber dringt der Gefechtslärm am Abend des 9. September und am 10. aus dem Westen und Südwesten bis hinauf nach Frascati.

Nachts sehen wir das Mündungsfeuer der feuernden Batterien. Die Aktion zur Entwaffnung der italienischen Divisionen in Rom hat begonnen. Waren zur Zeit unseres Eintreffens in Italien etwa zwei Divisionen der Italiener in Rom, so sind es jetzt ungefähr sechs kriegsstarke Divisionen.

Diesen stehen nur einige Regimenter Fallschirmjäger, und diese auf verschiedene Abschnitte zersplittert, gegenüber. Doch auch das muß geschafft werden.

Am 9. September beginnt der Anmarsch auf der Linie der Via Ostia. Dort haben die Italiener zahlreiche Gräben, Sperren und Panzerfallen errichtet. Gegen eine eventuelle Invasion, hieß das damals.

Diese Straße muß jetzt freigekämpft werden. Auf beiden Seiten wird äußerst zäh und tapfer gekämpft. Mit allen Waffen. Nur der Südeingang von Rom muß geöffnet werden. Doch bleibt der deutsche Angriff zunächst stecken.

Vom Nordosten und Osten her wird ein Angriff gar nicht versucht. Die Italiener liegen dort in ihren Stellungen und warten. Und wir warten auch.

Wir können ihnen mit dem Glas hineinschauen in ihre Stellungen und können ihre Bewegungen beobachten.

Seit Wochen sind wir jeden Tag an ihnen vorbeigefahren, kennen also jeden Baum. Aber alles, was an Kampftruppen zur Verfügung steht, ist vom Süden her im Kampf. Der Rest muß als Reserve gehalten werden.

Da kommt am 10. September vormittags plötzlich einer unserer Offiziere. Sehr aufgeregt.

Major Mors hat von unseren Männern die Herausgabe der Fahrzeuge verlangt. Die stünden ihm als Beute zu. So sagten es die eindeutigen Kriegsgesetze.

Er verlangt die Fahrzeuge bis elf Uhr vormittags, widrigenfalls will er sie mit Waffengewalt abholen.

Ich gebe Skorzeny einen Wink: „Der spinnt!"

„Wer?"

„Na, entweder unser Mann hier oder der Major Mors."

„Sie, sagen Sie mir das noch mal", fährt Skorzeny den Mann an.

„Ja, es ist so, Herr Hauptmann, Mors droht uns mit Waffengewalt, wenn wir ihm unsere Fahrzeuge nicht freiwillig geben."

„Radl, fahren Sie einmal hinunter in den Garten Nobile, das gibt es doch nicht."

Ich rase los. Komme zu unseren Männern, die laufen wirr durcheinander.

„Was ist denn hier los?" frage ich, „da erzählt einer, man will Euch die Fahrzeuge abnehmen."

„Jawohl, und zwar mit Waffengewalt, wenn wir sie ihnen nicht hinfahren."

Ich lasse mir genau berichten.

Gestern also war noch alles in Ordnung. Das Lehrbataillon hatte alle Fahrzeuge der Italiener erhalten, bis auf die schon genannten.

Außerdem wurden ihnen noch die neuen Lastkraftwagen und Fahrzeuge in der Garage gemeldet.

Man hatte jedoch einige Stunden verstreichen lassen. Als man sich endlich die Sache besehen wollte, mußten die Herren vom Lehrbataillon zusehen, wie andere die Fahrzeuge beschlagnahmten und niemand mehr heranließen.

Als dann gestern abend, gerade vor der Abfahrt vom Lagerplatz nach dem Garten des Collegio Nobile, ein Offizier des Lehrbataillons bei unseren Männern ankam, um deren Fahrzeuge zu beschlagnahmen, hatten unsere Männer abgelehnt. Waren dann nach Frascati gezogen, und heute früh hatte Major Mors die ultimative Herausgabe der Fahrzeuge verlangt.

Ich fahre sofort zurück zu Skorzeny.

„Herr Hauptmann, die Sache verhält sich so, wie uns früher geschildert wurde. Ich werde sofort zu Oberleutnant Rolfs fahren und ihn bitten, den Fall dem Kommandierenden General vorzutragen."

„Ja, fahren Sie gleich los, nein, warten Sie, ich komme mit."

Zusammen geht es zum Stabsquartier. Dort ist alles stark beschäftigt. Rolfs hört unsere Geschichte.

„Was, das soll der Major Mors veranlaßt haben, das gibt es nicht."

„Doch, Herr Rolfs, ich habe mich eben persönlich überzeugt, ich konnte es auch nicht glauben."

„Aber Herr Radl, wir können doch jetzt nicht mit diesem Mist den General belästigen, der hat ganz andere Sorgen. Von Ostia herauf hört man die Geschütze."

„Das ist eben das Traurige an der Sache, Herr Rolfs, während fünfzehn Kilometer von hier deutsche Soldaten im Kampfe fallen, droht hier ein deutscher Major einer deutschen Einheit mit Waffengewalt, um ihr ein paar Autos abzunehmen."

Skorzeny schaltet sich ein: „Radl, Sie kennen doch den Adjutanten von Mors. Mit dem haben wir doch erst vor drei Tagen einen gemeinsamen Abend in Rocca di Papa gefeiert. Der ist doch umgänglich. Ich gebe auch Rolfs recht. Wir dürfen jetzt den General noch nicht einschalten. Ich selbst möchte mich auch noch nicht einschalten. Um noch ein Gegengewicht gegen Mors zu haben. Sie müssen jetzt hinunter. Und berichten Sie sofort, was Sie erreicht haben. Wir fahren jetzt zusammen hinunter. Ich gehe zu unseren Männern ins Zelt, und Sie verhandeln mit dem Oberleutnant Kurts."

Im Zelt melde ich mich ab und gehe hinüber die 500 Meter zu Oberleutnant Kurts. Der empfängt mich sehr freundlich.

„Herr Kurts, da ist scheinbar eine dumme Sache passiert. Irgendein Mißverständnis mit Ihrem Chef. Ich glaube, das können wir zwei als Adjutanten doch geradebiegen. Das wäre doch gelacht."

„Nein, Herr Radl, das ist nicht gelacht, Sie müssen die Autos herausgeben."

„Aber Herr Kurts, ich meine, wir haben doch nichts gegeneinander, wir müssen uns sachlich darüber unterhalten. Nicht mit Ja und Nein. Worum geht es denn eigentlich, auf Grund welcher Rechte ..."

Kurts unterbricht mich: „Gewiß haben wir nichts Persönliches, das uns trennt. Aber Sie müssen die Wagen herausgeben. Das ist Ihre Pflicht."

„Herr Kurts, die Wagen sind Kriegsbeute, wir haben außerdem Genehmigung vom Führer, uns hier zu motorisieren. Das weiß auch der Kommandierende General und hat es ausdrücklich bestätigt.

Es geht dabei aber nicht einmal um eine ‚Motorisierung' in diesem Sinne. Wir haben als Notwendigstes ein paar alte Karren für uns behalten.

Mindestens das Fünffache an Fahrzeugen haben Ihnen unsere Männer bis vor die Tür gekarrt. Und andere dreißig bis vierzig Fahrzeuge sind Ihnen noch gemeldet worden. Die konnten Sie doch auch abholen. Wenn wir uns also der uns erteilten Genehmigung nach motorisieren wollten, dann könnten wir noch etwas fordern. Das wollen wir aber gar nicht."

„Herr Radl, bitte machen wir es kurz. Ich habe nichts gegen Sie und ihren Chef. Ich bin aber Offizier und habe als Adjutant selbstverständlich den Befehl meines Kommandeurs auszuführen. Und da scheidet alles andere aus. Ich erkläre Ihnen also noch mal offiziell, daß wir um elf Uhr die Fahrzeuge hier erwarten."

„Herr Kurts, das kann doch nicht sein."

„Tut mir leid, um halb zwölf Uhr sprechen die Waffen, und Sie können sich darauf verlassen."

„Herr Kurts, Sie wollen die Waffen sprechen lassen, wissen Sie, was das heißt? Hören Sie den Kampflärm? Fünfzehn Kilometer von hier fallen deutsche Soldaten im Feindesland. Und ein deutscher Offizier droht in demselben Feindesland anderen deutschen Offizieren mit Waffengewalt, das ist eine Ungeheuerlichkeit!"

„Ich habe mein letztes Wort gesprochen, um halb zwölf Uhr wird scharf geschossen. Guten Morgen."

„Herr Kurts, vermitteln Sie mir bitte sofort eine Aussprache mit Major Mors. Das kann nur ein Mißverständnis sein. Ich muß ..."

„Herr Radl, ich habe noch andere Arbeit, bedaure."

Ziemlich aufgeregt komme ich zu Skorzeny zurück.

„Herr Hauptmann, um halb zwölf läßt Mors scharf schießen!"

„Radl, Sie fahren sofort mit mir zu General Student. Melden Sie uns bei Rolfs telefonisch an. Menzel, Schwerdt, Sie bauen sofort eine Wagenburg. Es wird eingeigelt. Stellen Sie Maschinengewehre auf. Eines dort oben beim Baum, das andere dort vorne an der Straße. Und eines da oben. Hinter sich haben Sie die Mauer. Es sind jetzt noch eineinhalb Stunden Zeit, wir hoffen, bis dahin zurück zu sein und alles geordnet zu haben. Aus den Fahrzeugen alle Verteilerköpfe entfernen, ohne die kann niemand fahren. Radl, rufen Sie noch den Oberleutnant Kurts an und sagen Sie ihm, um halb zwölf wird zurückgeschossen, wenn sie es darauf ankommen lassen wollen."

„Herr Hauptmann, ich fahre doch lieber allein zum Kommandierenden General. Bleiben Sie bei den Männern hier. Sie behalten auch den Wagen hier. Ich fahre mit dem Feldwebel Himmel mit dem dreirädrigen Lieferwagen."

„Mensch, Radl, Sie können doch nicht auf dem Gemüsewagen fahren. Da lacht Sie ja jede Kuh aus."

„Von mir aus können auch die Schweine lachen. Ich fahre mit Himmel los, gehe zum General und wenn er Sie braucht, lasse ich Sie gleich durch Rolfs rufen."

Das hat uns noch gefehlt, denke ich, während wir mit dem Dreirad durch die Straßen fahren. Es ist unerträglich heiß. Die Sonne sticht nur so vom Himmel.

Aus den Ruinen kommt bereits starker Verwesungsgeruch. Man ist noch beim Bergen der Leichen des Bombenangriffs.

Besonders an einer Stelle, wo ganze Ruinenberge liegen, muß man schon jetzt den Atem anhalten, so stark ist der Verwesungsgeruch.

Hinauf geht es den Berg, und schon stehe ich bei Oberleutnant Rolfs im Vorzimmer des Generals. „Herr Rolfs, es ist unglaublich, der Mors will allen Ernstes schießen. Bis halb zwölf haben wir Ultimatum. Das ist reif für ein Kriegsgericht. Wir schießen zurück. Bitte, melden Sie mich sofort beim General."

„Sie können sofort hinein, Skorzeny hat auch schon wieder angerufen. Ich komme mit hinein. Das ist ja toll."

Der General empfängt mich mit einem fragenden Blick. Dann: „Na, Radl, was ist, was haben Sie denn mit Mors?"

„Wir haben mit Mors gar nichts, Herr General, er mit uns; verzeihen Sie, Herr General, ein paar Kilometer von hier kämpfen deutsche Soldaten um den Eingang von Rom, und hier wagt es ein deutscher Offizier, seine Einheit wegen ein paar lausiger Autos gegen eine andere deutsche Einheit zu einem Angriff mit Waffen bereitzustellen. Wir sind außer uns, Herr General, bitte greifen Sie ein."

„Ja, Radl, worum geht es denn, ich verstehe ja ihre Aufregung – der Major Mors wird nicht schießen, verlassen Sie sich darauf, ich bin ja auch noch da!"

„Herr General, worum es geht, das sind nicht mehr die paar Vehikel, worum es geht, ist die Tatsache, daß ein Stabsoffizier Ihres Befehlsbereiches einem anderen Offizier, auch Ihres Befehlsbereiches, mit Anwendung von Waffengewalt droht und das noch dazu unter dem Kampflärm der ganz nahe liegenden Front. Bitte schreiten Sie ein, das geht ..."

„Na, Radl, dann beruhigen Sie sich einmal. Ich kann die Sache ja noch nicht übersehen. Herr Rolfs, fahren Sie einmal mit Radl hinunter zum Lehrbataillon, und bringen Sie die Sache in meinem Auftrag in Ordnung. Sagen Sie dem Mors, daß Sie auf meinen ausdrücklichen Befehl kommen. Und Radl, Sie müssen mit Skorzeny am frühen Nachmittag zu mir kommen. Wir müssen unsere Einsatzbesprechung von heute nacht fortführen. Und beruhigt Euch, Ihr seid, glaube ich, alle durchgedreht."

In wenigen Minuten bin ich mit Rolfs wieder unten im Garten. Unsere Männer liegen hinter den Maschinengewehren. Wir sprechen kurz mit Skorzeny.

Dann geht Rolfs zum Stabszelt des Lehrbataillons. Er wird die Sache geradebiegen.

Nach zehn Minuten kommt er zurück.

„Ja, meine Herren, der Mors gibt nicht nach, er ist nach wie vor bereit zu schießen. Er behauptet, im Recht zu sein. Nach dem Brauch hat jede unterstellte Einheit die Beute beim Kommandeur abzuliefern. Der sorgt für die Verteilung im Rahmen der Erfordernisse. Herr Mors hat die Absicht, Sie prozentual zu beteiligen. Aber zuerst müssen die Fahrzeuge zu ihm."

„Herr Rolfs, der Herr Mors hat sich aus Gründen, die wir nicht kennen, über dreißig beste, vollkommen neue Fahrzeuge entgehen lassen, die haben wir ihm gemeldet. Außerdem haben wir ihm an die dreißig Fahrzeuge hingekarrt, bis vor die Tür. Dann erst haben wir uns diese alten Schinken hier geholt. Und dazu haben wir immerhin die Genehmigung des Reichsführers und des Führers. Von Ihrem Kommandierenden General mit angehört und bestätigt. Jetzt sieht es so aus, als ob das Bosheit von Herrn Mors wäre."

„Der Mors gibt aber bestimmt nicht nach ..."

„Herr Rolfs, wenn Herr Mors prozentual teilen will, ich kann ihm ja eine schriftliche Aufstellung über die Wagen geben, er mag sie dann mit einkalkulieren, und dann kann man ja über die Übergabe oder einen Abtausch sprechen. Dazu braucht er die Wagen ja nicht in seinem Zelt zu haben."

Rolfs geht noch einmal zu Mors. Kommt dann zurück. Spricht kein Wort, geht unruhig auf und ab. Dann zu Skorzeny: „Mein Gott, mit dem Ergebnis schmeißt mich ja der Kommandierende General hinaus. Ich weiß nicht, was ich da sagen soll. Der Mors will schießen. Ich kann ihn nicht begreifen."

192

„Herr Rolfs, das ist ein klarer Kriegsgerichtsfall. Bitte, sagen Sie dem Kommandierenden, er hat jetzt noch zwei Möglichkeiten. Entweder er maßregelt Herrn Mors, oder ich schieße den Mors über den Haufen, wenn er um halb zwölf ankommt."

Rolfs fährt wieder ab.

Zehn Minuten später sehe ich den Wagen von Mors zum unteren Tor hinausfahren.

Ich fahre mit dem Dreirad die andere Straße hinauf nach der Villa Dusmet. Als ich am Garten vorbeifahre, geht Major Mors gerade hinein in die Villa.

Gott sei Dank, damit ist also diese Krise gelöst. Ganz gleich wie. Aber schießen wird Mors nicht. Das hat mir ja der General ausdrücklich gesagt.

Und tatsächlich, alles bleibt beim alten.

Skorzeny und ich werden zum General gerufen. Im Vorzimmer begrüßt uns Rolfs, sehr ernst.

„Also, meine Herren, der Fall ist erledigt. Es tut mir furchtbar leid, bitte ziehen Sie aus der Affäre keine falschen Rückschlüsse. Es ist sehr beschämend." Und er reicht uns die Hand.

Der General macht es sehr kurz: „Herr Skorzeny, ich habe Herrn Mors zurechtgewiesen. Sein Verhalten war in höchstem Maße ungehörig. Wenngleich er glaubt, berechtigte Gründe für seinen Anspruch zu haben. Aber darum geht es jetzt nicht. Herr Mors wird sich mit Ihnen aussprechen. Bitte, gehen Sie jetzt gleich zu ihm. Er erwartet Sie. Und dann geben Sie sich die Hand und lassen die Sache auf sich beruhen. Ich kann mich auf Sie verlassen?"

„Jawohl, Herr General, danke sehr."

„Und noch eins, Skorzeny. Kommen Sie mit Radl um 14 Uhr zu mir. Wir müssen unsere Pläne fertig besprechen."

Kapitel 16

Die Entscheidung ist gefallen

Das ist der Vormittag des 10. Septembers 1943. Während des Mittagessens besprechen wir nochmals kurz, was gestern auf der Einsatzbesprechung festgelegt wurde. Erstens wurde geklärt, daß ein Springereinsatz nicht in Frage kommt. Die Auswertung unserer Luftbilder läßt einen solchen als unverantwortlich erscheinen. Zu steil und schroff sind die Felsen und Schluchten. Es bleibt also einzig und allein der Einsatz mit Lastenseglern.

Die Luftbilder sind sehr mittelmäßig.

Vor allem haben wir in unserer laienhaften Unkenntnis nur genau über dem Objekt fotografiert. Also senkrecht über dem Ziel.

Das gibt Grundrißaufnahmen.

Was fehlt, sind sogenannte Geneigtbilder. Die werden in einer bestimmten Entfernung vom Objekt gemacht. Durch ein besonderes Verfahren lassen sich diese Geneigtbilder zu Reliefbildern reproduzieren. Darauf können Höhenunterschiede bis auf den Meter genau berechnet werden.

Dies ist aber nun bei unseren Bildern nicht möglich.

Wir sehen wohl die Spitzen und Ecken, aber nicht die Höhenunterschiede.

Das alles hätte sich vermeiden lassen, wenn der besonders ausgebildete Ic die Aufnahmen fachkundig gemacht oder uns zumindest vorher fachkundig beraten hätte. So hängt unsere gesamte Planung an diesen schlechten Bildern und an unseren persönlichen Beobachtungen während des Fluges.

Im großen und ganzen sind wir uns über die Art des Einsatzes klar. Skorzeny und ich haben die ganze Nacht bis in die Frühe gearbeitet und geplant.

Waren sehr müde heute morgen.

Dann kam aber der aufregende Vormittag, der hat den Schlaf vertrieben.

Und jetzt trinken wir jeder sehr viel Kaffee, das pulvert wieder auf für die Besprechung um 14 Uhr.

Vor der Besprechung stehe ich noch mit Kappler auf der Dachterrasse.

Dort hat sich jemand grüne Feigen zum Trocknen ausgelegt. Die werden gerade gelb und schmecken wunderbar. Und nach einer halben Stunde sind nur mehr die ganz kleinen übrig. Hoffentlich haben sie nicht dem Kommandierenden gehört.

Am Südrand von Rom wird noch immer gekämpft. Sehr zähe verteidigen sich dort die Italiener.

Doch, so hofft man, bis heute nacht wird der Riegel aufgebrochen sein.

Nachmittags um 16 Uhr werde ich unseren italienischen Freund als Tomateneinkäufer nach Rom einschleusen. Einen großen Korb Tomaten habe ich schon besorgt.

Bis Ciampino werde ich ihn mit dem Wagen fahren, dann heißt es zu Fuß weiter für ihn. Durch die italienischen Sperren.

Unsere Einsatzbesprechung dauert um 16 Uhr noch an. Ich kann sie aber ruhig verlassen. Ich kenne ja die Einzelheiten, wir haben alles scharf kalkuliert. Einzelne Abweichungen kann mir Skorzeny mitteilen, falls solche beschlossen werden. Als vorläufiges Datum wird der 12. oder 13. September gewählt.

Ich fahre, während die Besprechung weitergeht, mit meinem Italiener über Grottaferrate Richtung Ciampino.

Dort, irgendwo an der Straße, will ich ihn absetzen. So, daß er von den italienischen Stellungen nicht eingesehen werden kann, wenn er den Wagen verläßt. Wir müssen vor dem Ziel langsam fahren. Dann eine Weile warten.

Es sind so viele abgerüstete Soldaten der Italiener auf dem Weg nach Hause. Alle mit ihren Bündeln.

Und die sollen es ja auch nicht sehen, daß da einer ihrer Landsleute aus einem deutschen Auto steigt und mit Tomaten Richtung Rom marschiert.

Meinen Mann habe ich gut eingewiesen. Erst einmal seine Kameraden suchen. Möglicherweise brauchen wir einen oder zwei Offiziere in Uniform. Ich würde sie dann abholen. Aber erst, wenn in Rom alles bereinigt ist.

Solange soll er sich verbergen und sofort mit der deutschen Botschaft Verbindung aufnehmen, sobald die deutschen Truppen wieder festen Fuß in Rom gefaßt haben. Ich muß ihn auf jeden Fall erreichen können, wenn ich ihn in Rom suche. Sollten die Kämpfe wider Erwarten noch mehrere Tage dauern, könnte er ja mit dem leeren Korb zum Tomateneinkauf wieder nach Frascati kommen.

Mit dieser Verabredung trennen wir uns. Kein Mensch ist auf der Straße, der Mann geht seines Weges. Mein Fahrer richtet etwas am Motor und kehrt dann nach ein paar Minuten um, nachdem der Mann verschwunden ist.

In Frascati ist man sich inzwischen über letzte technische Einzelheiten klargeworden. Soweit dies möglich ist.

Klar ist, daß wir mit Lastensegelflugzeugen starten, daß wir in wenigen Tagen zugreifen müssen, noch bevor der Duce vielleicht von den Italienern weggebracht wird.

Klar ist auch die Zahl der Maschinen, die Anzahl der Männer und der Waffen, die wir brauchen, und daß wir versuchen wollen, einen oder zwei italienische Offiziere mitzunehmen.

Unklar ist vor allem, ob sich der Duce wirklich oben befindet auf dem Berg. Die Wahrscheinlichkeit beziffern wir mit 99 Prozent.

Was ist aber seit dem 8. September geschehen? Das Gebiet des Gran Sasso ist absolutes Herrschaftsgebiet der Italiener.

In Aquila liegt eine kriegsstarke Division. Sind die vielleicht schon nach Hause gegangen, oder warten sie Befehle Badoglios ab; sind sie uns feindlich oder freundlich gesinnt?

Niemand weiß das. Es gibt keine Nachrichten darüber.

Lediglich aus Assergi, der Talstation der Gran Sasso-Seilbahn, erreicht uns durch Zufall ein Erkundungsergebnis.

Dort ist alles ruhig. Die Absperrungen werden noch aufrechterhalten. Viel Carabinieri, und, das ist neu: Vor der Talstation steht ein großer Funkwagen.

Aha, kombinieren wir, daß ist General Guelis Funkwagen, mit dem hat er auch damals den Funkspruch ins Innenministerium gegeben, der uns so deutlich nach Isola – also zum Gran Sasso – gewiesen hatte.

Vereinfacht hat sich für uns die Lage insofern, als wir keine Rücksicht auf das Achsenbündnis mehr zu nehmen brauchen.

Die Bewachungsmannschaft kann daher klar als feindliche Truppe angesehen werden.

Das erleichtert die Sache gegenüber dem Maddalena-Plan sehr erheblich. Auf der anderen Seite kann uns der Gegner, bei rechtzeitigem Erkennen, ebenfalls sofort unter Feuer nehmen. Also muß das Überraschungsmoment auch diesmal mit größtmöglicher Wirkungskraft herausgearbeitet werden.

Daß man im Führerhauptquartier auch jetzt noch daran festhält, nur bei mit absoluter Sicherheit festgestelltem Aufenthaltsort Mussolinis das Unternehmen zu starten, nimmt uns wunder. Aber daran sind wir inzwischen gewöhnt. Diese Sicherheit hätten wir nie bringen können.

Klar ist für uns, daß der Großteil der Umstände, die normalerweise bei Aufstellung eines militärischen Einsatzplanes erwogen und in Rechnung gestellt werden müssen, hier nicht gilt.

Wir müssen in Befehlsgebung und Aktion möglichst elastisch bleiben.

Dazu ist es notwendig, daß wir beide, da wir nun das Gelände und das Hotel aus der Luft gesehen haben, möglichst frühzeitig am Schauplatz des Unternehmens sind. Dann können wir jederzeit die Situation überblicken, sicher handeln und rechtzeitig die etwa noch notwendigen Befehle geben.

Spät abends am 10. September ist der Plan fertig.

Auf jeden Fall so weit, als sich ein planmäßiger Einsatz übersehen läßt.

Der Rest bleibt dem Zufall überlassen. Und so sieht der Plan aus:

Der Einsatz wird durch Gleitlandung mit Segelflugzeugen vom Typ DFS 230 durchgeführt.

Die Landung erfolgt auf der aller Wahrscheinlichkeit nach nur schwach geneigten Wiese oberhalb des Hotels Campo Imperatore.

Diese Wiese wird auf der Luftbildaufnahme als eine trapezförmige Fläche erkannt. Die Neigung ist nicht zu erkennen, da kein Geneigtbild vorhanden ist. Auf der Wiese selbst ist noch ein kleines Rechteck zu erkennen. Dieses wird als Almhütte angesprochen.

Zum Einsatz kommen zwölf Lastensegelflugzeuge. Besatzung je zehn Mann, das sind der Flugzeugführer und neun Mann Kampftruppe.

Die Maschinen 1 und 2 landen als erste auf den ihnen zugewiesenen Stellen.

Die Mannschaften gehen sofort an ihrer Landungsstelle unter größtmöglicher Geländeausnutzung in Stellung. Dabei kann die Almhütte mit einbezogen werden. Diese Gruppen geben, falls erforderlich, Feuerschutz für die Landung der weiteren zehn Maschinen. Die Besatzungen der Maschinen 1 und 2 werden von der Kompanie von Berlepsch des Fallschirmlehrbataillons gestellt.

Die beiden nächsten Maschinen 3 und 4 sind mit Männern unserer SS-Einheit besetzt, 3 unter Führung von Skorzeny, 4 unter meiner Führung.

Diese beiden Maschinen haben die eigentliche Aktion des Eindringens in das Hotel und der Sicherung der Person Mussolinis durchzuführen. Das entscheidende Kommando über beide Gruppen liegt bei Skorzeny.

Falls erreichbar, werden mit diesen beiden Maschinen zwei italienische Offiziere mitgeführt.

Sie haben die Aufgabe, beim sofortigen Vorgehen auf das Hotel nach der Landung von 3 und 4 den italienischen Soldaten zuzurufen: „Nicht schießen!"

Ihr Erscheinen soll die italienischen Soldaten für die ersten Minuten in Unsicherheit setzen. Die kurze Zeitspanne nämlich, die wir brauchen, um in das Hotel einzudringen. Durch dieses Überraschungsmoment und das blitzartige Zugreifen sollen Kampfhandlungen vermieden werden.

Oberstes Gebot ist: möglichst wenig Verluste.

Bei Erscheinen des Hotels, noch bevor Alarm gegeben werden kann, sind die Bewachungsposten zu überrennen, bei Gegenwehr zu überwältigen.

Die Besatzung der Maschine 5 – mit Ausnahme der Maschinen 3 und 4 sind alle Maschinen mit Angehörigen der Fallschirmjägerkompanie von Berlepsch besetzt – landet unmittelbar nach Nummer 4.

Sie folgt ebenfalls auf kürzestem Wege zur Verstärkung ins Hotel.

Die Maschine 6 landet in der Nähe der Bergstation der Seilbahn.

Diese wird sofort in Besitz genommen und in Verteidigungszustand gebracht.

Diese Besatzung hat sich um das Geschehen am oder im Hotel überhaupt nicht zu kümmern. Sie hat jedoch auch den kleinen Tunnel, der von der Seilbahnstation ins Hotel führt, abzusichern.

Die Maschinen 7, 8, 9 und 10 landen in der Reihenfolge ihrer Nummern auf den ihnen zugewiesenen Landeplätzen. Ihre Besatzungen gehen ebenfalls auf das Hotel vor.

Die Flugzeuge 11 und 12 führen schwere Waffen mit, und zwar zwei schwere Maschinengewehre, zwei mittlere Granatwerfer und zwei leichte Fallschirmjägergeschütze.

Diese Gruppen gehen sofort nach ihrer Landung in Stellung und werden nur auf besonderen Befehl eingesetzt.

Sämtliche Gruppen erhalten strikten Befehl, nicht selbständig das Feuer zu eröffnen. „Feuer-frei"-Befehl wird durch ein rotes Leuchtzeichen gegeben. Dafür ist besonders einer unserer Männer eingesetzt; er gibt das Zeichen, wenn Skorzeny den ersten Schuß selbst abgibt.

Sind Skorzeny, ich und unsere Männer ins Hotel eingedrungen, so entscheidet über den Feuerbefehl einzig und allein Oberleutnant von Berlepsch, der sofort das Kommando außerhalb des Hotels übernimmt und für den gesamten militärischen Ablauf des Unternehmens außerhalb des Hotels verantwortlich ist.

Die Feindlage ist nicht klar.

Wir wissen, daß die Wachmannschaften Carabinieri sind und müssen vorsichtshalber annehmen, daß es sich um ausgesuchte Soldaten handelt, die auch zu schießen verstehen.

Die Sicherung des Hotels kann nur durch Vermutung angenommen werden. So etwa, wie wir selbst das Hotel gesichert hätten.

Es werden einzelne feste Außenposten angenommen, ferner wahrscheinlich einige Streifenposten, eine besondere Besatzung der Seilbahn-Bergstation und verschiedene stehende Posten an bestimmten Punkten, Ein- und Ausgängen unmittelbar am Hotel.

Die Talstation der Seilbahn auf den Gran Sasso in Assergi muß zum selben Zeitpunkt wie die Aktion am Berge auf die Minute besetzt werden.

Als X-Tag wird zunächst der 12. September in Aussicht genommen. Y-Zeit: sechs Uhr früh.

Diese erscheint uns infolge der unbekannten thermischen Verhältnisse in den Mittagsstunden am günstigsten für den Segelflugzeugeinsatz. Um diese frühe Morgenstunde werden die Temperaturen ziemlich ausgeglichen sein. Außerdem ist zu dieser Zeit die Reaktionsfähigkeit der Wachposten besonders gering, ebenso die allgemeine Aufmerksamkeit.

Die Aktion für die Talstation muß völlig getrennt von dem Lufteinsatz geplant werden.

Dort ist die Geländeaufklärung vollkommen.

Karten und Skizzen stehen zur Verfügung, außerdem wurde noch persönlich erkundet. Jede Sperre der Carabinieri, jeder Posten ist festgelegt. Ebenso der Funkwagen. Der muß sofort ausgeschaltet werden.

Doch auch diese Aktion birgt ein großes Risiko in sich.

Die italienischen Truppen im Raum von Rom – Tivoli bis nach Assergi und Aquila haben noch nicht kapituliert.

Dort sind überhaupt keine deutschen Truppen.

In Aquila ist eine kriegsstarke italienische Division festgestellt. Ihre Haltung ist völlig unklar.

Für den Taleinsatz steht nur der Rest des Fallschirmlehrbataillons zur Verfügung.

Am 10. September, vormittags bereits, ist auch dieser Einsatz fest geplant.

Die gesamte Planung erfolgt bei General Student und wird mit seinen Herren des Stabes, Skorzeny und mir bis ins kleinste Detail durchgesprochen. An den Besprechungen selbst nimmt außer General Student, dem Chef des Stabes, dem I a, Skorzeny und mir niemand teil.

Die Tatsache, daß wir den Einsatz zusammen mit dem Lehrbataillon unter Führung des Majors Mors durchführen sollen, gibt Anlaß zu Befürchtungen.

Noch heute hat uns ja derselbe mit Waffengewalt bedroht.

Wohl hat er sich am Nachmittag mit Skorzeny kurz ausgesprochen, und die beiden Männer haben sich wieder die Hand gereicht. Aber wer garantiert uns denn, daß Herr Mors nicht noch einmal überschnappt und damit vielleicht das ganze Unternehmen scheitert?

Wir sprechen auch mit General Student über diese Sorge. Er sieht das ein. Aber er hat überhaupt keine andere Einheit frei zur Verfügung. Und er versichert uns, daß es keine Schwierigkeiten geben wird. Er verspricht, selbst noch mit Mors ausführlich zu sprechen, wenn Mors in seine Aufgabe eingewiesen wird und den Einsatzplan ausgehändigt erhält. Der sieht im Augenblick so aus:

Das Bataillon erreicht im Nachtmarsch den Taleingang von Assergi bei Bazzano. Die Talstation der Seilbahn ist genau zur Y-Zeit im Handstreich zu nehmen.

Der Talausgang ist so sicher abzuriegeln, daß eine Kontaktaufnahme der Carabinieri mit der Division in Aquila unmöglich gemacht wird.

Ein Störtrupp hat als Vorauskommando unmittelbar vor Erreichung des Taleinganges sämtliche Telefonleitungen und -kabel zu kappen.

Möglicherweise hat das Lehrbataillon dann noch den Abtransport des befreiten Duce zu decken.

Für den Abtransport des Duce sind drei Möglichkeiten gegeben:

1. Ein Fieseler Storch, von einem besonders ausgesuchten und sicheren Flieger geflogen, versucht nach der Befreiungsaktion auf ein Leuchtsignal hin an einer ihm günstig erscheinenden Stelle des Campo Imperatore zu landen.

Der Fieseler Storch kreist über dem Hotel um Y + 20 Minuten.

Glückt die Landung und ist ein Start möglich, startet er unter Deckung und Sicherung unserer Mannschaft mit Skorzeny und Mussolini zu dem Flugplatz Pratica di mare, wo ständig Maschinen zum Weiterflug nach Deutschland bereitstehen.

Ist ein Start vom Gran Sasso unmöglich, wird der Storch in die Luft gesprengt, und der Flugzeugführer setzt sich mit den anderen Mannschaften ab.

2. Nach der Befreiung verläßt der Duce mit der Seilbahn den Gran Sasso.

Die Italiener sind vorher zu entwaffnen.

Die Seilbahn wird nach Besetzung der Tal- und der Bergstation erst nach ausdrücklicher Genehmigung durch Skorzeny in Betrieb genommen. Die entwaffneten Italiener bleiben im Hotel. Zur Sicherung gegen Sabotage und spätere Kampfhandlungen werden Offiziere der Italiener als Gefangene in der Seilbahn mitgenommen.

In der Talstation ist inzwischen das Lehrbataillon zu einem weiteren Einsatz bereit.

Da die Haltung der italienischen Division in Aquila nicht bekannt ist und Verhandlungen zur Waffenniederlegung dort nicht geführt wurden, muß mit der Notwendigkeit einer gewaltsamen Inbesitznahme des Flugplatzes von Aquila gerechnet werden. Diese nur für kurze Frist gedachte Maßnahme ist vom Lehrbataillon durchzuführen.

Während der Sicherung des Flugplatzes Aquila, die durch Funk nach Rom gemeldet wird, starten dort drei He 111, fliegen den Flugplatz Aquila an und landen dort.

Eine der Maschinen nimmt den befreiten Duce auf. Dann starten alle drei Maschinen zum Flug nach Deutschland in verschiedenen Richtungen, um so eine eventuelle Verfolgung durch Jäger zu erschweren.

Danach erfolgt der Rückmarsch auf dem Landwege nach Rom.

3. Ein Fieseler Storch landet nach Y + 20 Minuten in Assergi.

Er nimmt den mit der Seilbahn nach Assergi abtransportierten Duce auf. Fliegt mit dem Duce und Skorzeny nach Rom, wo beide von den bereitgestellten He 111 aufgenommen werden.

So weit sind also die Einsatzpläne am 10. September mittags fertig.

General Student gibt seinem Stab den Auftrag, die Lastensegler aus Südfrankreich heranzuholen, so daß am 12. September, fünf Uhr früh, gestartet werden kann.

Einsatzzeit auf dem Gran Sasso sechs Uhr.

Die weiteren Einzelheiten über Bewaffnung der einzelnen Gruppen und ihre Zusammenstellung beim Einsatz werden von Skorzeny und mir nochmals genau durchgearbeitet, bis alles so sitzt, daß wir jeder für sich so genau eingearbeitet sind, daß wir an jedes Mannes Stelle im Einsatz genau Bescheid wissen.

Schwierig sind auch die Marschzeiten für das Lehrbataillon festzulegen. Es soll um Mitternacht aufbrechen, muß bestimmte Orte zu ganz bestimmten Zeiten passieren und jeweils vorher die Fernsprechleitungen ausschalten.

Eines der wichtigsten Erfordernisse ist und bleibt, daß beide Aktionen auf die Minute, Schlag sechs Uhr, mit vollem Erfolg durchgeführt werden. Klappt das nicht, so nehmen Berg- und Talstation Funkverbindung auf, und damit wäre das Unternehmen gescheitert.

Da, mitten in der fieberhaften Arbeit – wir haben schon zwei Nächte nicht geschlafen –, erreicht uns eine aufsehenerregende Meldung.

Ein Sender der Alliierten bringt die Nachricht, daß der Duce am 9. September 1943 an Bord eines italienischen Kriegsschiffes an der afrikanischen Küste eingetroffen und von den Italienern vereinbarungsgemäß den Alliierten ausgeliefert worden ist.

Diese Nachricht ist alarmierend. Die Arbeit wird erst einmal abgebrochen.

Nach Beratung mit Kappler und Heranziehung aller Nachrichtenquellen kommen wir zu folgendem Ergebnis:

Am 8. September nachmittags, also noch vor Bekanntwerden des Waffenstillstands, war Mussolini mit einer an Sicherheit grenzenden Wahrscheinlichkeit auf dem Gran Sasso. Bis abends. Alle Aufklärungsergebnisse sprechen dafür. Letztlich der Bericht des Dr. Krutow vom selben Tage.

Ein Abtransport Mussolinis auf dem Landwege, quer durch Mittelitalien zur Nachtzeit, mußte zumindest die Zeit bis zum 9. September früh in Anspruch genommen haben. Somit war ein Erreichen des afrikanischen Festlandes an Bord eines Kriegsschiffes im Laufe des 9. September gar nicht möglich. Aber vom 9. September spricht die Meldung des Senders.

Es ist weiterhin bekannt, daß die italienische Kriegsflotte in der Nacht vom 8. zum 9. September aus La Spezia ausgelaufen ist.

La Spezia selbst wurde am 9. September von deutschen Truppen besetzt.

Es ist kaum anzunehmen, daß ein schnelles Kriegsschiff zurückgeblieben ist und irgendwo an der Mittelmeerküste den Duce an Bord genommen hat.

Eine derartige Aktion hätte mehrere Tage vorher geplant und vorbereitet werden müssen.

Dazu schien unseres Erachtens für die Regierung Badoglio kein Anlaß vorhanden gewesen zu sein.

Die ganze Waffenstillstandsaktion war von der italienischen Führung so vorbereitet, daß die deutsche Führung im Süden von ihren rückwärtigen Verbindungen abgeschnitten werden sollte. Das war auch das Ziel des alliierten Bombenangriffes auf Frascati.

Damit war für die italienische Führung Mittelitalien als absolut feindfreies Herrschaftsgebiet der Italiener sicher. Es bestand also keine Veranlassung, den Duce vorzeitig vom Gran Sasso wegzuholen und den Gefahren einer übereilten Auslieferung auszusetzen.

Außerdem mußte das Hotel Campo Imperatore für die italienische Führung nach menschlichem Ermessen als absolut sicher gegen jeden überraschenden Zugriff gelten.

So kommen wir zu dem Schluß, daß es sich bei dieser Funkmeldung um eine ausgesprochene Zweckmeldung handelt.

Sie wirkt sich auch nicht weiter hemmend auf unseren Entschluß aus und auf unsere Zuversicht.

Sie überzeugt uns jedoch, daß größte Eile geboten ist.

Nach einer Besprechung beim General wird beschlossen, die Meldung nicht weiter zu verbreiten oder zu diskutieren, um unliebsame Gerüchtebildungen zu verhindern.

Am gleichen Tag wird auch noch eine weitere Befreiungsaktion für die Frau und die Kinder Mussolinis in Rocca della Caminate beschlossen und geplant.

Diese Aktion wird der Hauptmann Mandel unserer Einheit durchführen. Er wird Donna Rachele ebenfalls zur selben Zeit aus ihrer Verbannung herausholen, zum Flugplatz Rimini bringen und von dort mit ihr nach München fliegen.

Die jüngsten Kinder Annamaria und Romano werden sie begleiten.

Etwas deprimierend ist für uns nur die Tatsache, daß einige Herren beim Generalstab unsere Pläne mit äußerster Skepsis betrachten, ja, sie als undurchführbar bezeichnen.

Man versucht Skorzeny davon zu überzeugen, daß der Einsatz der DFS 230 in diesen Höhen ausgeschlossen sei und außerdem überhaupt noch nicht erprobt wurde.

Die Landegeschwindigkeiten würden infolge der dünnen Luft in dieser Höhe viel zu groß sein. Die Sturzflugbremse (Fallschirmbremse) für eine Ziellandung würde ebenfalls aus denselben Gründen fast völlig wirkungslos werden.

So sei mit einem Zerschellen des größten Teiles der Maschinen zu rechnen.

Auch seien die thermischen Verhältnisse völlig unklar und würden wahrscheinlich eine gezielte und planmäßige Landung nicht zulassen.

Das bedeute Selbstmord.

Der Ia, der diese Ausführungen macht und eine qualifizierte, selbst einsatzerprobte Fachkraft darstellt, rechnet Skorzeny vor, daß die Totalausfälle, also die Todesfälle, bei Durchführung dieses Planes etwa 80 Prozent der eingesetzten Mannschaften ausmachen würden.

Und das beim rein fliegerischen Einsatz, ohne Kampfhandlungen. Er verweist auf die nur kleine Landemöglichkeit auf der Zielwiese oberhalb des Hotels.

Diese Bedenken machen auf Skorzeny tatsächlich einen starken Eindruck, um so mehr, als sie von einem so erfahrenen Fachmann kommen, der selbst als Offizier den Einsatz auf das belgische Fort Eben Emael mitgemacht hatte.

Der Offizier erklärt dabei, wie lange und wie vorsichtig dieser Einsatz seinerzeit geplant und vorbereitet wurde. Daß sogar Einsatzübungen auf naturgetreu nachgebildetem Übungsgelände durchgeführt und systematisch geprobt wurden.

Dabei befand sich dieses Gelände in sehr geringer Höhe und wies mehrere Wiesen als Landefläche auf.

Abschließend erklärte der Offizier, er werde sich bei General Student gegen diesen Einsatz aussprechen.

Ein anderer Stabsoffizier, ebenfalls front- und einsatzerfahren, weist auf unsere geringe Stärke – nämlich zwölfmal neun Mann – im Hinblick auf die zu erwartenden Totalausfälle hin.

Weiters glaubt er nicht an das Überraschungsmoment. Denn bei diesen Höhen und der unbekannten Thermik müßte ein Sturzflug verboten werden. Und bei einer Gleitlandung hätten die Italiener genügend Zeit, Alarm zu geben.

Auch er erklärt, beim Kommandierenden General gegen die Durchführung protestieren zu wollen.

Skorzeny kommt von dieser Aussprache ziemlich bedrückt zurück.

Wir überlegen hin und her. Erwägen selbstverständlich auch die Argumente dieser Fachleute.

Die Verlustziffern scheinen uns jedoch zu hoch.

Der General hat uns versprochen, die allerbesten Flugzeugführer heranzuziehen, die überhaupt zur Verfügung stehen. Es gibt da gar keine andere Möglichkeit mehr, das Befreiungsunternehmen durchzuführen.

Wir stehen also vor der Wahl, freiwillig den Plan fallen zu lassen oder zu versuchen, gegen die Vorstellungen der Fachleute den Einsatzbefehl beim Kommandierenden General doch zu erwirken.

Denn irgend etwas muß jetzt ja geschehen.

Skorzeny spricht noch längere Zeit mit mir über die Verantwortung für einen derartigen Einsatz.

Er meint, daß ein Offizier die Pflicht habe, einen ihm erteilten Befehl auszuführen, auch wenn er nahezu unmöglich erscheint.

Wenn auch nur eine einzige Chance für ein Gelingen besteht, so muß der Offizier versuchen, diese Chance wahrzunehmen.

Allerdings hat er eine Verpflichtung: selbst in erster Reihe teilzunehmen und niemand zur Teilnahme zu zwingen. Nur auf freiwilliger Basis, nachdem jedermann mit der Schwierigkeit und Gefährlichkeit des Unternehmens bekannt gemacht wurde, darf der Einsatz durchgeführt werden.

Dies wird dann aber auch den Ausschlag für den Erfolg geben.

Tatsächlich ruft abends noch General Student Skorzeny zu sich und erklärt, daß seine Herren Einwände gegen die Durchführung des Unternehmens geltend gemacht hätten.

Er wolle alles nochmals überlegen. Der Plan wird weiter bis ins kleinste Detail vorbereitet.

Die endgültige Entscheidung wird morgen fallen.

Skorzeny bittet nochmals, den Einsatzbefehl nicht zurückzunehmen, es bestehe sonst keine Möglichkeit mehr, den im Führerhauptquartier erteilten Befehl durchzuführen.

Am Abend des 10. September hat sich der Angriff der aus dem Raum Ostia nach Rom drückenden deutschen Fallschirmjäger erheblich verstärkt.

In den späten Abendstunden sind die Spitzen in die südlichen Vorstädte eingedrungen. Im Laufe der Nacht wird dann der letzte Widerstand der italienischen Truppen gebrochen.

Gegen Morgen sind drei Punkte in Rom in deutscher Hand: das Innenministerium, das Haupttelegrafen- und Fernsprechamt und die deutsche Botschaft.

Eine weitergehende Besetzung ist wegen des Mangels an deutschen Truppen überhaupt nicht möglich.

Der gesicherte Zugang zur Stadt führt über die Via Ostia vom Süden her.

Die Ausfallstraßen nach Norden, Westen und Osten sind noch nicht gesichert worden.

Wohl liegen Erkundungen vor, daß die Italiener zum Teil ihre Stellungen verlassen haben.

Jedoch können noch von den Höhen von Frascati aus Truppenbewegungen der Italiener durch das Glas beobachtet werden. Uns interessiert vor allem die Ecke um die Cine Citta. Gefechtslärm ist nicht mehr zu hören, gelegentlich kann man Einzelschüsse wahrnehmen. Offenbar irgendwo in der Stadt.

Kappler und Dollmann haben sich schon in den ersten Morgenstunden nach Rom begeben. Auf eigene Verantwortung.

Irgendwo wollten sie schon hineinkommen nach Rom.

Vor ihrem Start wird noch vereinbart, daß Skorzeny möglichst früh einen Offizier seiner Einheit nach Rom schicken wird. Er wird in der Botschaft mit Kappler und Dollmann Verbindung suchen.

Die Bereinigung der Situation in Rom bedeutet für uns den bevorstehenden Einsatz auf dem Gran Sasso.

Der General hat den Befehl endgültig gegeben.

Als erstes gilt es jetzt, die italienischen Offiziere in Rom aufzusuchen. Auf sie wollen wir nicht verzichten. Auf ihrer Mitwirkung baut sich unsere Hoffnung auf, mit nur wenigen Verlusten davonzukommen. Wichtig ist, daß wir sie in Uniform nach Frascati bekommen, dann bei uns behalten und sie erst beim Start am Flugplatz in unser Unternehmen einweihen.

Eine weitere wichtige Frage, die der General noch einmal aufwirft: Ist Mussolini wirklich auf dem Gran Sasso? In den letzten Tagen könnte sich da etwas geändert haben. Das Territorium ist nicht unter deutscher Kontrolle. Also müssen wir versuchen, in Rom Auskunft zu bekommen.

„Wir können uns ja jetzt an offizielle Persönlichkeiten wenden, die unter unserer Kontrolle oder in deutschem Gewahrsam sind", meint Skorzeny.

„Fragen wir doch den General Senise", nehme ich den Faden auf, „der kann uns ja jetzt wieder einmal seine Loyalität beweisen. Der muß doch im Innenministerium sein, wenn er nicht geflüchtet ist. Und wenn er weg ist, können wir ja auch den Innenminister befragen."

„Und wenn die nichts sagen wollen?"

„Sie werden es sagen, schicken Sie mich hinein. Sie können sich darauf verlassen, wenn ich sie frage, dann sprechen die. Nur – ich müßte da eben bitten, auch gedeckt zu werden, falls mir Unhöflichkeit vorgeworfen wird."

„Gut, Radl", sagt General Student, „Sie fahren nach Rom. Sie müssen eben sehen, wie Sie da hineinkommen. Was bei der Cine Citta los ist, wissen wir noch nicht genau. Gehen Sie auch noch zum Ic, der wird Ihnen die neueste Lage geben.

Nehmen Sie sich ein paar Mann Bedeckung mit, man weiß ja nicht, was in den Straßen los ist. Denn außer an den drei besetzten Punkten sind keine deutschen Soldaten in Rom. Sie müssen da durch das Arbeiterviertel durch. Sie bringen mir also die Gewißheit, ob Mussolini auf dem Gran Sasso ist oder nicht.

Sehen Sie zu, daß Sie mittags zurück sein können. Und zuerst zur Botschaft. Wir brauchen doch diese Italiener."

Mit Skorzeny fahre ich zu unserer Einheit. Suche mir da ein paar ganz handfeste Burschen aus, alle bis auf die Zähne bewaffnet. Maschinenpistolen, Handgranaten und Pistolen, so geht es los.

Als Fahrzeug nehmen wir eine ganz schwere italienische Zugmaschine. So eine mit sechs Gängen und Rädern, die bald so groß sind wie wir selbst.

Höchstgeschwindigkeit 40 Stundenkilometer. Ich selbst verfüge ja über eine gute Straßen- und Ortskenntnis in Rom von unseren Erkundungen her. Der Umweg über die Via Ostia ist mir viel zu weit. Also ab in Richtung Cine Citta. Meine Männer sind begeistert, endlich ist was los.

„Aufgepaßt", erkläre ich ihnen, „keiner schießt, bevor ich nicht schieße.

Uns geht es darum, mit heiler Haut in die deutsche Botschaft zu kommen. Nicht, uns unterwegs abstechen oder abschießen zu lassen.

Wir dürfen uns nicht durch die Italiener nervös machen lassen. Wir müssen da durch das Arbeiterviertel an den großen Wohnblocks vorbei. Vielleicht werfen sie mit Steinen auf uns und schimpfen. Das stört uns nicht.

Vielleicht schießt uns einer mal hinterher, das macht auch noch nichts. Nur wenn wir in Bedrängnis geraten und in Gefahr, unser Ziel nicht zu erreichen, dann wird dreingehalten."

Die Männer sind eigentlich etwas enttäuscht. Die hätten gerne einmal geschossen. Aber auch das legt sich wieder.

Keiner war jemals in seinem Leben in Rom gewesen, und so beobachten sie aufmerksam alles, was so auf der Fahrt an unserem Blick vorbeizieht. Ich gebe ihnen noch die Erklärungen. An der Cina Citta sind die Stellungen leer. Die Kontrollstelle ist zurückgezogen. Alles ist unheimlich still. So kann ich den Männern die Gebäude der Cina Citta erklären, den Flugplatz, der bald hernach kommt, den Stadtrand, die alten Tore. Weiter geht es hinein ins Innere der Stadt. Keine Zwischenfälle. Zur Linken der Lateran, an den fahren wir aber nicht heran, wir müssen geradeaus, direkt auf die deutsche Botschaft zu. Die ist von deutschen Soldaten besetzt. Strengste Ausweispflicht. Ich muß meine Männer draußen lassen vor dem Tor und gehe selbst ins Botschaftsgebäude, um Kappler zu suchen.

Kappler und Dollmann sind gut hereingekommen nach Rom. Beide schon stark beschäftigt, wenn auch nur in beratender Weise.

Im Hause der Botschaft hat sich bereits ein deutscher Stadtkommandant etabliert. Es ist Generalleutnant Rainer von Stahel.

Ich erkläre Kappler meine Absicht und bitte ihn, mit mir zum Innenministerium zu kommen, wenn möglich mit Dollmann. Wir wollen General Senise oder den Innenminister „interviewen".

Da ergibt sich die erste Schwierigkeit.

Der General hat sich jede Verbindungsaufnahme mit offiziellen italienischen Persönlichkeiten selbst vorbehalten.

Kappler erklärt mir dies. Ich bitte ihn, beim General vorstellig zu werden. Ohne jedoch den General einzuweisen, worum es geht. Wir benötigen eine

Auskunft von den Herren. Ich muß über eine Stunde warten. Spreche dazwischen auch wieder mit Kappler und Dollmann.

Wo sind unsere Italiener?

Die haben sich nicht mehr gemeldet. Wir schicken einen Mann in die Wohnung des einen von ihnen.

Der Herr ist seit gestern verschwunden. Wir haben sie alle nie mehr wiedergesehen.

Das ist unangenehm. Wo nehmen wir jetzt italienische Offiziere her? Ich frage Kappler: „Kamerad Kappler, wir haben doch da die eine italienische Offiziersuniform, die wir für die Maddalena-Aktion besorgt haben. Ich glaube, jetzt müssen Sie mit uns in italienischer Uniform mitkommen."

„Kinder, das kann ich ja nicht. Ich weiß ja nicht, wie das hier weitergeht. Es ist eine ganz neue Lage entstanden. Der Reichsführer hat da einen „Höheren SS- und Polizeiführer" eingesetzt, der ist aber auch noch nicht da. Ich weiß gar nicht, bleibe ich Polizeiattaché oder was ist sonst los? Ich kann hier nicht weg."

Da ist guter Rat teuer. Kappler kommt inzwischen wieder zum deutschen Stadtkommandanten.

Er soll um die Erlaubnis bitten, daß wir ohne ihn mit Senise oder dem Innenminister sprechen können. Der General lehnt zunächst nicht ab.

Er will aber den Inhalt des Gespräches wissen. Den dürfen wir aber nicht sagen. Der unterliegt noch immer höchster Geheimhaltung.

Auf dem Flur vor seinem Dienstzimmer werde ich dem General vorgestellt. Er will wieder meinen Auftrag kennen, den darf ich ihm aber nicht sagen. Da lehnt er ab.

Bis ich darauf verweise, daß es sich um einen persönlichen Befehl Hitlers handele und daß die noch gar nicht abzusehenden Konsequenzen bei Nichtdurchführung dann von dem General zu tragen seien, da willigt er ein.

Und schon sitze ich mit Kappler und Dollmann im Wagen.

Wenige Minuten später fahren wir an das Innenministerium heran.

Alles abgesperrt. Panzerabwehrkanonen an allen Ecken und Doppelposten von Fallschirmjägern. Wir begeben uns zum Kommandeur des Bataillons, welches das Innenministerium besetzt hat. Er ist auf dem Platz vor dem Gebäude.

„Wir möchten gerne den General Senise sprechen oder den Innenminister."

Für uns ist es völlig klar, daß die Beamten des Innenministeriums – vor allem die maßgeblichen – festgehalten und zum Weiterarbeiten angehalten werden.

„Die können Sie nicht sprechen", ist die Antwort.

„Wieso können wir die nicht sprechen, wir haben ausdrückliche Genehmigung von General von Stael?"

„Ja, die haben wir alle weggejagt!"

Wir können uns zunächst gar nicht fassen. Stehen auch gleich wieder allein. Denn zu sagen haben wir nichts mehr.

Besetzt da eine deutsche Einheit das Innenministerium einer mit Deutschland im Kriegszustand befindlichen Macht. Das Ministerium arbeitet mit allen höheren Beamten einschließlich dem Polizeipräsidenten. Und anstatt die Leute dazubehalten, damit alles funktioniert in Stadt und Land und damit Schaden verhindert wird, jagt man die Leute einfach weg. Weg, nach Hause, wohin sie wollen!

Schon steigen wir wieder in unseren Wagen, fahren die Straße entlang, da bleibt unser Blick an einer Gruppe deutscher Offiziere hängen, die lebhaft mit einem Herrn in Zivil diskutieren.

Nach den Gesten und dem äußeren Habitus kann das nur ein Italiener sein.

Und nach der Tatsache, daß auf der einen Seite alles dicht abgesperrt ist, auf der anderen Seite die Beamten weggejagt wurden, kann es sich nur um eine prominente Persönlichkeit handeln. Sonst wäre der Mann nicht so weit herangekommen.

Wir halten an einer unübersichtlichen Ecke. Kappler steigt aus, er ist in SS-Uniform und geht auf die Gruppe zu.

Kommt auch schnell wieder.

„Das ist der General Soleti. Ist zwar in Zivil, aber er befehligt angeblich jetzt die Carabinieri."

„Mensch, Kappler, das ist unser Mann", fährt es mir da heraus, „der muß auspacken, was er weiß. Setzen Sie ihn unter Druck, wenn er nicht will. Der weiß bestimmt etwas." Kappler geht wieder. Ich bleibe mit Dollmann im Wagen.

Wir sehen, so halb von der Ecke der großen Auffahrtsrampe verdeckt, wie sich Kappler allein mit dem Italiener aus der Gruppe löst. Mit ihm lebhaft spricht. Dann geben sie sich die Hand. Kappler kommt zurück: „Mir scheint, das ist jetzt der einzige vernünftige Mann hier. Ganz klar sehe ich da nicht. Auf der einen Seite soll er die Carabinieri zur Zeit befehligen, auf der anderen Seite untersteht ihm angeblich jetzt die städtische Polizei. Und sonst ist er Kavalleriegeneral."

„Was sagt er über den Aufenthalt Mussolinis?"

„Da wollte er zunächst nicht mit der Sprache heraus. Er wüßte das nicht, doch ich habe ihm erklärt, daß ich im Auftrage der höchsten deutschen Stelle diese Frage stelle und daß ich auch ermächtigt sei, bei Auskunftsverweigerung bestimmte Maßnahmen zu ergreifen. Da erklärte er, er wisse es wirklich nicht, wo sich Mussolini heute befinde. Und verwies auf die Tatsache der drei Tage dauernden Kämpfe. Das war glaubwürdig. Ich fragte ihn, ob er wüßte, wo Mussolini vor dem 8. September abends gefangen gewesen sei. Ja, das wüßte er, Campo Imperatore auf dem Gran Sasso d'Italia. Was in diesen drei Tagen passiert sei, wisse er natürlich nicht. Seit dem 8. September abends bestehe keine Verbindung."

Das ist also wenigstens die Bestätigung der Richtigkeit unserer Erkundungen und Nachforschungen. Alles andere müssen wir dem Zufall überlassen.

Sehr stolz bin ich nicht auf das Ergebnis meiner Fahrt, als ich hinausfahre, zurück nach Frascati.

Eines steht fest: Meine Order habe ich nicht ausgeführt. Weder haben wir die Gewißheit, daß Mussolini jetzt auf dem Gran Sasso ist, noch habe ich eine Spur von unseren italienischen Freunden.

Da bohrt es sich unterwegs immer mehr in meinen Sinn: den General Soleti müßten wir mitnehmen. So oder so. Kann man das?

Und als ich in Frascati ankomme, da steht es für mich fest. Soleti muß mit uns, das ist noch viel besser als unsere den Carabinieri völlig unbekannten Freunde.

Wenn die Wachen einen General, einen Carabinierigeneral in Uniform, sehen und der ihnen zuruft: „Nicht schießen!", dann tut keiner etwas.

Ich bin geradezu besessen von der Idee. Eile sofort zu Skorzeny. Erzähle ihm alles bis ins Detail und sage ihm auch, was ich mir so mit dem General Soleti vorstelle.

„Klar, den nehmen wir mit", meint Skorzeny, „los, wir fahren zu General Student."

Doch vorher sind nochmals die Männer angetreten. Wir wollen nur einen freiwilligen Einsatz. Skorzeny tritt vor sie hin: „Wir haben an einem der nächsten Tage einen gefährlichen und schwierigen Fallschirmspringereinsatz durchzuführen. Der Führer hat diesen Einsatz persönlich befohlen. Wir haben die Planung bereits fertig.

Nun haben mir hervorragende Sachkenner auf diesem Gebiet die Gefährlichkeit des Einsatzes vorgerechnet.

Demnach hätten wir mit etwa 80 Prozent Totalausfällen durch den Sprungeinsatz zu rechnen – ohne Kampfhandlungen. Unserer Auffassung nach werden die Verluste nicht so hoch, aber dennoch sehr hoch sein.

Ich selbst und Oberleutnant Radl werden den Einsatz unter allen Umständen durchführen.

Ich möchte von keinem von Ihnen verlangen, daß er auf Grund eines Befehls an diesem Unternehmen teilnimmt.

Wer irgendwelche Bedenken hat, wer Rücksicht auf Frau und Kinder oder Eltern nehmen will, oder wer andere Gründe hat, nicht teilzunehmen, der mag sich melden.

Ich versichere Ihnen auf mein Offiziersehrenwort, daß niemand aus seinem Rücktritt irgendwelche Folgen zu tragen haben wird.

Er wird uns nachher ein genauso lieber Kamerad sein wie bis jetzt. Ebenso wird die Tatsache des Rücktrittes nirgends bekanntgegeben oder eingetragen.

Entscheiden Sie sich selbst.

Wer also bereit ist, mit uns zu gehen, der hebe die Hand."

Es dauert keine Sekunde, da heben sich die Hände, die Gesichter der Männer sind ernst, und doch strahlen sie irgendwie.

Bis auf einen einzigen Oberleutnant haben sich alle freiwillig gemeldet."So, jetzt machen wir den Einsatz auch allein, wenn die Herren nicht wollen", sagt Skorzeny.

Wenige Minuten später sind wir beim Kommandierenden General.

Er begrüßt uns freundlich.

Um gleich alle Zweifel auszuschalten, berichtet Skorzeny von unserer Abstimmung und daß bei uns alles freiwillig mitmacht. Sollten also Bedenken von seiten der Fallschirmjäger bestehen: Wir gehen auch allein.

Doch General Student hat sich bereits entschieden.

Der Einsatz wird durchgeführt. Morgen, sechs Uhr früh. Für alle. Bergstation, Talstation und für Mandel in Rocca della Caminate.

Dann berichte ich über mein mageres Ergebnis, das ich aus Rom mitgebracht habe.

Der General ist etwas betroffen, vor allem, weil die Italiener nicht da sind.

Skorzeny und ich sehen uns vielsagend an. Jetzt müssen wir diese Sache anbringen. Skorzeny beginnt tastend: „Radl hat da einen interessanten Mann getroffen. Erzählen Sie mal dem Herrn General von dem italienischen General ..."

„Ja, Herr General, der Mann da vor dem Innenministerium – das ist doch ein Carabinierigeneral. Der wußte doch auch, daß der Duce auf dem Gran Sasso ist – oder war.

Er hat uns erzählt, er könne das ganz genau sagen, weil er selbst noch am 8. September einige Mann Verstärkung und etwas Bergausrüstung hinaufgeschickt habe. Demnach müßten die Bewachungsmannschaften auf dem Berg den General ja kennen."

Pause. Man kann eine Stecknadel fallen hören. Will denn keiner das Wort aussprechen?

Skorzeny beginnt wieder: „Radl hat ja so eine Idee, Herr General, er hat mir das früher erzählt. Wir haben doch unsere Italiener nicht mehr. Wir brauchen aber welche. Und zwar in Uniform mit möglichst hohem Dienstrang."

Student horcht auf, hebt den Kopf: „Sie wollen doch nicht etwa diesen General mitnehmen?"

„Doch, Herr General, genau das ist es. Ich bringe ihn. Ob er will oder nicht."

„Langsam Radl, Sie können doch nicht ..."

„Doch, ich kann, es geht um das Leben deutscher Soldaten. Wir können es sparen, wenn General Soleti mitkommt. Wir müssen ihn haben. Ich bringe ihn hierher. Noch heute."

„Das müssen wir noch alles gut überlegen", meint der General, „da müßten wir ihn zu einer Besprechung herholen."

„Ja, das wäre wunderbar, es gibt doch sicherlich Dinge zu besprechen. Herr General sind doch auch vorgesetzte Stelle der Truppen in Rom, sind ja alle von ihrem Korps. Und die Leute, mit denen Soleti verhandelt hat, sind ja auch von den Fallschirmjägern. Am besten, wir holen den General zu einer Besprechung, laden ihn zum Abendessen ein und zu einem Umtrunk, dann darf er bei uns schlafen, und in der Früh, vor dem Start, stellen wir ihn vor die Entscheidung. Macht er mit, ist es gut, macht er nicht mit, dann wird er mitgenommen."

„Sie stellen sich das sehr einfach vor, Radl."

„Es geht aber auch nur so. Wir machen das, Herr General müssen sich nur etwas mit dem General Soleti unterhalten. Das andere, das mit dem Essen und Trinken, machen wir auch."

„Also gut, Radl, Sie fahren jetzt gleich nach Rom. Versuchen Sie aber noch einmal, mit unseren anderen Leuten in Verbindung zu kommen. Lieber möchte ich die mithaben als den General Soleti. Finden Sie die Leute nicht, so kommen Sie ungefähr bei Einbruch der Dunkelheit mit dem General Soleti nach Frascati."

Ich fahre sofort los. Skorzeny bleibt noch beim General. Jeder Nerv ist in diesen Tagen und Stunden angespannt. Was Schlaf ist, wissen wir schon gar nicht mehr.

In der Botschaft angekommen, schickt Kappler gleich noch mal einen Boten los, unsere italienischen Freunde zu suchen.

Ich sitze draußen auf dem Kotflügel eines fremden Autos – und schlafe ein. Am hellichten Tag in Uniform.

Eine Stunde mag ich wohl geschlafen haben, als der Bote zurückkommt. Keine Spur von unseren Leuten.

Also jetzt bleibt nurmehr der General Soleti. Was soll ich ihm sagen, kann der Deutsch, kann ich genug Italienisch? Aber irgendwie wird es schon gehen. Es muß gehen. Ich fahre zum Innenministerium. Wichtig ist ja auch, daß der General in Uniform kommt. Zivil wäre nur eine halbe Sache.

Im Innenministerium ist er nicht zu finden.

Nun beginnt eine große telefonische Suche.

Ich muß ihn haben. Nach fast zwei Stunden wird er ausfindig gemacht. In einer Polizeischule, bei einer Vereidigung oder Ansprache. Was es ist, kommt nicht so genau heraus. Aber jedenfalls etwas Offizielles. Da muß er ja eigentlich Uniform anhaben. Bei uns jedenfalls müßte er.

Der General läßt sagen, er werde in einer halben Stunde vor dem Innenministerium sein.

Und tatsächlich, er fährt vor. In einer großen, sechssitzigen Lancia-Limousine und in Uniform. Gewonnen, schießt es mir durch den Kopf, gewonnen!

Ich lasse mich als Ordonnanzoffizier des Kommandierenden Generals aller in Rom liegenden Truppen vorstellen. Mein Kommandierender General lasse Herrn General Soleti bitten, abends zu einer wichtigen militärischen Besprechung in sein Stabsquartier nach Frascati zu kommen.

Das geht gut. Der General will gleich losfahren. Aber ich soll ihn ja erst bei Einbruch der Dunkelheit bringen, suche nach einem Vorwand.

Der General möchte entschuldigen, ich hätte noch zwei andere wichtige Missionen in Rom, die unaufschiebbar seien, ob ich mir gestatten dürfte, Herrn General um 19.30 Uhr hier abzuholen.

General Student würde es als Ehre betrachten, Herrn General Soleti auch zum Abendessen bei sich zu sehen.

Auch das geht gut. Um halb acht werde ich wieder da sein.

Ich fahre zurück in die Botschaft und schlafe nochmals eine Stunde im Auto.

Das ist die wichtige Mission, die ich noch zu erledigen habe.

Um Punkt halb acht bin ich dort am Ministerium. Da ist auch schon der Wagen mit dem General Soleti. Ihm scheint die Sache doch nicht ganz geheuer zu sein. Er bittet mich, mit ihm in seinem Wagen zu fahren.

Mit uns fahren noch ein Dolmetscher, den er sich mitgenommen hat, ebenfalls in Uniform. Aus Pola ist der Mann, Österreicher der alten österreichisch-ungarischen Monarchie. Außerdem kommen noch vier sehr kräftige Polizisten der römischen Stadtpolizei mit.

Unterwegs erzähle ich dem General einiges über die Person des Generals Student. Daß er einer der bekanntesten Generale der deutschen Wehrmacht ist. Erwähne Eben Emael, Rotterdam, Narvik, Kreta und was mir gerade alles einfällt. Ah, jetzt ist er im Bilde, der General. Das wußte er gar nicht, daß hier ein so bedeutender General sei.

Ich höre dann von ihm, daß er selbst von der Kavallerie komme und anderes mehr.

Dann schwärme ich ein wenig von Italien und von Rom. Ohne Übertreibung, denn das ist echt. Ich liebe dieses Stück Erde. Kritisiere diese stillosen Großwohnbauten, an denen wir jetzt vorbeifahren. Die passen so gar nicht zum römischen Stadtbild.

So geht es in leichtem Plauderton hinaus nach Frascati.

Wir kommen vor der Villa Dusmet an, ich lade den General im großen Vorraum ab, entschuldige mich auf wenige Minuten, ich muß nur unsere Ankunft melden. Gehe hinein zu Oberleutnant Rolfs, der mich dem General melden soll. Stolz bin ich, wie ein Spanier.

Rolfs sieht mich zweifelnd an. „Heute haben Sie den General schon gebracht?"

„Jawohl, dazu hatte ich ja Befehl, – er sitzt draußen in der Halle, bitte melden Sie mich an."

Rolfs verschwindet im Zimmer des Generals. Kommt gleich wieder heraus.

„Kommen Sie herein", er selbst geht auch wieder mit hinein.

„Mensch, Radl", sagt der General, „haben Sie denn meinen Funkspruch nicht erhalten?"

„Nein, Herr General, ich habe nichts von einem Funkspruch gesehen oder gehört."

„Also, das ist doch – ich habe Ihnen um 15 Uhr einen Funkspruch nach Rom gegeben, wir brauchen den General Soleti erst morgen vormittag – Rolfs, geben Sie den Spruch her."

Der bringt ein Blatt Papier. Da lese ich es schwarz auf weiß.

„Mir hat niemand etwas gesagt in der Botschaft", kriege ich gerade noch heraus.

Und mir fällt ein, daß ich mich ja bei gar niemandem mehr habe sehen lassen in der Botschaft.

Geschlafen habe ich im Auto im Garten. Das darf ich gar nicht sagen. Einen wichtigen Funkspruch verschlafen. Das ist mir noch nicht passiert.

„Herr General, nun ist der General Soleti aber draußen und wartet."

„Ich kann ihn aber nicht brauchen, bringen Sie ihn zurück oder behalten Sie ihn hier und unterhalten Sie ihn so lange."

„Herr General, ich bitte doch, dem General Soleti einige Worte zu sagen und dann irgendeine Entscheidung zu treffen; ich kann doch nicht die ganze Nacht einen ausgewachsenen italienischen General unterhalten und hinhalten. Vielleicht kann man die Konferenz an technischen Schwierigkeiten scheitern lassen."

„Na, warten Sie, was ist denn das überhaupt für ein Mann?"

Schnell berichte ich General Student, was mir Soleti auf der Fahrt erzählt hat, so von Kavallerie und ähnlichem.

„So, also von der Kavallerie ist er, und wie ist sein Name nun genau, Radl?"

„Soleti, Herr General, Soleti."

„Also passen Sie auf, wir lassen das an der Dolmetscherfrage scheitern. Mein guter Dolmetscher ist noch nicht aus Tivoli zurück. Ohne ihn kann ich nicht verhandeln."

„Der General Soleti hat aber auch einen Dolmetscher mit, Herr General."

„Das macht nichts, ich verhandle nur mit meinem Dolmetscher, überlassen Sie das nur mir und bringen Sie den Soleti einmal herein."

Ich atme auf, gehe hinaus zu General Soleti und bitte ihn mitzukommen.

Der Dolmetscher folgt uns auf den Fersen.

Ich mache die Herren bekannt. Sie sind sehr liebenswürdig zueinander.

Soleti meint, er hätte schon so viel Gutes von Herrn Student gehört, er sei ein sehr berühmter Mann, und er wisse die Ehre zu schätzen.

General Student erwidert ebenso herzlich, von der Kavallerie, der Königin der Waffen bei den Italienern, und von deren General Soleti, das sei nicht das erstemal, daß er den Namen höre.

Ich muß mir fast auf die Lippen beißen, um nicht herauszuplatzen, gehe einen Schritt abseits und trete Rolfs vors Schienbein. Der platzt auch gleich. Gut, daß wir jetzt kein trauriges Gesicht machen müssen.

General Student sagt nun Soleti, wie sehr er es bedaure, daß die geplante Aussprache sich etwas verschieben müsse. Sein Chefdolmetscher sei noch in Tivoli beschäftigt.

Dort gibt gerade der Kommandeur der Division M jene deutschen Waffen und Geräte den Deutschen wieder, von denen wir vor einiger Zeit sagten: Wir hoffen, daß nicht deutsche Waffen gegen Deutsche gerichtet würden. Und er hält es genau ein, dieser Offizier. Weitere Zusammenarbeit lehnt er ab. Italien hat kapituliert, aber sein Versprechen will er halten. Die Besprechungen seien von großer Wichtigkeit, so fährt General Student fort, und er möchte nicht etwa durch Mißverständnisse in der Übersetzung schon anfangs Schwierigkeiten entstehen lassen.

Wenn Herr General noch bei uns zum Abendessen und auf ein Gläschen Wein bleiben wolle, die Herren seines Stabes würden sich sehr freuen.

„Der Oberleutnant Radl wird Sie dann wieder nach Rom begleiten, wenn Sie es wünschen, und ich bitte Sie sehr, mir morgen früh für die geplante Aussprache zur Verfügung zu stehen. Sie werden von Herrn Radl wieder abgeholt, ihn kennen Sie ja jetzt schon. Den Wagen stellen selbstverständlich wir."

General Soleti sieht das alles ein. Er will gerne zum Essen hierbleiben, und morgen früh wird er selbstverständlich kommen.

Das wäre also auch geregelt.

Mir fällt ein Stein vom Herzen. Ist noch einmal gut abgegangen, das mit dem Funkspruch und dem Schlafen.

Ich gehe mit Soleti ins Kasino. Mache ihn dort mit dem Chef des Stabes bekannt und mit den anderen Herren.

Skorzeny ist gar nicht anwesend. Er ist nach Pratica di mare gefahren auf den Flugplatz, um die letzten Vorbereitungen zu treffen.

Aber was war geschehen, wieso ist der Einsatz verschoben worden? Denn so ist es doch, wenn ich erst morgen früh den General aus Rom abholen soll.

Eine Stunde später kommt Skorzeny zurück. Wird ebenfalls dem General Soleti vorgestellt.

Man ist sehr nett zueinander, und um 23.30 Uhr erhalte ich Befehl, General Soleti, der jetzt nach Rom zu fahren wünscht, bis zum Innenministerium zu begleiten.

In Rom ist es nachts etwas unruhig geworden.

Bis auf die drei besetzten Punkte ist die Stadt praktisch sich selbst überlassen. Kein Wunder, daß es da zu einzelnen Plünderungen und kleineren Schießereien mit der römischen Polizei kommt.

Das ist aber eine inneritalienische Angelegenheit. Wir sind alle froh, daß die städtische Polizei so weit funktioniert; wahrscheinlich ein Verdienst des Generals Soleti zu diesem Zeitpunkt.

Die Begleitfahrt ist mir jedoch wenig angenehm.

Man könnte ja auch auf uns schießen, und ich möchte morgen so gerne dabei sein, auf dem Gran Sasso. Wäre doch zu dumm, wenn ich da noch vorher in Rom eine blaue Bohne verpaßt bekäme. Doch da gibt es ja kein Überlegen. Ich bin nun einmal zu Soletis Schatten geworden. Also los. Der General fährt mit seinem Wagen und seiner Begleitung.

Ich habe eine Beiwagenmaschine, setze meinen Stahlhelm auf, hänge meine Maschinenpistole um, durchgeladen, und stecke noch zwei Handgranaten in die Tasche. Nun können sie schießen in Rom.

Aber kein Mensch schießt auf uns während der gesamten Fahrt.

Beim Innenministerium verabschiede ich mich von General Soleti. Um halb acht Uhr würde ich mir gestatten, Herrn General vor dem Innenministerium zu erwarten. Herr General brauche keinen Wagen mitzunehmen, er führe selbstverständlich mit meinem Wagen, das würde ihm auch Benzin sparen.

In Wirklichkeit möchte ich ihn nur gerne allein mithaben, ohne seine Beschützer, die heute dabei waren.

Dann geht es zurück, hinaus nach Frascati.

Kapitel 17

Die Nacht davor

S korzeny ist inzwischen bei den Männern im Zeltlager. Schlafen kann keiner. Es ist zu prickelnd, zu aufregend. Die Offiziere und Männer sind inzwischen eingeteilt. Alles in allem 26 Mann. In letzter Stunde müssen dann noch acht Mann zurückbleiben, da für uns nur zwei Maschinen zur Verfügung stehen.

Noch am selben Nachmittag haben Skorzeny und ein SS-Führer im Auftrag von General Student den Major Mors aufgesucht und ihm den Einsatzplan mitgeteilt. An dem hat sich so weit nichts geändert.

Nur der Anmarschweg wurde nicht über die Via Tiburtina festgelegt, wie ursprünglich beabsichtigt war. Die ist zu belebt, und es gibt dort zu viele Möglichkeiten einer Beobachtung dieser Truppenbewegung.

Außerdem führt die Straße genau in die Richtung Avezzano, also könnten die Italiener leicht das richtige Ziel vermuten und Gegenmaßnahmen vorbereiten. So wird als Anmarschweg die Straße über Frossinone-Sora-Avezzano gewählt. Das ist zwar ein Umweg, führt aber anfangs in eine ganz andere Richtung, da können die Italiener höchstens annehmen, die Einheit werde an die Invasionsfront nach Südosten verlegt.

Abmarschzeit soll zwölf Uhr Mitternacht sein. Skorzeny bittet Major Mors um loyale Zusammenarbeit für ein gutes Gelingen.

An diesem Tag, als ihm der fertige Einsatzplan bekanntgegeben wird, erfährt Major Mors zum ersten Mal von dem Auftrag, den Hitler am 26. Juli dem General Student und Skorzeny erteilt hat. Er erfährt nicht, daß es sich bei uns um Angehörige der SS handelt.

Um jede Reibung zu vermeiden, hat General Student die Talaktion dem Befehl des Major Mors unterstellt, die Aktion auf dem Berg Skorzeny. Die Gesamtleitung liegt bei Skorzeny.

Ich frage, ebenfalls im Zeltlager angekommen, Skorzeny, was denn nun los sei. Die Y-Zeit war doch für sechs Uhr früh festgelegt, deshalb habe ich auch den General Soleti so pünktlich gebracht.

Und da erzählt er mir, daß ihm auf der Einsatzbesprechung am Nachmittag General Student mitgeteilt hätte, er habe eben Nachricht von seinem Stab erhalten, daß die Flugzeuge noch nicht da seien und nicht vor dem Vormittag des 12. September in Pratica di mare eintreffen könnten.

Das ändert unsere gesamte Taktik und erschwert und vergrößert die Gefahren.

Denn was in der Mittagsglut des kahlen Hochgebirges für thermische Verhältnisse sein werden, das können wir uns so ungefähr vorstellen.

Nicht umsonst haben wir den Termin am frühen Morgen gewählt. Auch das Erreichen des Assergi-Tales im Morgengrauen ist aus Gründen der Sicherheit und Geheimhaltung sehr wichtig.

So müssen die Talmannschaften den Anmarsch am hellen Vormittag durchführen.

Das ist auch ein gewaltiges Risiko für den Störtrupp, der die Leitungen kappen soll.

Aber es läßt sich ja nun nicht ändern.

„Glauben Sie da noch an einen Zufall, Herr Hauptmann?" frage ich Skorzeny.

„Rede doch keinen Unsinn", erwidert er – Skorzeny gebraucht sehr oft das „Du" im Gespräch mit mir –, „das liegt alles auf einer Linie, erinnere Dich an das Luftbild vom Quirinal, erinnere Dich an meinen Absturz, man hat Dich nicht einmal verständigt, erinnere Dich, daß die Bildmaschine am 7. September nicht da war, sondern in Südfrankreich, denke an den Ic, der uns Laien hat die Luftbilder machen lassen, dann, daß sie mit allen Mitteln versucht haben, das Unternehmen zu vereiteln, und jetzt sind, obwohl rechtzeitig befohlen, die Maschinen für den Einsatz nicht da. Und da sollen wir den Krieg gewinnen?"

„Aber vielleicht ist das halt doch nur eine Kette von Zufällen?"

„Glaube mir, die wollen nicht, der General schon, der ist in Ordnung, aber so etwas darf nicht passieren. Zumindest ist es grob fahrlässige Dienstauffassung. Wenn das bei meinem Stab einer machte, der würde gefeuert."

„Feuern kann der KG die Leute ja nicht, das hat er uns selbst gesagt."

„Ist ja auch egal, geschehen ist es nun mal. Unser Plan ändert sich also so, daß wir als Y-Zeit Schlag 14 Uhr festgelegt haben. Sie müssen also mit dem General Soleti nach Pratica di mare kommen. Um spätestens zehn Uhr ist die Einsatzbesprechung."

Da fährt es mir durch den Sinn: Pratica di mare?

Da wissen doch die Italiener bestimmt durch ihren Geheimdienst, daß von dort einige prominente Italiener ohne Wissen ihrer Regierung nach Deutschland abgeflogen sind. Ob da Soleti nicht etwas wittert? Und zu Skorzeny: „Wie soll ich denn das dem Soleti beibringen. Der weiß doch, was in Pratica alles los war."

„Sagen Sie ihm, was Sie wollen, Sie werden das schon schaffen."

„Das ist ja gut, ich muß doch einen triftigen Grund angeben."

„Ja, da müssen Sie eben noch nachdenken bis morgen früh."

Verdammt, das ist nicht einfach. Ich grüble hin und her. Spiele mit allen möglichen Gedanken. Komme aber zu keinem Ergebnis.

Ist auch egal, irgendwie wird es schon werden.

Skorzeny erzählt mir noch, daß mit General Student vereinbart ist, außer Major Mors und Oberleutnant von Berlepsch keinen der am Unternehmen teilnehmenden Offiziere und Mannschaften vorher einzuweisen. Die Einweisung der Leute erfolgt auf der Einsatzbesprechung unmittelbar vor dem Anflug auf dem Flugplatz Pratica di mare.

Bei uns ist so weit alles klar. Es ist zwei Uhr früh geworden.

Schlaf finden wir nicht. Die Nerven sind zu stark angespannt.

Die Männer liegen bereits in den Zelten. Wir sitzen an einem primitiven Holztisch, Skorzeny, Menzel, Schwerdt und ich. Trinken eine Flasche Sekt, dann noch eine.

Dann schickt Skorzeny auch diese Offiziere weg, wir sind allein. Allein in der südlichen Nacht im Garten des Collegia Nobile.

Über uns ein strahlender Sternenhimmel. Wir schweigen. Und als wir zu sprechen beginnen, ist es zum ersten Mal seit langer Zeit nicht über Einsatzpläne.

„Ob wir morgen um die Zeit noch am Leben sind? Was meinen Sie?"

„Wäre furchtbar schade um uns, nicht?"

„Aber lieber möchte ich ja wieder heil zurückkommen. Nur sind halt verdammt wenig Chancen, so wie man uns das vorgerechnet hat. Demnach kommt kaum einer von uns zurück. Aber das gibt es ja gar nicht."

„Auf jeden Fall müssen wir damit rechnen, daß einer wegbleibt, das ist so, da kommen wir nicht drum herum."

„Ich liebe das Leben, ich möchte das auch nicht weiterdenken, aber wenn es passiert, geht es ja schnell, vielleicht merkt man es kaum. Ich habe mir noch eine Menge vorgenommen in diesem Leben. Doch wer fragt denn die Millionen Landser?"

„Man hat Gott sei Dank nicht immer Zeit zum Nachdenken, so mag es manchem leichter fallen."

„Sehen Sie, unsere schwarze Bellissima vom Dach gegenüber, wie lieb die immer war, und am Mittwoch fielen die Bomben auf das Haus. Ob die noch lebt? Vielleicht. Und wenn nicht – sie hat auch wahrscheinlich nicht nachgedacht vorher. Das sind alles Augenblicke; nur gleich ganz weg sein, nur schnell weg, wenn's schon sein muß."

„Hören Sie, Radl, wenn mir etwas passiert, Sie kümmern sich doch um meine Frau und um meine Kleine. Ich kann ja jetzt kein Testament machen, oder sollte man das?"

„Die Männer, die sich freiwillig gemeldet haben, machen auch keines; wenn Sie mich aber bestimmen, selbstverständlich, das brauchen wir ja gar nicht zu bestellen, es ist doch ganz klar, daß ich da alles für Ihre Frau tue. Haben Sie irgendwelche Einschränkungen zu machen?"

„Nein, gar keine, nur daß sich jemand um sie kümmert, nicht so als Beauftragter, daß Sie auch mit dem Herzen dabei sind, das weiß ich, und deshalb möchte ich Sie –"

„Gut, das ist doch selbstverständlich, es soll alles bestens besorgt werden, ich bin ja nicht verheiratet, habe nur meine Mutter in Wien. Die ist ganz allein, sie lebt überhaupt nur noch für mich, es wäre furchtbar für sie, sonst wartet – glaube ich – niemand so auf mich wie meine Mutter. Ich glaube, sie würde sich was antun. Komme ich nicht zurück, muß sofort jemand persönlich zu ihr, das werden Sie für mich tun, ja?"

„Ist doch klar, einer muß also übrigbleiben."

„Wir bleiben beide übrig, nur für den Fall, daß es das Schicksal anders will. Ich glaube ganz fest daran, daß ich diesen Krieg lebend überdauern werde. Ich habe noch niemals zu jemand davon gesprochen, nur zu meiner Mutter. Wir haben die absolute Überzeugung, daß mir in diesem Krieg nichts passiert. Um so schlimmer wäre es für sie, wenn es anders käme, glauben Sie nicht an diesen Stern?

Bei mir ist es irgendwie begründet. Aus der Erfahrung einiger Zufälle. Vielleicht ist das blöde von mir. Ich bin gar nicht abergläubisch gewesen, aber nach den Zufällen müßte ich schon ein paarmal tot sein und bin es nicht. Nein, das ist kein Aberglaube, ich glaube es ganz fest, nun, mal sehen."

„Ich habe ja auch das Gefühl, so schlimm kann es nicht sein, was uns da die Herren ausgerechnet haben, wenn wir das Überraschungsmoment einkalkulieren. Natürlich kann es auch schiefgehen."

Aber wir unterscheiden uns von den Herren des Stabes doch dadurch, daß wir fest an den Erfolg glauben, und sie glauben fest an die Unmöglichkeit."

„Dafür werden die jetzt gut schlafen, und wir sitzen hier und reden. Wollen wir nicht noch eine Flasche Sekt trinken?"

„Gut, das soll unser letzter Tropfen Sekt in diesem Leben sein oder unser erster für die Fortsetzung?"

Ich habe noch eine Flasche „Veuve Cliquot", die ist jetzt dran. Absichtlich lasse ich den Korken laut knallend in das Dunkel des Olivenhains springen. Und ohne daß einer was sagt, stehen wir beide auf und heben das Glas.

„Auf ein gutes Gelingen."

„Und darauf, daß uns Gott erhalte, auf unser Leben!"

Dann setzen wir uns nochmals hin, trinken die Flasche langsam zu Ende, sprechen von daheim, und endlich um halb vier Uhr legen wir uns etwas lang auf der Luftmatratze.

Es gibt einen unruhigen Schlaf, ich soll um halb sechs schon wieder heraus.

Da knallt es plötzlich im Wald oberhalb. Alles wird alarmiert.

Was ist los? In der Ferne höre ich Stimmen: „Dort laufen sie, los!" Ich höre dann Pistolenschüsse, einige Karabinerschüsse.

„Was ist los?" frage ich in der Dunkelheit einen unserer Männer.

„Das sind angeblich Italiener, die uns überfallen wollen. Kamen vom Wald herunter. Keiner weiß, wie viele."

Neben uns kommen auf einmal dunkle Gestalten den Berg heruntergelaufen. Es ist stockfinster, nichts zu erkennen, Freund oder Feind?

Ich ziehe meine Pistole, will schon schießen, sehe aber, wie sie plötzlich eine andere Richtung nehmen. Auf meinen Anruf haben sie nicht geantwortet, dann kommt einer den Hügel herunter, ruft mich deutsch an, ich erkenne seine Stimme: „Das waren jetzt Fallschirmjäger, man kennt sich ja gar nicht aus, die Italiener sind längst wieder in den Wald, und so haben wir uns gejagt, man sieht ja auch nichts. Gott sei Dank haben wir uns oben wieder erkannt, sonst hätten wir uns gegenseitig abgeschossen. Die haben vielleicht einen Schrecken gekriegt!"

„Wieso kamen denn die Fallschirmjäger hier herunter?"

„Wir haben sie ja gejagt, so was Dummes!"

Mit dem Schlaf ist es natürlich vorbei. Stand ja auch nicht mehr dafür.

Ich braue zwei Tassen dicken Nescafé, und bald kommt auch schon mein Fahrer mit dem Wagen von XI. Fliegerkorps.

Einen ganz kleinen Tatra haben sie mir geschickt, mit dem soll ich einen General abholen.

Doch es ist mein alter Fahrer.

Mit mir fährt auch noch Warger. Ich muß ihn mithaben, da ich mit meinen paar Brocken Italienisch dem General unmöglich klarmachen kann, daß wir nach Pratica di mare müssen.

Das kann noch kompliziert werden.

Wir kommen viel zu früh in Rom an.

Das gibt uns auch Zeit, zwischendurch etwas zu halten und die Rollen zu verteilen. An sich sind die Rollen ja klar. Der Fahrer fährt, Warger dolmetscht, und ich hole den General. So steht es in unserem Plan. Aber für den Fall, daß es anders verläuft, muß ich noch die Rollen verteilen.

„Also passen Sie auf", sage ich zu den beiden, „ich will versuchen, den General ohne Begleitung mitzunehmen, dann fährt er mit uns. Aber ich zweifle daran, daß er das tut. Der ist ja auch nicht von gestern.

Wenn er also auf seinem Wagen besteht, mit Begleitung, dann fahren Sie, Warger, mit dem General und ich mit unserem Tatra voran." Und zu meinem Fahrer: „Sie müssen aber dann fahren wie die Feuerwehr, so hundert Sachen, verstehen Sie, damit die mit dem schnellen Lancia nicht ungeduldig werden. Und immer schön Mitte der Straße, damit Sie uns nicht vorfahren. Ich fahre dann ja mit Ihnen. Wir nehmen die Via Ostia hinaus, dann links ab, wo es zum königlichen Jagdpark geht, wo der große Waldbrand war vorige Woche.

Und dann noch etwas. In Pratica, an der Flugleitung, da macht die Zufahrtsstraße genau einen rechten Winkel. Den fahren wir hinein und stoppen dann. Daß die Limousine ganz knapp hinter uns halten muß.

Ich nehme nur den General mit, Warger geht auch mit.

Sie haben eine Maschinenpistole.

Keiner von den Italienern folgt uns, verstehen Sie? Sind dann ja auch genug andere Soldaten vor der Flugleitung. Aber Sie müssen dafür sorgen, daß keiner der Italiener mitkommt oder nachkommt, den ich nicht selbst mitnehme."

„Jawohl, Herr Oberleutnant", dem Mann ist gar nicht wohl zumute.

Er weiß ja auch gar nicht, worum es geht.

Wir fahren weiter, und um halb acht Uhr biegen wir um die Ecke des In-

Abmarsch

*Auf dem Militär-
flugplatz Pratica
di Mare bei Rom*

or dem Führer-Segelflugzeug
es Staffelkapitäns der Lastensegler
ird der befohlene Kurs abgesprochen

*General Student und Otto Skorzeny geben
den Unterführern des Unternehmens die
letzten Befehle für die Befreiungsaktion*

Fallschirmjäger besetzen die Talstation
der Seilbahn zum Gran Sasso

Die Lastensegler
vom Typ DFS 230 im Anflug

Gran Sasso-Bergmassiv

Landung direkt vor dem Hotel auf dem Gran Sasso

SS-Männer in Fallschirmjäger-Uniform und Fallschirmjäger stürmen das Berghotel „Campo Imperatore", in dem Mussolini gefangengehalten wird

Skorzeny und Mussolini verlassen das Berghotel auf dem Gran Sasso. Rechts im Bild (mit Stahlhelm) Karl Radl, Adjutant von Skorzeny

Sturmbannführer Otto Skorzeny

Die Blitzbefreiung

eichnungen aus der
S-Propagandazeitschrift „Signal"

Am Ziel. Skorzeny meldet: „Duce!
Der Führer schickt mich, Sie zu befreien!"

Wieder frei!

Mussolini neben General Gueli (mit Mantel). Rechts, mit Stahlhelm und Mussolinis Koffer, der Autor dieses Buches, Karl Radl

Mussolini und seine Befreier auf dem Weg

Der Fieseler Storch steht zum Abflug bereit

Mussolini besteigt die Maschine

Skorzeny kommt als Dritter an Bord

Der Storch startet

Mit dem befreiten Duce sowie Skorzeny an Bord stürzt die Maschine zunächst in eine 500 m tiefe Felsschlucht, bevor sie von Hauptmann Gerlach abgefangen werden kann

nenministeriums. Ich steige aus dem Wagen. Nirgends ein Lancia, nirgends ein General Soleti. Wird sich etwas verspäten, macht nichts. Eine Viertelstunde können wir leicht zugeben, auch eine halbe. Aber mehr nicht.

Wie ich nach dem großen Platz sehe, bleiben mit fast die Augen im Kopf stecken. Mehrere hundert, vielleicht tausend oder zweitausend – ich kann sie gar nicht schätzen – römische Stadtpolizisten. Lebhaft gestikulierend. Ich sehe Warger an, der mich.

Und zum Fahrer: „Fahren Sie mal da an die Ecke und warten Sie dort, bis ich wiederkomme."

„Kommen Sie, Warger, jetzt müssen wir mal sehen, was da los ist."

Wir gehen auf die Menge Polizisten zu, sehen da auch deutsche Fallschirmjäger. Und fragen sie.

„Die haben wir eben entwaffnet, Herr Oberleutnant."

Ich glaube, mich verhört zu haben.

„Was haben Sie?"

„Entwaffnet, die Polizei haben wir entwaffnet."

„Warger, haben Sie das gehört, jetzt entwaffnen diese Unglücksritter die römische Polizei. Den einzigen Garanten, der in der Stadt Ruhe und Ordnung aufrecht erhält, es ist geradezu unwahrscheinlich. Vorgestern verjagen sie die Beamten des Innenministeriums, statt sie festzuhalten, und heute entwaffnen sie die Polizei!"

„Warger, das darf der General Soleti gar nicht erfahren. Kommen Sie."

Wir gehen zu unserem Wagen. Wenn nur jetzt der General nicht ankommt!

Zum Fahrer: „Hören Sie, Sie stellen sich jetzt mit ihrer Maschinenpistole an diese Ecke dort und sorgen dafür, daß kein Italiener an den General herankommt, wenn ich mit ihm spreche. Kein Mann, verstanden?"

„Und Warger, Sie stellen sich dort an die andere Ecke, gleicher Auftrag, kein Mann von den Italienern kommt ran! Wenn der General das erfährt, kommt er bestimmt nicht mit, ist ja auch ein tolles Ding!"

Ich stelle mich mitten auf den Platz und warte. Es wird acht Uhr und halb neun Uhr. Kein General Soleti.

Mir steht der kalte Schweiß auf der Stirn. Um zehn Uhr soll ich bei der Einsatzbesprechung sein. Mit General Soleti, auf den baut sich ja unser Plan eines unblutigen Unternehmens auf.

Was soll ich tun? Ohne den General losfahren? Oder warten? Ich fliege doch in der Maschine 4. Es wird ohne mich auch gehen, aber ob man rechtzeitig startet, wenn wir nicht kommen? Viertel vor Neun, nichts.

„Warger, ich kann mir eine Kugel vor den Kopf schießen. Ich bin ein toter

Mann, es riecht nach Verwesung. Wer glaubt mir denn, daß es nicht an mir liegt. Hätte ich eben suchen müssen. Und wir stehen da. Aber hier kann ich auch nicht weg. Es ist zum Verzweifeln!"

Wo ist der General? Hat er sich die Sache überlegt? Hat er vielleicht Bedenken bekommen wegen der Verschiebung?

Oder weiß er schon von der Entwaffnung seiner Polizisten. Das alles geht mir durch den Kopf.

Zehn Minuten gebe ich noch zu. Dann werde ich nach Pratica fahren und meinen Mißerfolg melden.

Da, oben an der Einfahrt zum Platz biegt eine Limousine ein zum Ministerium. Soleti ist da.

Ich stelle mich gleich mitten auf dem Platz auf. Der Wagen hält direkt vor mir.

Soleti entsteigt dem Wagen, von Schweiß bedeckt, außer Atem: „Scusate, mia sorella – uno bambino – questa mattina – alle cinque – scusate no –"

Ich glaube nicht richtig zu hören, übersetze für mich: „Entschuldigen Sie, meine Schwester hat ein Kind bekommen, heute früh, um 5 Uhr, – ich mußte helfen, entschuldigen Sie –"

Mensch, denke ich, wenn es nicht mehr ist, und will ihn eben zu meinem Wagen geleiten.

Da steht vor uns, wie aus dem Boden gewachsen, ein Oberleutnant der italienischen Polizei: „Generale, siamo disarmati; – siamo disarmati!"

Ich glaube, ich muß in den Boden versinken. Wo der nur herkommt? Warger kommt ratlos heran, ebenso mein Fahrer. Keiner hat den Italiener herankommen sehen.

„Wir sind entwaffnet", ruft er, „General, wir sind entwaffnet!"

Und ich habe noch nicht einmal gesagt, daß wir nach Pratica di mare fahren sollen und nicht nach Frascati. Und was ich befürchtet habe, von unserem Eintreffen an, was ich verhindern wollte, geschieht.

General Soleti sieht seinen Oberleutnant an, dann mich.

„Unter diesen Umständen kann ich jetzt nicht mitkommen. Ich muß bei meiner Polizei bleiben, das ist eine Unmöglichkeit!"

Ich versuche einzulenken. „Aber, Herr General", komme aber nicht weiter. Er ist außer sich: „Die Polizei zu entwaffnen, das ist ja ein Wahnsinn, das ist unmöglich, bitte fahren Sie allein."

Ich fühle fast meine Sinne schwinden. Nur jetzt nicht weich werden! Jetzt muß ich aufs ganze gehen: „Warger, bitte übersetzen Sie dem Herrn General wörtlich, was ich jetzt sage."

226

„Herr General", ganz ruhig bin ich geworden, ohne Bewegung in der Stimme, „Herr General, was hier passiert ist, die hier getroffene Maßnahme ist ein Skandal. Ich selbst habe gestern gehört, wie der Kommandierende General nicht nur jede Entwaffnungsaktion gegen die Polizei strikt verboten, sondern im Gegenteil befohlen hat, die Polizei zu verstärken und in jeder Weise zu unterstützen. Diese Polizei ist der einzige Garant von Ruhe und Ordnung in der Stadt. Es handelt sich hier um eine Eigenmächtigkeit des örtlichen Kommandanten, der sich dafür zu verantworten haben wird.

General Student ist über diesen Zwischenfall bereits unterrichtet.

Die Bereinigung dieser Angelegenheit wird mit ein Hauptpunkt Ihrer Aussprache mit General Student sein. Es geht dabei um die Sicherheit der Hauptstadt.

Im übrigen bittet Sie Herr General Student, nachdem er nun zwei volle Stunden vergebens in Frascati auf Sie gewartet hat, nunmehr mit mir nach Pratica di mare zu kommen.

Der Kommandierende General hat dort eine sehr dringende Einsatzbesprechung angesetzt, die er nun nicht verschieben kann. Deshalb bitte ich Sie, Herr General, im Interesse Roms und Italiens jetzt gleich mit mir nach Pratica di mare zu kommen.

Bezüglich der Entwaffnung Ihrer Polizei sind bereits zufriedenstellende Befehle ergangen und unterwegs zu der Einheit hier."

Warger übersetzt jedes Wort fließend. Mit fällt ein Stein vom Herzen, als ich diesen Spruch aufgesagt habe. Daß mir das alles eingefallen ist bei der Nervosität vorher, kann ich selbst kaum glauben.

Und noch ein Stein fällt mir vom Herzen, ein Berg, als Soleti salutiert und sagt: „Gut, ich komme mit, können wir gleich fahren?"

„Jawohl, Herr General, wenn Sie bitte mit zu meinem Wagen –", den Satz kann ich nicht beenden, als Soleti sagt: „Ich fahre mit meinem Wagen. Ich möchte noch meinen Adjutanten mitnehmen."

„Herr General, es geht um Minuten, wir dürfen keine Zeit verlieren."

„Ich bin General und will meinen Adjutanten mithaben zu dieser Besprechung."

„Wer ist ihr Adjutant, Herr General? Ich werde versuchen –"

„Das ist der Oberst Vaselli, Colonello Vaselli."

Ich rase hinein in das Gebäude zum Kommandeur des Fallschirmbataillons. Der hat keine Zeit für mich.

Ich werde schon im Vorzimmer abgefangen.

„Was wünschen Sie?"

„Ich komme den Oberst Vaselli abholen, den italienischen Polizeioberst Vaselli."

„Den können Sie nicht abholen, den haben wir eingesperrt."

„Was haben Sie, wieso?"

„Die Offiziere der italienischen Polizei sitzen alle entwaffnet als Gefangene
im Keller unten. Da können Sie nicht ran."

„Hören Sie mal, ich muß sofort mit Ihrem Kommandeur sprechen."

„Herr Major sind gerade in einer Besprechung, vielleicht kommen Sie in einer Stunde wieder."

„Ich bin hier im Auftrag von General Student, führen Sie mich sofort zu
Ihrem Kommandeur."

„Bedaure, wenn Sie später wiederkommen wollen."

„Hören Sie, es handelt sich um einen persönlichen Befehl des Führers, den
ich durchzuführen habe. Es geht nur noch um Minuten. Sagen Sie bitte sofort
Ihrem Kommandeur, falls ich den Oberst Vaselli nicht binnen 5 Minuten habe, geht ein Funkspruch an General Student und ins Führerhauptquartier.
Das ist ein Fall für das Kriegsgericht: Sagen Sie aber genau, daß es sich um einen persönlichen Befehl des Führers handelt, damit Ihr Kommandeur die
Konsequenzen abwägen kann."

Der Oberleutnant verschwindet zusammen mit einem Hauptmann im Zimmer des Kommandeurs. Nach wenigen Minuten kommt einer von ihnen heraus, hinter ihm der Kommandeur.

„Herr Major, ich habe keine Minute mehr zu verlieren, ich habe den italienischen General Soleti im Auftrag von General Student zum XI. Fliegerkorps
zu einer internen Besprechung zu bringen, es geht um die Ausführung eines
Führerbefehls; General Soleti weigert sich, ohne seinen Adjutanten zu fahren.
Geben Sie bitte den Oberst Vaselli sofort frei."

Das wirkt, ein Offizier läuft mit mir in den Keller. Dort sitzen an die zwanzig Polizeioffiziere, soweit ich den Raum übersehen kann.

„Oberst Vaselli" – Schweigen.

„Ich bitte den Obersten Vaselli, er soll zu seinem General kommen."

Da erhebt sich ein Mann. Ein Riese, schätze ihn auf zwei Meter und gut 110
Kilogramm. Er kommt auf mich zu.

„Colonello, bitte kommen Sie sofort mit mir, Ihr General wartet oben."

Er ist glücklich. Verabschiedet sich von seinen Freunden. Geht mit mir hinaus. Bleibt aber plötzlich stehen.

„Ich möchte meine Pistole mithaben."

Der Fallschirmoffizier winkt ab.

„Wo ist Oberst Vasellis Waffe?" frage ich, „Sie können doch nicht den Offizier ohne seine Waffe zu einer offiziellen Besprechung zwischen seinem General und Ihrem Kommandierenden General schicken."

„Da, suchen Sie sich eine aus diesem Haufen heraus", meint der Offizier.

„Ich will aber meine eigene Waffe haben, eine kleine Pistole, mein Privateigentum", sagt Vaselli.

Ach, es ist zum Kinderkriegen. Die Minuten verrinnen, ich stehe am ganzen Körper in Schweiß.

Wer weiß, was oben inzwischen passiert ist. Vielleicht ist Soleti wieder abgefahren, da ich so lange nicht zurückkomme.

Vaselli beginnt in dem Haufen Pistolen zu wühlen. Ich finde eine kleine Pistole, es ist aber nicht seine. Er lehnt ab.

„Herr Oberst, wir haben keine Zeit mehr, Sie können noch heute hier Ihre Pistole heraussuchen, wenn Sie zurückkommen. Nehmen Sie nur jetzt für diese Fahrt die Pistole, die ich da habe."

Vaselli ist einverstanden. Wir gehen hinauf, ich bin ein richtiger Zwerg neben ihm.

General Soleti steht noch am Wagen. Gott sei Dank! Kommt auf Vaselli zu, sie begrüßen sich stürmisch, küssen sich auf die Wange. Das ist so üblich da.

„Herr General, ich kenne den Weg genau. Bitte gestatten Sie, daß ich mit meinem Wagen die Führung übernehme, wir fahren voraus, Leutnant Warger wird mit Ihnen fahren, ebenso am besten Ihr Adjutant. Weisen Sie bitte ihren Fahrer an, daß er immer scharf hinter mir bleibt, das ist auch wichtig an etwaigen Sperren und Kontrollen. Können wir also fahren?"

„Bitte, wir können fahren."

Alles steigt ein. Ich setze mich mit meinem armseligen Tatra vor die Limousine, und los geht es in einer tollen Fahrt hinaus auf die Via Ostia, dann nach links ab, die kleine Straße immer an dem großen Tierpark entlang. Die Nervenspannung legt sich etwas. Ich kann wieder ganz ruhig denken.

Da fällt mir ein, daß Soleti noch in Rom für seine Schwester Milch und Schokolade besorgen wollte und Butter. Das bekäme er in Pratica di mare mit, habe ich erwidert. Woher nehmen? Da muß ich den General Student bitten, daß er von der Startverpflegung etwas hergibt. Denn, was ich versprochen habe, will ich auch halten.

Da fahren wir auch schon das kleine Nebensträßchen auf den Flugplatz zu. Ganz planmäßig.

Ich brauche kein Wort mehr zu sagen. Da kommt die Rechtskurve im rechten Winkel, knapp vor der Flugleitung.

„Jetzt passen Sie auf, wenn Sie auf die Bremse treten, die fahren uns hinten rein. Aufpassen, da ist die Kurve!"

Und wie mit einem Schlag steht der Wagen. Und hinter uns der Lancia. Und ist uns nicht hineingefahren. Guter Fahrer, denke ich.

Schon bin ich aus dem Wagen. Aus dem Lancia kommt Warger. Hinter ihm Soleti und dann Vaselli.

„Herr General, die Soldaten bleiben am besten beim Wagen, wie mein Fahrer."

„Gut, Oberst Vaselli kommt mit mir, die anderen bleiben am Wagen", höre ich den General sagen. Das geht ja wie bestellt.

An der Straße stehen und sitzen unsere Männer, die Fallschirmjäger. Haben alle Waffen und Ausrüstung empfangen und kauen schon einen Teil ihrer Dreitageration Springerverpflegung.

An ihnen vorbei geht es zur Flugleitung. Davor gehen Skorzeny und General Student auf und ab.

Ich nehme den anderen Eingang und lasse mir gleich ein leeres Zimmer zeigen. Dort wartet schon einer auf uns: „Hier herein, Herr Oberleutnant."

Ich entschuldige mich bei General Soleti. Ich müßte sofort General Student benachrichtigen, Warger würde ihm so lange Gesellschaft leisten.

Und dann stehe ich vor dem Kommandierenden General und Skorzeny. Erzähle alles im Telegrammstil.

Es waren beide schon sehr besorgt.

Erzähle von der Entwaffnung der römischen Polizei, wobei ich meinen Unmut über diesen Unfug nicht verhehle. Der General möchte, wenn möglich, auch darauf zu sprechen kommen mit Soleti.

Von der Geburt im Hause Soleti erzähle ich. Und daß ich ein Lebensmittelpaket versprochen habe.

„Gut", meint der General, „lassen Sie sich das geben". Ich sage auch noch, daß der Oberst Vaselli dabei ist. Den konnte ich nicht ausbooten.

Der darf aber bei der Besprechung nicht dabei sein.

Er muß zurück nach Rom. Mit dem Paket für die junge Mutter und mit dem Wagen und den Polizisten vor allem. Und darf nichts merken.

Das alles wird in wenigen Minuten besprochen. Als wir hinüber gehen ins Besprechungszimmer, zieht mich Skorzeny am Ärmel ein Stück zurück.

„Mensch, die Segelflugzeuge sind noch immer nicht da."

„Ist ja nicht möglich!"

„Doch, es ist so, sie sollen aber unterwegs sein, irgendwo in Italien im Anflug nach hier."

Als wir den Raum betreten, begrüßen sich die beiden Generale. Soleti stellt noch den Oberst Vaselli vor.

Dem wird dann klar gemacht, daß General Student unbedingt etwas allein mit General Soleti zu besprechen habe. Er möge bitte auf dem Gang draußen warten. Soleti nickt zustimmend. Vaselli geht aus dem Zimmer.

Wir sind allein. General Student, General Soleti, Skorzeny, Warger und ich. Und General Student beginnt: „Herr Soleti, ich danke Ihnen, daß Sie gekommen sind. Leider hat sich inzwischen einiges ereignet, das mich zu einer Umdisposition gezwungen hat.

Im Vordergrund steht im Moment ein Befehl Adolf Hitlers, den ich durchzuführen habe. Sie waren gestern so freundlich, uns einen Hinweis über den Aufenthalt des Duce zu geben, als Sie mit den Herren vor dem Innenministerium sprachen. Wir starten in kurzer Zeit ein Unternehmen mit dem Ziel, Mussolini aus seiner Gefangenschaft zu befreien.

Der Führer hat dieses Unternehmen befohlen. Der Führer kennt bereits Ihren Namen und bittet Sie, mit uns dieses Unternehmen mitzumachen.

Ich nehme an, daß Sie dagegen keine Einwände haben, um so weniger, als Sie sich in den letzten Tagen in Rom sehr loyal verhalten haben.

Was heute früh mit der Entwaffnung in Rom passiert ist, wird bereits rückgängig gemacht.

Sie werden uns also die Ehre erweisen, als italienischer Offizier mit uns zu kommen. Durch Ihre Mitwirkung wollen wir jedes Blutvergießen vermeiden.

Ihr Erscheinen und Ihre Worte werden die Mannschaften vom Gebrauch ihrer Waffen abhalten.

Wir wollen damit erreichen, daß es auf keiner Seite Opfer gibt. Das ist unser beider Interesse. Sind Sie also bereit?"

Soleti hört sehr aufmerksam zu, Warger übersetzt, dann gibt Soleti General Student die Hand: „Ja, ich mache mit."

Freudige Überraschung bei jedermann. General Student ergreift noch einmal das Wort: „Herr Soleti, Sie haben da Ihren Adjutanten mit, den Oberst Vaselli. Ich wäre dankbar, wenn Sie ihn nach Rom zurückschickten mit dem Auftrag, dort auf Sie zu warten.

Sagen Sie ihm bitte, daß unsere Besprechung wahrscheinlich bis zum Nachmittag dauern wird. Und bitte erwähnen Sie kein Wort von unserem Unternehmen. Herr Radl wird dafür sorgen, daß Oberst Vaselli ein Paket für Ihre Frau Schwester mitbekommt", und zu mir gewandt, „Radl, Sie lassen aus den Beständen der Startverpflegung ein Paket zurechtmachen und schicken dann den Oberst Vaselli auf die Reise."

„Herr Soleti, Sie entschuldigen mich, ich muß zur Besprechung, wir sehen uns dann wieder."

General Student verläßt den Raum. Skorzeny, Warger und ich bleiben noch, ich rufe den Oberst Vaselli herein.

General Soleti bedeutet Vaselli, daß die Besprechung vielleicht bis in die Abendstunden dauere. Kein Wort von unserem Einsatz. Das freut uns wieder. Ich bitte den Oberst gleich, mit mir zu kommen. Er verabschiedet sich von General Soleti. Der bittet ihn noch, sich sehr um seine Schwester zu kümmern und sofort zu ihr zu fahren. Mit Vaselli gehe ich zum Wagen, bitte ihn noch, einen Augenblick zu warten. Ich will nur das Paket fertig machen lassen.

Dann gehe ich zu dem Mann, der für die Startverpflegung zuständig ist. Er hat auch das Verpflegungslager für den Flugplatz.

„Guten Morgen, ich brauche da von Ihnen etwas Butter, Speck, Schokolade, Büchsenmilch. Anordnung von General Student."

„Für wen ist denn das? Haben Sie eine Anweisung?"

„Da gibt es keine Anweisung, das ist ganz außer der Reihe, Sie sehen ja, was hier alles los ist."

„Ich muß doch wissen, für wen ich Verpflegung ausgebe."

„Hören Sie, das ist so, wir haben da einen italienischen General, der mit uns startet. Dessen Schwester hat eben ein Kind gekriegt in Rom, Sie wissen, da drinnen geht es etwas drunter und drüber, nichts zu erhalten, eine schwere Geburt. Der General muß für seine Schwester sorgen. Jetzt brauchen aber wir ihn. Da müssen wir uns um seine Schwester kümmern. Deshalb hat General Student diese Anordnung gegeben, verstehen Sie?"

„Ja, verstehen tue ich das, aber ich kann Ihnen nichts geben, wie soll ich denn das verbuchen?"

Typisch Beamter: Wie soll ich das verbuchen?!

Grundsätzlich hat er recht. Dem Paragraphen nach. Aber können wir jetzt einen Paragraphen brauchen?

„Können Sie das nicht auf ‚Schwund‘ oder so abrechnen?"

„Nein, das kann ich nicht. Ich brauche einen Titel, unter dem ich das verbuchen kann."

„Richtig, Sie haben recht, einen Titel, da gibt es wohl ‚Springerverpflegung‘ oder ‚Notverpflegung‘, ‚Marschverpflegung‘, das sehe ich ein, aber einen Titel ‚Verpflegung für niedergekommene Verwandte von Generalen befreundeter Nationen‘ oder so was, das gibt es nicht. Kommen Sie doch bitte mit zum General."

„Ich kann jetzt hier nicht weg, Sie sehen, ich habe zu tun."

Ich laufe hinaus, melde das dem Kommandierenden General. Der schüttelt nur den Kopf, schickt mir einen Offizier mit, und zehn Minuten später reist Oberst Vaselli ab mit einem schönen Päckchen für General Soletis Schwester.

Zum Verpflegungsmann sage ich: „So, jetzt können Sie aber auch noch auf denselben Titel ein ordentliches Frühstück für den italienischen General und mich verbuchen. Wir haben seit gestern abend nichts gegessen.

„Was wollen Sie denn haben?" ist die freundliche Antwort, lächelnd.

„Na, sagen wir, erst mal genügend Nescafé, dann Weißbrot, Butter, Wurst, Speck, ein Cognac wäre auch nicht schlecht. Der General Student muß doch seinen Gast ordentlich bewirten.

Können Sie da vielleicht gleich ein paar ordentliche Brötchen zurecht machen? Ich muß mich um den Gast kümmern."

„Ja, ich schicke Ihnen das in zehn Minuten hinüber."

Ich gehe wieder in das Häuschen der Flugleitung. Hinein in das Zimmer.

„Warger, Sie können jetzt gehen, ich bleibe bei General Soleti."

„Ich darf Ihnen so lange Gesellschaft leisten, Herr General? Haben Sie etwas dagegen, wenn wir jetzt ein kleines Frühstück einnehmen? Ich habe auf jeden Fall einen Mordshunger."

„Gerne, gerne."

So sitzen wir zusammen, das Gespräch ist etwas schleppend, mein Italienisch ist doch sehr armselig. Es ist mehr ein gegenseitiger Sprachunterricht. Aber guter Laune. Die hebt sich noch, als das Frühstück ankommt. Der General ist genauso hungrig wie ich. Wir essen, bis es nicht mehr geht.

Warger kommt noch mal dazu, ißt zwei Brötchen und geht wieder. Er wollte nur sehen, wie wir miteinander zurechtkommen. Er ist auch von meinen Sprachkenntnissen nicht sehr überzeugt.

Als wir wieder allein sind, ertönt Lärm vor der Flugleitung, Motorengeräusch, alles läuft in eine Richtung, bleibt dann stehen und schaut in die Luft.

Da kommen unsere Lastensegelflugzeuge an. Geschleppt von fast baufällig aussehenden kleinen Doppeldeckern.

Klinken über dem Platz aus, die Segler gleiten und setzen einer nach dem andern zur Landung an.

Die Schlepper ziehen wieder über den Platz, dann fallen auch sie ein.

Unsere Transportmittel sind also auch da. Scheint doch noch alles zu klappen.

General Soleti steht mit mir am Fenster, dann gehen wir vor die Tür, um das Schauspiel auch zu sehen. Es gefällt ihm gut. Schöner Anblick.

„Mit denen starten wir in Kürze. Das sind unsere Transportflugzeuge, Herr General."

Der sieht mich ungläubig an. Glaubt wohl, ich will ihn verulken.

„Der Duce ist doch auf dem Gran Sasso, 3.000 Meter hoher Berg und Felsen, was soll denn das?"

„Ja, dort landen wir genauso, wie die es jetzt hier vorgemacht haben."

„Das gibt es doch nicht, dort sind doch nur Felsen."

„Doch, wir haben auch ein paar Grasflecken gefunden, auf denen landen wir. 3.000 Meter ist hoch, da kann man mit dem Auto nicht hinauf, also müssen wir fliegen."

Wir begeben uns wieder in das Zimmer. Es ist sehr heiß, da es auf Mittag geht. Kein Wölkchen am Himmel. Es will kein Gespräch mehr in Gang kommen.

General Soleti geht im Zimmer auf und ab. Beginnt stark zu schwitzen. Setzt sich dann hin. Wird kreideweiß.

„Herr General, ist Ihnen etwas, ist Ihnen nicht gut?"

„Ich bin krank, habe es mit dem Magen zu tun, kann ich mich dort ein bißchen langlegen?"

„Selbstverständlich, Herr General, soll ich einen Arzt holen?"

„Nein, danke, das habe ich öfter nach dem Essen, war ein bißchen viel nach der Nacht und dem Morgen, der Speck, darf ich mir meinen Hemdkragen aufmachen, stört es Sie?"

„Aber Herr General, wie es Ihnen jetzt am besten hilft, lassen Sie sich durch meine Anwesenheit nicht stören."

General Soleti liegt weiß im Gesicht, mit Schweiß auf der Stirn auf einem Feldbett, das zufällig im Zimmer steht. Ich gehe an die Tür, rufe Warger.

„Warger, holen Sie den Dr. Brunner." Das ist unser Einsatzarzt, der mit der Kompanie von Berlepsch mitfliegt. Wiener wie Skorzeny und ich. Er ist in wenigen Minuten da.

„Herr Dr. Brunner, der General fühlt sich nicht wohl, ist etwas mit dem Magen, sagte was von ‚stomaco', heißt doch Magen, nicht wahr?"

„Na, werden mal zwei Gelonida stomatica geben", sagt Dr. Brunner. Läßt ein Glas Wasser bringen, gibt Soleti zwei Tabletten, der schluckt sie und legt sich wieder lang.

Da werde ich zur Einsatzbesprechung gerufen.

„Warger, bleiben Sie so lange beim General" und, als ich ihn etwas zur Seite nehme: „Der darf hier nicht raus, verstehen Sie, wenn er zur Toilette muß, gehen Sie mit bis dahin und bringen ihn wieder hier herein."

In einem anderen Raum der Flugleitung sind inzwischen die Flugzeugführer versammelt. Ebenso die Offiziere und Unteroffiziere, die von Berlepsch eingeteilt hat, er selbst, dann der Ic. General Student mit Skorzeny und einigen anderen Herren betreten den Raum.

Kapitel 18

„In die Lastensegler!"

Es ist ein Zimmer, etwa vier mal vier Meter. Nur ein langer, roh gezimmerter Holztisch steht darin und ein Kasten. Wehrmachtsspind heißt der bei den Soldaten. Etwa vier, fünf Stühle. Die werden aber nicht gebraucht.

An der Wand beim Fenster hängt eine große Skizze des Gran Sasso-Massivs. Daneben noch eine, noch viel größere Skizze des Hotels Campo Imperatore und nächster Umgebung.

General Student ergreift das Wort: „Meine Herren, Sie starten in kurzer Zeit zu einem sehr ungewöhnlichen Einsatz.

Ungewöhnlich nicht nur wegen der fliegerischen Bedingungen.

Sie gelten als die ausgesucht besten Flugzeugführer, meine Herren, die anderen als ausgesucht beste und tapfere Offiziere.

Harte Einsätze sind für Sie nichts Seltenes.

Hier handelt es sich aber um einen Einsatz in einer bisher noch nicht erprobten Höhe. Er wird Ihre ganze Umsicht, Ihre ganze Geschicklichkeit und Ihr ganzes Herz erfordern.

Das andere Ungewöhnliche ist, daß es sich nicht um die Erringung eines strategischen Vorteils oder um die Niederkämpfung eines Gegners handelt.

Ich verlange von Ihnen, daß bis nach der Landung niemand von dem

Zweck des Einsatzes spricht. Aus Geheimhaltungsgründen. Unser Führer hat im Juli mir und dem Hauptmann Skorzeny befohlen, Mussolini aus seiner Gefangenschaft zu befreien. Das zu tun, schicken Sie sich jetzt an. Er wird heute von uns, von Ihnen befreit werden.

Sie können sicher sein, daß der Führer Ihre Tat besonders anerkennen und belohnen wird.

Ich erwarte von Ihnen, daß jeder sein Bestes gibt, und wünsche Ihnen viel Soldatenglück dazu. Hauptmann Skorzeny wird Ihnen dann den ganzen Einsatzplan erklären, zuvor wird Ihnen das Gelände genau beschrieben werden. Sie sehen dort die Karte."

Der Ic erklärt nun die Karte, das Gesamtmassiv, die voraussichtliche Beschaffenheit des Geländes. So, wie wir es uns in langen Beratungen unter Auswertung der Luftbilder und dessen, was wir selbst beobachtet haben, vorstellen.

Spricht von der trapezförmigen Almwiese mit der kleinen Almhütte, die sich für die Landung wohl am besten eignen wird. Darauf sei auch der Plan aufgebaut, den Hauptmann Skorzeny nun entwickeln werde.

Skorzeny tritt an die Karte. Holt die Flugzeugführer ganz nahe heran, zeigt jedem seinen Platz, an dem er landen soll. Alles hört gespannt zu. Ja, das ist also der Plan, den wir so lange beraten, ausgefeilt und immer wieder durchgesprochen haben. Wir können ihn schon auswendig.

Als Skorzeny fertig ist, nimmt noch einmal General Student das Wort.

Er betont, wie schwierig der Einsatz sein werde. Es seien alle Bedenken erwogen worden, die unbekannte Thermik, die hohe Lage, die Felslandschaft, aber es gäbe keinen anderen Weg.

Soweit von hier aus noch etwas für die Sicherheit getan werden könne, so befehle er, daß bei mehr als 50 Prozent Bewölkung, falls eine solche aufkäme, der Einsatz abzubrechen sei. Weiters, daß er einen Sturzflug verbiete. Es dürfe nur im Gleitflug gelandet werden.

Die Einsatzbesprechung ist zu Ende, ich gehe wieder zu General Soleti. Der hat sich inzwischen erholt. Ist wieder aufgestanden und so weit ganz fit.

Hat doch gute Tabletten, der Dr. Brunner.

Warger ist inzwischen weggegangen, er soll zum Chef, es gibt doch noch immer wieder etwas zu besprechen.

Ich muß mich auch noch einmal kurz mit ihm unterhalten.

General Soleti wünscht, an die frische Luft zu gehen. Das Bedürfnis habe ich auch gerade. Also gehen wir zusammen hinaus auf den Platz, gehen vor der Flugleitung auf und ab.

Da gibt es Fliegeralarm. Verdammt. Luftgefahr war schon lange gemeldet.

Aus Nordafrika ist ein dicker Verband amerikanischer Bomber unterwegs. Nun schienen sie zu kommen.

Alles läuft durcheinander. Einige suchen den Deckungsgraben auf, andere laufen nur an den Rand des Platzes, wo es wieder Bäume und Gebüsch gibt. Sonst gibt es keine Deckung. Auch die Gräben kann man nicht als Deckung ansehen.

Ich stehe noch mit dem General vor der Flugleitung, da brummt und dröhnt es auch schon am Himmel. Da kommen sie, in schönster Ordnung, wie bei einer Parade, 6.000 Meter hoch mögen sie sein. Die Flak setzt ein, und über uns weg dröhnt es.

Alles liegt lang. Ich neben meinem General Soleti. Was soll man sonst tun?

Wenn die uns jetzt alles zusammenschmeißen, ist mein Gedanke, dann war alles umsonst. Und hat so schön geklappt bis jetzt.

Doch nichts fällt auf den Platz, daneben, auf einem Abstellplatz, wo ein paar alte Ju 52 und ein paar He 111 stehen, da hauen ein paar Bomben ein, richten aber keinen Schaden an.

Die haben ein anderes Ziel, Gott sei Dank!

Und dann kommt auch schon die Entwarnung. Das geht schneller als in der Großstadt.

Die Spannung hat sich wesentlich erhöht. Die Nerven sind auf höchsten Touren.

Ich spüre das jetzt auch schon deutlich. Nur erst mal in der Maschine sitzen. Dann ist alles so weit vorbei, dann brauchen wir nur noch zu warten, ob wir glatt landen oder ob wir uns den Hals brechen.

Aber hier einmal weg sein, das wäre schön, heraus sein aus der Vorbereitung und mitten drin sein im Einsatz!

Ich sehe mich nach meinem General um. Der sitzt neben der Flugleitung auf einem Stuhl, hält sich die Hand ans Herz.

„Ich kriege eben einen Herzanfall, rufen Sie bitte den Arzt", sagt er mir.

Gleich ist Dr. Brunner wieder da, nimmt den General hinein in das kühle Zimmer und versorgt ihn. Auch das Übel ist behoben.

Schon nähert sich die Zeit des Starts. Skorzeny ruft mich nochmals zu sich. Noch ein paar kurze Worte, alles andere ist ja klar.

„Wenn Du oben bist, gleich sehen, wo ich bin, und los aufs Hotel, kümmere Dich überhaupt um nichts sonst, gar nicht umschauen nach den anderen, nur hinein."

Ein Offizier kommt an. Nochmals Luftgefahr, ein weiterer schwerer Bomberverband kommt aus Nordafrika. Wird aber noch 20 bis 30 Minuten dauern.

Verdammt, das ist ja unsere Startzeit. Wenn da noch was passieren sollte...

Vielleicht hat der erste Verband was gefunkt an den zweiten, als sie uns da unten haben stehen sehen.

Und gleich hinterherfliegen konnten wir ja auch nicht.

Also gibt es nur eines: Los, Start jetzt gleich, damit wir vom Platz weg sind. Nun beginnt ein Hasten und Jagen.

„Alles an die Maschinen und hinein, in zehn Minuten ist Start!"

Ich habe meine Besatzung schon beisammen. Menzel, Holzer, Gläsner und wie sie alle heißen. Wir sind so ziemlich die ersten an der Maschine.

Zuvor habe ich noch General Soleti herausgeholt. Habe ihn an Warger und Schwerdt abgegeben.

„Herr General, Sie werden mit Hauptmann Skorzeny und diesen beiden Offizieren fliegen. Viel Glück." Ich gehe zu meinen Männern.

Stehe jetzt mit Menzel an unserer Maschine Nummer 4. Die Männer steigen schon ein.

„Ulli, in einer Stunde wissen wir mehr – oder nichts mehr. Es geht um unser Leben, Du weißt es, glaubst Du daran, daß wir es schaffen?" Wir haben uns noch nie Du gesagt, jetzt ist es irgendwie eine Selbstverständlichkeit. „Ich glaube, wir schaffen es, Ulli, und wenn nicht, Schicksal."

Da fühle ich ein menschliches Rühren, müßte noch einmal „austreten", kann aber nicht weglaufen, so was Dummes, ich habe doch kein Blasenleiden. Muß mich hinter die Maschine stellen. Geniere mich direkt.

Ulli geht es genauso: „Mensch, was ist denn los. Na, ja."

Und da wir fertig sind, unterhalten wir uns, sehen zu, was sich an den anderen Maschinen tut.

Da, was ist bei der Maschine 3 los?

Dort scheint Aufregung zu sein.

General Soleti hat scheinbar noch immer nicht geglaubt, daß wir auf den Berg fliegen. Nun, da er sieht, daß es ernst ist, da Warger und Schwerdt ihn in die Mitte genommen haben und auf das Segelflugzeug zugehen, bekommt er Bedenken.

„Ich möchte da nicht mit, das kann ich nicht, das ist unmöglich, mit diesen Maschinen auf den Berg", er will zurücklaufen.

Schwerdt und Warger haken ihn unter, lassen ihn nicht los. Soleti schreit: „Lassen Sie mich los, ich bin General, ich mache das nicht mit, das ist ja Selbstmord, meine Frau, meine Kinder, lassen Sie mich los."

240

Und da sie nicht loslassen, greift er nach seiner Pistole und setzt sie blitzschnell an seine Schläfe.

Da kommt von hinten ein harter Schlag gegen die Hand.

Skorzeny hat zugeschlagen, und die Pistole liegt am Boden.

Warger und Schwerdt lassen einen Augenblick locker.

Skorzeny sagt noch: „So kommen Sie doch, General, wir machen das ja alle mit!"

Da greift General Soleti in seine Hosentasche, zieht noch eine kleinere Pistole heraus und will sie wieder gegen seinen Kopf in Anschlag bringen.

Sie wird ihm aus der Hand gerissen.

Er läßt sich zu Boden sinken, krallt sich in Grasbüscheln am Boden fest.

„Nein, ich mache das nicht mit, das ist eine Unmöglichkeit," – und ist mit den Händen nicht hochzubringen. Da fährt er hoch, irgendwer hat ihn dazu gebracht. Wird von Warger und Schwerdt gepackt und in die Maschine geschleppt. Und hineingestopft, alles hilft mit. Die Mannschaften klettern gleich danach hinein, nur Skorzeny ist noch da.

Ich laufe noch einmal zu ihm. Ein langer Händedruck und zurück zu meiner Maschine.

Menzel steht immer noch davor. Da habe ich schon wieder das komische Gefühl in der Blase.

„Mensch, Ulli, ich muß schon wieder hinter die Maschine." Ulli auch.

„Sag, was ist denn das, ich weiß es nicht. Das ist mir in meinem Leben noch nicht passiert. Das ist jetzt zum sechsten Mal in einer Stunde."

Es ist die Aufregung. Sonst nichts, stellen wir fest. So was gibt es. Eine verständliche körperliche Reaktion. Da muß ich sogar noch einen Witz machen.

„Ulli, denk' dran, das ist ein historischer Augenblick, wir haben jetzt vielleicht zum letztenmal gepinkelt."

Da kommt das Startzeichen. Hinein in den Kasten. Es wird finster.

Das Auge muß sich erst gewöhnen. Doch vom Flugzeugführersitz kommt noch genügend Licht.

Es kommt nur die Reflexion von dem hellen Glast der Mittagssonne hier herein.

Da macht die Maschine auch schon eine Ruck, rollt am Boden entlang. Sehr holprig ist der Platz in Pratica. Das haben wir schon immer festgestellt, bei jedem Start und bei jeder Landung.

Aber wir rollen, und da heben wir uns vom Boden ab und schweben.

Ziehen eine Runde über den Platz, dann eine zweite.

Werfen die Räder ab und haben nurmehr die Kufen für die Landung. Ja, auf

Kufen wird gelandet. Damit die Maschinen schön weich gleiten können. So ist es auf glatten Wiesen.

Bei uns ist es anders. Wir dürfen gar nicht weit gleiten. Sonst gleiten wir wieder in einen Felsenabgrund. Daher haben wir die Gleitkufen ganz dick mit Stacheldraht umwickelt, damit wir nicht gleiten. Es wird also einen Aufschlag geben und dann höchstens noch einen Sprung. Und Bruch. Denn daß das mit dem Stacheldraht Bruch gibt, ist allen klar.

Alles ist planmäßig gegangen. Schön der Reihenfolge nach.

Der Ic fliegt in einer Maschine ohne Segelflugzeug im Schlepp. Er führt den Pulk an. Kennt die Route und das Gelände von unserem Bildflug. Kann auch aus dieser Maschine das Gelände gut übersehen. Wir sehen ja nichts von der Maschine aus, da sie keine Fenster hat.

Nur durch Ritzen können wir hinaussehen. Sind ja Lastensegler, die DFS 230.

Hauptmann Langguth fliegt also als erster. Dann kommen, genau wie im Plan vorgesehen, die Segelflugzeuge 1, 2, 3 und so weiter, bis 12. Genau zwölf Stück.

Als wir über Frascati fliegen, können wir unsere Zelte sehen im Garten Collegio Nobile und die großen Bombentrichter, die großen Zerstörungen in der Stadt.

Ich bin immer an der Ritze mit einem Auge, um möglichst viel zu sehen.

Höher geht es hinauf. Ja, 4.000 Meter sollen wir anfliegen. Sollen vor dem Ziel auf etwa 3.000 zurückgehen, damit wir nur 1.000 Meter zu gleiten haben.

Das Hotel steht auf etwa 2.200 und noch ein paar Metern. Nördlich davon erhebt sich die Steilwand, die auf den 2.914 Meter hohen Gipfel führt, den „Corpo Grande".

Das Wetter ist geradezu ideal. Die Mittagsstunde bringt, typisch für das Gebirge, große Haufenwolken, aber keine geschlossene Wolkendecke. Wir fliegen, als wir das Gebirge erreicht haben, des öfteren über eine Wolke, dann wieder gibt es schönste Sicht unter uns.

Wir werden richtig „aus den Wolken fallen" auf dem Gran Sasso. Und das paßt gerade gut zur Erhöhung des Überraschungsmomentes.

Als ich wieder durch die Ritze schaue, sehe ich tief unter mir, ganz langsam eine unserer Maschinen ziehen. Mindestens 200 Meter tiefer.

Was ist da los? Was für eine Nummer ist das? Das läßt sich nicht feststellen. Und sie scheint noch weiter an Höhe zu verlieren. Vor mir fliegt noch die Nummer 3.

Doch vor Nummer 3 hat sich auch etwas geändert. Skorzeny sieht auch nur schlecht hinaus. Nach vorne geht es noch. Da stellt er fest, daß er als erste Maschine fliegt.

Wo sind die 1 und die 2? Und auch die Führungsmaschine, die Solomaschine mit dem Ic, fehlt.

Das ist eine verdammte Situation. Das wirft alles durcheinander.

Was mag da passiert sein? Damit er genau nach unten sehen kann, hat einer seiner Männer mit dem Seitengewehr ein Loch in den Boden gebohrt, hinaus ins Freie.

Das gibt also wenigstens einen Blick nach unten. Skorzeny verständigt sich mit seinem Flugzeugführer, Leutnant Meyer-Wehner.

„Meyer, wir fliegen also erste Maschine, anstatt als dritte. Vielleicht müssen wir anders landen. Wenn sich keine mehr davorsetzt, müssen wir möglichst beim Hotel landen, ganz dran."

Meyer nickt, er wird das schon machen.

In meinem Segelflugzeug ist inzwischen schlechte Luft.

Die Männer haben auf dem Flugplatz zuviel Speck, Wurst und Schokolade gegessen und ihr kleines Fläschchen Rum getrunken. Das ist alles bei der Springerverpflegung.

Das bekommt ihnen jetzt übel. Das Fliegen ist ja auch nicht jedermanns Sache.

Mir kommt es auch komisch vor. Im Motorflugzeug fliege ich leidenschaftlich gerne. Aber segeln, das ist mir auch neu. Man hört keinen Motor, wird am Schleppseil hin- und hergerissen, mal links, mal rechts, mal ein bißchen tiefer, dann höher. Das ist ein ungutes Gefühl für einen Laien. Es fehlt so das Vertrauen in den Motor, in den Motor, der zieht und trägt. Aber den haben wir nicht. Das Gefühl ist eigenartig.

Unteroffizier Gläsner rechts neben mir ist blaß. Gibt wieder alles von sich, Speck, Schokolade, Rum. Mir wird selbst übel von dem süß-sauren Geruch. Halte meine Nase jetzt an die Ritze, nicht mehr das Auge. Nur jetzt nicht umkippen.

Wir ziehen wieder hinein in Wolken. Haben noch immer 4.000 Meter Höhe. Da schaue ich nach unten, da ist doch schon das Tal, das nach Assergi führt.

Ich sehe nach der Uhr. 13.55 Uhr.

Verdammt, wir sind da. Da unten rollt auch eine Autokolonne. Sehe die Staubfahne.

Das muß Major Mors mit seinen Männern sein. Die sind pünktlich auf die Minute.

Noch vier Minuten.

Da deutet mein Flugzeugführer nach vorn.

Noch immer 4.000 Meter. Und wir sollten schon auf 3.000 sein.

Ja, es fehlen ja der Ic und die ersten beiden Maschinen, der Plan ist durcheinander gekommen.

Da hat die Maschine vor uns ausgeklinkt.

Ausklinken! Jetzt ist es so weit. Und vor uns die Maschine stürzt. Fast senkrecht stürzt sie in die Tiefe. Mir stockt das Blut in den Adern. Glaube, der stürzt ab.

Aber mein Flugzeugführer sieht mich an. Macht die Handbewegung des Stürzens, des Sturzfluges. Der ist ja verboten. Und da er mich weiter ansieht, es sind nur Bruchteile von Sekunden, denke ich: „Der Skorzeny ist verrückt geworden!"

Aber was tun? Fast mechanisch mache ich dasselbe Zeichen, der Pilot zieht den Knüppel, und auch wir stürzen in die Tiefe.

Richtig durch ein Wolkenloch. Fallen vom Himmel, fallen aus den Wolken. Hinter uns haben sie auch ausgeklinkt, alle, die da sind.

Wolkenfetzen huschen vorbei. Felsspitzen, das ganze Flugzeug zittert und vibriert. Da höre ich meinen Flugzeugführer: „Festhalten!"

Die Männer sitzen alle rittlings auf der Leiste, die durch die Maschine geht, ich bin als letzter eingestiegen und komme seitlich zu sitzen. Mit dem Rücken zur linken Tragfläche.

Und wie er „Festhalten!" ruft, da denke ich blitzschnell, wie mußt du dich in die Maschine werfen, falls etwas passiert? Ist ja alles aus Holz.

Aber ich komme gar nicht zum Fertigdenken. Wir schießen dem Boden entgegen. Und da schlagen wir auf.

Ein schwerer Schlag erschüttert das Flugzeug, dann fliegen wir noch mal hoch und schlagen noch einmal auf. Und kippen langsam nach hinten, nach der linken Tragfläche. Der Moment ist der aufregendste.

Wohin kippen wir, einen Meter, zwei oder 500 Meter in den Abgrund? Doch wir bleiben liegen, und es wird hell, die Tür ist herausgefallen, die linke Seitenwand aufgerissen, geplatzt.

Aussteigen brauchen wir gar nicht, nur weitergehen.

Ich bin noch ganz geblendet von der Sonne. Wie ich nach dem Hotel sehe, da läuft Skorzeny gerade mit zwei, drei Männern auf die Eingangstür zu. Mit ihnen ist der General. Und nichts passiert.

Kapitel 19

Allein beim Duce

D a, im ersten Stock des Hotels öffnet sich ein Fenster. Der Duce steht dort und sieht herunter auf uns. Jetzt wissen wir, daß er da ist. „Dort, der Duce", rufe ich, „alles mir nach, Duce, wir kommen!"

Der kann das gar nicht hören, aber wer überlegt das? Ulli Menzel verhält eine Sekunde: „Heil Duce", will weiterlaufen, fällt um und bleibt liegen. Wir müssen ihn liegenlassen. Müssen hinzueilen auf den Hoteleingang, wo sich gerade Skorzeny den Weg hineinbahnt mitten durch die eben herausströmenden Carabinieri.

So ist es bei ihm zugegangen:

Als er keine Maschine mehr vor sich sieht, weiß er, daß er jetzt allein auf sich gestellt ist. Er weiß, daß ich hinter ihm fliege und mit absoluter Sicherheit genau das Gleiche mache wie er.

Und da er plötzlich unter sich das Hotel Campo Imperatore sieht und in der Talstation eben die Staubfahnen zwischen den Häusern verschwinden, weiß er, jetzt ist die Minute da, die Sekunde! Gibt seinem Flugzeugführer das Zeichen. Sturzflug!

Die einzige Lösung, wollen wir nicht vielleicht um Sekunden zu spät kommen. Und Meyer stürzt. Wir hinterdrein.

Als sie im Stürzen sind, sehen sie zu ihrem Entsetzen, unsere Wiese mit Almhütte ist keine solche wie angenomen. Es ist eine steile Sprungschanze, die angebliche Hütte der Schanzentisch.

Dort kann keiner landen. Also: ganz am Hotel! Und Meyer landet. 15 oder 20 Meter vor dem Hotel.

Schon liegt ein Mann hinter dem Maschinengewehr am Heck der Maschine.

Das ist der einzige Feuerschutz für den Fall des Falles. Die 1 und 2 fehlen ja.

Skorzeny nimmt seine Männer, sie laufen auf das Hotel zu. Da, ein italienischer Posten.

General Soleti ruft ihn an: „Nicht schießen! Nicht schießen!"

Der Posten rührt sich nicht. Er wird stehen gelassen, weiter auf das Hotel zu.

Eine Tür fliegt auf. Das ist der Funkraum. Ein italienischer Soldat am Funkgerät. Der fliegt mit einem Ruck vom Stuhl. Ein, zwei Kolbenschläge mit der Maschinenpistole und das Funkgerät ist unbrauchbar. Das wäre geschafft.

Um Hilfe können die nicht mehr rufen.

Doch keine Tür führt aus dem Kellerraum. Zurück, hinaus!

Es geht um die Ecke am Vorbau. Wieder ein Posten.

„Nicht schießen! Nicht schießen!" ruft der General. Und auch dieser Posten schießt nicht.

Da, eine zwei Meter hohe Betonmauer. Skorzeny steigt über die Schulter eines Mannes hinauf. Tritt ihn halb zusammen dabei. Der hilft aber den anderen auch noch hinauf. Sie stehen auf der Terrasse vor der Hausfront, wollen auf den Haupteingang zu, da fängt sich eben die 3, das ist mein Flugzeug, an der Fallschirmbremse in die Waagrechte vom Sturz auf, es ist vielleicht eine Minute vergangen. Alles zählt nur noch Sekunden. Meine Maschine schlägt auf, hebt sich nochmals, wird noch 50 Meter hinausgeschleudert und landet circa 100 Meter vom Hotel entfernt. Und schon eilen wir dem Chef zu Hilfe.

Der sieht eben auch den Duce am Fenster.

„Duce, treten Sie vom Fenster zurück, weg vom Fenster!" ruft Skorzeny, er befürchtet doch noch das Entstehen einer Schießerei, und da kann leicht ein Unglück geschehen.

Wir dringen weiter auf das Hotel vor.

Menzel ist liegengeblieben. Er hat sich den Knöchel gebrochen. Als er „Heil Duce!" rief, trat er in eine kleine Mulde, die von einem Grasbüschel überdeckt war. Und da war es passiert.

Noch bevor ich den Eingang erreiche, sind Skorzeny und Schwerdt einge-drungen, haben sich ohne Waffengebrauch einen Weg durch die Carabinieri gebahnt.

Die sind völlig fassungslos, wollen aus dem Hotel heraus. Haben offenbar gerade Mittagsruhe gehabt.

Zum Teil haben sie ihre Maschinenpistolen dabei, zum Teil sind sie ohne Waffen. Sehen ihren General, den viele kennen. Und keiner schießt.

Skorzeny und Schwerdt rasen eine Treppe hoch in dem, seinem Inneren nach vollkommen unbekannten Hotel. Skorzeny reißt eine Tür auf im ersten Stock.

Es ist die richtige – drinnen steht Mussolini!

Bei ihm zwei Offiziere und ein Mann in Zivil. Die fliegen im hohen Bogen heraus. Dann sind sie allein.

Da erscheinen auch schon die Unteroffiziere Gföller und Gläsner in der Tür.

Und als ich selbst durch die offene Tür trete, meldet Skorzeny gerade: „Du-ce, der Führer schickt uns, Sie zu befreien!"

Mussolini ist sehr bewegt. Er antwortet nur: „Ich wußte, daß mich der Füh-rer nicht im Stich lassen würde."

Drückt Skorzeny die Hand, umarmt ihn, küßt ihn auf die Wange, dasselbe geschieht mir, Schwerdt und Warger.

Unser Gefühl ist nicht zu beschreiben.

Mit Freude und Stolz mischt sich das Gefühl reinen Glückes, Glück über diese Begrüßung durch einen Mann der Weltgeschichte, Glück, daß wir selbst am Leben geblieben sind und daß es zu keinem Kampf gekommen ist, das ist einfach nicht zu beschreiben.

Als wir wieder aus dem Fenster schauen, da sehen wir weitere Flugzeuge landen oder die Mannschaften auf das Hotel zukommen.

Skorzeny läßt den Kommandanten kommen, einen Oberstleutnant. Sagt ihm, daß er seine Festung zu übergeben habe, weitere Verstärkungen seien im Anflug, die Talstation sei ebenfalls besetzt.

Der Kommandant will Bedenkzeit, er möchte sich mit dem General be-sprechen und weist auf den Herrn in Zivil, der eben wieder zur Tür herein-kommt.

Es ist der General Gueli. Dessen Funkspruch wir so schön bekommen ha-ben.

Skorzeny gibt dem Oberstleutnant aber nur eine Minute Bedenkzeit und weist nach draußen durch das Fenster.

Dort sind eben ein paar Schüsse gefallen. Keiner weiß, wieso. Das ist bis heute nicht geklärt. Wer geschossen hat, warum und wohin. Ist auch keiner getroffen worden. Es ist eben schwer für einen schneidigen Landser, einen aufregenden Einsatz zu machen und dann nicht zu schießen. Aber jetzt haben die paar Schüsse gerade gepaßt. Wie gerufen.

„Auf Ihre Verantwortung", sagt Skorzeny zum Kommandanten.

Der geht aus dem Raum. Ist aber sofort wieder zurück: „Ich übergebe."

Wir gehen aus dem Zimmer. Der Kommandant mit uns.

Die italienischen Soldaten legen vor dem Hotel ihre Waffen auf einem Platz zusammen.

Werden dann in den großen Speisesaal geführt, Warger muß zu ihnen hinein.

Dort ist dann großes Palaver. Warger weiß gar nicht, was er ihnen erzählen soll. So hält er ihnen einen langen Vortrag über seine hochalpinen Bergtouren. Und was sie dann halt fragen, beantwortet er ihnen so gut als möglich.

Der Kommandant hat noch einen Pokal Rotwein gebracht und reicht ihn Skorzeny: „Dem Sieger".

Skorzeny macht einen Schluck, gibt dann den Becher mir.

Ich habe einen Viechsdurst und trinke ihn bis zum Grund aus.

Dem Kommandanten hätte ich auch einen Schluck drinnen lassen sollen. Pech gehabt. Man wird sagen, ich habe schlechte Manieren.

Vor dem Hotel sehen wir uns schnell noch mal das Gelände an. Überall liegen unsere Flugzeuge, acht Stück können wir zählen. An Skorzenys Segelflugzeug ist das Heck-Maschinengewehr weggerissen, das er zum Feuerschutz eingerichtet hat. Meine Maschine ist so knapp darüber weggeflogen, daß die Männer gerade noch ihren Kopf wegziehen konnten, sonst wäre er ihnen, genauso wie das Maschinengewehr, durch den Bauch meiner Maschine abrasiert worden.

Eine Maschine sehen wir vom Fenster aus, gegenüber der tiefen Schlucht, gegen eine Felswand stoßen und dann herunterstürzen, etwa drei Minuten nach unserer Landung. Sehen auch die Trümmer und können durchs Glas einzelne Menschen auf dem Geröll liegen sehen. Ein paar kriechen mühsam am Boden weiter.

Im Augenblick können wir nicht helfen.

Warger wird eine Hilfsmannschaft zusammenstellen aus Fallschirmjägern und italienischen Soldaten. Die stellen sich alle zur Verfügung, wollen alle helfen. Kein böses Wort fällt.

Das sind zusammen neun Maschinen, acht gelandet, eine abgestürzt, fehlen drei. Ebenso haben wir den Ic mit seiner Maschine nicht mehr gesehen.

Der Hauptteil des Unternehmens ist damit geglückt, ohne Kampf.

Jetzt bleibt noch der letzte Akt des Unternehmens, der Abtransport des Duce.

Oberleutnant von Berlepsch meldet, daß das Hotel und die Seilbahnstation vollkommen abgesichert sind.

Mit der Talstation besteht Telefonverbindung. Dort ging auch alles klar. Der Zugang zur Talstation wurde nach ganz kurzem Kampf erzwungen. Ein oder zwei Tote auf seiten der Italiener. Keine eigenen Verluste.

Der Voraustrupp hatte die Sperre am Taleingang überrannt, dann war der Weg frei. Auf dem Funkweg wird der Erfolg nach Rom gemeldet. Der Empfang der Meldung von dort bestätigt.

Wir wollen den Abtransport doch über Aquila durchführen.

Daher geht ein Funkspruch nach Rom: „Für Plan B neue Y-Zeit abwarten", damit ist der Zeitpunkt des Erscheinens der He 111 über dem Flugplatz Aquila gemeint.

Doch als wir die neue Zeit, 16.30 Uhr, durchgeben wollen, wird gemeldet, daß keine Funkverbindung mit Rom besteht.

Wie gerufen, erscheint da über dem Gran Sasso-Massiv der Fieseler Storch.

Hauptmann Gerlach, der persönliche Flugzeugführer des Generals Student, mit dem wir uns sehr gut verstehen und mit dem wir nette Stunden verlebt haben, kommt mit seinem Storch.

Es ist Y plus 20 Minuten, genau nach Plan.

Kreist einige Male und setzt zur Landung an. Geglückt, trotz viel Gerölls und Steinen. Ganz nahe am Hotel.

Gerlach steigt aus. Besieht sich gleich den Platz. Ob man da wieder starten kann? Nur sehr schwer.

Die anderen Flugzeugführer raten ab.

Gerlach geht auf und ab, überlegt.

Da kommt von der Talstation ein Anruf. Dort unten ist auch der andere Storch gelandet. Hat sich aber ein „Bein gebrochen". Das heißt, das Fahrgestell ist irgendwie beschädigt.

Das gibt den Ausschlag.

„Ich mache es", sagt Gerlach. „Wir können starten."

Alles muß helfen, eine kleine Rollbahn zu schaffen. Steine und Geröll müssen weggeschafft werden. Ebene Fläche gibt es keine. Also muß er bergab starten. Da muß er wenigstens eine glatte Bahn haben. Und alles hilft mit. Deutsche und Italiener.

Skorzeny hat mich inzwischen zur Seite genommen.

„Sie gehen jetzt zum Duce, schmeißen alle hinaus, die im Zimmer sind, und bleiben mit dem Duce ganz allein.

Wahrscheinlich hat der Duce ein Tagebuch geschrieben. Das stellen Sie sicher, das heißt, Sie sorgen dafür, daß es unter keinen Umständen verschwindet. Passen Sie also auf beim Einpacken. Und dann sprechen Sie mit dem Duce, wie schon besprochen."

Damit verhält es sich so:

Woche um Woche haben wir im Führerhauptquartier und bei Himmler angefragt, wie und was wir mit Mussolini sprechen und wie und was wir nicht sprechen sollten. Man nennt das „Sprachregelung".

Denn wir waren uns stets darüber klar, daß Mussolini eine Menge von Fragen an uns stellen wird, militärischer, vielleicht politischer Natur.

Wenn wir uns nun bei ihm melden mit „Der Führer schickt uns!", dann wird der Duce annehmen, daß Hitler nicht gerade die größten Idioten geschickt hat und daß er mit den Leuten alles mögliche besprechen kann.

Und da wir nun die weiteren Tendenzen und Entwicklungen nicht kennen, möchten wir gerne eine Anweisung grundsätzlicher Art aus dem Führerhauptquartier haben.

Wir wissen, daß Mussolini im Anschluß an die Befreiung zu Hitler kommen wird. Dann werden die beiden Männer vielleicht auf irgendein Thema kommen, Mussolini wird vielleicht eine gerade nicht genehme Ansicht vertreten und vielleicht dem Führer sagen: „Ja, das haben mir Ihre Leute so gesagt."

Das wollen wir vermeiden.

Aber nichts geschieht, und so bleibt es bis zu unserem Start.

So wurde also mit General Student abgesprochen, daß ich mit Mussolini möglichst allein sein werde, das heißt, daß außer Skorzeny und mir sonst niemand zum Duce vorgelassen wird.

Ich habe auch die etwa sich ergebenden Gespräche zu führen. Im allgemeinen werde ich auf Befragen die Dinge so schildern, wie sie sind.

Etwa die militärische Lage an den Fronten.

Oder, was wir in Italien erlebt und festgestellt haben. Jedes Gespräch über Fragen der politischen Zukunft soll abgebogen werden.

Im übrigen will ich ja auch genau erfahren, was sich alles bei Mussolinis Rücktritt ereignet hat. Ob sich alles so verhält, wie wir es festgestellt haben.

Ich begebe mich also zum Duce ins Zimmer. Bitte alle Anwesenden hinaus.

Auch General Soleti ist noch drinnen. Er ist vom Duce nicht besonders lebhaft begrüßt worden, als er sich meldete. Setzte sich in eine Ecke und schluchzte.

Nervenreaktion, stellen wir fest. Uns hat das ja auch nicht alles kaltgelassen.

Dann bin ich mit Mussolini allein. Er stellt mir noch den Leutnant Faiola vor.

Ein schneidiger junger Offizier. An der Brust neben italienischen Auszeichnungen das Eiserne Kreuz II. und I. Klasse. Bei Tobruk geholt, in vorderster Linie. Schwer verwundet, Kieferschuß.

Langsam kommen wir ins Gespräch. Mussolini spricht von Bruno, seinem Sohn, in diesem Kriege geblieben. Sein Bild steht in schwarzem Rahmen auf dem Tisch.

Das Zimmer ist überhaupt einfach eingerichtet.

Ein Tisch, zwei Stühle, ein Bett, ein Kasten. Das ist alles.

Der Duce sieht nicht gut aus. Das Gesicht etwas eingefallen, finde ich, tiefliegende Augen. Noch dazu ist er gerade schlecht rasiert. Das gibt auch ein ungünstiges Bild. Doch wir haben unseren Besuch ja nicht angemeldet.

Dann nimmt Mussolini selbst den Gesprächsfaden auf. Ich höre auf jedes Wort, ob auch alles so gemeint ist.

Er spricht ein tadelloses Deutsch. Natürlich mit Akzent. Aber, was mich sehr überrascht, er macht keine grammatikalischen Fehler. Ein „würde" nach „wenn" gibt es bei ihm nicht. Den Fehler mache ich zehnmal am Tag. Der Duce nicht.

Ich habe mir vorgenommen, dem Duce ganz offen die Wahrheit über unsere Beobachtungen in Italien zu sagen.

„Wie ist es in Rom", beginnt der Duce, „was machen meine Römer?"

„Ihre Römer plündern, Duce!"

„Was sagen Sie da? Ich meine nicht die Plünderer."

„Duce, das ist nun mal so in einer Großstadt, wenn Umsturz ist, Kampfhandlungen und Krieg im Lande sind, dann geht eben der Mob plündern, das ist überall so."

„Was machen die Faschisten in Rom? Die meine ich."

„Die scheint es nicht mehr zu geben, sind alle keine Faschisten gewesen, Duce, sonst wären sie nicht so sang- und klanglos verschwunden. Nur wenige haben wir getroffen. Einen Oberst der Flak, einen anderen Oberst, zwei Zivilisten, die wollten uns helfen.

Doch, als wir sie vorgestern und gestern suchten, waren sie auch weg.

Auch Scorza hat uns irgendwie enttäuscht. Aber ich glaube, Scorza wurde geschlagen und gequält auf der Polizei."

„Keine anderen?"

„Ja, Achille Muti haben sie auf der Straße niedergeknallt, und die anderen, ja mein Gott, sind alle weg, da ist niemand mehr in Rom für den Faschismus. Scorza bestimmt auch nicht, der ist ausgebrannt, Duce, ausgebrannt."

„Was macht Ciano?"

„Der wurde nach Deutschland gebracht. Mehr weiß ich nicht."

„Was ist Ihre Meinung über ihn?"

„Duce, die schlechteste, die ich von einem Mann haben kann. Nicht nur als Mann verachte ich ihn, auch als Ihren Schwiegersohn. Er ist der einzige, den ich kaltblütig erschießen könnte. Er verdient auch nichts anderes."

„Was macht er in Deutschland?"

„Ich weiß es nicht, Duce – vielleicht – ich weiß es nicht –, er ist mit Edda und den Kindern dort. Duce, wie konnte das alles so weit kommen, das alles so schief ging? Ich verstehe das nicht."

Skorzeny kommt herein, unterbricht mich.

„Duce, wir werden in etwa einer halben Stunde von hier abfliegen."

„Von hier? Von hier kann man doch nicht abfliegen!"

„Doch, wir haben einen Fieseler Storch hier gelandet, mit dem starten wir nach Rom und von dort zum Führer."

„Ich möchte mich ausruhen, ein paar Tage, dann fahre ich zum Führer, bringen Sie mich dorthin."

„Duce, das wird schwer gehen, Ihre Frau ist übrigens bereits in München und wartet dort auf Sie."

Nach dem Einsatzplan müßte das zumindest so sein, wenn bei Mandel in Rocca und in Rimini alles so geklappt hat wie bei uns.

„Meine Frau ist in München, seit wann?"

„Ihre Frau, Duce, ist mit Annamaria und Romano ebenfalls heute mittag in Rocca von einem Hauptmann von mir abgeholt und nach München gebracht worden."

„Ich möchte aber wenigstens meine Sachen nach Rocca bringen und vielleicht einen Tag bleiben."

„Duce, was ich hier tue und sage, mache ich auf Befehl des Führers. Der Führer wünscht, daß ich noch heute mit Ihnen nach Deutschland fliege, bitte helfen Sie mir, diesem Befehl nachzukommen."

„Ja, wenn der Führer es will, er hat recht, ich komme mit."

„Herr Radl, Sie sind so gut und nehmen mein Gepäck nach Rocca, aber persönlich bitte. Ich packe mir nur das Notwendigste in das kleine Köfferchen, Leutnant Faiola wird das machen, wenn es Ihnen recht ist."

„Selbstverständlich, Duce, Leutnant Faiola kann immer da sein."

252

Der fängt an zu packen. Da Skorzeny auch noch da bleibt, beginnt der Duce: „Ich habe immer so ein Gefühl gehabt, der Führer wird mich nicht vergessen. Auch heute habe ich so ein unbestimmtes Gefühl gehabt, den ganzen Vormittag. Die Alliierten wollten mich ja haben. Und man war bereit, mich auszuliefern. Aber lebend hätten sie mich nicht bekommen. Leutnant Faiola hat mir geschworen: Er hätte mir seine Pistole gegeben. Das war fest abgemacht. Nicht wahr, Faiola?"

Der nickt und sagt keinen Ton. Ist glücklich, daß er da sein kann.

„Die Wachen haben auch Befehl gehabt, mich zu töten, falls mich jemand befreien wollte. Aber es ging ja alles so schnell. Die Soldaten haben es mir erzählt.

Sind doch einige alte Faschisten unter ihnen. Sie haben ihre Pflicht als Soldaten getan. Und sind doch immer loyal zu mir gewesen. Haben auch ein geheimes Zeichen gehabt untereinander."

Skorzeny muß sich wieder abmelden, da er noch zu tun hat. Gueli ist auch im Zimmer. Der Duce meint, er wolle herinnen bleiben. Dagegen kann ich ja nichts tun. Sehe ihm aber genau auf die Finger. Nichts kann mir entgehen. Jede Bewegung. Wer kann wissen, was der vor hat? Und ich denke immer an das Tagebuch des Duce. Das Gespräch von vorhin nehme ich wieder auf.

„Duce, wir haben bei unseren Nachforschungen auch verschiedene Versionen gehört, wie das damals war, am 24., 25. und 26. Juli in Rom.

Ich wäre Ihnen sehr dankbar, wenn es Sie nicht zu sehr anstrengt, wenn Sie mir das kurz sagten. Es erlaubt dies nämlich auch Rückschlüsse auf unsere Erkundungen und vor allem auf die Quellen."

„Dunque", so fängt er viele Sätze an – „also" heißt das –, auch die deutschen Sätze fängt er oft so an, oder mit „ecco", was ungefähr dasselbe heißt.

„Also, da war die Sitzung des Großen Faschistischen Rates, es wurde ein Manifest vorgelesen, das hatten sie schon vorher ausgearbeitet, Ciano hat da auch mitgewirkt, das weiß ich.

Es wurde dann abgestimmt, ich kann Ihnen nicht alles im einzelnen sagen, das ist ein ganzes Buch. Auf jeden Fall sah ich, daß ich in der Minderheit blieb.

Wir gingen dann in mein Büro, Scorza, Buffarini, Galbiati, und berieten noch. Dann begab ich mich nach Hause, Scorza begleitete mich.

Ich sprach nur wenig zu meiner Frau, sie war sehr beeindruckt.

Nach kurzem Schlaf begab ich mich wieder in den Palazzo Venezia.

Bevor ich wegging, sagte ich Donna Rachele, daß ich zum König gehen und ihm meine Demission geben wolle.

Meine Frau beschwor mich, nicht zum König zu gehen: ‚Das bringt Dir Unglück', sagte sie, ‚gehe nicht in die Villa Savoya.'

Ich war aber entschlossen hinzugehen.

Im Palazzo Venezia war ich noch beschäftigt, empfing den japanischen Botschafter. Bastianini war dabei.

Dann hörte ich, daß mich der König nachmittags erwarte. Ich rief meine Frau an und sagte ihr, ich käme am Nachmittag nach Hause, müßte mich umkleiden, da ich zum König ginge. Nochmals warnte sie mich am Telefon. Sie bat mich: ‚Geh nicht zum König – ich warne Dich.'

Wissen Sie, Frauen haben da viel mehr Fingerspitzengefühl als wir Männer.

Mit Galbiati ging ich zur Kirche San Lorenzo, dann nach Hause, nach der Villa Torlonia.

Zog mich dort um. Nochmals warnte mich meine Frau. Und um halb fünf begab ich mir zur Villa Savoya.

Meine Frau hielt mich an der Hand und schaute mir lange in die Augen, als ich ging.

Seitdem habe ich sie nicht mehr gesehen."

„Duce, mußten Sie es denn zu dieser Abstimmung kommen lassen, wenn die Sache schon in der Luft lag, da gibt es doch auch andere Wege."

„Was sollte ich denn tun, ich war ja in der Minderheit."

„Duce, Cromwell war auch einmal in der Minderheit, er wußte das auch, der hat die ganze Versammlung einsperren lassen, wenn ich mich recht entsinne."

„Ja, das hat er, aber das galt für mich nicht, das ist etwas ganz anderes. Diese Parallele kann man nicht ziehen.

Der König empfing mich sehr freundlich. Führte mich in die Palazzina. Wir waren allein.

Zuerst machte mir der König schwere Vorwürfe, gab mir die Schuld an all dem Geschehenen.

Als ich zu Wort kam, erklärte ich ihm sehr ruhig, daß ich die Vorwürfe wohl entgegenzunehmen gezwungen sei. Ich gäbe aber zu bedenken, daß ich es einst gewesen sei, der am Anfang der zwanziger Jahre auf Rom marschiert sei.

Wenn ich das nicht getan hätte, dann gäbe es seit mehr als 20 Jahren keine Monarchie mehr.

Erwähnte dann, wie ich mich bemüht hatte, das Land hochzubringen, Straßen zu bauen, Sümpfe urbar zu machen, die Kolonien auszubauen. Daß ich mit dem Abessinienkrieg dem König ein Imperium geschaffen hatte.

Daß ich mich nicht selbst zum Herrscher aufgeschwungen hätte. Er, der König, trage den Titel ‚Imperator'.

Das alles würde wohl die Vorwürfe nicht ganz rechtfertigen.

Ich sei letzten Endes auch selbst belogen worden durch meine eigenen Freunde und Minister.

Der König schwenkte daraufhin vollkommen um.

Er erwähnte meine Verdienste, hielt mich an der Hand. Er nannte mich seinen Vetter und duzte mich. Das ist möglich, weil ich als Inhaber des Annunziatenordens wie jeder andere Inhaber als Vetter des Königs angesprochen werde.

Ich machte dem König hierauf den Vorschlag, meinen Rücktritt anzunehmen und mich mit der Bildung einer Übergangsregierung zu beauftragen.

Ich wüßte genau, und der König werde das sicher einsehen, daß sich das ganze Staats- und Regierungsgebilde der faschistischen Ära nicht von heute auf morgen ohne Schäden umschalten lasse, nachdem es mehr als 20 Jahre den Staat beherrscht habe.

Ich sei bereit, eine aus mehreren Parteien bestehende Mehrheitsregierung zu bilden, die Überleitung in die Wege zu leiten und nach einer Zeit, die der König bestimmen möge, allgemeine Wahlen auszuschreiben und endgültig zurückzutreten.

Mein Nachfolger könnte dann ein geordnetes Staatswesen übernehmen.

Dies fühlte ich mich verpflichtet, seiner Majestät vorzutragen.

Der König lehnte diesen Vorschlag ab.

Er erklärte mir jedoch, daß er die Absicht habe, nach Bildung einer neuen Regierung auf einer öffentlichen Kundgebung zum Volk zu sprechen. Er werde mich dann zu dieser Kundgebung mitnehmen. Ich würde an seiner Seite stehen, und er würde mir vor allem Volke für das danken, was ich für Italien getan und geleistet hätte. Er werde mich auch sichtbar für diese Leistungen auszeichnen.

Ich fragte daraufhin den König, ob ich nunmehr nach Rocca della Caminate gehen könne. Ich bedürfe der Ruhe. Stünde natürlich seiner Majestät und der neuen Regierung jederzeit beratend zur Verfügung."

Bis dahin hat der Duce sehr ruhig und sachlich gesprochen.

Dann wird seine Stimme aber plötzlich lebhafter und scharf:

„Wissen Sie, Herr Radl, was dann geschah, ist einmalig.

Wissen Sie, es gibt auf der Welt Gangster. Das weiß jeder. Der Gangster in Chicago, der hält Ihnen die Pistole vor und sagt: ‚Geld oder Leben!' Das laß ich mir gefallen, da weiß jeder, wo er dran ist. Das ist ein ehrlicher Gangster.

Aber der italienische König, das ist der schäbigste Gangster, den es auf der Welt gibt. Der größte und übelste Gangster aller Zeiten.

Der nimmt mich an der Hand, legt mir die andere Hand auf die Schulter und geht mit mir zur Tür. Bedankt sich nochmals mit lebhaften Worten für alles.

Sagt mir nochmals, als ich frage, ob ich nun entlassen sei: ‚Sie sind ein vollkommen freier Mann, fahren Sie jetzt nach Hause zu Ihrer Frau, grüßen Sie sie von mir, und alles Gute.'

Hält mich weiter an der Hand bis zur Schwelle des Palazzo. Drückt mir noch einmal lang und herzlich die Hand.

Und als ich meinen Wagen besteigen will, legt mir ein Offizier die Hand auf: ‚Seine Majestät hat mir befohlen, Sie zu schützen.'

Und das ist meine Festnahme.

Ich werde in einen Sanitätswagen gesteckt, und seitdem bin ich ein Gefangener. So eine Schurkerei hätte ich dem König nie zugetraut."

Ich habe das alles gehört. Wage kein Wort zu sagen. Was soll ich auch sagen? Hier sitzt ein Mann – vor wenigen Wochen noch eine Figur der Weltgeschichte –, heute ein einfacher und bescheidener Zivilist, der die tragische Geschichte der letzten Stunden seiner politischen Laufbahn und der letzten Stunden seiner persönlichen Freiheit erzählt.

„Wie ist es denn, Duce, gab es denn wirklich eine sogenannte Kronprinzenpartei? Oder ist damit nur ein bestimmter Kreis von Personen gemeint?"

„Ja, das ist schwer zu sagen. Eine Kronprinzenpartei hat es nicht gegeben. Ich möchte sagen, das war so ein Reservoir, in dem sich alles mögliche sammelte. So ein politisches Glacis, auf dem sich die Leute trafen. Dort wurden Fäden gesponnen, dort wurde intrigiert und beraten."

„Stimmt es denn, Duce, daß Graf Ciano auch zu diesem Kreis gehört hat, man spricht auch von Deutschen aus der Verwandtschaft des Königshauses?"

„Zweifellos hat Ciano einen engeren Kontakt mit diesen Menschen gehabt. Seit er Botschafter beim Vatikan wurde, waren seine Wege ja überhaupt dunkel und unkontrollierbar.

Und was die Deutschen anbelangt, da ist lediglich der Prinz von Hessen, Sie wissen, er ist der Schwiegersohn des Königs."

„Ja, Duce, der Prinz von Hessen ist doch immerhin Oberpräsident der Provinz Hessen und außerdem SA-Obergruppenführer."

„Ich möchte ja nicht sagen, daß der Prinz von Hessen etwas zum Schaden Deutschlands tut. Aber es ist uns bekannt, daß er gerade mit dem Kronprinzen herzlichst befreundet ist.

„Führer, das vergesse ich Ihnen nie!"

Begrüßung Hitlers und Mussolinis am 15. September 1943 im Führerhauptquartier Wolfschanze in Ostpreußen

Walter Hewel, Ribbentrop, Hitler, Mussolini

Auszeichnungen

Die SS-Männer vom Kommando Skorzeny werden im Sportpalast als Ehrengäste gefeiert

Verleihung des Ritterkreuzes an Skorzeny am 15. September 1943 durch Hitler

Auch Hauptmann Gerlach erhält für seine fliegerische Leistung am 17. September das Ritterkreuz

Oben: Hitler läßt sich am 15.9.1943 von Skorzeny (2. v. r.) die Einzelheiten der Befreiung des Duce berichten. 2. v. l. Ernst Kaltenbrunner

m 3. Oktober 1943 läßt sich
Skorzeny – inzwischen welt-
rühmt – im Berliner Sportpalast feiern

Unten: Oberst Trettner ver-
ziht Auszeichnungen an die
Fallschirmjäger in Italien

Links von oben:

Villa Feltrinelli, Amts- und Wohnsitz Mussolinis als Regierungschef der „Italienischen Sozialen Republik" von Salò am Gardasee

Mussolini, Jodl, Hitler und Keitel bei einer militärischen Lagebesprechung

Nach dem Hitler-Attentat vom 20. Juli 1944: Mussolini, Bormann, Dönitz, Hitler, Göring

Hitler zeigt Mussolini die Trümmer der von der Bombe zerstörten Lagerbaracke

Bildfolge rechts Im Führerhauptquartier 194-

Ein letzter Händedruc zwischen Führer und Duc

Der lange Abschied des Duce

Abfahrt aus dem Führerhauptquartier Wolfschanze 1944

Mussolinis Ende

Nach ihrer Ermordung am 28. April 1945 wurden die Leichen Mussolinis
und seiner Lebensgefährtin auf einen Lastwagen verladen,
nach Mailand geschafft, dort von einer wütenden Volksmenge mißhandelt
und schließlich neben den Leichen anderer hoher Faschisten
am Dach einer Garage an der Piazzale Loreto aufgehängt

In der „Sozialen Republik" von Salò
hatte Mussolini zuletzt das Dasein eines
Führers ohne Kompetenzen gefristet

Die Leichen Mussolinis
und seiner Lebensgefährtin
Claretta Petacci

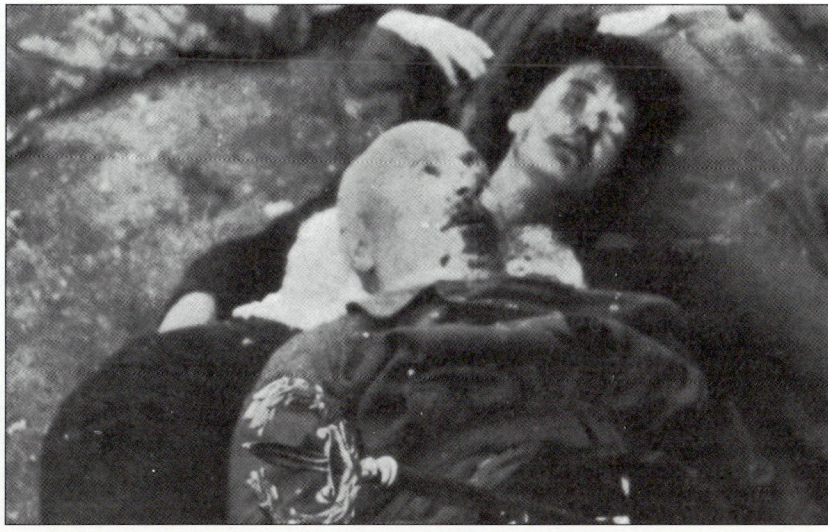

Kameraden

Ob als Chef und Adjutant oder als gemeinsame Gefangene im Kriegs gefangenenlager Darmstadt: Otto Skorzeny und Karl Radl ware stets in Kameradschaft und Freundschaft fest verbunde

Auch als Gefangener ungebrochen: Skorzeny in seiner Zelle ...

... und als Angeklagter mit der Nummer „1 vor dem Obersten Militärgericht in Dachau 194.

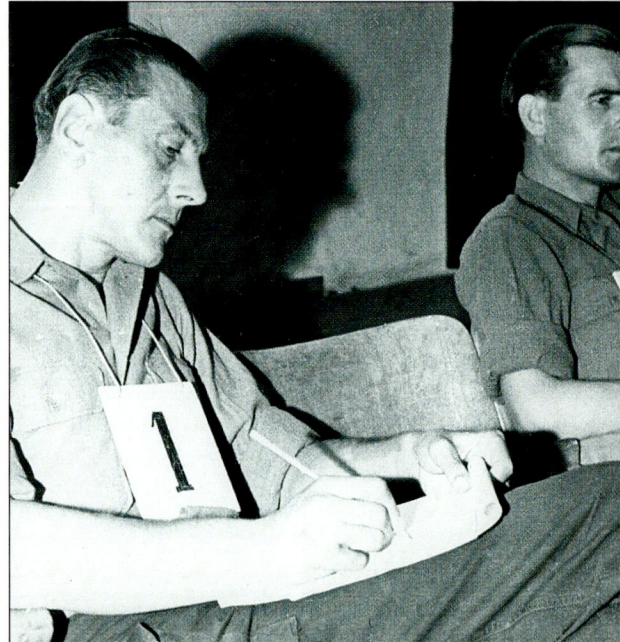

Auch, daß er ziemlich regelmäßig ins Königshaus auf Besuch kommt. Ebenso häufig kommt er aber auch zum Führer. Und, wissen Sie, da werden Sachen hin- und hergetragen, die unsere Linie erheblich stören."

„Glauben Sie denn, Duce, daß der Kronprinz und der Prinz von Hessen da gegen Sie intrigiert haben?"

„Nein, nicht das ist es. Aber sehen Sie, der König und noch mehr der Kronprinz sind absolute Kriegsgegner gewesen und geblieben.

Der Prinz von Hessen auch. Das weiß ich.

Und wenn der eben zum Führer kommt, dann ist er nicht nur der Prinz von Hessen, er ist das Sprachrohr des Hauses Savoyen.

Er wird dort seine Meinung nicht zurückhalten. Und während wir uns anstrengen, gemeinsam mit Deutschland den Krieg zu forcieren und ihn siegreich zu beenden, bläst da oben einer dem Führer ein, wir müssen Schluß machen. Das stört unsere Anstrengungen und unsere außenpolitische Linie erheblich.

Der Prinz von Hessen ist ja auch schon mehrere Male bei mir gewesen. So quasi als Kurier mit versiegelter Order.

Ich mag ihn auch, er ist ein passabler Mann.

Aber in unserer Politik wirkt er störend. Und das ist die deutsche Linie, die zum Kronprinzen führt und zum König.

Und was noch nachteiliger ist: ohne den deutschen Außenminister zum Führer. Das kann nicht gut tun."

„Finden Sie nicht, Duce, daß aber ein solches Sprachrohr, wie Sie es nennen, auf der rein privaten Ebene seine Vorteile haben kann, wenn man es gut bedient?"

„Das mag sein, wenn sich im Lande alles einig ist. Aber hier in Italien hatten wir eben die starke faschistische Regierung und noch das Königshaus. Und in diesem Falle bedeuten die Reisen des Prinzen von Hessen und die Treffen mit seinen Verwandten einen Nachteil, das vergrößert die Zweigleisigkeit, so sehe ich das."

„Wenn das so ist, Duce, dann wäre es doch am besten gewesen, nach dem Abessinienfeldzug das Haus Savoyen zu kassieren und Schluß zu machen, basta, Schluß!?"

„Vielleicht wäre es gut gewesen, das hätte aber auch Unruhen und Widerstand gegeben. Der Italiener im Süden ist doch sehr für die Monarchie, auch in anderen Teilen des Landes."

„Aber Sie wären der einzige gewesen, Duce, der diese Maßnahme hätte durchführen können."

„Vielleicht, ich weiß es nicht. Sagen Sie, Radl, wo stehen denn die Fronten, wie sieht es aus?"

„Nicht gut, Duce, auf dem östlichen Kriegsschauplatz geht es ständig zurück. Eben haben sich die Fronten etwas gefangen. Aber wir kommen seit Stalingrad nicht mehr zur Ruhe.

Und im Süden ist der Feind bereits auf dem Festland. Die Invasion soll gigantisch gewesen sein. Mir haben Flieger davon erzählt.

Im Moment auch stabil dort, aber wer weiß, wie lange. Wir haben keine starken Reserven, und italienische Verbände gibt es ja nicht mehr, die sind leider zum großen Teil gelaufen, verständlich, die Deutschen sind auch schon gelaufen, aber so ist es nun einmal."

Kapitel 20

Sofort nach Berlin

Skorzeny kommt herein. Leutnant Faiola hat den zweiten Koffer fest zugepackt. Ich habe genau aufgepaßt. Auch auf General Gueli. Ein kleines Köfferchen mit Reisenecessaire ist für den Duce fertig.

Die Idee mit dem Fieseler Storch gefällt ihm noch immer nicht recht. Der Duce ist selbst Flieger, er weiß, was man dem Storch zutrauen kann und was nicht.

Der Kommandant der Carabinieri kommt noch mal. Es geht um die Gefangennahme der Italiener.

Mussolini bittet, davon Abstand zu nehmen. Die Carabinieri seien immer loyal und anständig zu ihm gewesen. Wir haben uns auch nicht zu beklagen.

Also wird angeordnet, daß die Italiener ihre Freiheit behalten. Die Waffen bleiben auf dem Haufen liegen, was wir davon brauchen können, nehmen wir mit.

Der Duce und Skorzeny starten vom Berg. General Gueli und General Soleti werden zur Talstation gefahren und kommen mit uns.

Ich frage noch Skorzeny, was mit den beiden Generalen geschehen soll.

„Mach, was Du willst."

Das ist ja gut, was soll ich mit den beiden Generalen machen?

„Gut, ich nehme sie mit hinunter."

Dann wird unten angefragt, ob der Storch da unten starten kann. Ja, das könnte er schon, nur wie es dann bei der Landung in Pratica sein wird, wird schon hinhauen, höchstens ein bißchen Bruch kann es geben in Pratica di mare.

„Gut, da kommen zwei italienische Herren, die fliegen mit nach Pratica di mare. Dort sollen sie sich am Flugplatz bei Hauptmann Skorzeny melden. Der wird Weiteres verfügen."

„Jawohl, geht in Ordnung."

Schön, denke ich, der wird sich wundern, wenn die beiden dort auftauchen. Aber er hat ja gesagt: „Mach, was Du willst."

Der Duce ist reisefertig.

Major Mors von der Talstation hat herauftelefoniert, ob er nach oben kommen könne. Jawohl, selbstverständlich. Aber warten können wir nicht.

Eben tritt der Duce mit seinem ganzen Gefolge aus dem Hotel.

Alles will fotografieren. Komisch, wo plötzlich so viele Fotoapparate herkommen.

Ich habe den Koffer des Duce in der Hand. War die ganze Zeit so beschäftigt, daß ich noch immer den Stahlhelm aufhabe, fast als einziger, nahezu alle haben bereits ihr Käppi auf. Auch die Patronentaschen habe ich noch um. Habe nicht einmal Zeit gehabt, die abzulegen.

Eben, als der Duce zehn Meter aus dem Hotel ist, kommen von der Seilbahnstation her der Major Mors mit Oberleutnant Schulze und Oberleutnant Kurts.

Sie kommen auf uns zu. Major Mors begrüßt Skorzeny und bittet, ihn dem Duce vorzustellen.

„Duce, das ist der Major Mors vom Fallschirmbataillon, er hat die Aktion in der Talstation gemacht."

Der Duce gibt Mors die Hand, stellt zwei, drei Fragen, und dann geht es weiter zur Maschine.

Diese Szene hat der Kriegsberichter von Kayser fotografiert.

Vier Wochen später prangen im „Illustrierten Beobachter" die Bilder.

Großaufnahme: Mitte der Kopf des Duce, daneben Major Mors, dahinter Oberleutnant Schulz.

Text: „Der Duce im Gespräch mit seinem Befreier."

Sofortige Beschwerde unsererseits bei Dr. Goebbels. Dem ist das peinlich. Er lädt Skorzeny zu einem Mittagessen „en famille" ein.

Dort wird die Sache besprochen.

In der Presse soll das nicht weiter breitgetreten werden.

Aber Skorzeny und ich werden eine Rundfunksendung bringen und diese Sache richtigstellen. So wie es hier steht.

Nun geht es an den Fieseler Storch.

Hauptmann Gerlach dachte, mit dem Duce allein zu starten. Das wäre nicht so schwierig.

Aber Skorzeny hat ihm bedeutet, daß er mitfliegen will. Gerlach ist zunächst dagegen. Skorzeny überzeugt ihn aber doch.

Und so steigen sie hinein in den kleinen Storch. Vorne sitzt Gerlach, ernst, blaß. Hinter ihm sitzt Mussolini. Und hinter diesem steht, mit seinen fast zwei Metern Länge und einem beachtlichen Gewicht, Skorzeny, nach vorne über den Duce gebeugt.

Uns stehen die Haare schon zu Berge, als wir die drei Männer in der kleinen Maschine sehen. Der Duce verabschiedet sich, gibt mir nochmals die Hand, legt mir nochmals die Sorge um seine Koffer ans Herz.

Dann schließt sich die Klappe des Flugzeugeinstieges, und Gerlach läßt den Storch anrollen.

Es geht bergab. Das Geröll ist weggeräumt.

Doch im zweiten Drittel des Startgeländes ist ein kleiner Wassergraben, noch dazu ganz in schiefem Winkel zu Bahn.

Den will Gerlach vermeiden. Er versucht, sich vom Boden abzuheben. Tatsächlich, der Storch hebt sich, überspringt den Wassergraben, schlägt aber plötzlich noch einmal mit der linken Fahrgestellseite auf, kippt nach rechts und schießt wenige Meter weiter über einen Abgrund hinaus.

Da versagen mir die Knie. Restlos. Meine Beine sind weg. Ich spüre mich umsinken. Komme auf einem Koffer des Duce zu sitzen.

Gott sei Dank. Niemand hat es gemerkt. Die Männer glauben, ich hätte mich gesetzt. In Wirklichkeit bin ich weggesackt. Das ist die letzte Reaktion auf die Anstrengungen und Aufregungen der vergangenen Tage. Und nur auf das Gefühl: alles umsonst, abgestürzt! Ich denke tatsächlich daran, mir eine Kugel vor den Kopf zu schießen.

Alles starrt vor sich hin. Kein Wort fällt.

Da, jenseits der Schlucht, da fliegt der Storch, er fliegt, fliegt, ist das ein Augenblick!

Und fliegt Richtung Rom.

Unten in der Talstation startet ein zweiter Storch. Auch überbeladen, auch mit einem „wehen Bein". Auf daß sich alle auf dem Flugplatz Pratica di mare treffen. Drüben, über der Schlucht, sehen wir Trägerkolonnen. Sie bringen die Männer der abgestürzten Maschine.

Kommen vor dem Hotel an. Kein Mann ist tot. Wohl einige mit schweren Verletzungen. Aber, wir werden sie alle durchbringen, meint Dr. Brunner.

Dann werden die Männer abtransportiert. Die Seilbahn hat Hochbetrieb. Auf jeder Fahrt muß ein italienischer Offizier mit in die Kabine. Aus Sicherheitsgründen.

Der fährt den ganzen Nachmittag bis abends auf und ab und ab und auf. Ich glaube, der fährt nie wieder mit einer Seilbahn. Das wird auf die Dauer zu langweilig.

Um 18 Uhr werden die Lastensegler unbrauchbar gemacht, soweit sie es noch nicht sind. Maschinengewehre und was man sonst brauchen kann, sind ausgebaut.

Um 19.30 Uhr kommt der letzte Wagen der Seilbahn in die Talstation. Der wird wieder hochgeschickt mit dem italienischen Offizier. Dann wird der Betrieb eingestellt. Und die Seilbahn für den nächsten Tag unbrauchbar gemacht. Das Unternehmen ist beendet.

Was noch kommt, ist der Rückmarsch. Aber zuvor wird in der Talstation geschlafen. Schlaf haben wir alle nötig.

Da läßt mich noch Major Mors zu sich holen.

Er hat weiter unten im Ort sein Quartier aufgeschlagen. Die Seilbahnstation liegt weit oberhalb des Ortes Assergi.

Ich fahre mit einer Beiwagenmaschine hinunter.

Er bittet mich, ihm alles genau zu erzählen. An einem kleinen Bächlein sitzen wir, Major Mors, Oberleutnant Schulze und ich.

Und ich erzähle bis ins kleinste alle Einzelheiten unserer Aktion. Er ist zufrieden, erzählt auch noch, wie es bei der Aktion im Tal war, und dann geht es ab. Zurück, hinauf zur Talstation.

In General Guelis Auto schlafe ich.

Vorher schicke ich noch einen Mann los mit Mussolinis Koffer.

Bevor der Mann abfährt, öffne ich beide Koffer. Will nach dem Tagebuch sehen. Das ist weg.

Verdammt noch mal. Ich habe doch aufgepaßt. Wer hat das? Der Leutnant Faiola? Nein, der kann es nicht haben. Der General Gueli? Das wäre doch eine tolle Sache. Muß morgen sofort sehen. Um fünf Uhr früh wird gestartet. Zurück auf der schönen Bergstraße, Richtung Avezzano, und dann auf die Via Tiburtina in Richtung Rom.

Um 21 Uhr wird noch im Rundfunk die Sondermeldung gehört von der Befreiungsaktion. Die Fallschirmjäger sind sehr erstaunt, daß dabei von SS die Rede ist. Sie haben keine gesehen!

Aus Rom erhalten wir Nachricht, daß der Duce nach Deutschland abgeflogen ist, zusammen mit Skorzeny und den Generalen Soleti und Gueli.

Eine unbeschreiblich schöne Rückfahrt haben wir am nächsten Tag.

Ebenso strahlendes Wetter. Eine einmalig schöne Landschaft.

Immer wieder sehen wir das Gran Sasso-Massiv, steil geht die Straße oft hinan. Es ist schwer, in Kolonne zu fahren.

Es muß auch sehr langsam gefahren werden. Der Lastwagen mit den Verletzten muß vorsichtig fahren. Einige haben Gehirnerschütterungen erlitten. Sie müssen geschont werden.

Es ist die schönste und romantischste Landschaft, die ich je in meinem Leben gesehen habe. Schön trotz ihrer Kahlheit auf den Hochgebirgsstrecken.

Kleine Dörfer unterwegs, wir kaufen Obst, in einem Dorf 20 Liter Rotwein. Als die Kolonne mal hält, bekommen die Verletzten auch von dem Wein. Doch da kommt schon der Arzt an: Das gibt es nicht. Nur, wer nichts am Kopf abgekriegt hat und keine inneren Verletzungen erlitt, darf Wein trinken.

Daher bekommt Menzel mit seinem gebrochenen „Heil-Duce-Bein" den Löwenanteil.

In Avezzano hat ein Vorkommando eine große Tafel in einem Restaurant bestellt.

Major Mors hält eine Ansprache. Ich sitze mit einigen anderen Offizieren der Kompanie von Berlepsch zusammen.

Da sagt einer: „Haben Sie schon gehört, Herr Oberleutnant, in der Sondermeldung ist von Männern der Waffen-SS und des SD die Rede. So ein Unsinn. Ich habe keinen gesehen."

„Ich auch nicht", erwidere ich belustigt, „wirklich, hat man das gesagt?"

„Ja, da will sich wahrscheinlich wieder Himmler damit brüsten, glauben Sie nicht auch?"

„Das ist schon möglich, ist doch komisch, die SS will auch überall dabei sein!"

„Ja, so ist es, die brauchen wieder einmal Erfolge."

„Sehen Sie, so geht es auf der Welt zu."

Meine SS-Kameraden treten mich unter dem Tisch. Und platzen fast vor Vergnügen. Sieht uns ja auch keiner an, daß wir von der SS sind. Seit wir nach Italien kamen, sind wir Fallschirmjäger und bleiben es, bis wir wieder zurückfahren nach Deutschland. Nach dem Mittagessen geht es weiter.

Die Landschaft wird noch schöner. Hoch hinauf geht es eine Bergstraße.

„Via Tiburtina" ist des öfteren, in den Fels gehauen, zu lesen oder auf Marmorplatten.

Via Tiburtina.

Nie werde ich diesen Namen vergessen. Und diese Landschaft und auch nicht diese schöne Straße.

Sie sind die Meister des Straßenbaus, diese Italiener.

Hinauf geht es bis Tagliocozzo, dann über den Scheitelpunkt der Straße nach Carsoli in zahllosen Serpentinen mit immer neuen, unerwartet schönen Ausblicken.

Arsoli, dann wird es etwas ebener, wir sind am Talgrund. Steil geht es noch links und rechts der Straße hoch, die Straße selbst aber hat nicht mehr viel Gefälle. Kommen dann schon an die Stellen, wo italienische Einheiten entwaffnet wurden. Kleine Kampfspuren, nähern uns Tivoli, um endlich wieder in Frascati einzutreffen.

Wir müssen aber gleich zurück nach Avezzano, da wir nach dort verlegt sind.

Skorzeny kommt zurück aus dem Führerhauptquartier. Nicht mehr Hauptmann Skorzeny, sondern Major, mit dem Ritterkreuz ausgezeichnet.

Ich verfasse inzwischen, wieder in Frascati, einen ausführlichen Bericht über das ganze Unternehmen. Der Bericht geht direkt an Adolf Hitler.

Ein Exemplar an General Student.

Jede kleinste Phase unseres Italieneinsatzes ist darin enthalten.

Und die erfreuliche Tatsache, daß das Unternehmen nicht einen einzigen Toten gekostet hat.

Während ich noch am Bericht schreibe, höre ich im Nebenzimmer Stimmen. Es ist ein Zimmer in der Villa Dusmet. Stabsquartier des XI. Fliegerkorps. Ich achte zuerst gar nicht darauf. Höre aber auf einmal den Namen Skorzeny. Da gehe ich, zum ersten Mal in meinem Leben, an die Tür und horche.

Und höre, wie nebenan der Leutnant v. Kayser, Kriegsberichter der Fallschirmjäger, sich mit einigen anderen bespricht.

Sie wollen noch einmal auf den Gran Sasso fahren, nur mit einigen Männern, vielleicht zwanzig Mann – es ist eine Woche nach der Befreiung –, und wollen dort für die Wochenschau Aufnahmen machen.

Der Skorzeny ist ja nicht da, das ist gerade recht so, sagt einer von ihnen. Von denen nehmen wir auch keine Leute mit.

Das bleibt ganz unter uns.

Ich glaube meinen Ohren nicht zu trauen.

Dann legen sie den Zeitpunkt fest, an dem oben auf dem Gran Sasso die Männer, die mit der Seilbahn hinauffahren, aus den Wracks unserer Maschinen springend in Stellung gehen und dann auf das Hotel zustürmen werden.

So entsteht die Wochenschau von der Befreiung Mussolinis, eine Woche nachher, Skorzeny und seine Leute nicht dabei, aber geschickt eingeblendet in Aufnahmen, die Leutnant von Kayser wirklich bei der Befreiung gemacht hatte. So ist es erklärlich, daß wir da nicht dabei sind.

Als ich Skorzeny diesen Vorfall empört erzähle, klopft er mir auf die Schulter: „Laß sie doch machen, wenn sie keine größeren Sorgen haben!"

Im deutschen Rundfunk hatte man gemeldet, daß „ein Drittel der eingesetzten Mannschaften abgestürzt oder vermißt seien".

Damit verhält es sich so:

Skorzeny startete mit dem Fieseler Storch vom Gran Sasso.

Zu diesem Zeitpunkt waren von den zwölf Segelflugzeugen, die am Start waren, acht in der Nähe des Hotels gelandet. Das sind zwei Drittel.

Vom restlichen Drittel, nämlich vier Maschinen, haben wir von Mussolinis Fenster aus eine selbst abstürzen sehen.

Die Bergungsmannschaften waren aber zum Zeitpunkt des Abfluges von Skorzeny noch nicht zurück.

Von den anderen drei Maschinen fehlte jede Spur. Skorzeny meldete also an Hitler, sachlich richtig: zwei Drittel gelandet, ein Drittel abgestürzt oder vermißt.

Diese Meldung wurde der Rundfunkmeldung zugrunde gelegt.

Die Rundfunkmeldung stammte aus der Feder Hitlers.

Warum sie später nicht richtiggestellt wurde, entzieht sich unserer Kenntnis.

Kapitel 21

Mussolinis Tagebuch

Mussolinis Tagebuch bleibt zunächst verschollen. Wohl setze ich sofort von Rom aus ein Fernschreiben ab. Ich habe den General Gueli in Verdacht. Obwohl ich so aufgepaßt habe. Gebe das Fernschreiben an das Reichssicherheitshauptamt. Mit der Bitte, wo immer der General Gueli auftaucht, ihn zu durchsuchen und das von ihm widerrechtlich mitgenommene Tagebuch sicherzustellen.

Als Skorzeny zurückkommt, tobt er. So eine Schweinerei. „Was haben Sie denn getan, um es wieder zu bekommen?"

„Ich habe an das Reichssicherheitshauptamt geschrieben und um Durchsuchung des Gueli gebeten."

„Diese Idioten schaffen das nie – die sind doch zu blöde dazu!"

„Ja, an wen hätte ich mich denn sonst wenden sollen? Die sind doch für so was zuständig – das wäre Sache der Geheimen Staatspolizei, die darf durchsuchen."

„Höre mir mit diesen Idioten auf, das ist ja Quatsch, das schaffen die nie."

„Herr Major, wen hätten denn Sie beauftragt? Es ist sonst niemand dazu in der Lage."

Pause. Keine Antwort. Er weiß auch nicht wie, denke ich, und bin froh.

„Sie werden sehen, die schaffen das nicht, die sind zu blöd dazu."

„Das ist unsachlich, Herr Major, weil Sie vielleicht ein paar Blöde von dieser Branche kennen, deshalb sind nicht alle blöd."

„Na, lassen wir dieses Thema."

„Gut, ich habe es nicht angefangen."

Selbstverständlich kommt keine Nachricht.

Ich könnte mich grün und blau ärgern.

Wie sie hören, hat die Gestapo in Wien den General Gueli eingesperrt. Und
doch kommt nichts von einem Tagebuch. Das ist komisch.

General Soleti wohnt inzwischen in Wien im Grand Hotel und wartet, wie
sich alles weiter entwickelt.

Da trifft uns eine überraschende Meldung.

Der Duce ist nach Italien zurückgekehrt und hat die Regierungsgeschäfte
als Ministerpräsident der faschistisch-republikanischen Regierung übernommen.

Er hat gleichzeitig die Gründung der faschistisch-republikanischen Partei
verfügt und ist deren Parteioberhaupt.

Das hätte nicht kommen dürfen, das ist für uns alle klar.

In all unseren Handlungen war dies immer das Leitmotiv, daß Mussolini
nicht mehr die Geschicke des italienischen Volkes lenken sollte.

Wir haben dem „Führer den Freund befreit", dem er die Treue halten wollte.

Wir haben aber nicht den Italienern ein Staatsoberhaupt und einen Partei-
chef befreit.

Nun ist es aber doch so gekommen. Und das stimmt uns sehr traurig.

Nicht, daß wir Mussolini nicht anerkennen wollen. Nein, er hat uns auch
noch auf dem Gran Sasso als Mann imponiert.

Nur: Sein Spiel war aus.

Er mußte sich zurückziehen. Wie er es am 25. Juli selbst dem König ange-
boten hatte.

Zurückziehen ins Privatleben, als geachteter Mann. So, das ist für uns klar,
so wird er zur Schattenfigur einer deutschen Militärverwaltung, zum Stroh-
mann Hitlers in Italien. Und läuft Gefahr, sein letztes Renommee zu verlieren.

Denn eine freie Regierung ist bei dieser Entwicklung gar nicht denkbar.

Schon der Gedanke ist grotesk, daß ein Regierungschef seine ehemaligen
Soldaten als Kriegsgefangene seiner Verbündeten in seinem eigenen Lande
hinter Stacheldraht sehen muß. Das ist ein Unding. Aber welches Unding ist
nicht möglich?

In den letzten Septembertagen treten wir unsere Rückreise nach Deutschland an. Orden und Ehrenzeichen sind verteilt. Ein Ritterkreuz für die SS, zwei Ritterkreuze für die Fallschirmjäger und eine Anzahl von Deutschen Kreuzen in Gold und Eisernen Kreuzen.

Wir sind voll motorisiert. Mit den Fahrzeugen, die uns Major Mors mit Waffengewalt abnehmen wollte.

Vorher sind Skorzeny und ich noch einmal in Frascati bei General Student. Werden dort verabschiedet.

Fahren auch noch einmal nach Rom, verabschieden uns von Kappler und Dollmann.

Und dann noch einmal die schöne Via Tiburtina entlang bis Avezzano und mit der ganzen Kolonne Richtung Pescara. Via Adriatica. Die kennen wir bereits aus der Luft von unserem Bildflug.

Pescara ist eine tote Stadt. Sie ist bombardiert worden. Von den Alliierten. Vielleicht 200 Häuser sind zerstört oder beschädigt.

Und doch ist alles weggezogen. Schon in den Vororten stehen alle Häuser leer. Auch die Villen, sogar die kleinen Gartenhäuser in den Obst-, Gemüse- und Weingärten.

Hühner laufen herrenlos herum. In den Nestern liegen die Eier, vielleicht tagelang nicht ausgenommen, vielleicht wochenlang. Wir tun uns daran gütlich.

Essen von den Gemüsen, Gurken, Pfefferoni. Alles ist in üppiger Menge in den Gärten vorhanden.

Packen uns noch Obst auf die Autos und ziehen weiter.

In der Stadt selbst nur dann und wann ein paar dunkle Gestalten, sie tragen Stoffballen, offensichtlich in irgendeinem verlassenen Geschäft geplündert oder in einem Magazin gestohlen. Sonst keine Menschenseele.

In der Tat eine tote Stadt.

Weiter geht es die Via Adriatica entlang. Richtung Rimini.

Unterwegs, links der Straße, unweit Pescara, noch ein großes italienisches Lazarett. Alles leer. Die Türen zu den Krankensälen und Ärztezimmern sind verschlossen. Nicht aber die Haustür. Die und die Kellertüren sind weit offen.

Wir gehen hinein. Finden in den Kellern überall offene Türen.

Die Wäschekammer des Lazarettes ist zum Teil bestohlen, doch noch eine Menge darin.

Dann eine Kammer, dort finden wir eine ganze Kiste Orangenmarmelade. Ganze Berge geräucherten Speck.

Auch schon etwas abgeholt davon, aber es ist scheinbar zu viel dagewesen. So versorgen wir uns noch mit Marmelade und Speck.

Und weil so viel Speck da ist, machen wir gleich Marschpause am Strand.

Es wird gebadet. Nur ein paar Meter und man ist im Meer, in der blauen Adria. Sie kommt uns nicht so salzig vor wie das Mittelmeer. Vielleicht irren wir aber auch.

Im Sand des Strandes werden ein paar Lagerfeuer gemacht. Die Bratpfannen haben wir mit. Einige noch aus dem Lazarett. Und dann wird gebraten, alles mit reichlich Speck.

Bald geht es weiter. In einem anderen Ort halten wir abends, da wollen wir nächtigen.

In einem schönen Obstgarten schlafen wir unter den Bäumen im Freien. Nur unser Oberleutnant Menzel mit seinem „Heil-Duce-Bein", jetzt schön in Gips, darf im Hause schlafen. Er wird gastfreundlich aufgenommen.

Im Ort, in einer kleinen Trattoria, werden wir wundervoll bewirtet. Als die hören, daß wir den Duce befreit haben, schleppen sie an, was sie nur haben, zeigen uns Bilder ihrer Söhne. Einer ist Fliegerhauptmann in Deutschland.

Skorzeny und ich fahren dann zusammen in einem Wagen.

In Rimini sehen wir uns die Geschäfte an und den Strand.

Ebenso in Ancona, überall gibt es einen kleinen Spaziergang.

Die Kolonne holen wir schon wieder ein.

Dann geht es die Via Emilia ab, Richtung Bologna. Dort lassen wir es uns in einem Restaurant gut schmecken. Werden arg bestaunt von den Gästen und gut bedient von der Kellnerin. Salat, das ist unser Hauptwunsch, wo wir nur hinkommen. Salat mit viel Öl.

In Bologna gibt es noch Schwierigkeiten mit der Brennstoffversorgung.

Wir brauchen zwei Stunden, bis wir die Genehmigung erhalten, unsere Fahrzeuge aufzutanken.

Nach Innsbruck haben wir einen Funkspruch abgesetzt. Dort sollen Eisenbahnwaggons bereitgestellt werden. Von dort wollen wir bahnverladen nach Berlin.

Über Mantua geht es weiter nach Verona und dann an den Gardasee.

Dort liegt das SS-Panzerkorps.

Unsere Männer sollen auch einen Tag am Gardasee sein. Skorzeny begrüßt alte Bekannte, beim Korpsstab kennen sie ihn. Es gibt wieder genügend Benzin für unsere Fahrzeuge und ein Abendfest beim Korpsarzt.

Ein herrlicher Abend in Bardolino. Irgendeiner verleiht Skorzeny einen faschistischen Ehrendolch, ein Graf oder ein Fürst.

Wir können den Festlichkeiten kaum folgen. Und am nächsten Tag geht es dann über den Brenner. Die Abfertigung beim Zoll klappt wunderbar. Höchstens zehn Minuten Aufenthalt. Wir rufen unsere Innsbrucker Freunde an und werden spät abends festlich empfangen.

Am nächsten Morgen wollen wir unsere Einheit in Berlin verständigen. Skorzeny sagt: „Geben Sie ein Fernschreiben nach Berlin auf, und geben Sie denen unsere Ankunftszeit bekannt."

Die haben wir inzwischen mitgeteilt bekommen: Übermorgen früh wird verladen, um halb neun geht es los.

„Wo soll ich denn das Fernschreiben absetzen?"

„Gehen Sie doch zur Wehrmacht, irgendwo, Standortkommandantur oder so."

„Die haben ja mit Friedenthal keine Fernschreibverbindung!"

„Dann gib es woanders auf."

„Am schnellsten geht es ja, wenn ich zur blöden Gestapo gehe", sage ich nicht ohne Sarkasmus.

„Tu, was Du willst, aber gib das Fernschreiben auf."

„Wenn ich das bei der Gestapo aufgebe, da kenne ich alle Fernschreiber, kriege ich in einer Minute Berlin und kann selbst schreiben, dann bin ich sicher."

„Das möchte ich sehen!"

„Gut, kommen Sie mit?"

Unsere Autos stehen übrigens im Hofe des Gebäudes, in dem sich die Gestapo befindet.

„Also, gehen wir zum Fernschreiber."

Wir gehen in das Gebäude. Als wir gerade im ersten Stock über den Flur gehen, um nach der Fernschreibstelle zu fragen, sehen wir drei Herren in Zivil über den Gang kommen.

Beinahe bleiben uns die Augen stecken: zwei Kriminalbeamte mit General Gueli!

„Mensch, Radello", so nennt Skorzeny mich seit einiger Zeit, Radl italienisierend: „Radello, halt mich fest, das ist doch der Gueli!"

„Klar, das ist der Gueli."

„Paß auf, der hat das Tagebuch in seinem Koffer! Die Stapo war ja doch zu blöd, ihm das abzunehmen."

„Das glaube ich denn doch nicht."

„Komm, Radello, den durchsuchen wir!"

„Sturmbannführer" – jetzt ist er nicht mehr der Fallschirmjägermajor, jetzt ist er wieder der SS-Sturmbannführer –, „das können Sie doch nicht. Das ist ja eine Behörde, da müssen wir den Chef bitten, daß er Guelis Koffer nachsehen läßt."

„Was seid Ihr doch umständlich. Komm her, mir nach."

Ich will noch einmal versuchen, ihn abzuhalten.

„Das können Sie nicht, das gibt dienstliche Schwierigkeiten, hören Sie doch."

Doch Skorzeny eilt hinter den Dreien her, ich mit.

„Was kann ich nicht, wirst gleich sehen, was ich kann."

Und stürmt schon hinein in das Zimmer, in dem die drei verschwunden sind.

„General Gueli, machen Sie Ihr Köfferchen auf, schnell, wir haben keine Zeit, los!"

Alles schaut verwundert auf. Das ist hier auch noch nicht passiert.

Da ist ein Major in Tropenuniform, Luftwaffe offenbar, im Gebäude der Gestapo, stürmt in ein Zimmer hinein und läßt einen Mann, ohne sonst was zu sagen, seinen Koffer aufmachen.

Gueli zaudert, stellt sein Köfferchen auf den Tisch. Skorzeny nimmt es in die Hand, klappt den Deckel auf, und obenauf, ganz oben liegt das Tagebuch Mussolinis.

Mir verschlägt es die Rede.

„Siehst Du, Radello, die sind ja doch Idioten bei der Stapo, was hast Du von Deinem Fernschreiben an das Reichssicherheitshauptamt? Nichts. Hier ist das Tagebuch."

Er läßt alle so perplex stehen, wie sie sind und verläßt den Raum. Ich hinterher.

„So, Radello, jetzt kannst Du Dein Fernschreiben nach Berlin aufgeben, ich gehe jetzt einen Schnaps trinken."

So kommt das Tagebuch Mussolinis in unsere Hände.

Wir wollten auf dem Gran Sasso ja nur sichern und ein bißchen drin lesen.

Jetzt aber sind wir in Deutschland, Mussolini ist wieder Regierungschef, das ist rechtlich etwas kompliziert.

Bleibt uns nichts anderes übrig, als es dem Führer zu geben, damit er es dem Duce zurückgibt. Also nehmen wir es mit nach Berlin.

In Innsbruck werden wir noch stark gefeiert, auf der Hungerburg gibt uns die Gauleitung ein Mittagessen mit Musik. Der Musikzug der „Leibstandarte" spielt.

Im Polizeikasino gibt uns der Polizeipräsident, Dr. Dornauer, einen Abend.

Wir steuern den Speck und die Brote bei für uns und die zahlreichen Gäste. Käse haben wir auch. Das ist alles zu dieser Zeit schon selten in Deutschland. Es gibt also Berge von Käse- und Speckbrötchen. Der Polizeipräsident spendet guten Rotwein, auch ganz schöne Mengen.

Man freut sich, hält einige Ansprachen. Dafür schickt uns der Polizeipräsident vierzehn Tage später über die Verwaltungskasse die Rechnung für den getrunkenen Rotwein nach Berlin.

Boshaft wie ich bin, schreibe ich zurück, daß wir die Rechnung dankend erhalten haben. Stelle selbst eine Rechnung für Käse, Speck und Brot in gleicher Höhe aus und schicke das zurück, zum Spaß. Gesondert aber bezahle ich die Rechnung. Wir haben nie mehr wieder davon gehört.

Zurück in Berlin, geht es weiter im alten Trab.

Der Dienst beginnt wieder. Die Nervenmühle, von der wir uns dann und wann am Wannsee ausruhen. Hoffentlich kommt nicht noch einmal ein Feldwebel und meldet: „Die Makkaroni san anbrennt!"

Nachwort

Zur Geschichte dieses Buches

Im Frühjahr 1949 wollte mich Karl Radl, der mir schon vor dem Krieg kameradschaftlich verbunden war, in unserer Wohnung in der Berliner Hubertusallee besuchen. Wir hatten uns seit 1943 etwas aus den Augen verloren. Die Ungewißheit über mein und meiner Familie Schicksal wurde ihm zur teilnahmsvollen Sorge, als er an der Stelle, wo einmal das Haus stand, nur noch einen großen Bombentrichter vorfand.

Aber so wie ich nach Rückkehr aus jahrelanger amerikanischer Gefangenschaft und Internierung nach meinen alten Freunden fahndete, so ließ auch Karl Radl nicht nach, alle möglichen Spuren und Hinweise zu verfolgen. Während ich zwar den Aufenthalt von Otto Skorzeny, seinem ehemaligen „Chef", dem Mussolini-Befreier, ausmachen konnte, blieb dessen Adjutant Karl Radl für mich zunächst verschollen.

Doch im Herbst 1949 kam der Tag der Überraschung: Meine Familie war 1944 aus Berlin evakuiert worden, und wir fanden Ende 1945 in der Geburtsstadt meiner Frau, in Mannheim, ein Notquartier für uns und unsere drei Söhne in einem Raum von 12 Quadratmetern. Dorthin begab ich mich nach „großmütiger" Entlassung durch die Amerikaner. Und was ich kaum noch zu erhoffen wagte: Mitte Dezember 1949 klopfte es an unsere Zimmertür. Als ich öffnete, stand Karl Radl vor mir. In übergroßer Freude umarmten wir uns.

Ich bot ihm einen unserer drei Stühle (für fünf Personen!) an und hockte mich vor ihn auf den Boden. Meine Frau machte etwas Braunes, was man damals auch „Kaffee" nannte.

Ein unterhaltsamer Strom des Erzählens, des Fragens, Antwortens und Erklärens rann dahin.

Gegen Ende unserer Unterhaltung, an der meine Frau sich interessiert beteiligte und der unsere drei Söhne – damals 13, 10 und 9 Jahre alt – mit offenen Mündern lauschten, sagte mir Radl, daß er einen Unterschlupf in Frankfurt gefunden habe. Er habe sogar etwas Arbeit „organisiert", die ihm gerade so viel einbringe, daß er bescheiden existieren könne.

Und dann berichtete er: „Jede freie Minute benutze ich, um die komplizierten Vorbereitungen und die minutiöse Durchführung der Befreiung Mussolinis vom Gran Sasso niederzuschreiben."

Karl Radl war bei dieser von Adolf Hitler befohlenen Aktion als Adjutant engster Mitarbeiter und Vertrauter von Otto Skorzeny. Wer also wäre besser geeignet, dieses geschichtliche Ereignis in allen Einzelheiten nachzuzeichnen?

Als er erfuhr, daß ich – weil „vergangenheitsbedingt" arbeitslos – gerade dabei war, ein Literarisches Büro, eine Versandstelle für Artikel, Feuilletons, Novellen, Reportagen, Romane usf., mit dem sinnigen Namen „Die Fundgrube" zu betreiben, bat er mich, die Niederschrift seiner noch wachen Erinnerungen nach Fertigstellung zu übernehmen. Vielleicht gelänge es mir, dafür einen Verleger zu finden.

Nur wenige Wochen später überreichte er mir während eines Besuchs sein Manuskript, das 297 Seiten umfaßte und den Arbeitstitel „Spürhunde des Kriegs" trug.

Im Bewußtsein, mit diesem authentischen Tatsachenbericht einen einmaligen Beitrag zur Zeitgeschichte leisten zu können, schrieb ich jeden der damals bekannten Verlage an.

Während dieser Zeit fand ich endlich eine Stelle als Hilfsarbeiter, die gerade so viel einbrachte, unsere fünf Mägen vor dem Knurren zu bewahren. Von einer alten Dame hatte ich deren klapprige Schreibmaschine Jahrgang 1933 geliehen bekommen. Die Kosten für mein „Büro" – es war der Küchentisch! –, für Papier und Porto verdiente ich mir durch Erteilung von Nachhilfe-Unterricht für die Tochter eines „unbelasteten" Kaufmanns.

Auf die Euphorie folgte die tiefe Enttäuschung.

Einige Verlage antworteten überhaupt nicht.

Andere schrieben: „Das Thema paßt nicht in unser Verlagsprogramm."

Oder: „Die Buchplanungen für die nächsten Jahre sind bereits abgeschlossen".

Bei jeder Begegnung mit Karl Radl mußte ich ihm meine Mißerfolge gestehen. Meinem Versprechen, in meinen Bemühungen nicht nachzulassen, setzte er den Satz hinzu: „Einmal wird sicher die Zeit kommen!"

Ich glaubte es der Geschichte und meinen Freunden Radl und Skorzeny schuldig zu sein, nicht nachzulassen, eine Veröffentlichung dieser historischen Episode doch noch zu erreichen. Ich wollte in einer Zeit zunehmender Verfälschungen und Entstellungen zurückliegender Ereignisse, die nun einmal zur deutschen Geschichte gehören, künftigen Generationen ein exaktes Bild erlebten Zeitgeschehens vermitteln.

Seit unserer ersten Begegnung nach dem Krieg und der Übergabe des Manuskriptes ist nun bald ein halbes Jahrhundert vergangen. Jetzt endlich erscheinen die Erlebnisse dieses aufrichtigen Deutschen. Leider kann ich Karl Radl keine Erfüllung unserer gemeinsamen Hoffnung auf Veröffentlichung mehr melden. Er starb bereits 1981. Aber ich selbst habe in meinem 86. Lebensjahr die Genugtuung, daß unablässiges Mühen schließlich doch Erfolg bringt, daß ein fesselndes Kapitel europäischer Geschichte erhalten bleibt und daß meinen Freunden Karl Radl und Otto Skorzeny hiermit ein Denkmal gesetzt wird.

Mannheim, September 1996   Willi Koerbel

Anhang

Dokumente

Potsdam

Dieses war der erste Streich . . .

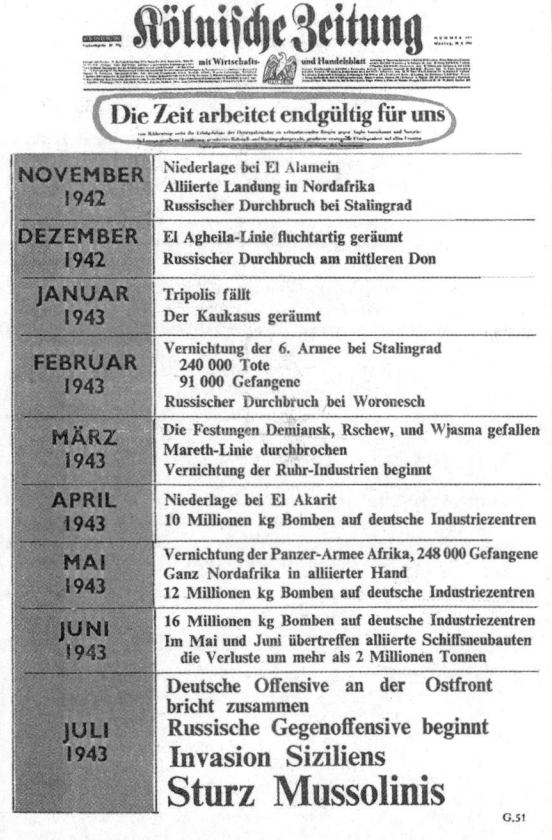

Kölnische Zeitung
mit Wirtschafts-   und Handelsblatt

Die Zeit arbeitet endgültig für uns

NOVEMBER 1942	Niederlage bei El Alamein Alliierte Landung in Nordafrika Russischer Durchbruch bei Stalingrad
DEZEMBER 1942	El Agheila-Linie fluchtartig geräumt Russischer Durchbruch am mittleren Don
JANUAR 1943	Tripolis fällt Der Kaukasus geräumt
FEBRUAR 1943	Vernichtung der 6. Armee bei Stalingrad 240 000 Tote 91 000 Gefangene Russischer Durchbruch bei Woronesch
MÄRZ 1943	Die Festungen Demiansk, Rschew, und Wjasma gefallen Mareth-Linie durchbrochen Vernichtung der Ruhr-Industrien beginnt
APRIL 1943	Niederlage bei El Akarit 10 Millionen kg Bomben auf deutsche Industriezentren
MAI 1943	Vernichtung der Panzer-Armee Afrika, 248 000 Gefangene Ganz Nordafrika in alliierter Hand 12 Millionen kg Bomben auf deutsche Industriezentren
JUNI 1943	16 Millionen kg Bomben auf deutsche Industriezentren Im Mai und Juni übertreffen alliierte Schiffsneubauten die Verluste um mehr als 2 Millionen Tonnen
JULI 1943	Deutsche Offensive an der Ostfront bricht zusammen **Russische Gegenoffensive beginnt** **Invasion Siziliens** **Sturz Mussolinis**

G.51

Vorder- und Rückseite eines alliierten Propaganda-Flugblattes,
das im August 1943 nach der Entmachtung Mussolinis
über den deutschen Linien abgeworfen wurde

bei feindlichen Terrorangriffen auf das Reichsgebiet:

Oskar Wenzel, ♯-Hauptscharführer, SD-
Abschnitt Bremen, im Oktober 1943

Helmut Mehringer, ♯-Sturmbannführer,
Reichssicherheitshauptamt, im März 1944

Franz Haller, Kriminalangestellter, Kriminalpolizeileitstelle Friedrichshafen, im
April 1944

Wir werden das Andenken an die Gefallenen stets in hohen Ehren halten

Der Chef der Sicherheitspolizei und des SD

Dr. Kaltenbrunner

♯-Obergruppenführer und General der Polizei

Kriegsauszeichnungen

Das Deutsche Kreuz in Gold wurde verliehen:

Dem ♯-Scharführer Josef Metkemeier, SD-Leitabschnitt Berlin, z. Zt. Hauptmann bei der Wehrmacht;

dem ♯-Unterscharführer Kriminalangestellter Werner Stephan, Staatspolizeileitstelle Brünn, gefallen als Oberleutnant und Kompaniechef bei der Wehrmacht.

Das Eiserne Kreuz I. Klasse wurde verliehen:

Dem ♯-Oberführer Oberst der Polizei Dr. Emanuel Schaefer, Befehlshaber der Sich.Pol. u. des SD Belgrad;

dem ♯-Hauptsturmführer Kriminalkommissar Karl Radl, Reichssicherheitshauptamt; ⬅

dem ♯-Obersturmführer Robert Warger, Reichssicherheitshauptamt;

dem ♯-Untersturmführer Dr. Wolfgang Boos, ehrenamtlicher Mitarbeiter beim Inspekteur der Sich.Pol. u. des SD Dresden, z. Zt. bei der Wehrmacht.

Das Kriegsverdienstkreuz 1. Klasse mit Schwertern wurde verliehen:

Dem Oberregierungs- und Kriminalrat Cuno Schmidt, Führerschule der Sich.Pol., z. Zt. Heeresfeldpolizeichef bei der Geheimen Feldpolizei;

dem ♯-Sturmbannführer Regierungsrat Dr. Friedrich Kranebitter, Staatspolizeileitstelle Wien, z. Zt. abgeordnet zum Befehlshaber der Sich.Pol. und des SD Italien;

dem ♯-Sturmbannführer Regierungsrat Erich Deppner, beim Befehlshaber der Sich.Pol. u. des SD Den Haag;

dem ♯-Sturmbannführer Kriminaldirektor Dr. Rudolf Braschwitz, Kriminalpolizeileitstelle Stettin;

dem ♯-Hauptsturmführer Heinz Hollert, beim Befehlshaber der Sich.Pol. u. des SD Paris;

dem ♯-Hauptsturmführer Johannes Starke, ehrenamtlicher Mitarbeiter beim SD-Leitabschnitt Dresden, z. Zt. Major bei der Wehrmacht;

dem ♯-Hauptsturmführer Heinrich Wiens, SD-Leitabschnitt Danzig;

dem ♯-Untersturmführer Kriminalkommissar Rudolf Beck, Kriminalpolizeileitstelle Frankfurt/M., z. Zt. Feldpolizeikommissar bei der Geheimen Feldpolizei;

dem ♯-Obersturmführer Kriminalsekretär Johannes Schlupper, Staatspolizeistelle Chemnitz, abgeordnet zum Kommandeur der Sich.Pol. u. des SD Warschau;

dem Kriminalobersekretär Otto Kausch, Kriminalpolizeileitstelle Berlin, z. Zt. Feldpolizeikommissar bei der Geheimen Feldpolizei;

dem Staffel-Sturmscharführer Kriminalsekretär Paul Gers, Staatspolizeileitstelle Königsberg, z. Zt. Feldpolizeiinspektor bei der Geheimen Feldpolizei.

Inhalt
— Schriftliche Mitteilung der veröffentlichten RdErl. erfolgt nicht. —

Sicherheitspolizei u. SD. RdErl. 31. 5. 1944 Polizei-gefängnisordnung S. 143. — RdErl. 26. 6. 1944 Zahlung von Kriegsbesoldung an Kommandierte der Waffen-♯ S. 143. — RdErl. 29. 6. 1944 Anerkennung S. 143. — RdErl. 29. 6. 1944 Anerkennungen S. 143. — RdErl. 30. 6. 1944 Vereinfachung der Verwaltung; hier: Wegfall der Jahresrechnung über die persönlichen Gebührnisse S. 143. — RdErl. 30. 6. 1944 Ausländische Ordensauszeichnungen S. 144. — RdErl. 30. 6. 1944 In Verlust geratene ausländische Orden S. 144. — RdErl. 3. 7. 1944 Devisenbewirtschaftung.

Zahlungsregelung der Sich.Pol. u. des SD / Transferregelung S. 144. — RdErl. 3. 7. 1944 Anerkennung S. 144. — RdErl. 5. 7. 1944 Verwaltungsvereinfachung der Deutschen Polizei S. 144. — RdErl. 7. 7. 1944 Beschlagnahme von Druckschriften S. 145. — RdErl. 10. 7. 1944 Reisebeschränkungen S. 145.
Geh. Staatspolizei. RdErl. 3. 7. 1944 Verbrauchsregelung für die Gefangenenverpflegung und Lebensmittelkarten der Gefangenen S. 145.
Verschiedenes. Anschriftenänderung. S. 146.
Personalmitteilungen S. 146.

*Auszug aus dem „Befehlsblatt des Chefs der Sicherheits-Polizei
und des Sicherheitsdienstes (SD)" vom 15.7.1944
mit der Bekanntgabe einer Kriegsauszeichnung für den Autor dieses Buches, Karl Radl*

Hagener Zeitung.
Gegründet 1814 als „Hermann"

Westfälisches Tageblatt

Die H 3 erscheint täglich mit Ausnahme der Sonn- und Feiertage. Einzelverkaufspreis 15 Rpf. Der monatliche Bezugspreis beträgt 2 .- RM. frei ins Haus geliefert (einschließlich 24 Rpf. Botenlohn); bei Postbezug 2.25 RM zuzüglich 48 Rpf. Postgebühr zuzüglich 6 Rpf. Bestellgeld. Falls infolge etwaiger Betriebsstörungen und dergleichen die Herausgabe der Zeitung unmöglich wird, so hat der Bezieher oder Anspruch auf Zustellung noch auf Nachlieferung der Zeitung oder Rückzahlung des Bezugsgeldes.

Sprechstunden der Schriftleitung täglich 17¼ bis 19 Uhr (außer sonnabends). Briefkastenauskünfte dienstags 16 bis 18 Uhr.

Geschäftsstunden der Geschäftsstelle morgens 8 bis 12½, nachmittags 15 bis 17 Uhr sonnabendnachmittags von 16 bis 17 Uhr.

Anzeigenpreis: 1 mm hoch 46 mm breit 24 und 12 Rpf. In der Reklamezeile 40 Rpf. Zur Zeit ist Preisliste Nummer 7 gültig. Schluß der Anzeigen-Annahme tags vor dem Erscheinen 12 Uhr. Fernruf: Anzeigen-, Bezugs- und Druckerei-Abteilung Nr. 26141. für die Schriftleitung Nr. 26142. Bank- Konten: Deutsche Bank, Filiale Hagen, und Commerzbank AG., Filiale Hagen (Westf.). Postscheck-Konto: Postscheckamt Dortmund 2490. Erfüllungsort und Gerichtsstand Hagen (Westf.).

Nr. 214   Montag, 13. September   1943

Dokument der Ehrlosigkeit

Die schmachvollste Kapitulation aller Zeiten / Italien der schlimmsten Erniedrigung ausgeliefert / Badoglio verpflichtet sich, Deutschland so viel wie möglich zu schaden

Ewige Schande
Von unserer Berliner Schriftleitung

Das unterschrieb der Verräter Badoglio!
Die dreizehn Punkte der feigen Unterwerfung

Stockholm, 13. September. Die Waffenstillstandsbedingungen, zu denen sich Italien verpflichtet hat, wurden am Sonntagmorgen in London bekanntgegeben. Der Text lautet wie folgt:

Der Duce in Freiheit!
Gelungener Handstreich deutscher Fallschirmtruppen

Aus dem Führerhauptquartier, 12. September. Deutsche Fallschirmtruppen und Männer des Sicherheitsdienstes und der Waffen-SS führten eine Unternehmung zur Befreiung des von der Verräter-Clique in Gefangenschaft gehaltenen Duce durch. Der Handstreich ist gelungen. Der Duce befindet sich in Freiheit. Die von der Badoglio-Regierung vereinbarte Auslieferung an die Anglo-Amerikaner ist damit vereitelt.

Deutschlands Kraft ungebrochen
Das starke Auslandsecho der Führerrede

Berlin, 13. September. Die Rede des Führers, der schamlose Verrat Badoglios, seiner Clique und des deutschen Volkes.

In unverbrüchlicher Treue zum Deutschen Volk

Der letzte Akt des Verrats
Der niederträchtige Wortbruch des Königs Victor Emanuel und seines Marschalls Badoglio

Berlin, 13. September.

Folgeseiten: Die spektakuläre Blitzbefreiung Mussolinis bestimmte im September 1943 tagelang die Titel-Schlagzeilen der Tageszeitungen im Deutschen Reich

Hagener Zeitung.
Westfälisches Tageblatt

Nr. 215 — Dienstag, 14. September — 1943

Das Schicksal hat geantwortet

„Mussolinis Befreiung: Zeichen einer höheren Gerechtigkeit"

Kaunas, 14. September. Unter der Überschrift „Das Schicksal hat geantwortet" schreibt die litauische Tageszeitung „Ateitis", das Schicksal hat Adolf Hitler nicht versagt. Dem historischen Freundschaftsbekenntnis hat die historische Tat gefolgt. Mit innerster Genugtuung hat Europa die Befreiung Mussolinis durch deutsche Fallschirmtruppen erlebt. Es hat sich in einer großen weltgeschichtlichen Stunde gezeigt, daß das Schicksal nach einer höheren Ordnung gesetzmäßig vollzieht. Es hat sich gebildet, daß eine Gestalt von säkularem Range nicht dem Zufalls ausgeliefert wird. Die Befreiung Mussolinis ist aber auch ein Zeichen dafür, daß die Gerechtigkeit sittlich bleibt. England und Amerika haben gemeinsam mit den Vertretern Italiens ein Schicksal heraufbeschworen, das sich nunmehr vor aller Welt sichtbar gegen sie gewandt hat. Die Befreiung Mussolinis ist für die anglo-amerikanischen Mächte mehr als eine verlorene Schlacht, sie ist das Zeichen einer höheren Gerechtigkeit.

„Noch nie dagewesener kühner Handstreich"

Paris. In großen Schlagzeilen gibt die Pariser Frühpresse heute morgen die sensationelle deutsche Sondermeldung von der Befreiung des Duce bekannt. Die Blätter nennen sie einen noch nie dagewesenen kühnen Handstreich und unterstreichen, daß durch ihn Mussolini seinen würdelosen Kerkermeistern entrissen wurde.

Befreiung Mussolinis erhöht die anglo-amerikanischen Schwierigkeiten

Stockholm. Der neue Zustand in Italien, so stellen schwedische Zeitungen fest, entspreche keineswegs dem, was man in London und Washington erwartet hatte. „Goeteborgs Tidning" meint, die Befreiung Mussolinis erhöhe ungewöhnlich die Schwierigkeiten für die Anglo-Amerikaner. Die Vergleiche, die bezüglich der Situation vor und nach der Machtübernahme Badoglios gemacht würden, bildeten eine gute Grundlage für eine intensive feindliche Aktivität. Die Anglo-Amerikaner werde in der italienischen Frage nicht mehr als frühere im Zentralproblem sein und gigantische Kraftanstrengungen erfordern. Eine andere „Goeteborger Zeitung" erklärt, man habe mit einer Entschlossenheit und Geschwindigkeit gehandelt hätten, wie sie auf seiten der Anglo-Amerikaner nicht zu finden seien. Daß fich die Anglo-Amerikaner auch Rhodos entgehen ließen, zeige auf der einen Seite dieselbe Entschlossenheit, auf der anderen Seite die mangelnde Tatkraft.

Große Bewunderung in der Türkei

Erzerum. Das Heldenstück, das deutsche Fallschirmtruppen mit der Befreiung Mussolinis vollbrachten, hat in der Türkei große Bewunderung ausgelöst. Die Sonderausstrahlung, die im später Nachtstunden am Montag telephonisch an die türkischen Zeitungen weitergegeben worden sei, erscheint in sensationeller Aufmachung mit Photos, die den Führer und Mussolini zeigen, auf den Titelseiten der Morgenpresse. In den Unterhaltungen wird allgemein die Kühnheit, mit der die Deutschen Mussolini befreiten, hervorgehoben.

Freude und Genugtuung

Budapest. Für die Mittagspresse war die Befreiung Mussolinis durch deutsche Fallschirmjäger das Ereignis des Tages. Die Zeitungen bringen in Fettdruck unter großen Schlagzeilen. Die Befreiung Mussolinis war in den Budapester Stimme das Tagesgespräch. Das Ereignis wurde überall lebhaft mit großer Freude und Genugtuung erörtert, wobei in der ungarischen Bevölkerung der lebhaften der Fallschirmjäger und der Verdienste der Waffen-ff allgemein lebhafte Bewunderung gezollt wurde.

Im Mittelpunkt der bulgarischen Montagszeitungen stand die Meldung von der Befreiung des Duce. Die Tatsache sei sowohl in politischen Kreisen als auch bei der Bevölkerung lebhafteste Überraschung und großer Bewunderung und Freude ausgelöst. Mit großer Genugtuung und Freude sprechen die Bulgaren von der Tat.

„Das Eichenlaub mit Schwertern für Hauptmann Rall"

Berlin, 14. September. Der Führer verlieh dem Hauptmann Günther Rall, Gruppenkommandeur in einem Jagdgeschwader, als 34. Soldaten der deutschen Wehrmacht das Eichenlaub mit Schwertern zum Ritterkreuz des Eisernen Kreuzes.

Hauptmann Günther Rall erreichte nach Major Graf und Major Philipp als dritter deutscher Jagdflieger am 29. 8. 1943 die hohe Zahl von 200 Luftsiegen. An der Spitze seines Verbandes fliegend, erzielte der 25jährige Offizier vor allem im August 1943 eine besonders hohe Zahl von Abschüssen. In der Zeit vom 8. bis zum 29. 8. 1943 brachte er 80 Sowjetflugzeuge zum Absturz.

Mit Hauptmann Günther Rall wurde der 21. Angehörige der deutschen Luftwaffe mit dem Eichenlaub mit Schwertern zum Ritterkreuz des Eisernen Kreuzes ausgezeichnet. Am 3. 9. 1942 erhielt er nach seinem 65. Luftsieg das Ritterkreuz, am 26. 10. 1942 nach Abschuß des 100. Feindflugzeuges das Ritterkreuz des Eisernen Kreuzes das Eichenlaub zum Ritterkreuz des Eisernen Kreuzes.

Telephongespräch Führer—Duce

Auch die Familie des Duce befreit!

Berlin, 14. September. Wie das Deutsche Nachrichtenbüro erfährt, hat der Duce sofort nach seiner Befreiung telephonisch mit dem Führer gesprochen. Es ist schwer, mit Worten den Gefühlsausdruck zu geben, die der Führer und der Duce bei dem bloßen historischen Gespräch gaben.

Später hat sich der Duce zu seiner Familie begeben, die ebenfalls von einem Sonderkommando des Sicherheitsdienstes der ff aus der Internierung befreit worden war.

Die deutsche Antwort auf den Verrat Badoglios. Die ersten entwaffneten italienischen Einheiten werden durch die Straßen der Stadt Bozen in ein Sammellager gebracht.
PK.-Aufnahme: Kriegsberichter Rieder, Sch. (Z.)

Wie der Duce befreit wurde

Mussolini blieb unverletzt trotz Badoglios Befehl, ihn bei einem Befreiungsversuch zu ermorden

Über die Umstände, unter denen die Befreiung des Duce vorbereitet wurde und gelingen konnte, erfährt das Deutsche Nachrichtenbüro folgende Einzelheiten:

Das Befreiungsunternehmen, das zu einem so sensationellen Erfolg führt, ist zu einem Sonderunternehmen der ff und der Fallschirmjäger des Heeres gemeinsam vollendet worden. Die Regierung Badoglios hat den Aufenthaltsort des Duce durch außerordentliche Maßnahmen unter allen Umständen geheimgehalten. In dem Bestreben, eine Spur der Unterbringung des Duce zu verwischen, wurde sein Aufenthaltsort seit dem 25. Juli mehrfach gewechselt. Während der letzten Tage waren es als zwei bis drei Lager in der neues Gefängnis, in Kasernen, auf Inseln und Kriegsschiffe verschleppt. Zur Bewachung wogen stets große militärische Verbände herangezogen, die ebenfalls regelmäßig wechselten. Eine unmittelbare Bewachung stellte eine Abteilung Carabinieri, die den Befehl hatte, den Duce im Falle eines Befreiungsversuches sofort zu ermorden.

Erst in der letzten Zeit gelang es, die Spur des Duce zu verfolgen und festzustellen, daß er in Aufenthaltsorte, sondern auch die bewachenden Carabinieri, deren Durchführung zu einem hervorragenden ff-Sonderunternehmen festgelegt wurde, in ein völlig unzugängliches Bergmassiv unter schmalsten Umständen und unter verstärkter Bewachung gefangengehalten wurde. Diese Gewißheit gab das Signal zum Start des kühnen ff-Sonderunternehmens, dessen Durchführung zu einem hervorragenden ff-Sonderunternehmen festgelegt wurde, in ein völlig unzugängliches Bergmassiv gebracht.

Wie das Deutsche Nachrichtenbüro erfährt, ist der Duce trotz des bei seiner Bewachung von Badoglio erteilten Befehls, ihn bei einem Befreiungsversuch zu ermorden, bei dem am Sonntag gemeldeten Unternehmen nicht verwundet worden.

Hohe Auszeichnungen für die Befreier

Der Führer hat, wie wir erfahren, den an der Aktion beteiligten Männern des Sicherheitsdienstes der Waffen-ff und der Fallschirmtruppen hohe Auszeichnungen verliehen.

Eine freudige Wendung

Tokio. Mussolinis Befreiung sei eine freudige Wendung, so stellte der Sprecher vor der Auslandspresse am Montag vor der Auslandspresse fest. Die Japaner wüßten sehr wohl, was Mussolini für Italien bedeutet habe und mit welchem Geist er in den Krieg gegen die Alliierten führte. Seine Treue zum Dreierpakt sei den Japanern außerdem in bester Erinnerung, und man könne daraus Schlüsse ziehen, wie seine erneute Aktionen verlaufen würden.

Der Duce aus der Hand seiner Feinde befreit
Wie ein Lauffeuer ging am Sonntagabend die Nachricht durch die ganze Welt, daß deutsche Fallschirmtruppen, Männer der Sicherheitsdienstes und der Waffen-ff den von der Badoglio-Clique in Gefangenschaft gehaltenen Duce durch einen Handstreich von neuem wieder befreit haben.
Scherl, Zander-Multiplex (K.)

Enttäuschung im feindlichen Lager

Unter all den Ärmlichkeiten, die die bisherige Wirksamkeit des Regimes Badoglio in Italien kennzeichnet, ist das Zugeständnis der Auslieferung des Duce an die Engländer und Nordamerikaner vielleicht die schändlichste. Badoglio, der Glücksritter, der jeden Sinn für Schamgefühl verloren hat, und der schwache König, der jedes menschliche Treuegefühl vermissen läßt, haben natürlich genug gewusst, was sie damit tun. Sie haben nicht nur dem ehemaligen Feinde das schwächliche Verräterantlitz ihres Landes zeigen wollen, sondern sie haben jenen hochverräterischen Kerl ausgeliefert, den sie noch vor kurzem als den größten Römer seit dem sinkenden Altertum genannt hatten, an die radikalsten Umstürzler zu bewilligen.

...

„Kapitulation kein Ausweg aus dem Krieg"

„Mussolinis Befreiung beweist Deutschlands rasches Handeln" — Britische Presse warnt

Genf, 14. September. Zur Lage in Italien liegen in der Londoner Montagspresse Kommentare vor, die durch ihren warnenden Ton auffallen. Die Bemühungen der Kommentatoren um den Optimismus einen Dämpfer aufzusetzen.

„Daily Telegraph" gibt an, daß die Anglo-Amerikaner keineswegs alles erhalten hätten, was die Waffenstillstandsbedingungen sicherstellen sollten. Um das zu erreichen, müßten harte Kämpfe notwendig sein. Die Woche, die man nach dem Fall Mussolinis „verloren" habe, hätten den Deutschen Gelegenheit gegeben, Italien in ein Schlachtfeld zu verwandeln.

„Daily Sketch" schreibt, und zeige sich, daß das Reich bereits in Italien festgelegt habe. Es hat bedauerlich, daß die erst Lagen in Kraft befindlichen Waffenstillstandsbedingungen zu berücksichtigen worden seien, ohne vorher die Chefs der europäischen und USA.-Regierung in Kenntnis zu setzen. Die Bekanntgabe von Algier aus sei eine derartige Panslavierung, daß London und Washington überrascht worden seien.

Die „Times" betont, es sei sehr wahrscheinlich, daß die italienischen Kämpfe schwieriger und härter sein würden, als alle jene Schlachten, die zum Sturz Italiens führten. Das Beispiel Italiens lehre, daß Kapitulation kein Ausweg aus dem Krieg sei. Der Krieg könnte nur durch den Zustand der Neutralität. Gebt man es wollte, könnten die Anglo-Amerikaner zum Italienern die Gültigkeit dieser Binsenwahrheit nicht enthalten.

„News Chronicle" führt aus, es sei nicht mehr Badoglios Macht, die Durchführung des Waffenstill-standes zu erzwingen. Wenn die Waffenstillstandsbedingungen bezüglich der Freilassung der britischen Kriegsgefangenen überhaupt einen Sinn hätten, die doch jetzt ebenso die Zusendung gefangener Engländer bitter enttäuscht.

Der „Daily Worker" schreibt unter der Überschrift „Große Schwierigkeiten in Italien", die Lage der Anglo-Amerikaner sei sowohl militärisch wie politisch schwierig. Das Reich gab die ff-Stellungen in Italien in Händen. Die Befreiung Mussolinis sei in wieder einmal ein schlagender Beweis, wie rasch die Deutschen handeln können. Sie hätten es fertiggebracht, eine militärische Katastrophe abzuwenden und gleichzeitig Kordialitätn ist in ihre Hand zu bringen. Die Schnelligkeit und Festigkeit, mit der die Deutschen in Italien operierten, bewiesen die Stärke des Nationalsozialismus. Die Ereignisse in Italien müßten allen als ernste Warnung dienen, sich keinen Illusionen hinzugeben.

Gedämpfte Hochstimmung in Moskau

Stockholm, 14. September. Der englische Rundfunk aus Moskau zu berichten, daß sich die Kapitulation Mussolinis berichten. Eine gewisse Freude ausgelöst habe, jedoch ohne den Kern der Enttäuschung dieser Freude auszulösen. Seitdem aber die Nachricht von der Befreiung Mussolinis bekanntgeworden ist, sinkt man offenbar in Moskau die anfängliche Hochstimmung und Freude ab. Man erkennt an den Kommentaren, daß die Entlastung der Sowjetfront noch in beträchtlicher Ferne liegt.

London über die Befreiung Mussolinis verärgert

„Daily Mail": „Die Deutschen kämpfen in Italien mit Geschick und Zähigkeit"

Stockholm, 14. September. Nur schwer kann London seine tiefe Enttäuschung und Sorge über die Befreiung des Duce durch den kühnen deutschen Handstreich verhehlen. Das der Londoner Exchange-Büro erinnert daran, daß erst vor einigen Tagen versichert worden war, daß sich Mussolini in sicherem Gewahrsam befinde. Diese Versicherung hatte man den Engländern gegeben, doch hat keiner Grund ausgegeben worden, man zu jeden zweifellos über die Regierung Badoglio in fester Überzeugung die Ansicht gewesen, daß bei der Duce unter Unrechtseiner Bewachung an einem für die Deutschen unerreichbaren Orte befinde. Aus der gleichen Quelle verlautet, daß eine Vereinbarung zwischen der Badoglio-Clique und dem Duce an dem Gegensatz getroffen werden sollte. Zweifellos wird bei diesen unerträgliche Zwischenfall von der Regierung Badoglio vorbereitet worden.

Das „ernste Nachspiel", mit dem London jetzt droht, besteht laut in erster Linie in laut Badoglio, der nicht nur als Verräter und Verblendeter, sondern sogar als Kriegsverbrecher verfolgt und in strafrechtlicher bei den anglo-amerikanischen Oberbefehlshabern wird schuldetragen müssen und dabei erkennen müssen, daß seinem Ruhmskerven die Verzicht. Ein Endrum des besonderen Dinge, die Kapitulation eines Landes zu erklären und sie wirksam durchzuführen, schreibt die Blatt — einer Genfer Meldung zufolge die „Daily Mail". Man dürfe jetzt nicht verkennen, einerseits, daß die Anglo-Amerikaner bisher auf italienischem Boden unternommen hätten, noch die Deutschen in Italien mit außerordentlichem Geschick, großer Zähigkeit und beachtlichem Mut kämpften. Ohne Einnahme von Rom und anderer wichtiger italienischer Zentren beweise überzeugend den Ausmaß der Fehler, mit denen die Anglo-Amerikaner auf italienischem Boden fertig zu werden hätten. Badoglio möge schon wollens sein, Italien den Amerikanern zu übergeben, es sei ihm jetzt aber unmöglich, seinen Willen angesichts des deutschen Widerstandes in die Tat umzusetzen. Offenbar folgten auch die auf dem Balkan kommandierenden italienischen Offiziere seinen Befehlen nicht.

In einer anderen Meldung der „Daily Mail" heißt es, angesichts der psychologischen Wirkung, die die Besetzung von Rom ausübe, hielten die Deutschen damit die wichtigsten Verbindungswege Italiens von der nördlich längs der Westküste verlaufen von Rom nach Neapel. Das Eisenbahnlinien verlaufen von Rom nach und nach nördlich in das Innere das Landes. Es bestehe zudem wenig Aussicht, daß die Anglo-Amerikaner von den etwa 750 000 BRT. Handelsschiffstonnen, die man den Italienern zugesagt hat, mehr als einen geringen Bruchteil erhalten, da viele italienische Schiffe besonders in den von den Deutschen besetzten Häfen.

Hagener Zeitung.

Westfälisches Tageblatt

Die H. Z. erscheint täglich mit Ausnahme der Sonn- und Feiertage. Einzelverkaufspreis 10 Rpf. Der monatliche Bezugspreis beträgt 2.— RM. frei ins Haus geliefert (einschließlich 24 Rpf. Botenlohn) durch die Post bezogen 2.25 RM. Postgebühr ausschließlich 48 Rpf. Postgebühr zuzüglich 36 Rpf. Bestellgebühr. Falls infolge etwaiger Betriebsstörungen und dergleichen die Herausgabe der Zeitung unmöglich wird, hat der Bezieher unter Anspruch auf Zustellung und auf Rückzahlung des Bezugsgeldes.

Sprechstunden der Schriftleitung täglich 17¾ bis 19 Uhr (außer Sonnabends). Briefkastenanfragen dienstags 16 bis 18 Uhr.

Geschäftsstunden der Geschäftsstelle morgens 8 bis 12½, nachmittags 15 bis 19 Uhr, sonnabends nachmittags von 15 bis 17 Uhr.

Anzeigenpreis: 1 mm hoch, 46 mm breit 24 und 12 Rpf., die Reklamezeile 40 Rpf. Die Zeit im Anzeigenteil Nummer 7 gültig. Schluß der Anzeigenannahme tags vor dem Erscheinen 12 Uhr. Fernsprecher: Hagen und Druckabteilung Nr. 201 41, für die Hauptschriftleitung Nr. 201 42. Bank-Konten: Deutsche Bank. Postscheck-Konten: Dortmund 2460. Politische Nachrichten: Volksbeamt Dortmund und Gerichtsstand Hagen (Westf.)

Nr. 216 — Mittwoch, 15. September — 1943

Wie der Duce aus den Abruzzen befreit wurde

Landungen und Start in gefährlich zerklüftetem Hochgebirge — Tollkühner Flug im „Storch" — Der Sturm auf das Gefängnis — Hunderte von Carabinieri überrumpelt — Der tapfere Einsatz der deutschen Befreier

Berlin, 15. September. Über die Befreiung des Duce aus den kühnen Unternehmungen der Männer des Fallschirmkorps, des Sicherheitsdienstes und der Waffen-SS erschien das Deutsche Nachrichtenbüro folgende Einzelheiten:

Der mit der Durchführung des Befreiungsunternehmens beauftragte SS-Hauptsturmführer hatte nach mehrere eingehenden Erkundungen den Schluß gezogen, daß der Duce am 28. August von der Insel San Maddalena in das Gebiet des über 2900 Meter hohen Gran Sasso im Abruzzengebirge gebracht worden sei. Er war in einem frühere Berghotel gefangen gehalten, das für jeden Verkehr gesperrt worden war und zuzeigt von der Außenwelt so unterbrochen werden konnte, zu dem das Hotel zu Tal nur auf noch erhaltenen Schwierigkeiten zugänglich war.

...

„Einer der heißesten Empfänge"

Gedämpfter anglo-amerikanischer Trommelschlag um Salerno

„Unerfreulich"

Ein USA-Journalist über die Lage der 5. amerikanischen Armee

Stockholm, 15. September. Die anglo-amerikanischen Neuäußerungen über die Kämpfe bei Salerno werden immer kleinlauter. Der sonst so großmäulische USA-Marineminister Knox meinte vor der Presse in Washington, daß im Gebiet von Salerno erfolgte Landungen bisher „einen der heißesten Empfänge erfahren habe, die je einer Landung gefallen wären." ...

Wieder ein westfälischer Eichenlaubträger

Generalleutnant Hoßbach, Kommandeur einer Infanteriedivision

Führerhauptquartier, 14. September. Der Führer verlieh am 11. September das Eichenlaub zum Ritterkreuz des Eisernen Kreuzes an Generalleutnant Friedrich Hoßbach, Kommandeur einer Infanteriedivision, als 296. Soldaten der deutschen Wehrmacht.

...

Klärung in Italien

Nach wie vor steht die Welt unter dem Eindruck der Heldentat deutscher Soldaten, die der Schwierigkeiten der umstellten Italienergruppe einen ihrer berühmtesten Staatsmänner den Feinden entrissen haben. ...

Das Ritterkreuz für die Befreiung des Duce

SS-Hauptsturmführer Skorzeny am Dienstag vom Führer zur Berichterstattung empfangen

Führerhauptquartier, 15. September. Der Führer hat SS-Hauptsturmführer der Waffen-SS und des Sicherheitsdienstes (SD) Otto Skorzeny, der das Unternehmen zur Befreiung des Duce durchgeführt hat, das Ritterkreuz des Eisernen Kreuzes verliehen.

Der Führer hat Hauptsturmführer Skorzeny heute in seinem Hauptquartier zur Berichterstattung über den Verlauf der Aktion empfangen.

Neuer Ritterkreuzträger

Berlin, 15. September. Der Führer verlieh auf Vorschlag des Oberbefehlshabers der Luftwaffe, Reichsmarschall Göring, das Ritterkreuz des Eisernen Kreuzes an Major Söfer, Gruppenkommandeur in einem Kampfgeschwader.

Hohe Auszeichnungen

für zwei Heeres-Hauptzeugmeister von Panzerregimentern aus dem Osten

Führerhauptquartier, 14. September. Der Führer verlieh am 12. 9. 1943 das Ritterkreuz des Eisernen Kreuzes an die Heeres-Hauptzeugmeister Anton Segfl und Wilhelm Benoit.

Die H.Z. erscheint täglich mit Ausnahme der Sonn- und Feiertage. Einzelverkaufspreis 15 Rpf. Der monatliche Bezugspreis beträgt 2.— RM. frei ins Haus geliefert (einschließlich 26 Rpf. Botenlohn). Durch die Post bezogen 2.36 RM. einschließlich 48 Rpf. Postgebühr ausschließlich 36 Rpf. Bestellgeld. Falls infolge etwaiger Betriebsstörungen oder dergleichen die Zeitung nicht erscheinen kann, hat der Bezieher keinen Anspruch auf Zustellung noch auf Nachlieferung der Zeitung oder auf Rückzahlung des Bezugsgeldes.

Hagener Zeitung.

Gegründet 1814 als „Hermann"

Westfälisches Tageblatt

Sprechstunden der Schriftleitung täglich 17¼ bis 19 Uhr (außer sonnabends). Briefkastenauskünfte dienstags 15 bis 18 Uhr.

Geschäftsstunden der Geschäftsstelle morgens 8 bis 12¼, nachmittags 15 bis 19 Uhr, sonnabends nachmittags von 15 bis 17 Uhr.

Anzeigenpreis: 1 mm hoch 45 mm breit 24 und 12 Rpf., in der Außenspalte 40 Rpf. Zur Zeit gilt die Anzeigen-Preisliste Nr. 7 gültig. Fernsprecher: für die Geschäftsstelle (Anzeigen, Bezugs- und Vertrieb) Nr. 2614, für die Schriftleitung Nr. 26142. Bank-Konten: Deutsche Bank, Filiale Hagen und Commerz-Bank, Filiale Hagen (Westf.). Postscheck-Konto: Dortmund 2489. Erfüllungsort und Gerichtsstand Hagen (Westf.).

Nr. 218   Freitag, 17. September   1943

Gespräch mit dem Befreier des Duce

SS-Sturmbannführer Skorzeny über das kühne Unternehmen — In mühevoller Vorarbeit der Aufenthalt festgestellt — Erkundungsflug über dem Gran Sasso

Von SS-Kriegsberichter Robert Kroetz

Die Einzelheiten über die geschichtlich bedeutsame Tat der Befreiung des Duce sind in der ganzen Welt mit begreiflicher Spannung aufgenommen worden. Eine Unterredung des H-Kriegsberichters Robert Kroetz mit dem einen der Führer mit den Ritterkreuz ausgezeichneten H-Sturmbannführer Skorzeny gibt inzwischen neue Aufschlüsse zu dem Unternehmen durchgeführt hat, vom Reisegefährten H-Sturmbannführer berichtet — gibt uns einen Einblick in die tapfere Einsatzbereitschaft aller an der Befreiungsaktion beteiligten Männer.

(H P.K.) Berlin, 16. September. H-Sturmbannführer Skorzeny ist 35 Jahre alt. Seine Stimmung, lebhafte Art zu erzählen, verrät den Wiener, den das politische Klima seiner angestammten Heimat frühzeitig erzogen und gereift hat. Im Zivilberuf war er Diplomingenieur, hat schon in jungen Jahren schwerment im Lebenskampf seines gequälten Landes gestanden und ist später als Angehöriger der Waffen-H in die große Bewährung des zweiten Weltkrieges gezogen. Seine hervorragende Tapferkeit im Verein mit besonderen politischen und menschlichen Fähigkeiten haben ihn schließlich zu der Tat befähigt, die die Befreiung des Duce geheißen werden kann. Als äußere Anerkennung für diese glänzende Tat, die nach seinen Plänen angelegt und unter seiner entschlossenen Führung durchgeführt wurde, trägt er das Ritterkreuz. Der Rahmen für seine Arbeit ist das Reichssicherheitshauptamt. Seine engsten Mitarbeiter, von ihm theoretisch und praktisch herangeschult, rekrutieren sich aus der Waffen-H und dem Sicherheitsdienst.

Mit den Fallschirmjägern gemeinsam haben sie nun alle zusammen zu einem neuen Typ des Kämpfers ein Denkmal gesetzt, das eindringlicher den Typus des neuen, politischen Soldaten der Öffentlichkeit vor Augen führt.

In den ersten Tagen der Verhaftung des Duce, als die Anzeichen des späteren Verrats zu zeigen begannen, flog H-Sturmbannführer Skorzeny mit einem kleinen Kommando nach Rom und schaffte sich in mühevoller, getarnter Arbeit die Unterlagen für seinen damals noch nicht bekannten Einsatz. Aufgrund sorgsamer Beobachtungen und einer gewissen Spürfähigkeit brachten die vorhandenen deutschen Nachrichtendienststellen die Spur des Duce, die sich im Laufe der Tage immer wieder verlor, weil die nervöse Wachmannschaft ihren Gefangenen wiederholt verlegte.

Schwierige Aufklärungsarbeit

Bei dieser Aufklärungstätigkeit hat sich besonders die italienische (verräterische) Unterschlupfstätten ausgezeichnet. Bemerkt, mit italienischem Motorrad gehend, sind es etwa 24 Stunden vor der Kapitulation den Aufenthalt des Duce, einer Villa auf einer kleinen Insel.

In den Tagen des Verrates, als aus der Aufgabe, den Verbleib des Gefangenen unterrichtet zu sein, die politische Notwendigkeit eines Tun den Berichten zu entnehmen, begab sich H-Sturmbannführer Skorzeny im Schnellboot zu der Insel, um die Verhältnisse zu erkunden. Er fand ein leeres Nest. Im Wasserflugzeug war der Duce im Wasserflugzeug in eine neue Asyl verschleppt worden.

Von neuem, bedrängt von der Drohung sich immer steigernder Ereignisse, begann die Fahndung. Diesmal wiesen verschiedene Indizien auf den Gran Sasso-Massiv.

Die Auswahl der Mannschaft

Blieb noch die Auswahl der Mannschaft. 18 Männer der Sicherheitstruppe und der Waffen-H sollten, tatkräftig unterstützt von einem stärkeren Verband von Fallschirmjägern, den Handstreich durchführen. Wie sie entstand, gut vorbereitet, weil ihr alle arbeiteten.

„Alle haben ich im Grunde nun denen Unrecht getan, die ich nicht mitnehmen konnte", sagte Skorzeny. Und er fügt hinzu, um keinen einzigen der Beteiligten, ob H-Führer, ob H-Männer oder Fallschirmjäger, besonders erwähnen müsse, denn sei von dem Augenblick ab, da das Unternehmen gegangen sei und kaltblütig und durchgeführt haben.

Ein Unterscharführer gehörte zu ihnen, der die Fliegen mit seinem die Anliegen mochte durchgeführt. Bei der Landung aber wie ein Würfel aus der Maschine sprang und seine vorbildlich seinen Mann stand. In großen Zügen sind die die Erzignisse, die bei diesem Segensstart und Heimkehr abspielten, bekannt. Wir kümmern uns die übermächtige Frage, wie's die Männer löste und wie ihr Befehl mit der entschlossenen Tatkraft befehle beugte!

Entschlossen war noch bis den „Übersetzungsmomenten".

Die Flugzeuge stießen durch die Wolkendecke im Sturzflug herunter. Bemerkt hat keiner der entschlossenen Zugriff, die eisernen Nerven der Männer, in der Sekunde harren die Tage waren, sich gegenseitig mit

dachten, aus unter schwierigsten Verhältnissen, aber aus persönlicher Entschluß zu taten, was der Augenblick befahl. So konnte es geschehen, daß, als der Duce befreit war und das Kommando flog zurück, ging, der Kommandeur der Wachmannschaft mit einem blau-Rotweinglas bekam, der H-Sturmbannführer Skorzeny Haltung annahm und ihm den Trunk reichte mit den Worten: „Dem Sieger!"

Wer alle, von den Piloten, die gegen den einfachsten Sicherheitsgebot zu Boden stürzten, bis zu den Männern am Maschinengewehr, wie haben sich „Schlacht am Gran Sasso" gewonnen. Daß dabei kein Schuß gefallen ist, spricht nur für die Tat. Wie die geleitet haben, wird eine spätere Zeit, die die Bilanz dieses Krieges einmal zieht, vor der Geschichte feststellen. Was heute schon für die Tat gesagt werden kann, reicht über das glückliche Unternehmen hinaus.

Jetzt seines Lebens ist er Politiker und Soldat geworden, ist ein Mittelschüler seinem deutschen Bund angehört, der 1922 für die schwarz-rot-rote Fahne entschied, als Student im ästerischen Freikorps aus eingebildet worden und als junger Burschenschaftler Nationalsozialist geworden, ohne noch zu wissen, daß es die Bewegung gibt, die ihn das Leben ihm zugeschnitten ist. Aus dem Freikorps ist er dann später in die H-Sturmbannführer und hat, sozusagen als Gesellschaft als seiner jüngsten Meisterleistung, 1938 den österreichischen Bundespräsidenten aus der strengen Bewachung einer Gardekommandantei befreit.

Mit bescheidenen Worten spricht er von seinen Dingen, die, es, verständlich für sich von selbst. Berührt wird es nur, wenn er von seinen schweren Fall sehr Soldaten erzählt, daß er, wenn er bei ihm ist, Kameraden mit denen er mehr teilt als die Gefahr: die Weltanschauung und das politische Bekenntnis. Daß sich auch mit anderen verbindet und die nicht zum billigsten heischen des Tages machen, sondern zum Vorbild, das mit dem Dank des Führers darbringen können.

In Stunden des Verrates standen die Männer des Sonderkommandos neben den Soldaten der Wehrmacht und der Luftwaffe in kühnem Angriffs unternehmen heraufende Batterien. In jeder Weise legitimieren sie sich für die größere bevorstehende Aufgabe, wo der niemand wußte, was die gefährlich sein würde. Sie hat ihre besondere geschildert.

H-Sturmbannführer Skorzeny flog auch in einem Flugzeug nach Korsika, im unter Baumtarnen ausgemustert. Unterwegs ausgiebige, infolge Sabotage, die Motoren. Das Flugzeug stürzte ab. Die Besatzung konnte sich nur durch im Wunder aus der gesunkenen Maschine befreien, wurde von einem italienischen Schiff aufgefischt und in Sardinien an Land gesetzt. Von dort flog Skorzeny über Korsika durch.

„Die Deutschen haben zu schnell gehandelt!"

Ernste englisch-amerikanische Betrachtungen zu den Kämpfen bei Salerno

Genf, 17. September. Die Presse in England und in den USA baut den Optimismus, den die Churchill-Roosevelt-Agitation hinsichtlich der Entwicklung in Italien genährt hatte, gemäßigt ab. In aller Deutlichkeit werden die ungeheure Härte der Kämpfe und die englisch-amerikanischen Anstrengungen geschildert. Dabei wird schon die erste Kritik am Verhalten Eisenhowers laut.

Die Operationen werden mit viel größerer Hartnäckigkeit durchgeführt als alle vorgetragenen, schreibt der Militärkorrespondent von Reuter. „Exchange Telegraph" meldet aus dem Hauptquartier Eisenhowers, daß sich die britischen und amerikanischen Truppen einem großen deutschen Anprall gegenüberstehen. Dem Anprall des deutschen Ansturms ausgesetzt sind kämpft, um die Deutschen griffen Tag und Nacht mit Tanks und Infanterie an. Die „Times" spricht sogar von gefährlichen Stunden, die den „Daily Telegraph" klagt, daß die Landungen zu schnell gemacht haben, und der „Daily-Herald" stellt fest, daß die Landungen bei Salerno größere Schwierigkeiten als vorausgesehen. Der Kriegsberichterstatter des „Daily Expreß" meldet, daß bei den Landungen seien derart bittere Kämpfe im Gange, wie er es bisher noch nicht kennengelernt habe.

Ein Sonderkorrespondent des „Daily Mail" macht General Eisenhower den Vorwurf, daß er viel zu wenig entschlossen gehandelt habe. Engländer und Amerikaner hätten viel zu lange mit ihren Unterhandlungen über den Waffenstillstandsvertrag und die Bekanntgabe ausgewertet. Gewisse britische Kreise wollen wissen, daß durch diese Dinge in Süditalien völlig unerwartet gekommen sei und daß ihm der deutsche Widerstand schwere Sorgen bereite. Eisenhower habe mit weiterer Zusammenballen der deutschen Angriffskräfte und habe aus diesem Grunde eine zweite Front, um die er sei, fordert er nun ebenfalls den deutschen Druck auf

Die Pläne der Alliierten vom Feind durchkreuzt

Alle Londoner Blätter schreiben in ihren Leitartikeln, man habe mit einem derart schweren Widerstand in Italien nicht gerechnet. Die deutsche Abwehr sei außerordentlich stark, schreibt z. B. „Daily Telegraph".

Es offensichtlich geworden, daß der italienische Feldzug der Alliierten für sie zu einem viel langwierigeren Unternehmen werde, als man das im allgemeinen von einer Woche „auch nur ahnen können".

seiner jüngsten Meisterleistung, 1938 den österreichischen Bundespräsidenten aus der strengen Bewachung einer Gardekommandantei befreit.

Aus diesem zerklüfteten Berggelände wurde der Duce gerettet
Das Gebiet des über 2900 Meter hohen Gran Sasso im Abruzzengebirge, wo der Duce in einem früheren Berghotel gefangengehalten und unter äußerst schwierigen Umständen von deutschen Spezialtruppen gerettet wurde.
Atlantic, Zander-Multiplex (K.)

In den USA hat der Finanzminister Morgenthau die Situation dazu ausgenutzt, um dem Volk eine Vorstellung davon zu geben, mit den ungeheuren Materialverlusten bei der Besetzung Siziliens verbunden gewesen ist. Morgenthau brechnet dem Verlust an Material auf 54 v. H. Der Angriff sei, so sagt er weiter, im Gebiet Neapel der Truppen nur geringe Vorstöße unter hartnäckiger blutiger Verlusten. Die Lage ist kritisch. Morgenthau verbindet mit diesen betonten Feststellungen besondere Absichten. Er will der Weltanschauung und das politische Bekenntnis bringen, denn er braucht Geld. Infolgedessen wirft er den bisherigen Optimismus über Bord, um durch krasseste Schwarzmalerei den USA-Volk klarzumachen, daß es weitere Opfer bringen müsse, um den Krieg gewinnen zu wollen.

Über diesen von der Propagandafabrik Morgenthaus sich die amerikanische Presse doch völlig klar über den Ernst der Lage in Italien. Der amerikanische Kommentator Burdett verbreitet, er habe die neuesten Panzer bleibe ein Signal durchbrechen ließen, und daß die englisch-amerikanischen Stellen unter den schweren Feuer mehrtägiger Gran Sasso-Gebirge lagen. Er schildt, wie die Deutschen durch die 8,8 Zentimeter-Geschütze haben. Ein Flak vom Kommentar mit der italienischen Tatsache wirft die Deutschen deutlich über den Strand beherrschten. Ein United-Preß-Bericht aus dem Hauptquartier der 5. USA-Armee geht demnach hervor, daß sich die anglo-amerikanischen Truppen

Salerno

Von unserer Berliner Schriftleitung

S. Die Engländer und Amerikaner wurden bei ihrer Landung in der USA Salerno nicht, wie erwartet, von italienischen Empfangskommissaren begrüßt, sondern von schwersten deutschen Abwehrfeuer. Das war völlig programmwidrig. Italien hatte doch kapituliert und man rüstete sich im Hauptquartiere Eisenhowers, mit allgemein bekannt machte. Mit einem Male verlief das amerikanische Debut auf europäischem Festlande so ganz anders, als man es sich ausgemalt hatte. Dieppe ist gar nichts dagegen gewesen, ein Schritt in historischer Öffentlichkeit aber mit irgendwelchem Widerstand gerechnet. „Damit waren die anglo-amerikanischen Pläne völlig durchkreuzt", meinte der Londoner „Daily Telegraph". Der alliierten Unternehmen geworden, wie man es sich nun noch vor achtzehn Stunden, ja ach vor einer Woche nur ahnen konnte. Für die britischen Ueberoptimisten ist darin eine wertvolle Lehre. Eine Lehre besonders für die Leute, die auch einer Landung in Westeuropa riefen. Wenn eine Landung in Italien schon so schwer falle, wie solle dann erst aus einer Expedition in den Westen werden", bemerkt der Londoner „Daily Mail".

Eine Parallele zwischen Salerno und Gallipoli liegt nahe, nämlich in bezug auf die ungeheuer blutigen Verluste und Materialeinbußen, die in frühere Arme nach eigenen Angaben bei Salerno erlebte. Das Galliolisunternehmen wurde am 25. April 1915 unter ähnlichen politischen Voraussetzungen wie jetzt. Und die Gallipoli im Januar 1916 so überaus kläglich scheiterte, gehörte es in erster Linie einem schweren empfindlichen politischen Rückschlag. Dünkirchen hatte dagegen mit Politik nichts zu tun. Dünkirchen war der Verlust des letzten großen Brückenkopfes, die Engländer noch in Europa hatten, eine vollkommene Vernichtungsniederlage.

Salerno erweist sich — der plötzliche Stimmungsumschwung an der Themse zeigt deutlich keinen Zweifel — als ein sehr schwerer Rechenfehler auf der feindlichen Seite, einschließlich des Generals Eisenhower. Öfter befürchtet weitere Zusammenballungen der deutschen Angriffskräfte und das Kopfzeele bringend um Entlastung gegen. Nachdem das völlig gescheiterte Manöver der italienischen Kapitulation die völlig gescheitert erweist, eine „Zweite Front" gefordert haben. Völlig plötzlich eine dritte Front zur Entlastung der zweiten Front. Diese möchte es sofort durch eine Invasion auf den Balkan durchgesetzt werden. Diese Meldung herausgebend das gegen Ratlosigkeit auf der Feindseite, die wirklich durchweg für vollendete Tatsache gestellt wurde und diese Tatsache noch nicht verdaut hat.

Um die Öffentlichkeit noch auf viel Schlimmeres vorzubereiten — es kann gewiß allerdings zu machen —, hat, wie interessiert bezeichnet wird, der USA-Finanzminister Morgenthau gerade in diesem Augenblick die sensationell hohen Materialverluste auf Sizilien bekanntgegeben.

Der Feind zwar, fortgesetzt weitere Truppen an Feuer zu schicken, aus einem Prestigegefühl zu erringen, den er beim ersten Festlandsunternehmen auch aus absteigenden Gründen braucht, so werden für Beute Verluste nur zeigen. Es dieses Begegnung auf dem italienischen Festlande hat jedenfalls bewirken, daß die Lobeshymnen auf jedenfalls bewiesen, daß die amerikanische Strategie der Alliierten offensichtlich verfrüht gewesen.

bemerkt „Daily Mail". Für die britischen Überoptimisten sei das bisher einmal eine wertvolle Lehre. Salerno solle deinen eine Lehre sein, die nach alliierten Operationen gegen Westeuropa rufen und bei schwerer fielen, dann wenn die Expedition im Westen „zu etwas viel Schlimmeres als eine friedensmäßige Ausflug nach Ostende".

„News Chronicle" wagt, man habe bei England sich gefreut, daß die Alliierten hätten den Krieg zu halb gewonnen. Jetzt falle es heraus: Nicht so weiter war der Wahrheit entfernt gewesen, als die Annahme, mit der Badoglio unterzeichnete Waffenstillstand im Handumdrehen dem Kriegsende ihm Geduld über ganz Italien.

„Daily Expreß" fasst sein Urteil in dem Satz zusammen: Die Schwierigkeiten einer Invasion werden von vielen unterschätzt, die ihren Badoglio nicht kennen und können mit Rommel zugleichem vergleich Italien, wie man solcher einmal, wie gewaltig bisher böse der den Alliierten Aufgabe mit geheimnisvoll.

Die Schwerter für Generaloberst Hoth und General der Panzertruppen Harpe

Führerhauptquartier, 16. September. Der Führer verlieh am 15. September das Eichenlaub mit Schwertern zum Ritterkreuz des Eisernen Kreuzes an: Generaloberst Hermann Hoth, Oberbefehlshaber einer Heeresgruppe, als 36. Soldaten, und an General der Panzertruppen Josef Harpe, Kommandierenden General eines Panzerkorps, als 38. Soldaten der deutschen Wehrmacht.

Das 300. Eichenlaub der deutschen Wehrmacht

Führerhauptquartier, 15. September. Der Führer verlieh am 13. September das Eichenlaub zum Ritterkreuz des Eisernen Kreuzes an Oberst d. R. Dr. Walter Lange, Kommandeur eines deutschen Grenadierregiments als 300. Soldaten der deutschen Wehrmacht. Oberst d. R. Dr. Walter Lange hat das Ritterkreuz des Eisernen Kreuzes im vergangenen Winter während der zweiten Abwehrschlacht bei den Ladogasee erhalten. Auch in der Abwehrschlacht am Ladogasee stand Oberst Lange als im Brennpunkt der Kämpfe. In diesem erbitterten Abwehrkämpfen bekam das Oberst Lange in vorderster kritischen Zeit die Linien im Raum Grenadieren in vorderster Linie. Wiederholte Einbrüche der Sowjets wurden durch sein sofortiges Eingreifen beseitigt.

Hagener Zeitung.
Westfälisches Tageblatt

Die H. Z. erscheint täglich mit Ausnahme der Sonn- und Feiertage. Einzelverkaufspreis 15 Rpf. Der monatliche Bezugspreis beträgt 2.— RM. frei ins Haus geliefert (einschließlich 24 Rpf. Botenlohn); durch die Post geliefert 46 Rpf. Vorbestellpreis ausschließlich 88 Rpf. Bestellgebühr. Falls infolge erwägter Betriebsstörungen und dergleichen die Zeitung unmöglich ist, hat der Bezieher weder Anspruch auf Zustellung noch auf Rückzahlung der Zeitung oder Rückzahlung des Bezugsgeldes.

Sprechstunden der Schriftleitung täglich 17½ bis 19 Uhr (außer sonnabends). Briefkastenauskünfte dienstags 18 bis 19 Uhr.

Geschäftsstunden der Geschäftsstelle morgens 8 bis 12½, nachmittags 15 bis 19 Uhr, sonnabendnachmittags von 15 bis 17 Uhr.

Anzeigenpreis: 1 mm hoch 48 mm breit 24 und 12 Rpf., in der Textseite Nummer 7 gültig. Schluß der Anzeigen-Annahme mittags vor dem Erscheinen, 12 Uhr. Schluß der Geschäftsstelle (Anzeigen-, Druckfachen-Abteilung) Nr. 361 61, für die Schriftleitung Nr. 361 42. Bank-Konten: Deutsche Bank, Filiale Hagen, und Commerzbank AG., Filiale Hagen (Westf.). Postscheck-Konto: Postscheckamt Dortmund 2489. Gerichtsstand Hagen (Westf.).

Nr. 220   Montag, 20. September   1943

Der Duce an das italienische Volk
Die erste Rede nach seiner Befreiung

Rom, 20. September. Der Duce sprach am Sonnabendabend über den italienischen Rundfunk zum italienischen Volk. In seiner Ansprache erklärte der Duce:

Schwarzhemden, Italiener!

Nach einem langen Stillschweigen vernehmt ihr wiederum eine Stimme. Ich bin sicher, daß ihr sie wiedererkennt, die Stimme, die euch so oft in schweren Zeiten zusammengerufen und mit euch die schönsten Tage des Vaterlandes gefeiert hat. [...]

Erstes Bilddokument von der Rettung Mussolinis

Der Duce, geleitet von seinen Befreiern, verläßt das Berghaus vom Gran Sasso, in dem er gefangengehalten wurde.

PK.-Aufnahme: Kriegsberichter v. Kayser, HH. (Z.)

(Schluß nächste Seite.)

Mehrtägiger Besuch des Duce im Führerhauptquartier

Führerhauptquartier, 19. September. Der Duce stattete sofort nach seiner Befreiung dem Führer einen mehrtägigen Besuch ab.

Der serbische Ministerpräsident beim Führer

Führerhauptquartier, 19. September. Der Führer empfing im seinem Hauptquartier den serbischen Ministerpräsidenten Generaloberst Milan Neditsch.

Vor dem Empfang beim Führer hatte der Reichsminister des Auswärtigen von Ribbentrop eine längere Unterredung mit dem serbischen Ministerpräsidenten über die Frage der künftigen Gestaltung in Serbien.

Große Freude in Belgrad

Belgrad, 20. September. Die Nachricht vom Empfang des serbischen Ministerpräsidenten Generaloberst Milan Neditsch durch den Führer hat in politischen Kreisen Belgrads große Freude ausgelöst. [...]

Das Eichenlaub für Generalleutnant Kleemann

Führerhauptquartier, 19. September. Als 304. Soldaten der deutschen Wehrmacht verlieh der Führer am 16. September das Eichenlaub zum Ritterkreuz des Eisernen Kreuzes an Generalleutnant Ulrich Kleemann, Kommandeur einer Sturmdivision.

Anerkennung der Leistungen der Deutschen Reichsbahn

Das Ritterkreuz des Kriegsverdienstkreuzes für Reichsminister Dr. Dorpmüller und Staatssekretär Dr. Ganzenmüller

Aus dem Führerhauptquartier, 19. September. Der Führer verlieh Reichsminister Dr. Dorpmüller und Staatssekretär Dr.-Ing. Ganzenmüller das Ritterkreuz des Kriegsverdienstkreuzes. [...]

80 000 Verhungernde auf den Straßen Kalkuttas
Keine Aussicht auf Besserung der Nahrungsmittelnot

Bangkok, 20. September. Die Hungersnot der indischen Provinz Bengalen hat derartige Formen angenommen, daß der Premierminister von Bengalen einen Hilferuf an die Bevölkerung von Indien gerichtet hat. [...]

"Die größte Katastrophe in der Geschichte Bengalens"

[...]

Subhas Chandra Bose
hofft, noch in diesem Jahre das indische Mutterland zu betreten

Penang, 20. September. Subhas Chandra Bose, der Präsident der indischen Unabhängigkeitsliga, betonte [...]

Vor anglo-amerikanischen Angriffen auf Burma?
Ende der Regenzeit im September

Tokio, 20. September. Die Regenzeit dürfte in Burma in diesem Jahr nach den vorliegenden Berichten etwa einen Monat früher als sonst, also bereits Ende September, vorüber sein. [...]

Entscheidender Zeitgewinn bei Salerno
Verrat und Tücke scheiterten am heldenhaften Widerstand deutscher Italienkämpfer

Berlin, 20. September. Der Wehrmachtbericht vom Sonntag bringt die Nachricht, daß die Bereinigung der aus Calabrien und Apulien nach restloser Zerstörung aller wichtigen Anlagen zurückgenommenen eigenen Truppen mit den im Raum von Salerno kämpfenden Divisionen gelungen ist. [...]

Einsatzbesprechung zur Befreiung des Duce

Der Führer des Unternehmens, ff-Sturmbannführer Skorzeny, erhält von dem Kommandierenden General der Fallschirmtruppen, General der Flieger Student, die letzten Anweisungen. Im Hintergrund die am Unternehmen beteiligten Männer der Waffen-ff und der Fallschirmtruppen.

PK.-Aufnahme: Kriegsberichter v. Kayser, Sch. (Z.)

Die H. Z. erscheint täglich mit Ausnahme der Sonn- und Feiertage. Einzelverkaufspreis 15 Rpf. Der monatliche Bezugspreis beträgt 2.— RM. frei ins Haus geliefert (einschließlich 24 Rpf. Botenlohn); durch die Post bezogen 2.25 RM. (einschließlich 48 Rpf. Postgebühr) zuzüglich 36 Rpf. Bestellgebühr. Falls infolge etwaiger Betriebsstörungen und dergleichen die Herausgabe der Zeitung unmöglich ist, hat der Bezieher weder Anspruch auf Zustellung noch auf Nachlieferung der Zeitung oder Rückzahlung des Bezugsgeldes.

Hagener Zeitung.

Westfälisches Tageblatt

Sprechstunden der Schriftleitung täglich 17½ bis 19 Uhr (außer sonnabends.) Briefkastenauskünfte dienstags 16 bis 18 Uhr.

Geschäftsstunden der Geschäftsstelle morgens 8 bis 12½, nachmittags 15 bis 18 Uhr, sonnabendnachmittags von 15 bis 17 Uhr.

Anzeigenpreis: 1 mm hoch, 46 mm breit 24 und 12 Rpf., in der Außenspalte 40 Rpf. Zur Zeit ist Preisliste Nummer 7 gültig. Schluß der Anzeigen-Annahme tags vor dem Erscheinen, 12 Uhr. Fernsprecher: für die Geschäftsstelle (Anzeigen-, Bezugs- und Drucksachen-Abteilung) Nr. 261 41, für die Schriftleitung Nr. 261 42. Bank-Konten: Deutsche Bank, Filiale Hagen, und Commerzbank AG., Filiale Hagen (Westf.). Postscheck-Konto: Postscheckamt Dortmund 2480. Erfüllungsort und Gerichtsstand Hagen (Westf.).

Nr. 222 | Mittwoch, 22. September | 1943

Deutsche als Arbeitssklaven der Bolschewisten!

USA.-Zeitschrift registriert: Zunächst 10 Millionen Zwangsarbeiter für 10 Jahre

Berlin, 22. September. „Die Sowjetunion wird verlangen, daß 10 Millionen deutscher Facharbeiter 10 Jahre lang in der UdSSR. Zwangsarbeit leisten", stellt Raymond Moley, einer der Chefredakteure der im angloamerikanischen Herrschaftsbereich weitverbreiteten USA.-Zeitschrift „News Week" fest. Moley bezieht sich dabei ausdrücklich als Gewährsmann auf den Moskauer „Professor" Varga, — der, das versteht sich am Rande, Jude ist, was aber ebenso selbstverständlich schamhaft verschwiegen wird — und erklärt, Varga spreche auf Grund genauer Kenntnis der Pläne Stalins, denn er sei seit dem Umsturz in der UdSSR. mit Lenin, Krassin und Stalin eng befreundet und seine Bücher würden in verschiedenen Sprachen von den Sowjetbotschaften offiziell verteilt. Diese Bedingungen, so fügt Moley seiner Mitteilung hinzu, entsprächen einer „Reparationsschuld" von 3,75 Milliarden Pfund und seien viel strenger als diejenigen, die die USA. und England von Deutschland verlangen würden.

Die Selbstverständlichkeit, mit der in der USA.-Zeitschrift diese geradezu ungeheuerliche Forderung der Bolschewisten, deren Amtlichkeit noch besonders unterstrichen wird, einfach registriert wird, als handele es sich um das natürlichste Ereignis von der Welt, ist ein neuer Beweis dafür, daß die maßgebenden Kreise der USA. ebenso wie die Englands Stalins Anspruch auf rücksichtslose Herrschaft über Europa und vor allem schrankenlose Ausbeutung Deutschlands unbedingt anerkennten. Diese Tatsache ist, wie auch die bolschewistische Forderung selbst, Millionen Deutscher in den Weiten des Ostens als Arbeitssklaven für die bolschewistischen Machthaber schamlos auszubeuten und schließlich im maßlosen Elend verkommen zu lassen, für uns nichts Neues. Sie bestätigt aber aufs Eindringlichste unsere auf Grund aller solcher Geständnisse schöner Seelen sehr klare Vorstellung von dem Schicksal, das dem deutschen Volke und darüber hinaus ganz Europa blühen würde, wenn wir auch nur einen Augenblick schwach würden. „Die Sowjetunion wird verlangen . . .", sagt Moley in Anlehnung an den Sowjetjuden Varga. Das heißt, die 10 Millionen deutscher Zwangsarbeiter für 10 Jahre sind erst der Anfang der bolschewistischen Forderungen an Deutschland, die etwa den Waffenstillstandsbedingungen entsprechen, die England und die USA. dieser Tage den italienischen Verrätern auferlegt haben und die bekanntlich die Klausel enthielten, daß ihnen weitere Bedingungen folgen würden, die einfach zu akzeptieren seien. In dem unverschämten bolschewistischen, von England und die USA. sanktionierten Verlangen handelt es sich ausdrücklich um 10 Millionen Facharbeiter, d. h. bester hochqualifizierter Kräfte. Und das ist nur eine Forderung der Bolschewisten: Daß Stalin ein ganzes Programm solcher Zumutungen mit seinen Juden bereits ausgearbeitet hat, ist bekannt, und England und die USA. melden im Schlußsatz der Erklärung Moleys auch bereits ihre Ansprüche an, die, so wird uns zum Trost versichert, nicht so „streng" sein würden wie die der Bolschewisten.

Auch aus dieser höchst aufschlußreichen Erklärung spricht der abgrundtiefe Haß und die sinnlose Vernichtungswut unserer Feinde gegen Deutschland. Die einzige Antwort, die es darauf gibt, ist die der deutschen Waffen und des ganzen deutschen Volkes durch seinen Kampf bis zum Endsieg, ohne den es keine Freiheit und kein Leben gibt.

Berge von USA.-Leichen bei Salerno

Massenbeerdigung der Gefallenen auf dem Meer

Madrid, 22. September. Eine Vorstellung von den blutigen Verlusten der USA.-Truppen bei Salerno gibt ein Bericht aus Gibraltar, in dem es heißt, während der Schlacht hätten Massenbeerdigungen von gefallenen USA.-Soldaten auf offener See stattgefunden. Auf den Landungsbooten und am Ufer hätten sich die Leichen zu Bergen getürmt, und es sei keine Möglichkeit vorhanden gewesen, die Toten an Land zu beerdigen. Um Seuchen zu vermeiden, seien Sonderkommandos beauftragt worden, die Leichen der Gefallenen in besonderen Booten aufs Meer zu schaffen, wo sie in dünne Leinwand eingenäht und mit Bleistücken beschwert nach einem kurzen Zeremoniell versenkt worden seien. Bei den jüngeren Jahrgängen, die zum ersten Male an einer Schlacht teilnahmen, sei es vielfach zu Nervenzusammenbrüchen gekommen. Damit die Heimat keinesfalls von den grauenvollen Einzelheiten der Schlacht bei Salerno erführe, sei eine strenge Briefzensur eingeführt worden.

Begreiflich, daß Roosevelt das größte Interesse daran hat, nur nichts von dem blutigen Verlauf der Schlacht bei Salerno an die USA.-Oeffentlichkeit gelangen zu lassen. Das würde seiner Propaganda, die er zu seiner Wiederwahl als Präsident betreibt, auch sicherlich sehr wenig zuträglich sein. Vielleicht würden auch die Väter und Mütter, die ihre Söhne weit entfernt von der Heimat für den jüdischen USA.-Imperialismus opfern sollen, an jenes Versprechen Roosevelts erinnert werden, das er bei einer Wahlversammlung am 30. Oktober 1940 gab, wo es ihm auch nur auf Stimmenfang ankam: „Während ich jetzt zu euch spreche, Mütter und Väter, gebe ich euch die Versicherung: niemals werde ich eure Söhne in irgendeinen fremden Krieg entsenden . . ." Roosevelt entsendet sie nicht nur in einen fremden Krieg, sondern er läßt sie auch dort für eine Sache, die nicht die Sache des USA.-Volkes ist, rücksichtslos verbluten.

Der Duce beim Führer

Der Duce stattete sofort nach seiner Befreiung dem Führer einen mehrtägigen Besuch ab. Links vom Führer Reichsminister des Auswärtigen v. Ribbentrop.
Presse-Hoffmann, Zander-Multiplex (K.)

Der serbische Ministerpräsident beim Führer

Der Führer empfing am 18. September in seinem Hauptquartier den serbischen Ministerpräsidenten Generaloberst Milan Nedic. Vor dem Empfang beim Führer hatte der Reichsminister des Auswärtigen von Ribbentrop eine längere Unterredung mit dem serbischen Ministerpräsidenten über die Frage der künftigen Gestaltung in Serbien.
Presse-Hoffmann, Zander-Multiplex (K.)

„Kirchenfürst als Diener des Teufels"

Die anglikanische Kirche Werkzeug der jüdischen Weltherrschaft

Bukarest, 22. September. Unter der Unterschrift „Der Antichrist von Canterbury" stellt der Direktor der „Porunca Vremij", Dr. Radulescu, fest, wenn es bis zum Beginn dieses Krieges noch Zweifel an der Vernichtung der führenden Klassen Englands gegeben habe, so hätten die letzten Manifestationen der anglikanischen Kirche auch die letzte Unklarheit beseitigt. „Juda", so heißt es in dem Aufsatz, „ist heute Herr über Albion, ja, mehr noch, es entscheidet nach eigenem Gutdünken über das Schicksal Englands. Alles das, was man bisher über den starken Einfluß des Judentums in der britischen Politik gesagt hat, gleicht nur einem Tropfen Wasser in der Weite des Ozeans im Vergleich zu dem, was sich heute in der anglikanischen Kirche abspielt."

In dem Artikel wird dann an die führende Rolle erinnert, die sich die anglikanische Kirche in der britischen Staatspolitik zu verschaffen gewußt hat, und darauf hingewiesen, daß es die anglikanische Kirche gewesen sei, die mit in erster Reihe das Judentum seinerzeit in seine Schranken zurückgewiesen habe. Es sei die britische Kirche gewesen, die zur Zeit des Erzbischofs Stephan von Canterbury im 13. Jahrhundert eine besondere Kennzeichnung der Juden angeordnet und allen Briten jede Erklärung mit den Juden verboten habe.

„Wo aber", so fragt der Verfasser dann, „steht die anglikanische Kirche heute? Ein Abgrund trennt sie von ihrer nationalistischen und antisemitischen Vergangenheit. Von der Unerbittlichkeit von einst ist nichts mehr übriggeblieben, mehr noch, die anglikanische Kirche ist heute nichts als ein Anhängsel des Judentums — ist ein Werkzeug zur jüdischen Weltherrschaft geworden." Der frühere Erzbischof von Canterbury, Dr. Lang, vor allem aber sein Nachfolger Dr. Temple, so stellt der Verfasser fest, hätten aus der anglikanischen Kirche eine Stätte gemacht, von der aus für den Triumph des Judentums gekämpft werde. Dabei gehe es nicht nur um eine Verurteilung des Antisemitismus, sondern geradezu um die Verherrlichung des Judentums, das man in Canterbury als einen „Segen für die ganze Menschheit" bezeichnet habe. An sich könnten uns, erklärt Radulescu, die projüdischen Reden des Oberhauptes der anglikanischen Kirche gleichgültig lassen. Aus der Tatsache aber, daß sich die anglikanische Kirche vor den Karren der Judenschaft habe spannen lassen, ergebe sich die schwerwiegende Feststellung, daß der Erzbischof Dr. Temple offen entschieden in das bolschewistische Lager übergegangen sei. Von seiner Vorliebe für die Juden getrieben, habe sich der anglikanische Erzbischof in den wärmsten Fürsprecher des Bolschewismus verwandelt. Aus seiner Kirche seien Segenswünsche zu Stalin gegangen und heiße Gebete für den Sieg des Bolschewismus ausgesprochen worden. Die Beziehungen zwischen dem Erzbischof und dem gottlosen Kommunismus seien so eng geworden, daß der nächste Mitarbeiter des Erzbischofs, der Bischof von York, offiziell eine Einladung nach Moskau erhalten habe. Stalin sei also nicht mehr der Mörder vieler zehntausend in der Sowjetunion gekreuzigter Priester, er sei die große moralische Autorität, aus deren Händen die englische Kirchenführung den Lenin-Orden zu empfangen glücklich sei. Die Macht des Judentums sei wahrhaft groß, da sie erreicht habe, aus einem Kirchenfürsten einen Diener des Teufels zu machen.

Wichtige Beschlüsse des japanischen Kabinetts

Tokio, 22. September. Das japanische Kabinett trat am Dienstag um 11 Uhr zu einer außergewöhnlichen Sitzung zusammen, die mit einer nur kleinen Unterbrechung bis gegen 19 Uhr andauerte.

Wie die Zeitung „Tschugai Schogio Schimpo" in diesem Zusammenhang zu berichten weiß, habe die Regierung im Verlauf dieser Dauersitzung entscheidende Maßnahmen und Veränderungen innerhalb der Heimatfront beschlossen, um hierdurch der heutigen Kriegslage gerecht zu werden. Die Einzelheiten dieser Maßnahmen sollen am Mittwoch vom Informationsamt der Regierung bekanntgegeben werden.

Wie weiter verlautet, wird Ministerpräsident Tojo am Mittwoch um 19.30 Uhr Tokioter Zeit eine wichtige Rundfunkrede halten, die von allen Sendern Ostasiens übernommen wird. Tojo werde sich in Zusammenhang mit den vorerwähnten Maßnahmen in einem ernsten Appell nicht nur an das japanische Volk, sondern an alle Völker Großostasiens wenden.

Der Befreier des Duce

SS-Sturmbannführer Otto Skorzeny, der das Unternehmen der Befreiung des Duce durchgeführt hat und für seine heldenhafte Tat vom Führer mit dem Ritterkreuz des Eisernen Kreuzes ausgezeichnet wurde.
PK.-Aufnahme: SS-Kriegsberichter Ego, Atl. (Z.)

Ein verlogener Aufruf

Der Verräter Badoglio beschimpft die Deutschen

Berlin, 22. September. Der Verräter an dem italienischen Volk, Badoglio, der sich noch immer den Titel eines „Marschalls" zulegt, hat sich in einer ihm von Briten und Amerikanern diktierten Botschaft über den Feindsender Algier noch einmal an das schmählich im Stich gelassene italienische Volk gewandt. Sie enthüllt erneut das Eingeständnis seines feigen Ueberlaufes zum Feind und eine Fülle charakterloser Schwätzereien, die in der ganzen Welt nur Verachtung hervorrufen können.

Die Marionette Badoglio versteigt sich in dieser „Botschaft" zu der Erklärung: „Es ist eure absolute Pflicht, an der Seite der Briten und Amerikaner gegen die Deutschen und gegen die Italiener zu kämpfen, die" — wie er sich auszudrücken beliebt — „diese Namen nicht länger verdienen." Anscheinend weil sie nicht den gleichen hinterhältigen Weg in das Lager der Feinde beschritten.

Badoglio fährt dann fort, daß die Deutschen „mit Gewalt" die italienischen Städte und Flugplätze besetzt hätten und daß die deutsche Luftwaffe die italienischen Schiffe mit Bomben belegte. Es paßt in das Charakterbild dieses Mannes, wenn er dann den Deutschen den Wahlspruch unterschiebt: „Laßt die Italiener umkommen, so lange wir nur den Krieg von Deutschland fernhalten." Obwohl gerade er wissen sollte, daß deutsche Soldaten den italienischen Besitz verteidigt haben, daß deutsche Nahrungsmittel dazu beitrugen, das italienische Volk zu ernähren und daß deutsche Kohle ganz Italien versorgte. Wenn Badoglio sagt: „Wir können nicht zugeben, daß die Deutschen unser Land wie ein besetztes Gebiet behandeln und uns als Sklaven betrachten", so klingt das im Munde des Verräters, der eine bedingungslose Kapitulation unterschrieb, besonders grotesk.

Den Gipfelpunkt der Verlogenheit erreicht der Verräter Badoglio mit der Behauptung, daß die deutschen Soldaten die italienischen Truppen „in Stich gelassen hätten" und dabei ausgerechnet die Kampfplätze Libyen und Tunis nennt, wo — wie die ganze Welt weiß — die deutsche Afrikakämpfer die Träger dieses heroischen Widerstandes gewesen sind. Zum Schluß seiner Botschaft, in der er wohlweislich von den ihm unterschriebenen Bedingungen des Waffenstillstandes, der Italiens Ende bedeutet, völlig schweigt, fordert Badoglio dann seine Gesinnungsgenossen nochmals auf, die Deutschen zu bekämpfen, wobei es seiner Mentalität entspricht, wenn er sagt, „wo immer ihr auf kleine feindliche Einheiten trefft, greift sie an".

Mit diesem charakterlosen Geschwätz hat Badoglio seinem Verrat die Krone aufgesetzt. Alle unsere Vorstellungen von Gewissenlosigkeit, Erbärmlichkeit und Jämmerlichkeit werden durch diesen Schurken in Generalsuniform übertroffen. Nachdem er Italien ins Chaos gestürzt hat, verkündet dieser Halunke, die Frage des Widerstandes sei die Frage der Existenz, und er verheißt seinem Klüngel, daß die Anglo-Amerikaner seine Hilfe nunmehr annehmen. Damit würdigt der Verräter die ihm hörigen Soldaten zu Landsknechten der Feinde Italiens herab, denen sie zu dienen bereit seien für ein Stück Brot, das man ihnen zuwirft. Es lohnt sich nicht, die anderen Niederträchtigkeiten und Gemeinheiten Badoglios zu zerpflücken. Nur das sei noch erwähnt: Wer hat in Libyen gekämpft, als italienische Truppen, von einer Verräterclique geführt, sich zurückzogen? Wer hat in Tunis bis zum letzten Mann standgehalten? Wer hat Kalabrien verteidigt, als italienische Schurken schon mit dem Feinde konspirierten? Das waren die Deutschen, gegen die Badoglio heute seine Spießgesellen zum Kriege aufruft!

Unter Druck

Die Zurückhaltung Churchills und Roosevelts auf militärischem Gebiet ist durch die schweren Verluste im Kampfraum von Salerno erzwungen worden. Obwohl Badoglio durch seinen Verrat und durch seine Hinweise gerade auf die Bucht von Salerno den Landungstruppen die Wege geebnet hatte, haben die deutschen Truppen sofort eine Abwehr improvisiert, die auf der Gegenseite mit sehr schweren Verlusten bezahlt werden mußte. Die Amerikaner geben bereits an, sie hätten über zehntausend Mann verloren. Jetzt haben sich die Deutschen mit den aus Calabrien kommenden deutschen Truppen vereinigt, und General Clark schreit dringend um neue Truppen. Die Berichterstatter melden, daß ein ganz erheblicher neuer Schiffsraum gestellt werden müsse; denn die Bevölkerung auf Sizilien und in Süditalien, die angeblich die Landungstruppen begeistert empfangen haben soll, stehe vor der Hungersnot. Entweder liefere man Lebensmittel oder versorge die Landungstruppen, für beides aber reiche der Schiffsraum nicht aus.

Die schwere Enttäuschung Roosevelts und Churchills hat der Verrätergeneral Badoglio gründlich zu verspüren bekommen, der jetzt in einer Radioansprache erklärte, er werde mit den Engländern und Amerikanern zusammen fechten und die Italiener müßten die Deutschen aus Italien vertreiben. Dabei ist es kurios, daß gerade Badoglio und der Verräterkönig Victor Emanuel mitsamt seinem Kronprinzen Umberto aus Italien flüchten mußten und sich unter die amerikanischen Bajonette auf Sizilien begeben haben. General Eisenhower aber hat anscheinend den italienischen König mitsamt seinem Hofstaat zum Schweigen verurteilt, schon, damit diese nicht noch weiteres Unheil anrichten, hat doch nach den Klagen der amerikanischen und englischen Presse die Behauptung Badoglios, ganz Italien sei für ihn, den Briten und Amerikanern ungeheure Verluste und den Deutschen eine größere Ellenbogenfreiheit als sie vor dem Verrat Badoglios hatten, eingetragen.

Daß Roosevelt dringend neue Soldaten braucht, geht auch aus amerikanischen Meldungen hervor, wonach er jetzt Familienväter einzieht, während er vorher versprochen hatte, sie nicht einzuziehen. Das Parlament in Washington hat diese Maßnahme noch nicht gutgeheißen, aber Roosevelts Generalstabschef Marshall hat erklärt, diese Truppen seien dringend nötig und man müsse, wenn sie nicht bewilligt würden, sogar zu einer Aenderung der Strategie greifen. Auf jeden Fall hat die deutsche Aktion in Italien die Pläne Churchills und Roosevelts gründlich konterkarriert.

Aber auch Stalin läßt durch seine Söldlinge in den USA. und in England einen starken Druck ausüben, und dieser Druck vermehrt noch die Sorgen der beiden Plutokratenhäuptlinge. Der Kampf im Osten nähert sich seinem Höhepunkt. Die deutsche Strategie hat die Pläne Stalins, an der Südfront einen Durchbruch zu erzielen, vereitelt. In der Mitte der Front konzentrierten sich die Sowjets auf stärkste Angriffe östlich von Smolensk und westlich von Wjasma, die Kämpfe haben sich auch im Norden der großen Straßen von Moskau nach Smolensk aufs neue entfacht, aber die Abnutzung der Bolschewisten ist so riesenhaft, daß man sogar in Washington und London annimmt, Stalin könne nicht mehr auf einen Erfolg rechnen. Deshalb versucht Moskau, ein direktes militärisches Eingreifen Englands und Nordamerikas zu erreichen. Das offiziöse Sowjetblatt erklärt, Salerno sei nicht die zweite Front. Stalin hat zwecks Druckausübung auf Churchill die von diesem hochgepäppelte bolschewistische Bewegung in England benutzt. Als Churchill jetzt nach vierzigtägiger Abwesenheit aus Washington zurückkehrte, warteten auf ihn Delegationen der Gewerkschaften usw., die ihm auf Geheiß Moskaus die Forderung nach einer

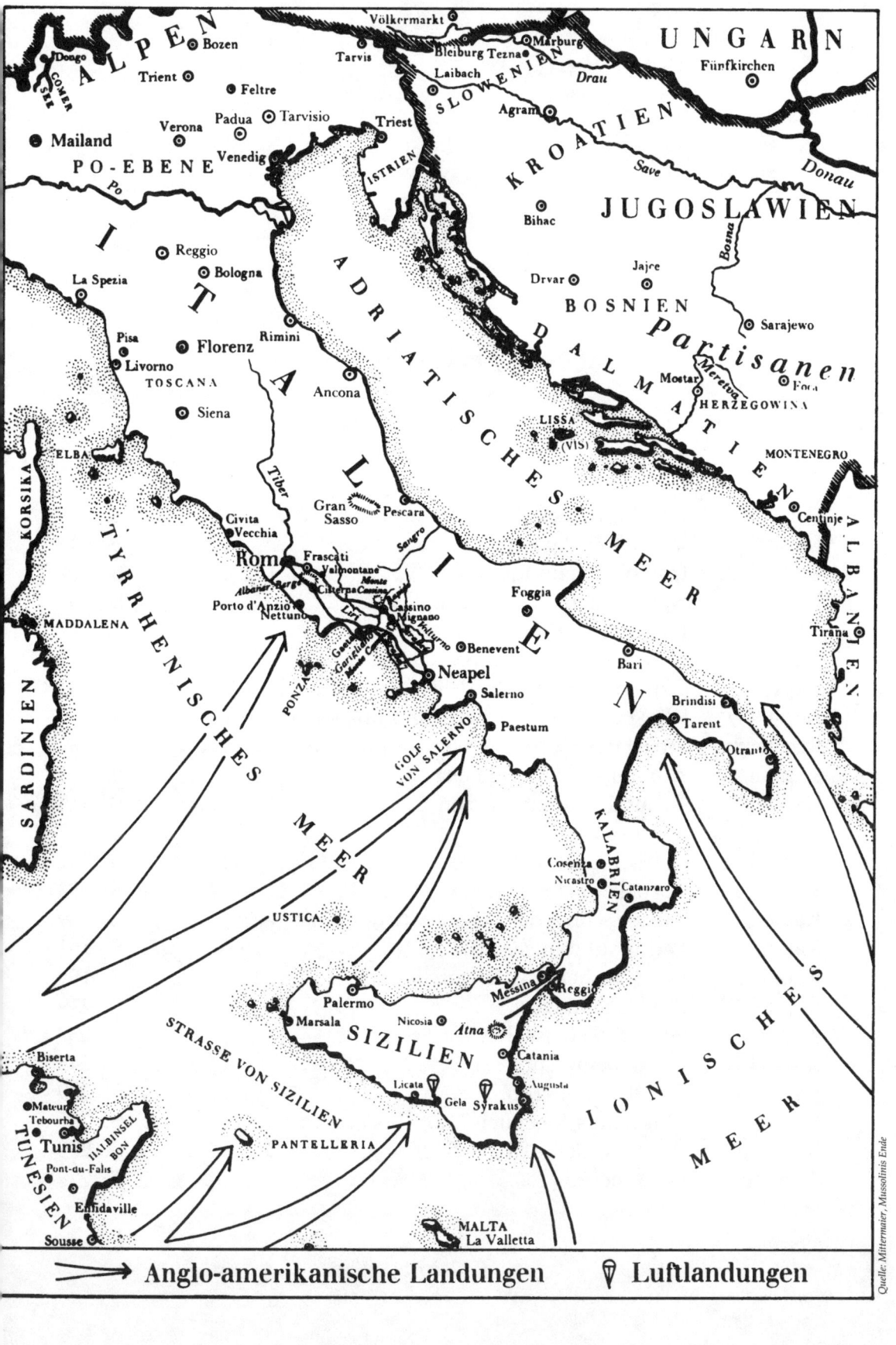

ALPEN

Dongo
COMER SEE
Bozen
Völkermarkt
Marburg
Trient
Feltre
Bleiburg Tezna
UNGARN
Tarvis
Laibach
Fünfkirchen
SLOWENIEN
Drau
Verona
Padua
Tarvisio
Triest
Agram
Mailand
Venedig
ISTRIEN
Bihac
PO-EBENE
Po
Po
KROATIEN
Save
Donau
JUGOSLAWIEN
ITALIEN
Reggio
Bologna
Drvar
Jajce
BOSNIEN
La Spezia
Sarajewo
Pisa
Florenz
Rimini
ADRIATISCHES
Partisanen
Livorno
TOSCANA
DALMATIEN
ELBA
Siena
Ancona
Mostar
Meretva
Foca
HERZEGOWINA
KORSIKA
MONTENEGRO
LISSA
(VIS)
Tiber
Gran
Sasso
Pescara
Centinje
Civita
Vecchia
Sangro
MEER
ALBANIEN
Rom
Frascati
Valmontone
Foggia
Albaner
Berge
Monte
Porto d'Anzio
Cisterna Cassino
Tirana
TYRRHENISCHES
Nettuno
Liri
Mignano
Gari
Garigliano
Volturno
Bari
Meer
PONZA
Benevent
Neapel
Brindisi
MADDALENA
Salerno
Tarent
Paestum
Otranto
SARDINIEN
GOLF
VON SALERNO
MEER
KALABRIEN
USTICA
Cosenza
Nicastro
Catanzaro
Palermo
Messina
Reggio
IONISCHES
STRASSE VON SIZILIEN
Marsala
Nicosia
Ätna
Biserta
SIZILIEN
Catania
Mateur
Tebourba
Licata
Augusta
TUNESIEN
Tunis
HALBINSEL
BON
PANTELLERIA
Gela
Syrakus
MEER
Pont-du-Fahs
Enfidaville
Sousse
MALTA
La Valletta

──→ Anglo-amerikanische Landungen   ⍾ Luftlandungen

Quelle: Mittermaier, Mussolinis Ende

Inhalt

Vorwort: Karl Radl, mein Jugendfreund .... S.   5
Kapitel 1:   Mussolini abgesetzt! .... S.   11
Kapitel 2:   Ins Führerhauptquartier .... S.   21
Kapitel 3:   Nach Italien .... S.   33
Kapitel 4:   Landung in Pratica di mare .... S.   47
Kapitel 5:   Skorzeny stößt zu uns .... S.   55
Kapitel 6:   Geheimauftrag vom Führer .... S.   65
Kapitel 7:   Wir suchen 70 Italiener – und Mussolini .... S.   75
Kapitel 8:   Wo ist der Duce? .... S.   89
Kapitel 9:   Auf der Insel Maddalena .... S.   103
Kapitel 10: General Students Sorgen .... S.   115
Kapitel 11: Es kann losgehen .... S.   125
Kapitel 12: Mussolini ist weg! .... S.   141
Kapitel 13: Zurück zu Hitler .... S.   153
Kapitel 14: Ausgerechnet das Felsmassiv des Gran Sasso! .... S.   169
Kapitel 15: Verrat auf italienisch .... S.   181
Kapitel 16: Die Entscheidung ist gefallen .... S.   195
Kapitel 17: Die Nacht davor .... S.   219
Kapitel 18: „In die Lastensegler!" .... S.   237
Kapitel 19: Allein beim Duce .... S.   245
Kapitel 20: Sofort nach Berlin .... S.   259
Kapitel 21: Mussolinis Tagebuch .... S.   267
Nachwort: Zur Geschichte dieses Buches .... S.   275
Anhang: Dokumente .... S.   278